Karl-Heinz Boeßenecker
Spitzenverbände der Freien Wohlfahrtspflege

Reihe Votum

Karl-Heinz Boeßenecker

Spitzenverbände der Freien Wohlfahrtspflege

Eine Einführung in Organisationsstrukturen
und Handlungsfelder der deutschen Wohlfahrtsverbände

Neuausgabe 2005

Juventa Verlag Weinheim und München

Der Autor

Karl-Heinz Boeßenecker, Jg. 1947, Dr. phil., M.A., Sozialarbeiter grad., ist Professor für Verwaltungs- und Organisationssoziologie an der FH Düsseldorf, FB Sozialwesen und lehrt am Zentrum für Planung und Evaluation sozialer Dienste (ZPE) der Universität Siegen. Er ist Leiter des Forschungsschwerpunktes Wohlfahrtsverbände/Sozialwirtschaft der FH Düsseldorf.

Seine Arbeitsschwerpunkte sind Wohlfahrtsverbändeforschung, Non-Profit-Organisationen, Organisations- und Qualitätsentwicklung in sozialwirtschaftlichen Unternehmen.

Bibliografische Information Der Deutschen Bibliothek

Die Deutsche Bibliothek verzeichnet diese Publikation in der Deutschen Nationalbibliografie; detaillierte bibliografische Daten sind im Internet über http://dnb.ddb.de abrufbar.

Das Werk einschließlich aller seiner Teile ist urheberrechtlich geschützt. Jede Verwertung außerhalb der engen Grenzen des Urheberrechtsgesetzes ist ohne Zustimmung des Verlags unzulässig und strafbar. Das gilt insbesondere für Vervielfältigungen, Übersetzungen, Mikroverfilmungen und die Einspeicherung und Verarbeitung in elektronischen Systemen.

© 1995 Votum Verlag Münster
© 2005 Juventa Verlag Weinheim und München
Umschlaggestaltung: Atelier Warminski, 63654 Büdingen
Druck nach Typoskript
Printed in Germany

ISBN 3-7799-1875-7

Inhalt

Vorbemerkung zur Neuauflage 7
Themeneinführung 11

1 **Freie Wohlfahrtspflege in der Bundesrepublik** 17
   1.1 Freie und öffentliche Träger 17
   1.2 Das Subsidiaritätsprinzip 25
   1.3 Das Selbstverständnis Freier Wohlfahrtspflege 32
   1.4 Spitzenverbandlicher Lobbyismus 37
   Literatur 44

2 **Wohlfahrtspflege aus statistischer Sicht** 51
   Literatur 80

3 **Spitzenverbände der freien Wohlfahrtspflege** 81
   3.1 Der Deutsche Caritasverband e.V. (DCV) 81
       Entstehung des Verbandes 81
       Selbstverständnis des Verbandes 83
       Organisationsaufbau und Gliederung 91
       Aufgabenbereiche und Mitarbeiter 101
       Resümee und Ausblick 117
       Literatur 120
   3.2 Das Diakonische Werk der Evangelischen Kirche in Deutschland e.V.
       (DW der EKD) 121
       Entstehung des Verbandes 121
       Selbstverständnis des Verbandes 123
       Organisationsaufbau und Verbandsgliederung 130
       Aufgabenbereiche und Mitarbeiter 139
       Resümee und Ausblick 153
       Literatur 156
   3.3 Arbeiterwohlfahrt - Bundesverband e.V. (AWO) 157
       Entstehung des Verbandes 157
       Selbstverständnis des Verbandes 158
       Organisationsaufbau und Gliederung 165
       Aufgabenbereiche und Mitarbeiter 177
       Resümee und Ausblick 183
       Literatur 187
   3.4 Der Paritätische Wohlfahrtsverband - Gesamtverband e.V. (DPWV) .. 189
       Entstehung des Verbandes 189
       Selbstverständnis des Verbandes 190
       Organisationsaufbau und Gliederung 195

    Aufgabenbereiche und Mitarbeiter 204
    Resümee und Ausblick 214
    Literatur 216
  3.5 Das Deutsche Rote Kreuz e.V. (DRK) 217
    Entstehung des Verbandes 217
    Selbstverständnis des Verbandes 223
    Organisationsaufbau und Gliederung 226
    Aufgabenbereiche und Mitarbeiter 229
    Resümee und Ausblick 233
    Literatur 235
  3.6 Die Zentralwohlfahrtsstelle der Juden in Deutschland e.V. (ZWST) 237
    Entstehung des Verbandes 237
    Selbstverständnis des Verbandes 241
    Organisationsaufbau und Gliederung 244
    Aufgabenbereiche und Mitarbeiter 248
    Resümee und Ausblick 250
    Literatur 252

4 Finanzierung der Freien Wohlfahrtspflege in Deutschland 255
  4.1 Die Rahmenbedingungen 255
  4.2 Steuer- und Gemeinnützigkeitsrecht 263
  4.3 Die Finanzierungsarten 266
    Die Zuwendungsfinanzierung 266
    Leistungsentgelte 268
    Finanzierung aus Vermögen 271
    Finanzierung aus Spielbanken und Lotterien 271
    Wohlfahrtsmarken 274
    Spenden und Fundraising 274
  4.4 Bedeutung europäischer Finanzierungsprogramme 275
    Literatur 277

5 Spitzenverbände quo vaditis? Im Spagat zwischen Ideologie, öffentlichem Auftrag und Wettbewerb 279
    Neue Herausforderungen - Die nationale Perspektive 279
    Europäische Herausforderungen 287
    Literatur 304

Verzeichnis der Abbildungen und Tabellen 309

Abkürzungsverzeichnis 313

Anschriften der bundeszentralen Spitzenverbände der Freien Wohlfahrtspflege ..317

Gesamtliteraturverzeichnis 319

Vorbemerkung zur Neuauflage

Studierende des Sozialwesens und verwandter Studiengänge über jene Rahmenbedingungen und Handlungsfelder zu informieren, die ihre spätere Berufspraxis prägen, ist eine vordringliche Aufgabe unter anderem der Verwaltungs- und Organisationswissenschaften. Hierbei soll das Kunststück gelingen, beim Betreten bislang weitgehend unbekannter Landschaften Orientierungen zu ermöglichen, die über wichtige Strukturkenntnisse hinausgehend zugleich Neugier für eine kritische Beschäftigung mit den Bestands- und Entwicklungsbedingungen sozialer Organisationen wecken. Dies gilt umso mehr, als sich das Institutionengefüge der Sozialen Arbeit in den vergangenen zwei Jahrzehnten dynamisch verändert hat und weiteren Umformungsprozessen unterliegen wird. Vor allem die Spitzenverbände der freien Wohlfahrtspflege sind seit Beginn der 90er Jahre des 20. Jahrhunderts mit substanziell neuen Herausforderungen konfrontiert, die eine bloße Fortschreibung der bis dahin „gültigen" Organisationsstrukturen nicht mehr erlauben. Für die Hochschullehre stellt sich damit die Aufgabe, Studierende des Sozialwesens bzw. fachverwandter Studiengänge frühzeitig mit diesen institutionellen Veränderungsprozessen vertraut zu machen und sie hierauf vorzubereiten. Auch wenn das Lehrgebiet Verwaltung und Organisation bei Studenten des Sozialwesens sich unabhängig vom Hochschulort und des Hochschultyps keiner großen Beliebtheit erfreut und im Vergleich zu erziehungswissenschaftlichen u.ä. Fächern eine nachgeordnete Präferenz hat[1], so ist der Erkenntnisgegenstand des Faches unmittelbar und zentral auf die institutionellen Handlungsbedingungen von Sozialer Arbeit bezogen. Und so kommt es nicht von ungefähr, dass die Bedeutung des Faches oftmals erst nach dem Studium oder im Kontext von studienbegleitenden Praxiserfahrungen erkannt wird. Gerade des Lehrgebiet Verwaltung und Organisation sieht sich damit der Schwierigkeit ausgesetzt, den aus studentischer Perspektive zeitlich oftmals auseinander fallenden Erfahrungs- und Erkenntnisprozess bei der Beschäftigung mit der Statik und Veränderbarkeit sozialer Organisationen innerhalb der Hochschullehre enger koppeln zu müssen. An der Fachhochschule Düsseldorf wird dieser Versuch seit Anfang der 90er Jahre unternommen. Die fachinhaltliche Ausgestaltung des Lehrangebotes V+O führte hier zu einer grundständigen Vorlesung, die in besonderer Weise Organisationsentwicklungsprozesse der wohlfahrtsverbandlichen Spitzenorganisationen thematisiert. Aus den ersten Vorlesungsskripten erwuchs ein Lehrbuch, das im Sommer 1995 im Votum Verlag veröffentlicht wurde. Wesentlich schneller als zum damaligen Zeitpunkt erwartet, endete die „Verfallszeit" des publizierten Textes. Die Wirkungsdynamik sich verändernder Handlungsbedingungen auf der Makro-, Meso- und Mikroebene sozialer Verbände und deren Einrichtungen erforderte - kaum dass der Text erschienen war - eine Aktualisierung. Mehrere verbandsinterne und externe Entwicklungen waren hierfür maßgeblich. So beispielsweise verabschiedete der Paritätische Wohlfahrtsverband ein neues Verbandsstatut, so wurden mit der Verabschiedung des Pflegeversicherungsgesetzes erstmals privat-gewerbliche Trä-

---

1 Vgl. Rainer Berger (Hg.): Studienführer Soziale Arbeit. Votum Verlag. Münster 2001, S. 414

ger als prinzipiell gleichberechtigte Anbieter von Sozialer Arbeit anerkannt, so führte die Krise der öffentlichen Haushalte zu einer extern aufgezwungenen betriebswirtschaftlich orientierten Leistungsrechnung, so verstärkten europäische Rechtsregelungen den Trend zu mehr Wettbewerb und Konkurrenz auf dem Markt sozialer Dienste. Die aus diesen Aspekten vorgenommene Überarbeitung führte 1998 zu einer zweiten und erweiterten Auflage. Inzwischen hat sich erneut die Ausgangslage entscheidend verändert. Vieles, was in der zweiten Auflage noch als Trend beschrieben und prognostiziert wurde, prägt heute die wettbewerbliche Realität der Wohlfahrtsverbände und die damit einhergehenden Organisations- und Rechtsstrukturen ihrer Einrichtungen. Vieles, was zum Stand 1998 noch als Transparenz- und Entwicklungslücke bezeichnet werden konnte, ist aus heutiger Sicht überwunden, zumindest verbessert. Dies gilt sowohl für die Wissenschaft einerseits als auch für die Praxis andererseits. Genauer und zugleich differenzierter geworden sind die mit einer kritischen Wohlfahrtsverbändeforschung einhergehenden Befunde und Einschätzungen zur Rolle und zum Beitrag dieser Organisationen für das deutsche Sozialstaatsmodell. Erheblich verändert und verbessert hat sich inzwischen die Informationspolitik der Verbände gegenüber der Öffentlichkeit. Extern induzierte Transparenzanforderungen haben in Verbindung mit der Einführung neuer Informationstechnologien mittlerweile in vielen Bereichen zu einer offensiven Informationspraxis und Öffentlichkeitsarbeit geführt. Daten, die noch vor zehn Jahren als verbandsinterne „Geheiminformationen" gehandelt wurden, lassen sich heute problemlos in den Internetseiten der Verbände abrufen. Es ist deshalb heute keineswegs mehr erforderlich, sich bei der Textfassung eines Lehrbuches auf die kommentierende Darstellung der Aufbaustrukturen und Entscheidungsgremien, die Anzahl der Mitarbeiter und Einrichtungen zu konzentrieren. Fast alle hierzu erforderlichen Grunddaten lassen sich mit wenig Aufwand den Homepages der Spitzenverbände entnehmen. Was jedoch weiterhin - selbst für viele interne Kenner - intransparent bleibt, sind die mit verschiedenen Organisationsentwicklungsprozessen einhergehenden „Sonderwege" innerhalb der Spitzenverbände. Die zunehmende Tendenz einer Trennung von vereinsrechtlich verfassten Mitgliederorganisationen einerseits und Betriebsorganisationen in unterschiedlich verfassten Rechtsformen andererseits führt nämlich keineswegs zu einer größeren Überschaubarkeit, sondern hat weitere und neue Organisationszersplitterungen und Leistungsdiversifizierungen zur Folge. Das ehedem komplexe System der deutschen Wohlfahrtsverbände wird hierdurch noch schwieriger zu durchschauen und erfordert deshalb umso mehr orientierende und einführende Informationen.

Die komplette Neubearbeitung des Lehrbuches konnte sich aus diesen Gründen deshalb nicht auf eine weitere, aktualisierte Fassung der vorherigen Auflagen beschränken. Erforderlich war es vielmehr, gerade die skizzierten neuen Ausprägungsformen genauer in den Blick zu nehmen und hierüber zu informieren. An dem Anspruch eines einführenden Lehrbuches wurde gleichwohl festgehalten: Aus einer politisch-soziologischen Perspektive werden grundlegende Informationen und Einschätzungen über neuere Organisationsentwicklungen der Spitzenverbände Freier Wohlfahrtspflege präsentiert und zur Diskussion gestellt.

Bei der Neufassung des vorliegenden Textes konnte ich mich auf die entlastende Unterstützung der am FSP Wohlfahrtsverbände/Sozialwirtschaft tätigen wissenschaftlichen Mitarbeiter stützten. Ohne ihre Mit- und Zuarbeit wäre die vorliegende Auflage nur schwerlich realisierbar gewesen; ihnen gilt mein besonderer Dank. Und zu danken ist ebenso Carsten Weiß und Michael Isensee, die in unterschiedlichen Bearbeitungsphasen mit ihrem Sachverstand die Fertigstellung des Typoskripts besorgten und damit erst eine Drucklegung ermöglichten.

Gedankt sei weiterhin allen, die sich beim Formulieren und Abwägen vorgenommener Positionen beteiligt und so zu dieser kompletten Neubearbeitung beigetragen haben. Insbesondere gilt dies für viele ungenannt bleibende Mitarbeiter und Kollegen aus Verbänden und Wissenschaft, die durch ihre Insiderkenntnisse bei der Durchsicht des Manuskriptes wesentliche Sichterweiterungen anregten und mich vor groben Fehleinschätzungen bewahrten. Abgeschlossen wurde der vorliegende Text im Oktober 2004.

Karl-Heinz Boeßenecker, Oktober 2004

Themeneinführung

Die bisherige Entwicklung der organisierten Wohlfahrtspflege in der Bundesrepublik Deutschland zeigt sich in ihren Hauptlinien von vier Strukturmerkmalen geprägt, die seit etwa zwei Dekaden einem substanziellen Veränderungsprozess unterliegen. Neben der Existenz von öffentlichen und freien Trägern (Dualität) bestand ein bedingter Handlungsvorrang frei-gemeinnütziger Träger (Subsidiarität), die in der Regel unter dem Dach bzw. als Teil spitzenverbandlicher Organisationen tätig wurden (Verbändedominanz) und sich hierbei auf eine weitgehend öffentliche Finanzierung verlassen konnten (Subventionierung). Dieses in der Weimarer Republik sich interessenspolitisch durchsetzende deutsche System der Wohlfahrtspflege (subsidiärer Wohlfahrtskorporatismus) fand eine erste Zäsur durch den nationalsozialistischen Staat. Die damit für Wohlfahrtsverbände einhergehenden Erfahrungen von Staatszentrierung und Inpflichtnahme einerseits sowie gesellschaftlicher Ausgrenzung und Verbot andererseits führten deshalb in der Entwicklung nach 1945 zu einer Renaissance des Weimarer Sozialkorporatismus.

Im Prozess des Auseinanderbrechens der Anti-Hitler-Koalition, der hiermit verbundenen Teilung Europas und der Konstitution zweier deutscher Staaten realisierte sich das Modell des subsidiären Wohlfahrtskorporatismus allerdings ausschließlich in der früheren Bundesrepublik. Erst die 1990 erfolgte und in der politischen Planung von keiner Partei wirklich vorgesehene Wiedervereinigung verbreitete diese Struktur- und Kompetenzprinzipien auf das nunmehr gesamtdeutsche Staatsgebiet. Dass es hierbei zu einem weitgehenden Institutionentransfer westdeutscher Politikkonzepte kam, lag an der asymmetrischen macht- und interessenpolitischen Ausgangslage beider deutscher Staaten. Dieser Institutionentransfer bezog sich ebenso auf den Neuaufbau der Wohlfahrtspflege in den damaligen neuen Bundesländern; adaptiert wurden die Gestaltungsprinzipien Dualität, Subsidiarität, Korporatismus und öffentliche Subventionierung. Auf Grund der spezifischen sozial-kulturellen Ausgangsbedingungen und staatlichen, zentralistisch ausgeformten Zuständigkeiten in der früheren DDR erfolgte diese Übernahme eines an sich fremden Systems keineswegs ungefiltert, sondern gleichermaßen handlungspragmatisch und ideologieskeptisch[1]. In Verbindung mit einem unmittelbar bestehenden Handlungsdruck kam es deshalb schneller als in der alten Bundesrepublik zur Akzeptanz weiterer Trägerstrukturen und Akteure, auch außerhalb des freigemeinnützigen Bereichs.

Wenn auch die Produktion sozialer Dienstleistungen in der Bundesrepublik Deutschland heute in großem Maße durch die Träger und Einrichtungen der öffentlichen und freien Wohlfahrtspflege erfolgt, so ist hiermit keineswegs der Gesamtbereich der hier stattfindenden Aktivitäten ausreichend erfasst. Viele der personenbe-

---

1 Vgl.: Susanne Angerhausen/Holger Backhaus-Maul/Claus Offe/Thomas Olk/Martina Schiebel: Überholen ohne einzuholen. Freie Wohlfahrtspflege in Ostdeutschland. Westdeutscher Verlag. Opladen/Wiesbaden 1998

zogenen sozialen Dienstleistungen realisieren sich in familiären Zusammenhängen und Nachbarschaftskontexten, deren Ausmaß und volkswirtschaftliche Bedeutung quantitativ und qualitativ nur unzureichend erfasst sind.[2] Hingegen liegen heute zur Tätigkeit der Verbände freier Wohlfahrtspflege durchaus öffentlich zugängliche Daten vor, die eine genauere Beschreibung der jeweiligen Organisationsstrukturen, der Tätigkeitsfelder sowie der Relevanz von unterschiedlichen Werteorientierungen bei der Ausgestaltung von Sozialer Arbeit erlauben. Im Vergleich zum Informationsstand Mitte der 1990er hat sich damit die Datenlage über die Wohlfahrtsverbände beträchtlich verbessert; es sind keineswegs mehr nur zusammenfassende lexikalische Hinweise[3] oder wenige vorliegende Standardwerke[4] die über dieses gesellschaftliche Subsystem informieren. Verändert hat sich auch das Informationsverhalten der Verbände gegenüber der Öffentlichkeit. Die noch Anfang der 90er Jahre konstatierte Intransparenz wohlfahrtsverbandlicher Aktivitäten[5] kann heute als überwunden gelten, zumindest gilt dies für den Kern der damals vorgetragenen Kritik.

Auch wenn nach wie vor noch nicht von einer eigenständigen Wohlfahrtsverbändeforschung in der Bundesrepublik gesprochen werden kann, so hat sich dennoch der sozialwissenschaftliche Forschungsstand gegenüber den Wohlfahrtsverbänden beachtlich weiterentwickelt. Die von mir in der zweiten Auflage genannten Literaturverweise[6] sind um neue Studien zu ergänzen und belegen weiter differenzierende Befunde[7]. Sie konzentrieren sich auf die Frage, welche Rolle den Wohlfahrtsver-

---

[2] Zum Ausmaß des informellen Sektor s.u.a.: Joseph Huber: Die zwei Gesichter der Arbeit. Ungenutzte Möglichkeiten der Dualwirtschaft. S. Fischer Verlag. Frankfurt a.M. 1984. Brigitte Runge, Fritz Vilmar: Handbuch Selbsthilfe. Verlag Zweitausendeins. Frankfurt a.M. 1988. Verein zur Förderung der Selbsthilfe und Selbstorganisation e.V. München (Hrsg.): Wirkungen, Evaluation und sozialpolitische Bewertung des Selbsthilfebereichs in München. Kosten-Nutzen-Analyse der volkswirtschaftlichen Rückflußeffekte und Wert der Freiwilligenarbeit in Selbsthilfe-Initiativen. München (1992). Informationsdienst des Instituts der deutschen Wirtschaft - iwd - Nr. 17 vom 27. April 1995: „Private Haushalte. Aus der Dunkelzone getreten".

[3] Vgl. hierzu: Dieter Kreft, Ingrid Mielenz (Hrsg.): Wörterbuch Soziale Arbeit: Aufgaben, Praxisfelder, Begriffe und Methoden der Sozialarbeit und Sozialpädagogik. Beltz Verlag. Weinheim, Basel 1988. 4. Auflage 1996. Rudolph Bauer (Hrsg.): Lexikon des Sozial- und Gesundheitswesens. R. Oldenbourg Verlag. München 1992. Deutscher Verein für öffentliche und private Fürsorge (Hrsg.): Fachlexikon der sozialen Arbeit. 3. Auflage. Eigenverlag. Frankfurt am Main 1993. Hanns Eyferth u.a. (Hrsg.): Handbuch zur Sozialarbeit, Sozialpädagogik. Verlag Luchterhand. Darmstadt, Neuwied 1987.

[4] Vgl.: Rudolph Bauer: Wohlfahrtsverbände in der Bundesrepublik. Materialien und Analysen zu Organisation, Programmatik und Praxis. Ein Handbuch. Beltz Verlag. Weinheim und Basel 1978. Karl-Heinz Boeßenecker: Spitzenverbände der freien Wohlfahrtspflege. Eine Einführung in Organisationsstruktur und Handlungsfelder. Votum Verlag. Münster 1995.

[5] Vgl.: infas-Sozialforschung: Die Freie Wohlfahrtspflege im Spiegel der Öffentlichkeit. Expertenmeinungen und Bevölkerungsbefragung. Bonn. Juni 1993. Gerhard Heun: Freie Träger in der sozialen Arbeit. In: Projektgruppe Soziale Berufe (Hrsg.): Sozialarbeit: Expertisen. Juventa Verlag. München 1981. S. 140 ff.

[6] Vgl.: Boeßenecker 1998. S. 12, Fußnote 7

[7] Beispielhaft hierzu: Rudolph Bauer: Personenbezogene soziale Dienstleistungen. Westdeutscher Verlag. Wiesbaden 2001. Adalbert Evers/Ulrich Rauch/Uta Stitz: Von öffentlichen Einrichtungen zu sozialen Unternehmen. Sigma. Berlin 2002. Klaus Grundwald: Neugestaltung der freien Wohlfahrtspflege. Management organisationalen Wandels und die Ziele der Sozialen

bänden im Konstituierungsprozess von Gesellschaft und Sozialstaat schlechthin zukommt und machen sich fest an den Stichworten Pluralismus, Neokorporatismus, Mediatisierung, 3.-Sektor-Organisationen und Zivilgesellschaft. Für „Einsteiger" freilich bleiben diese Beiträge in so fern unbefriedigend, als sie ein schon gebildetes sozialwissenschaftliches Verständnis voraussetzen. Auch eine zweite Gattung der vorliegenden Literatur ermöglicht „Anfängern" nur bedingt ein zeitgemäßes und vergleichendes Verständnis der Spitzenverbände. Es handelt sich hier entweder um ältere Veröffentlichungen[8], um Studien, die sich in differenzierter Weise auf die Entwicklung, Tätigkeit und Bewertung von Einzelverbänden konzentrieren[9] oder bestimmte bzw. allgemeine Aspekte der Modernisierung Freier Wohlfahrtspflege sowie von Non-Profit-Organisationen fokussieren.[10] Eine dritte Literaturgattung schließlich umfasst materialreiche wie affirmative Organisations- und Verbändedarstellungen[11] oder werbende, für die Öffentlichkeit bestimmte Informationsbroschüren.[12]

Für Studierende des Sozialwesens an Universitäten, Fachhochschulen und anderen Ausbildungsstätten ist dies ein anhaltend unbefriedigender Zustand. Ebenso gilt dies für nicht wenige der schon berufstätigen Sozialarbeiter/-pädagogen sowie anderen Fachkräfte in der Sozialen Arbeit, die in ihrer Alltagspraxis oftmals die Erfahrung machen, den als fremd empfundenen Verbandsstrukturen relativ einflusslos ausgeliefert zu sein. Bedenkt man, dass die Spitzenverbände der Freien Wohlfahrtspflege nach wie vor die maßgeblichen Arbeitgeber in der Sozialen Arbeit sind, drängt sich ein einführendes Lehrbuch geradezu auf. Schließlich wird in dem jeweils vorfindba-

---

Arbeit. Juventa Verlag. Weinheim und München 2001. Chris Lange: Freie Wohlfahrtspflege und europäische Integration. Zwischen Marktangleichung und sozialer Verantwortung. Eigenverlag Deutscher Verein. Frankfurt 2001. Joachim Merchel: Trägerstrukturen in der Sozialen Arbeit. Eine Einführung. Juventa. Weinheim und München 2003. Adrian Ottnad/Stefanie Wahl/Meinhard Miegel: Zwischen Markt und Mildtätigkeit. Die Bedeutung der Freien Wohlfahrtspflege für Gesellschaft, Wirtschaft und Beschäftigung. Olzog Verlag. München 2000. Rainer A. Roth: Als Solidaritätsstifter unentbehrlich. Beitrag der Wohlfahrtsverbände zur Förderung von Bürgerengagement und Aufbau der Zivilgesellschaft. Lambertus Verlag. Freiburg i.Br. 2002.

8 So R. Bauer. A.a.O. 1978.
9 Beispielhaft hierzu: Heinrich Beyer, Hans G. Nutzinger: Erwerbsarbeit und Dienstgemeinschaft. Arbeitsbeziehungen in kirchlichen Einrichtungen - Eine empirische Untersuchung -. SWI-Verlag. Bochum 1991. Joachim Merchel: Der Deutsche Paritätische Wohlfahrtsverband. Seine Funktion im korporatistisch gefügten System sozialer Arbeit. Deutscher Studien Verlag. Weinheim 1989. Peter Heimerl: Wohlfahrtsverbände im Dritten Sektor. Entwicklung und Struktur der Arbeiterwohlfahrt Baden. Hartung-Gorre Verlag. Konstanz 1995. Wolfgang Klug: Wohlfahrtsverbände zwischen Markt, Staat und Selbsthilfe. Lambertus Verlag. Freiburg i.Br. 1997.
10 Beispielhaft hierzu: Christoph Badelt (Hrsg.): Handbuch der Nonprofit Organisation. Strukturen und Management. Schäffer-Poeschel Verlag. Stuttgart 1997. Rainer Öhlschläger: Freie Wohlfahrtspflege im Aufbruch. Ein Managementkonzept für soziale Dienstleistungsorganisationen. Nomos Verlag. Baden-Baden 1995. Hans-Christoph Reiss: Controlling und Soziale Arbeit. Luchterhand. Neuwied - Kriftel - Berlin 1993. .
11 Beispielhaft hierzu: Hans Flierl: Freie und öffentliche Wohlfahrtspflege. Aufbau, Finanzierung, Geschichte, Verbände. 2. Auflage. Jehle Verlag. München 1992.
12 Beispielhaft hierzu: Bundesarbeitsgemeinschaft der Freien Wohlfahrtspflege e.V. (Hg.): Die Freie Wohlfahrtspflege - Profil und Leistungen. Lambertus Verlag. Freiburg i.Br. 2002

ren Handlungsrahmen u.a. nur dann eine fachlich ausgewiesene Sozialarbeit erfolgreich geleistet werden können, wenn die damit einhergehenden Strukturen und Entscheidungsbedingungen von den professionellen Akteuren und denen, die es werden wollen, nicht nur erkannt und beachtet, sondern ebenfalls in ihrer weiteren Ausgestaltung beeinflusst werden.

Dieses Lehrbuch informiert zeitnah und aktuell, auf der Basis öffentlich zugänglicher Daten über grundlegende Organisationsstrukturen der Spitzenverbände freier Wohlfahrtspflege. Zugleich werden Einschätzungen angeboten, die zu kritischen Rückfragen gegenüber den bisherigen Arrangements zwischen öffentlichen und freien Trägern anregen und ermutigen sollen. Gerade im Hinblick auf die sich unausweichlich zuspitzenden Verteilungskämpfe zwischen den Akteuren Sozialer Arbeit könnte so die drängende und mehr denn je notwendige Debatte über andere und innovative Kooperations- und Organisationsformen in der Wohlfahrtspflege neu belebt werden. Konzeptionell bemüht sich das Lehrbuch deshalb um eine Mischform aus traditioneller Organisationslehre und kritischer Organisationssoziologie[13], was bedeutet, formale Strukturen immer auch in ihrem interessenpolitischen Zusammenhang zu sehen.

Im Zentrum der vorliegenden Veröffentlichung stehen die Spitzenverbände der Freien Wohlfahrtspflege auf Bundesebene. Die hier feststellbaren Charakteristika wohlfahrtsverbandlicher Handlungsmuster werden exemplarisch auch in ihren regionalen und lokalen Ausprägungsformen und den damit verbundenen Sonderwegen thematisiert. Seit dem deutschen Einigungsprozess ist auch in den neuen Bundesländern eine frei-gemeinnützige Wohlfahrtspflege entstanden. Unter sehr unterschiedlichen Bedingungen vollziehen sich hierbei im Einzelnen hoch differenzierte Organisationsentwicklungen, deren Darstellung allerdings den Rahmen eines einführenden Lehrbuches weit gesprengt hätte. Die verbändebezogenen Textteile greifen deshalb nur kursorisch diese ostdeutschen Ausgangslagen der Freien Wohlfahrtspflege auf.

Vor Beginn der eigentlichen Organisationsbeschreibungen werden zunächst in einem einleitenden Textteil die wesentlichen Grundprinzipien aufgegriffen, auf denen die Arbeit der Spitzenverbände basiert. Die Bedeutung subsidiärer Beziehungen wird hierbei ebenso thematisiert wie das Spannungsverhältnis zwischen grundgesetzlich formuliertem Sozialstaatsauftrag einerseits und einer von freien Verbänden durchgeführten Wohlfahrtspflege andererseits. Ein besonderes Augenmerk gilt der beschäftigungspolitischen Bedeutung der Wohlfahrtspflege.

Wodurch Deutscher Caritasverband, Diakonisches Werk, Deutsches Rotes Kreuz, Arbeiterwohlfahrt und Paritätischer Wohlfahrtsverband jeweils charakterisiert sind und worin ihre Unterscheidungsmerkmale bestehen, ist Inhalt des Verbändeteils. Als Träger Sozialer Arbeit hat die Zentralwohlfahrtsstelle der Juden in Deutschland eine eher randständige Bedeutung. Deshalb wird dieser Spitzenverband weniger ausführlich behandelt. Um insgesamt einen komparativen Zugang zu ermöglichen,

---

13 Zur Unterscheidung zwischen Organisations-, Verwaltungslehre und organisations-, verwaltungssoziologischer Orientierung siehe: R. Mayntz: Soziologie der öffentlichen Verwaltung. C.F. Müller Juristischer Verlag. Heidelberg 1985. Insbes. S. 2 ff.

erfolgt die Darstellung der Verbände nach einem gleichen „roten Faden". Behandelt werden

- Entstehung, Selbstverständnis und Mission
- Verbandsaufbau und Organisationsstrukturen
- Aufgabenbereiche, Arbeitsfelder und Arbeitsfelder
- Weitere Tendenzen in der Organisationsentwicklung, Resümee und Ausblick
- Literatur

Ein weiterer Hauptteil des Buches befasst sich mit der Frage nach den Zukunftsperspektiven des deutschen Systems Freier Wohlfahrtspflege. Die sich derzeit neu konstituierenden Rahmenbedingungen für die Erbringung Sozialer Dienstleistungen werden sowohl aus der bundesdeutschen Perspektive als auch mit Blick auf europäische Herausforderungen behandelt. Gefragt wird hierbei nach der Bedeutung der Spitzenverbände für die Realisierung einer dem Gemeinwohl verpflichteten Sozialpolitik, den hiermit einhergehenden Legitimationskrisen aber auch nach den Chancen, die Wohlfahrtsverbände möglicherweise bei der Herausbildung innovativer Entwicklungen haben (könnten).

Bezogen auf den Verbändeteil und den hierfür gewählten komparativen Zugang orientiert sich der vorliegende Text an einer überwiegend klassifikatorisch-typologischen Systematik. Die Diskussion über die gesellschaftliche Funktion der Verbände Freier Wohlfahrtspflege und ihr Verhältnis zu Staat und Markt und die damit einhergehenden sozialwissenschaftlichen Theorien werden hingegen im dritten Hauptteil aufgegriffen.

Mit der gewählten Systematik soll insbesondere Studierenden und Praktikern in der Sozialen Arbeit die Möglichkeit eröffnet werden, sich auf der Basis grundlegender Informationen und Bewertungen in eine komplizierte und selbst von Insidern schwer zu überschauende Materie einzuarbeiten. Darüber hinaus bietet der Text vielfältige Möglichkeiten zur vertiefenden Weiterarbeit und regt zu weiteren Studien an. Nicht zuletzt aber soll mit den vorgenommenen Positionierungen die Diskussion über die zukünftige Rolle und den Beitrag der Wohlfahrtsverbände in einem sich weiter entwickelnden Sozialstaat angeregt und bereichert werden. Und nicht wenige der vorgenommenen Einschätzungen werden auf Widerrede stoßen, zu der ausdrücklich ermuntert wird.

Inhaltliche Reichweite und Absicht der vorliegenden Arbeit sind damit benannt. Abschließend gilt es noch auf eine weitere Relativierung hinzuweisen, die vor Missverständnissen und unnützen Scheindebatten bewahren soll. Die typologisch-klassifizierende Darstellung wohlfahrtsverbandlicher Strukturen und Arbeitsschwerpunkte bezieht sich primär auf die Ebene der bundesweit agierenden Dachverbände. Hiermit verbundene Aussagen und Bewertungen können nun keineswegs so interpretiert werden, dass die auf zentraler Ebene vorfindbaren Strukturen unmittelbar und generell auch die lokalen und regionalen Verbandsebenen bzw. deren Einrichtungen prägen. Die hier feststellbaren Wirkungsbeziehungen sind differenzierter, was nicht zuletzt an dem teilweise hohen Autonomiegrad der Lokalverbände liegt. Gleichwohl macht es einen Unterschied, ob ein Kindergarten oder eine Beratungsstelle in der Trägerschaft eines konfessionellen oder eines nicht konfessionsgebundenen Verbandes betrieben wird. Und nicht nur die Auseinandersetzungen um die Schwangerschaftskonfliktberatungsstellen innerhalb des Caritasverbandes wären neben vielen anderen Themen ein Beispiel für eine solche durchaus präjudizierende Wirkung spezifischer Verbandsstrukturen auf die Ausgestaltung von Sozialer Arbeit. Andererseits bestehen innerhalb gleicher Rahmenbedingungen zugleich aber auch vielschichtige und eigensinnige Ausprägungen von Sozialer Arbeit die zeigen, dass die Handlungsrationalität von Organisationen und Verbänden keineswegs immer und in jedem Fall mit der Handlungsrationalität ihrer Mitglieder und/oder ihre Träger übereinstimmt oder gar identisch ist.[14] Gerade deshalb stellt sich umso mehr die Aufgabe, den Zusammenhang zwischen allgemeinen und konkreten Bedingungen, das Verhältnis zwischen Organisation und Subjekt zu entdecken und möglichst zu rekonstruieren.

Gelingt diese prekäre, nicht leicht lösbare Aufgabe, so können die beschriebenen Grundmuster wohlfahrtsverbandlicher Arbeit kaum in einem Gegensatz zu regionalspezifischen Abweichungen und Sonderheiten verstanden werden, sondern gerade als typische und mögliche Ausdrucksformen bestehender Grundmuster der jeweiligen Verbände!

---

14 Vgl.: Mancur Olson: Die Logik des kollektiven Handelns. Kollektivgüter und die Theorie der Gruppen. Tübingen 1968. Robert Presthus: Individuum und Organisation. Typologie der Anpassung. S.Fischer Verlag. Frankfurt am Main 1966.

1 Freie Wohlfahrtspflege in der Bundesrepublik

1.1 Freie und öffentliche Träger

Folgt man der Einschätzung von Interessenvertretern der Freien Wohlfahrtspflege in der Bundesrepublik, so sind die hier geltenden spezifischen Formen von Arbeitsteilung, Aufgabenwahrnehmung und Kooperation zwischen Staat und Verbänden unmittelbarer Ausdruck einer freiheitlich demokratischen, sozialstaatlich begründeten Sozialordnung.[1] Ein zweiter Blick zeigt allerdings, dass diese Positionierung auf durchaus richtige Sachverhalte verweist, jedoch aber als generalisierende Aussage kaum zu halten ist. Zu sehen ist nämlich: die sich zwischen öffentlichen und freien Trägern historisch herausgebildete Arbeitsteilung basiert zunächst wesentlich auf anderen und spezifischen Interessen beider Akteure, die keineswegs auf eine Ausgestaltung sozialstaatlicher, demokratischer Strukturen zielten. Zu erinnern ist hierbei an die Anfänge einer staatlichen Sozialpolitik und karitativen Wohlfahrtspflege, die sich während des 19. Jahrhunderts alles andere als demokratisch als vielmehr staatstragend und herrschaftssichernd generierte. Eingebettet in den verfassungsrechtlichen Rahmen einer konstitutionellen Monarchie galt es, den herrschaftsgefährdenden Einfluss einer wachsenden, sich sozialdemokratisch organisierenden Arbeiterschaft zu begrenzen bzw. zu neutralisieren. Das Sozialistengesetz, die gesetzliche Regelung der Kranken-, Unfall- und Rentenversicherung, der Erlass besonderer Fürsorgebestimmungen und Armengesetze einerseits und die organisatorische Entfaltung einer christlichen Wohlfahrtspflege mit ihren volksmissionarischen Aktivitäten andererseits sind damit Facetten einer gleichen ordnungspolitischen Option.[2] Dass diese Neuordnungen keineswegs die kollektive Lebenslage der lohnabhängigen Bevölkerung verbesserten, sondern bis zur Jahrhundertwende nur auf einen kleineren Teil der Arbeiterschaft bezogen blieb und auch nicht die erhofften „Erziehungs"-wirkungen zeigten, sei hier nur am Rande erwähnt.[3] Darüber hinaus ging es auf kommunaler Ebene um die konkrete Bewältigung von qualitativ neuen sozialen Notständen, wie sie durch den massenhaften Zuzug einer proletarischen Armutsbevölkerung verursacht waren. Das in Preußen schon 1842 eingeführte Prin-

---

1 Beispielhaft hierzu: Franz Spiegelhalter: Der dritte Sozialpartner. Die Freie Wohlfahrtspflege - ihr finanzieller und ideeller Beitrag zum Sozialstaat. Lambertus Verlag. Freiburg im Breisgau 1990. Bundesarbeitsgemeinschaft der Freien Wohlfahrtspflege 2002.
2 Vgl. hierzu u.a.: Dankwart Danckwerts: Grundriß einer Soziologie sozialer Arbeit und Erziehung. Zur Bestimmung der Entwicklung von Sozialarbeit und Sozialpädagogik in der BRD. Beltz Verlag. Weinheim und Basel 1978. Insbes. S. 55 ff. Richard Münchmeier: Zugänge zur Geschichte der Sozialarbeit. Juventa Verlag. München 1981. Insbes. S. 18 f., 26 ff. und 38 ff. Wangler 1998
3 Vgl.: Wirtschafts- und Sozialwissenschaftliches Institut des Deutschen Gewerkschaftsbundes (Hg.): Seit über einem Jahrhundert ...: Verschüttete Alternativen in der Sozialpolitik. Bund-Verlag. Köln 1981.

zip des Unterstützungswohnsitzes wurde durch das „Reichsgesetz über den Unterstützungswohnsitz" (UWG) 1871 verallgemeinert und ersetzte das traditionelle Heimatprinzip als Voraussetzung für den Erhalt von kommunalen Hilfeleistungen.[4] Was die Organisation der lokalen Armutsfürsorge betrifft, so orientierten sich viele Städte am „Elberfelder System"[5], das vor allem durch humanistisch-sozialreformerisch motivierte Personen der städtischen Bürgerschaft getragen und vom „Deutschen Verein für Armenpflege und Wohltätigkeit"[6] reichsweit propagiert wurde. Hierbei lag die Einschätzung zugrunde, dass weder eine ausschließlich christliche Liebestätigkeit eine Lösung des Bettler- und Vagabundenproblems erreichen könne, noch die zersplitterten und sich zahlreich gründenden Armenvereine in der Lage seien, diese Armutsprobleme organisatorisch zu bewältigen. Die Bemühungen zielten deshalb auf eine Neuorganisation der Armenpflege unter öffentlicher Leitung, der sich die private Wohltätigkeit ergänzend zuordnen sollte. All diesen Aktivitäten fehlte es zunächst an sozialstaatlichen und auf die Durchsetzung von demokratischen Teilhaberechten gerichteten Intentionen. Soziale Arbeit respektive Wohlfahrtspflege war stattdessen geprägt entweder durch das Konzept einer christlichen, volksmissionarischen Strategie gegenüber sich ausbreitenden, als gefährlich angesehenen Säkularisierungstendenzen und bzw. oder durch die Aktivitäten eines polizeirechtlich und ordnungspolitisch intervenierenden Fürsorgestaates, dem die Kategorie des mündigen Bürgers bzw. Klienten ebenso fremd blieb.

Sozialstaatliche Optionen und bürgerrechtliche Vorstellungen gewinnen erst nach dem 1. Weltkrieg im Zusammenhang mit der Novemberrevolution 1918, dem Zusammenbruch der Monarchie und der Konstituierung der Weimarer Republik als demokratischer Verfassungsstaat ab 1919 prägenden Einfluss auf die Gestaltung des politischen Gemeinwesens.[7]

---

4 Vgl. hierzu: Christoph Sachße, Florian Tennstedt 1988: Geschichte der Armenfürsorge in Deutschland. Band 2. Fürsorge und Wohlfahrtspflege 1871 bis 1929. Verlag W. Kohlhammer. Stuttgart, Berlin, Köln, Mainz 1988. S. 23 ff.
5 Das „Elberfelder System" wurde 1853 in Wuppertal-Elberfeld eingeführt und war durch folgende Merkmale gekennzeichnet: Individualisierung der Unterstützungsleistungen, Dezentralisierung der Entscheidungskompetenzen auf die Ebene der Armenbezirke, ehrenamtliche Durchführung der Armenfürsorge und Zuständigkeit des Armenpflegers für ein bestimmtes Quartier. Vgl. u.a.: Rüdeger Baron: Die Entwicklung der Armenpflege in Deutschland vom Beginn des 19. Jahrhunderts bis zum Ersten Weltkrieg. In: Rolf Landwehr, Rüdeger Baron (Hrsg.): Geschichte der Sozialarbeit. Hauptlinien ihrer Entwicklung im 19. und 20. Jahrhundert. Beltz Verlag. Weinheim und Basel 1983. S. 11 ff.
6 Der „Deutsche Verein für Armenpflege und Wohlthätigkeit" wurde 1880/81 in Berlin auf Initiative des Deutschen Armenpflegekongresses gegründet. Die Gründungsmitglieder waren 93 Städte, 4 Provinzial- und Landarmenverbände, 11 freie Vereine und 79 Einzelpersonen. Auf das Angebot des Frankfurter Instituts für Gemeinwohl, die Kosten der Geschäftsstelle mitzufinanzieren, verlagerte der DV 1919 seinen Sitz von Berlin nach Frankfurt a.M. und änderte seinen Namen in „Deutscher Verein für öffentliche und private Fürsorge". Zur Entwicklung des DV vergleiche u.a.: Rolf Landwehr, Rüdeger Baron (Hrsg.): A.a.O. S. 28 ff. Christoph Sachße, Florian Tennstedt: Geschichte der Armenfürsorge in Deutschland. Band 2. A.a.O. S. 142 ff. Nachrichtendienst des DV. Nr. 12/1980.
7 Beispielhaft hierzu: Rolf Landwehr, Rüdeger Baron (Hrsg.): Geschichte der Sozialarbeit. A.a.O.

Gleichwohl war dieser gesellschaftspolitische Systemumbruch nicht gleichbedeutend mit einer „Stunde Null". Die Ausgestaltung einer nunmehr in staatlicher, d.h. öffentlicher Verantwortung liegenden Wohlfahrt musste deshalb notwendiger Weise an vorhandenen Strukturen ansetzen und die bisherigen Arbeitsteilungen zwischen staatlichen und freien Trägern berücksichtigen. Programmiert war damit der Konflikt um die handlungspraktische Zuständigkeit für die Wohlfahrts- und Armenpflege. Dieser so genannte Subsidiaritätsstreit weist nicht nur ein spezifisch deutsches Muster auf, sondern hatte ebenso für den weiteren Verrechtlichungsprozess in der Wohlfahrtspflege entscheidende Folgen. Die in der Weimarer Verfassung dem Staat zugewiesene Gesetzgebungskompetenz für das Armenwesen, die Wandererfürsorge, Jugendfürsorge, das Gesundheitswesen und die Fürsorge für die Kriegsteilnehmer[8] war nämlich aus der Sicht der freien (nicht-staatlichen) Verbände mit der Gefahr verbunden, aus diesen Handlungsbereichen verdrängt zu werden oder zumindest aber ihre bisherige Eigenständigkeit zu verlieren. Im Kern betroffen waren hiervon vor allem die konfessionellen Verbände, die mit verstärktem Lobbyismus einerseits und der Zentralisierung ihrer Verbands- und Organisationsstrukturen andererseits auf diese veränderten Rahmenbedingungen reagierten. Das Ziel war ein doppeltes: Zum einen ging es um eine bessere Koordinierung und Zusammenfassung der jeweiligen Binnenaktivitäten und zum anderen um ein interessenspolitisch abgestimmtes Verhalten der freien Wohlfahrtspflege gegenüber staatlichen Instanzen. In der Weimarer Fürsorgegesetzgebung führten diese Entwicklungen zu einer veränderten Rolle der Verbände Freier Wohlfahrtspflege, die durch die Reichsverordnung über die Fürsorgepflicht (RFV) 1924 nicht nur in ihrer Eigenständigkeit ausdrücklich gestärkt wurden, sondern darüber hinaus einen Handlungsvorrang gegenüber der öffentlichen Fürsorge erhielten.[9] Diese einflussreiche Position der Freien Wohlfahrtspflege konnte knapp drei Jahre später, im Dezember 1926, weiter ausgebaut werden. Mit dem Gesetz über die Ablösung öffentlicher Anleihen[10] erhielten die Wohlfahrtsverbände den rechtlichen Status eines „Spitzenverbandes", was bedeutete, nicht nur von der Reichsregierung anerkannt zu sein, sondern über zusätzliche und ausgedehnte Möglichkeiten einer öffentlichen Förderung verfügen zu können. Für die weitere Ausgestaltung der Wohlfahrtspflege in Deutschland war dies von außerordentlicher Bedeutung, weil diese subsidiären Präjudizierungen keineswegs auf die Periode der Weimarer Republik begrenzt blieben. In der frühen Sozialgesetzgebung der Bundesrepublik Deutschland wurden diese Ordnungsprinzipien erneut aufgegriffen und im BSHG[11] und JWG[12] verankert. Die Debatte hierüber erfolg-

---

8 Vgl.: Die Verfassung des Deutschen Reiches (Weimarer Verfassung) vom 11. August 1919. Art. 7, Punkt 5, 7, 8 und 11.
9 Vgl.: Reichsverordnung über die Fürsorgepflicht - RFV — vom 13. Februar 1924. Insbes. § 5, Absatz 1, 2 und 5.
10 Vgl.: Dritte Verordnung zur Durchführung des Gesetzes über die Ablösung öffentlicher Anleihen. Vom 4. Dezember 1926. 1. Abschnitt. Die soziale Wohlfahrtsrente. § 8. Reichsgesetzblatt. Jahrgang 1926. Teil 1. Zu den damaligen Spitzenverbänden gehörten: Zentralausschuss für die innere Mission der deutschen ev. Kirche, Deutscher Caritasverband, Zentrale Wohlfahrtsstelle der deutschen Juden, Deutsches Rotes Kreuz, Fünfter Wohlfahrtsverband, Hauptausschuss für Arbeiterwohlfahrt und Zentraler Wohlfahrtsausschuss der christlichen Arbeiterschaft.
11 Vgl.: Bundessozialhilfegesetz vom 30. Juni 1961 (BSHG). §§ 2, 8, 10, 93 und 95.

te keineswegs konfliktfrei, sondern erneut im heftigen Streit über das Verhältnis und die Kompetenzen von öffentlicher Fürsorge und Freier Wohlfahrtspflege. Vorläufig entschieden wurde dieser Konflikt durch die Entscheidung des BVerfG 1967[13], der Freien Wohlfahrtspflege einen bedingten Handlungsvorrang einzuräumen. Insbesondere aus der Sicht der konfessionellen Wohlfahrtsverbände wurde hieraus ein verfassungsrechtlich begründeter Bestandsschutz der freigemeinnützigen Wohlfahrtspflege abgeleitet und der Ausbau nicht-staatlicher Trägerschaften begründet. Eine Entwicklung, von der vor allem die kirchlichen Trägerorganisationen profitierten. Das Verhältnis zwischen öffentlicher und freier Wohlfahrtspflege wurde hierdurch gleichwohl nicht wirklich gelöst oder entspannt. Nicht nur die in den späten 1960er Jahren erneut proklamierte und durch den Regierungswechsel 1969 scheinbar in greifbare Nähe gerückte Realisierungsmöglichkeit einer stärkeren öffentlichen Gestaltung der Wohlfahrtspflege, sondern ebenso die sich verschärfende Kritik an der Politik der etablierten Wohlfahrtsverbände heizen den Streit neu an.[14] Die Debatten kulminierten in einer lang anhaltenden Jugendhilferechtsreform, die schließlich mit dem 1990 verabschiedeten SGB VIII (Kinder- und Jugendhilfegesetz) einen vorläufigen Abschluss fanden. Tangiert war hierbei auch das bisherige Subsidiaritätsprinzip mit seiner ausgeprägten verbändezentrierten Vorrangstellung der freigemeinnützigen Wohlfahrtspflege. Wenn zwar (noch) nicht gänzlich abgelöst, so doch deutlich modifiziert wurde dieses subsidiäre Verhältnis zwischen öffentlichen und freien Trägern durch den Terminus der „partnerschaftlichen Zusammenarbeit", wobei öffentlich zu fördernde Aktivitäten der freien Wohlfahrtspflege nunmehr an eine gestärkte Planungs- und Entscheidungsverantwortung des öffentlichen Trägers gebunden wurden.[15]

Eine hiervon unabhängige und scheinbar widersprüchliche Entwicklung vollzog sich durch den Auflösungsprozess der früheren DDR und dem deutschen Einigungsprozess ab 1990. Im Zuge eines stattfindenden Institutionentransfers konnten hierbei die westdeutschen Wohlfahrtsverbände nicht nur ihren geografischen Aktionsraum gesamtdeutsch ausweiten, sondern darüber hinaus eine rechtliche Verankerung des Subsidiaritätsprinzips durchsetzen.[16] Auch wenn die im Einigungsvertrag

---

12 Vgl.: Gesetz für Jugendwohlfahrt vom 11. August 1961 (JWG). §§ 2, 5, 8, 9, 12, 13 bis 16, 18 und 37.
13 Vgl.: Urteil des BVerfG vom 18.7.1967. Nähere Informationen finden sich in den nachfolgenden Textabschnitten.
14 Vgl. u.a.: Rüdeger Baron, Kristin Dyckerhoff, Rolf Landwehr, Hans Nootbaar (Hrsg.): Sozialarbeit zwischen Bürokratie und Klient - Die Sozialpädagogische Korrespondenz 1969 - 1973 (Reprint) - Dokumente der Sozialarbeiterbewegung. Hrsg. Sozialistisches Büro. Offenbach 1978; Initiative Jugendpolitisches Forum (Hrsg.): Dokumentation Jugendpolitisches Forum in Frankfurt. Fachhochschule für Sozialarbeit 6.-8. Dezember 1974. Mai 1975; Arbeitsgemeinschaft für Jugendhilfe (AGJ), Fachhochschule für Sozialarbeit und Sozialpädagogik Berlin: 60 Jahre für Jugendwohlfahrt 1922-1982. Bonn 1983. E. Jordan, 1. Münder (Hrsg. 65 Jahre Reichsjugendwohlfahrtsgesetz - ein Gesetz auf dem Weg in den Ruhestand. Votum Verlag. Münster 1987; J. Münder; D. Kreft (Hrsg.): Subsidiarität heute. Votum Verlag. Münster 1990.
15 Kinder- und Jugendhilfegesetz vom 26. Juni 1990 (KJHG). §§ 3, 4, 5, 8, 9, 11, 36, 71, 74, 78 und 80.
16 Vertrag zwischen der BRD und der DDR über die Herstellung der Einheit Deutschlands (Einigungsvertrag) vom 31. August 1990. Artikel 32 Freie und gesellschaftliche Kräfte.

ausdrücklich anerkannte Bedeutung der freien Wohlfahrtspflege für die neuen Bundesländer einem Systembruch gleichkam und die in der DDR nach 1949 neu geschaffenen Traditionen radikal veränderten, blieb der Ausbau freigemeinnütziger Verbände hinter den eigenen Erwartungen zurück.[17]

Weitere Veränderungen im Verhältnis von öffentlichen Trägern und den Wohlfahrtsverbänden vollzogen sich in den 1990er Jahren. Hier ist es vor allem eine sich allmählich durchsetzende veränderte Sichtweise von Staatsfunktionen, damit verbundener Aufgaben und Zuständigkeiten, die das bisherige Zusammenwirken von Staat und Wohlfahrtsverbände in Frage stellen, zumindest aber empfindlich berühren. Was sich ankündigt ist ein weiterer Paradigmenwechsel, der auf eine gänzlich andere Form der Leistungserbringung zielt. Die Einführung von Wettbewerbselementen bei der Förderung sozialer Dienste sowie das Insistieren auf eine transparente und qualitätsorientierte Leistungserfüllung sind hierbei wesentliche Eckpfeiler.[18] Im Einzelnen lässt sich diese Entwicklung insbesondere an mehreren Veränderungen im Sozialleistungsrecht festmachen:

- Im Rahmen der Pflegeversicherung ist nur noch von Leistungserbringern die Rede (§ 72 SGB XI) - eine Unterscheidung zwischen freigemeinnützigen und privat-gewerblichen Trägern[19] wird in diesem Zusammenhang nicht mehr vorgenommen. Pflegeeinrichtungen werden als wirtschaftliche Einrichtungen definiert, der bisherige in anderen Sozialleistungsgesetzen vorgesehene Handlungsvorrang der freien Wohlfahrtspflege wird nicht übernommen.

- In der Sozialhilfe bedeutete die 1968 beschlossene Novelle des BSHG ebenfalls ein verändertes Verhältnis zwischen der freien Wohlfahrtspflege und dem öffentlichen Sozialhilfeträger. Aufgelöst wurde die bisherige Vorrangstellung der frei-gemeinnützigen Verbände. Diese ist nunmehr durch Vereinbarungen über Inhalt, Umfang und Qualität der Leistungen sowie der dafür zu entrichtenden Entgelte ersetzt, die generell mit „Trägern" abzuschließen sind (§ 93 BSHG).

- Vergleichbare Entwicklungen zeigen sich auch bei der im April 1998 erfolgten Novellierung des Kinder- und Jugendhilfegesetzes (SGB VIII, §§ 78a - 78g). Auch hier ist das bis dato bestehende Prinzip der Selbstkostendeckung von bundesrechtlichen Regelungen abgelöst worden, die nunmehr Vereinbarungen über Leistungsangebote, Entgelte und Qualitätsentwicklungen erforderlich machen. Auch im Zuge dieser Gesetzesänderung wurde die privilegierte Stellung freier Träger bzw. der Freien Wohlfahrtspflege aufgehoben und eine formal

---

17 Vgl. u.a.: Jürgen Blandow, M. Tangemann: Von der christlichen Liebestätigkeit zum Wohlfahrtsverband. Caritas und Diakonie der ehemaligen DDR der Transformation. Beispiele aus Rostock. In: Bauer (Hrsg.): Sozialpolitik in deutscher und europäischer Sicht. A.a.O.; Susanne Angerhausen u.a. 1998.
18 Vgl.: Norbert Wohlfahrt 1999
19 In Abgrenzung zu freien bzw. gemeinnützigen Trägern weisen gewerbliche Träger der Sozialen Arbeit v.a. die folgenden Merkmale auf:
„• die Bindung an privates Kapital
• aufgrund fehlender Gemeinnützigkeit, die Möglichkeit, private Gewinne zu erwirtschaften
• die ausschließliche Finanzierung über Leistungsentgelte...,
• das personenbezogene wirtschaftliche Risiko" (Merchel 2003: 174).

rechtliche Gleichstellung mit anderen, u.a. privat-gewerblichen Trägern eingeführt.

- Die im Dezember 2003 im Vermittlungsverfahren verabschiedete und ab 1.1.2005 wirksam werdende Einordnung des Sozialhilferechts in das SGB sowie das neue SGB II markieren den sozialpolitischen Paradigmenwechsel zum Konzept des „Fördern und Fordern"[20] Bezogen auf das Verhältnis zwischen öffentlichen Trägern und Leistungserbringern ist hierbei die „Regelung, dass vorrangig Vereinbarungen mit den Trägern vorhandener Einrichtungen abzuschließen sind, deren Vergütung bei vergleichbarem Inhalt, Umfang und Qualität nicht höher ist als die anderer Träger, .. in eine absolute Verpflichtung des Sozialhilfeträgers umgewandelt worden."[21]

Zusammenfassend lässt sich damit mit Grunwald konstatieren, dass es keineswegs nicht nur perspektivisch sondern in einem relativ kurzen Entwicklungszeitraum

„zu einer wachsenden und härter werdenden Konkurrenz zwischen Einrichtungen der Wohlfahrtsverbände und zwischen freien und gewerblichen Anbietern um finanzielle Quellen (Subventionen, Zuschüsse, Spenden, Sponsorenmittel) und um potentielle Leistungsbezieher (kommt), die letztendlich zu einer Verdrängung wohlfahrtsverbandlicher Anbieter von bestimmten Märkten führen kann".[22]

Wie zu sehen, sind dem bis in die 1990er Jahre bestehenden deutschen System der freien Wohlfahrtspflege inzwischen gänzlich neue Stellschrauben zugefügt worden, die mittelfristig zum Schwinden der bisherigen Unikatfunktion der deutschen Spitzenverbände führen. Und ein Festhalten an der früheren Ausgangslage wird um so schwieriger durchzuhalten sein, als den anderen westlichen Industrienationen eine solche verfassungsrechtlich sanktionierte Aufgabenteilung zwischen öffentlichen und freien Trägern als systemfremd gilt.[23] Hieran ändert auch wenig die (schwächer werdende) Argumentation der Spitzenverbände, gerade eben durch diese arbeitsteilige Ausprägung und Autonomie am besten in der Lage zu sein, sozialpolitische Problemlagen angemessen und klientennah bearbeiten zu können.[24] Historisch gese-

---

20 Vgl.: Sozialgesetzbuch II - Grundsicherung für Arbeit Suchende - Vom 24. Dezember 2003. BGBl. I S. 2954; Sozialgesetzbuch XII - Sozialhilfe - Vom 27. Dezember 2003. BGBl. I S. 3022.
21 Vgl.: Walter Schellhorn: Einordnung des Sozialhilferechts in das Sozialgesetzbuch - das neue SGB XII. In: Nachrichtendienst des Deutschen Vereins für öffentliche und private Fürsorge. Heft 5/2004. S. 174.
22 Siehe u.a.: Klaus Grunwald 2001. S. 21 f.
23 Vgl. hierzu: Rudolph Bauer, Anna-Maria Thränhardt (Hrsg.): Verbandliche Wohlfahrtspflege im internationalen Vergleich. Westdeutscher Verlag. Opladen 1987. Rudolph Bauer: Sozialpolitik in deutscher und europäischer Sicht. Rolle und Zukunft der Freien Wohlfahrtspflege zwischen EG-Binnenmarkt und Beitrittsländern. Deutscher Studien Verlag. Weinheim 1992. Eugen Caperchione, Markus Gudera: Freie Wohlfahrtsorganisationen in Italien. In: Zeitschrift für öffentliche und gemeinwirtschaftliche Unternehmen (ZögU). Band 18. Heft 4. 1995. 5. 398 ff. Hrsg. von Peter Eichhorn gemeinsam mit Achim von Lesch und Günter Püttner. Nomos Verlagsgesellschaft. Baden-Baden.
24 Beispielhaft hierzu: Dieter Sengling über die Freie Wohlfahrtspflege in einer sich wandelnden Gesellschaft. Frankfurter Rundschau vom 12.8.1993. Ebd.: Die heutige und zukünftige Bedeu-

hen ist dies sicherlich - und angeachtet des demokratischen Gehaltes durchgeführter sozialer Dienstleistungen - weitgehend richtig, der gesellschaftlichen Realität entspricht eine solche Argumentation jedoch spätestens seit den ausgehenden 1960er Jahren nicht mehr. Um nur ein Beispiel zu nennen: Nach dieser Sichtweise hätten die ab den 70er Jahren feststellbaren Gründungen von sozialpolitischen Initiativen und Selbsthilfegruppen sowie deren Verbreitung keinesfalls außerhalb der traditionellen Wohlfahrtsverbände erfolgen dürfen.[25] Auch die aktuellen Verweise auf die Bedeutung von Selbsthilfe und ehrenamtlichem Engagement innerhalb der Wohlfahrtsverbände erweist sich bei näherer Betrachtung eher als eine legitimatorische Schutzbehauptung denn als empirische Realität: Die wiederholt angegebene Größenordnung von angeblich 2,5 bis 3 Millionen ehrenamtlichen Helfern[26], denen eine unschätzbare Bedeutung für die Leistungskraft der Freien Wohlfahrtspflege beigemessen wird, bleibt nämlich ohne wirklichen Beleg. Demgegenüber zeigen vorliegende Studien, dass zwar die Bereitschaft zu einem ehrenamtlichen Engagement generell hoch ist und dass sich die Anzahl sich freiwillig Engagierender in den letzten Jahren stetig erhöht hat[27]. Allerdings wird in diesem Zusammenhang ebenfalls deutlich, dass zum einen die Wohlfahrtsverbände immer weniger die „erste Garnitur für freiwilliges Engagement"[28] darstellen bzw. sich immer mehr Menschen in anderen institutionellen Kontexten freiwillig engagieren - etwa in vielfältigen bürgerschaftlichen Initiativen oder auch in Selbsthilfegruppen und -kontaktstellen[29]. Zum

---

tung der Freien Wohlfahrtspflege. In: Bank für Sozialwirtschaft. Bericht über das Geschäftsjahr 1993. S. 66 ff. Sowie: Stellungnahme der Bundesarbeitsgemeinschaft der Freien Wohlfahrtspflege zur ARD-Sendung „Fakt" vom 18.03.1996, 21 Uhr. Bonn. 20. März 1996.

25 Beispielhaft hierzu: Brigitte Runge, Fritz Vilmar: Handbuch Selbsthilfe. Verlag Zweitausendeins. Frankfurt a.M. 1988. Stiftung Mitarbeit (Hg.): Hartmut Krebs: Selbsthilfe Netze, Über 200 Zusammenschlüsse von Selbsthilfe- und Initiativgruppen. Joachim Braun: Kontaktstellen und Selbsthilfe. Bilanz und Perspektiven der Selbsthilfeförderung in Städten und ländlichen Regionen. ISAB-Verlag. Köln 1989.

26 Vgl.: BAGW 2001. S. 7

27 Unter Verwendung divergierender definitorischer, methodischer und handlungsfeldbezogener Zugänge (vgl. zusammenfassende und vergleichende Darstellungen von Beher et al. 1999; Boeßenecker und Siedhoff 2000) wird der Anteil der sich in den 1990er Jahren in der der BRD ehrenamtlich engagierenden Personen auf 17% (Deutscher Bundestag 1996) bis zu 34 % (BMFSFJ 2000) geschätzt.

28 Vgl.: Pott 2000. S. 382

29 Vgl. hierzu beispielhaft: Evangelische Akademie Loccum (Hrsg.): Loccumer Protokolle 53/1986: Soziale Selbsthilfe- und Initiativgruppen in kommunalen Aktionsfeldern. Loccum 1987. Brigitte Runge, Fritz Vilmar: Handbuch Selbsthilfe. A.a.O. Stiftung Mitarbeit (Hg.): Hartmut Krebs: Selbsthilfe Netze. A.a.O. Joachim Braun: Kontaktstellen und Selbsthilfe. Bilanz und Perspektiven der Selbsthilfeförderung in Städten und ländlichen Regionen. A.a.O. Joachim Braun: Selbsthilfegruppen — eine Chance für Jeden. ISAB-Verlag. Köln 1991. Die Ministerin für Frauen, Bildung, Weiterbildung und Sport des Landes Schleswig-Holstein (Hrsg.): Ehrenamtliche Arbeit von Frauen und Männern in Schleswig-Holstein. Kiel. November 1994. Bundesministerium für Familie, Senioren. Frauen und Jugend (Hrsg.): Materialien zum Modellprogramm Seniorenbüros. Band 9. Praxishandbuch für Seniorenbüros, Teil 3. Bonn. September 1995. Friedrich-Ebert-Stiftung (Hrsg.): Die neue Beweglichkeit des Alters. Resümee einer Tagung der FES „Die Älteren — Engagement, Produktivität, Macht?". Bonn 1995. Barbara Brasse, Michaele Klingeisen, Ulla Schirmer (Hrsg.): Alt sein - aber nicht allein. Neue Wohnkultur für Jung und Alt. Ein Lesebuch der AnStiftung. Votum Verlag. Münster 1993.

anderen hat sich vielfach die Motivlage und damit auch die Form und Dauer freiwilliger Tätigkeiten geändert. Neue Ausprägungen des Ehrenamts erweisen sich damit nur bedingt als kompatibel mit den traditionellen Milieus und Gepflogenheiten der Wohlfahrtsverbände. Dass es diesen neuen ehrenamtlichen Aktivitäten an einem mit den Spitzenverbänden Freier Wohlfahrtspflege vergleichbaren vertretungspolitischen Einfluss fehlt, wurde hierbei schon früh in verschiedenen Stellungnahmen kritisch bemängelt.[30] Und blickt man auf die konfessionellen Wohlfahrtsverbände, so wird darüber hinaus zweierlei deutlich. Nicht nur dominieren diese als wichtigste Akteure das frei-gemeinnützige Feld Sozialer Arbeit. Auch verfügen sie als Teil kirchlicher Organisationsstrukturen und damit einhergehender Zwecke über verfassungsrechtliche Schutzgarantien und Ressourcenzugänge, die anderen Organisationen nicht oder nur sehr eingeschränkt zugänglich sind. Die in der Bundesrepublik unvollständig vollzogene Trennung zwischen Staat und Kirche führt so zu einem rechtlich eigenständigen Handlungsraum kirchlicher Wohlfahrtsorganisationen, die eine öffentliche Kontrolle erschweren, wenn nicht sogar unmöglich machen.[31] Es verwundert daher keinesfalls, dass auch auf europäischer Ebene die Bemühungen der deutschen Wohlfahrtsverbände, ihre Rolle zu verankern, Spuren hinterlassen. Bemerkenswert hierbei ist der Versuch, diesen Interessenslagen eine verbandsübergreifend schon immer gewollte sozialstaatliche Intention zu unterstellen, um sie, gewissermaßen mit Verweis auf eine höhere verfassungspolitische Legitimität, gegen grundsätzliche Änderungsbestrebungen schützen zu können.[32] Wesentlich wirklichkeitsnäher wird es jedoch sein, diese argumentativen Verweise im Kontext neuer Konkurrenzbeziehungen zu interpretieren. Es ist nämlich der Versuch, Schutzzonen aufrecht zu erhalten, die den Übergang in neue Rahmenbedingungen erleichtern sollen. Denn wenig vorstellbar ist es, dass sich das „deutsche Modell" - trotz einiger strategisch erzielter Teilerfolge - europaweit verbreitet. Die hiermit verbundenen

---

Deutscher Bundestag. 13. Wahlperiode. Drucksache 13/5674 vom 1.10.1996: Bedeutung ehrenamtlicher Tätigkeit für unsere Gesellschaft.

30 Vgl. hierzu u.a.: Stiftung Mitarbeit (Hrsg.): Karl-Heinz Boeßenecker, Ulrich Buchholz, Theo Bühler: Analyse des Beratungsbedarfs und der Beratungsangebote im Bereich sozialer Selbsthilfe. Eine Pilotstudie. Bonn 1988. Bundesministerium für Familie und Senioren (Hrsg.): Schriftenreihe. Band 42: Joachim Braun: Selbsthilfeförderung durch Länder, Kommunen und Krankenkassen. Bonn 1994. Institut für Lokale Sozialpolitik und Nonprofit-Organisationen (Sprecher: Prof. Dr. Rudolph Bauer) c/o Universität Bremen (Hrsg.): Aktionsprogramm zur Förderung des freiwilligen gesellschaftlichen Engagements. Eine Aufforderung zum Handeln. Bremen (1995).

31 GG, Art. 123 und Art. 140, Weimarer Verfassung Art. 136-139 und 141. Siehe auch: Matthias Branahl, Winfried Fuest: Kirchensteuer in der Diskussion. Hrsg.: Institut der deutschen Wirtschaft. Beiträge zur Wirtschafts- und Sozialpolitik Nr. 224. Deutscher Institutsverlag. Köln 1995; Prof. Leisner: Staatliche Rechnungsprüfung Privater unter besonderer Berücksichtigung der Freien Wohlfahrtspflege. Schriften zum Öffentlichen Recht, Band 585. Verlag Duncker & Humblot. Berlin 1990; Ebd.: Staatliche Rechnungsprüfung kirchlicher Einrichtungen unter besonderer Berücksichtigung der karitativen Tätigkeit. Ebd., Band 600. Berlin 1991.

32 Vgl. hierzu insbesondere die verfassungspolitische Interpretation der Art. 20 und 28 GG bei: B. Schulte: Sozialstaat in Europa: Herausforderungen - Handlungsmöglichkeiten - Perspektiven. In: NDV Heft 6/1995, S. 252.

Aktivitäten und Entwicklungen werden an anderer Stelle ausführlicher erläutert und kommentiert.[33]

1.2 Das Subsidiaritätsprinzip

Etymologisch ist der Begriff Subsidiarität lateinischer Herkunft. Der Duden beschreibt hiermit ein „gesellschaftliches Prinzip, nach dem übergeordnete gesellschaftliche Einheiten (bes. der Staat) nur solche Aufgaben übernehmen sollen, zu deren Wahrnehmung untergeordnete Einheiten (bes. die Familie) nicht in der Lage sind", das Adjektiv „subsidiarisch" bedeutet hierbei „a) unterstützend, Hilfe leisten; b) behelfsmäßig, als Behelf dienend".[34] Nach lexikalischer Definition beschreibt Subsidiarismus „die Lehre, das Gemeinschaftsleben sei nur dann in rechter Weise geordnet, wenn die jeweils übergeordnete Gemeinschaft nur die Aufgaben an sich zieht, die von der untergeordneten nicht erfüllt werden können", woraus ein notwendiger Weise föderalistischer Staatsaufbau gefolgert wird.[35] Das Begriffsverständnis scheint also scheinbar klar und eindeutig zu sein und trifft auf allgemeine Zustimmung: Die übergeordneten Gemeinschaften sollen die Wirkungsmöglichkeiten der untergeordneten anerkennen, zentrale Instanzen sollen nur solche Aufgaben wahrnehmen, die kleinere Gemeinschaften nicht erfüllen können, die Eigenkompetenz von Personen, Gruppen, gesellschaftlichen Organisationen und Verbänden soll gestärkt werden, der Staat soll nur dann tätig werden, wenn andere nicht in der Lage sind, öffentliche Aufgaben wahrzunehmen.[36] Und obwohl diese allgemeinen Beschreibungen auf einem breiten gesellschaftlichen Konsens beruhen, sind sie dennoch in ihrer konkreten Interpretation keineswegs unumstritten. Zu sehen ist nämlich, dass je nach Blickwinkel und Interessenlage durchaus unterschiedliche Varianten des Subsidiaritätsprinzips favorisiert werden.[37]

So versteht die Katholische Kirche unter Subsidiarität eine vorrangige, möglichst durch katholische Verbände ausgeübte Handlungskompetenz gegenüber staatlichen Zuständigkeiten und Institutionen. Besondere Bedeutung haben hierbei die päpstlichen Sozialenzykliken Rerum novarum - Über die Arbeiterfrage (Leo XIII. 1891), Quadrogesimo anno - Über die Gesellschaftsordnung (Pius XI. 1931), Laborem exercens - Über die menschliche Arbeit (Johannes Paul II. 1981) sowie Centessimus annus - Zum 100. Geburtstag der Enzyklika Rerum Novarum (Johannes Paul II. 1991). Erweitert um den neuen Welt-„Katechismus der Katholischen Kirche"[38] von 1993 bilden diese Dokumente das „sozialpolitische Grundgesetz" der Katholischen

---

33 Siehe hierzu Kapitel 5.
34 Duden Fremdwörterbuch. 6., auf der Grundlage der amtlichen Neuregelung der deutschen Rechtschreibung überarbeite und erweiterte Auflage. Herausgegeben und bearbeitet vom Wissenschaftlichen Rat der Dudenredaktion. Mannheim 1997. S. 780
35 DTV-Lexikon. Band 17. München 1979. S. 341
36 Vgl.: Oswald von Nell-Breuning: Das Subsidiaritätsprinzip. In: Theorie und Praxis der sozialen Arbeit 1976. S. 6-17.
37 Vgl.: Arno Waschkuhn: Was ist Subsidiarität? Ein sozialphilosophisches Ordnungsprinzip: Von Thomas von Aquin bis zur „civil society". Westdeutscher Verlag. Opladen 1995.
38 Von Tugenden und Sünden. Neuer Welt-„Katechismus der katholischen Kirche". Frankfurter Rundschau vom 18.5.93.

Kirche. Nicht nur erklären sie das Subsidiaritätsprinzip zum obersten Grundsatz der katholischen Gesellschafts- und Sozialllehre, sondern interpretieren dieses als Teil eines transzendentalen Sinnkontextes, der sich teleologisch auf eine jenseitige Heils-/Erlösungserwartung richtet. Verbunden ist hiermit ein ideologischer Hegemonieanspruch für die „Sinnstiftung" menschlicher Existenz, was insbesondere bei der Ausgestaltung sozialer Beziehungen im Bereich von Bildung, Erziehung und Soziales dazu führt, staatliche Zuständigkeiten zu bestreiten. Und bezogen auf die praktische Sozialpolitik wird hieraus durchaus immanent logisch ein institutioneller Handlungsvorrang für das Wirken katholischer Verbände gefolgert: „...wichtig, dass sie ihren Anspruch nicht nur etwa mit dem Hinweis auf den Armen begründen, dem sie helfen wollen, sondern vielmehr auf ihr freies Recht, sozial tätig zu sein. Wenn also der Staat diesem Begehren nachkommt, so mag er selbst vielleicht an die vielen Armen denken, die ihm sonst zur Last fallen würden. Das aber ist ... nicht der nächste und eigentliche Grund, warum der Staat ihre Tätigkeit zu unterstützen habe. Unterstützt werde zunächst und in erster Absicht die soziale Tätigkeit der freien Verbände."[39]

Dies erklärt, weshalb im Alltagsverständnis der Begriff Subsidiarität oftmals mit konfessionell, d.h. katholisch geprägter Sozialarbeit assoziiert wird. Dass diese verbändezentrierte Auffassung selbst innerhalb der Katholischen Kirche keineswegs unumstritten ist, wurde insbesondere durch den Nestor der katholischen Sozialllehre Oswald Nell-Breuning formuliert. Demnach soll für das Verhältnis von Einzel- und Gemeinwohl folgende Maxime gelten: „Was der einzelne aus eigener Initiative und eigener Kraft leisten kann, darf die Gesellschaft ihm nicht entziehen und an sich reißen; ebenso wenig darf das, was das kleinere und engere soziale Gebilde zu leisten und zum guten Ende führen vermag, ihm entzogen und umfassenderen oder übergeordneten Sozialgebilden vorbehalten werden." Und weiter an anderer Stelle „die beste Gemeinschaftshilfe ist die Hilfe zur Selbsthilfe; wo immer Gemeinschaftshilfe zur Selbsthilfe möglich ist, soll daher die Selbsthilfe unterstützt, Fremdhilfe dagegen nur dann und insoweit eingesetzt werden, wie Gemeinschaftshilfe zur Selbsthilfe nicht möglich ist oder nicht ausreichen würde."[40] Diese deutliche, auf die Stützung kleinerer - nicht schon von vornherein interessenspolitisch eingegrenzter - Gemeinschaften gerichtetes Subsidiaritätsverständnis erklärt, weshalb sich auch kirchenferne Organisationen die Nell-Breuningsche Position zu Eigen machen.[41]

Neben der verbändezentrierten katholischen Variante besteht ebenso eine protestantische Sichtweise von Subsidiarität, die hinsichtlich ihrer Organisationsform und ihres Inhaltes qualitativ anders bestimmt ist. Entwickelt wurde dieses protestantische Subsidiaritätsverständnis in den Auseinandersetzungen mit der katholischen Kirche während des frühen 16. Jahrhunderts. Die sich nach dem Wormser Reichstag 1521 ausbreitende Reformationsbewegung führt mit dem Augsburger Reichstag 1530 und des 1931 vollzogenen Zusammenschlusses der Protestanten im Schmalkaldischen Bund zur faktischen Kirchenspaltung, die durch den Augsburger Religionsfrieden

---

39 Vgl.: Arthur Fridolin: Formen und Grenzen des Subsidiaritätsprinzips. Heidelberg 1965. S. 28.
40 Oswald von Nell-Breuning: Gerechtigkeit und Freiheit. Grundzüge der katholischen Sozialllehre. München 1985. S. 56 f.
41 Vgl.: Theorie und Praxis der sozialen Arbeit 1976. S. 6-17.

1555 reichsrechtlich anerkannt wurde. Das nunmehr dem Landesherrn zustehende Recht der freien Religionswahl (cuius regio, eius religio) hatte die religiöse Spaltung Deutschlands zur Folge was für die damaligen Untertanen bedeutete, je nach landesherrschaftlicher Präferenz entweder katholisch sein zu müssen oder einem protestantischen Glaubensbekenntnis anzugehören. In den protestantischen Gebieten konnte sich damit ein Verständnis von Glauben und Verkündigung entfalten, das sich im deutlichen Gegensatz zur katholischen, kirchenhierarchischen Lehrmeinung verstand. Zunächst waren es norddeutsche und niederländische Protestanten, die 1571 auf der Synode von Emden eine an den Grundsätzen der Brüderlichkeit, Gleichheit, Eigenständigkeit und Unabhängigkeit ausgerichtete Kirchenordnung beschlossen. Nach deren Vorstellungen erfolgte der kirchliche Aufbau von der Gemeinde her, über Bezirkssynoden, Provinzialsynoden bis zur Generalsynode, wobei auf

„der je folgenden Stufe ... nichts behandelt werden (soll), was auf den vorhergehenden Stufen erledigt werden kann".[42] „Keine Gemeinde soll andere Gemeinden, kein Pastor über andere Pastoren, kein Ältester über andere Älteste, kein Diakon über andere Diakone den Vorrang oder die Herrschaft beanspruchen, sondern sie sollen lieber auch dem geringsten Verdacht und jeder Gelegenheit aus dem Wege gehen."[43]

Diese programmatische und entscheidungsstrukturelle Abgrenzung gegenüber dem römisch-katholischen Glaubensverständnis mit ihrem zentralen Wahrheitsanspruch war gleichbedeutend mit der Proklamation einer gemeinde-demokratischen Position, die sich jedoch ausschließlich auf die innerkirchlichen Ordnungs- und Entscheidungsstrukturen bezog. Keinesfalls war hiermit ein subsidiärer Gestaltungsanspruch für die Gesellschaft schlechthin verbunden. Auch die protestantische Kirche blieb herrschaftssichernde Staatskirche und verdankte damit ihre Existenz als auch ihren gesellschaftlichen Einfluss wesentlich der engen Verzahnung mit staatlichen Organen. Insbesondere die während des 19. Jahrhunderts in Deutschland bestehende machtpolitische Nähe zum preußischen Staat ist einer der wesentlichen Gründe, weshalb das protestantische Subsidiaritätsverständnis bei der Ausgestaltung sozialer Arbeit wenig bedeutsam und als ein denkbares alternatives gesellschaftliches Ordnungsprinzip einflusslos blieb.

---

42 Emden 1571-1971. Herausforderungen der Jubiläumssynode. In: Reformierte Kirchenzeitung. Organ des Reformierten Bundes. Nr. 3. 113. Jahrgang. Februar 1971. S. 26.
43 Dieter Perlich: Referat: Die Akten der Synode der niederländischen Gemeinden, die unter dem Kreuz sind und in Deutschland und Ostfriesland verstreut sind. Gehalten in Emden, den 4. Oktober 1571. Übersetzung aus dem Lateinischen. In: Evangelisch-reformierte Kirche in Nordwestdeutschland (Hrsg.): 1571 Emder Synode 1971. Beiträge zur Geschichte und zum 400jährigen Jubiläum. Bearbeitet und redigiert von Elwin Lomberg. Neukirchener Verlag. Neukirchen-Vluyn 1973. 5. 49. Zur Emdener Synode siehe weiterhin: J.F. Gerhard Goeters (Hrsg.): Die Akten der Synode der Niederländischen Kirchen zu Emden vom 4.-13. Oktober 1571. Im lateinischen Grundtext mitsamt den alten niederländischen, französischen und deutschen Übersetzungen. Neukirchener Verlag. Neukirchen-Vluyn 1971. Gerhard Nordholt: Emden 1571 - eine heilsame „Unruhe" für Verfassung und Ordnung der Evangelisch-reformierten Kirche in Nordwestdeutschland. In: Reformierte Kirchenzeitung. Organ des Reformierten Bundes. Nr. 17. 112. Jahrgang. September 1971. 5. 182 ff.

Neben diesen gegensätzlichen kirchlichen Subsidiaritätsauffassungen finden sich in vielen Bereichen von Recht, Politik und Gesellschaft subsidiäre Regelungen, ohne dass dies im Alltagshandeln den hiervon betroffenen Menschen unmittelbar bewusst ist. Beispiele hierfür sind der föderative Staatsaufbau der Bundesrepublik Deutschland, die konkurrierenden Gesetzgebungskompetenzen zwischen Ländern und Bund, die verfassungsrechtliche Verankerung der kommunalen Selbstverwaltung sowie die subsidiär geregelten Kompetenzen zwischen nationalen Regierungen und der europäischen Union. Und blickt man zurück in das 18. und 19. Jahrhundert, so zeigen sich wesentliche gesellschaftliche Entwicklungen durch subsidiäre Prinzipien bestimmt. Zu denken ist hierbei nicht nur an die sich sukzessive durchsetzenden Verfassungsreformen innerhalb konstitutioneller Monarchien und entstehender Demokratien, sondern ebenfalls die Selbsthilfeorganisationen, Genossenschaften der Arbeiterbewegung sowie die bürgerlichen Vereinsbildungen.[44] Sie alle stellen subsidiäre Ausdrucksformen in so fern dar, als die Frage nach der Ansiedlung von jeweiliger Entscheidungssouveränität im Machtkonflikt zwischen lokalen und zentralen Ebenen zu regeln war.

Insbesondere für die bisherige Entwicklung und Ausgestaltung der Sozialen Arbeit in Deutschland hat das Subsidiaritätsprinzip eine herausragende Bedeutung.[45] Wie im vorangegangen Kapitel gezeigt, setzte sich im Streit um die Weimarer Fürsorgegesetzgebung das „Subsidiaritätsprinzip" dergestalt durch, dass der maßgeblich von konfessionellen Verbänden geforderte Handlungsvorrang gegenüber staatlichen Zuständigkeiten gesetzlich abgesichert wurde.[46] Diese alte Konfliktbeziehung aktualisierte sich in der 1949 gegründeten Bundesrepublik bei der Frage der zukünftigen Ausgestaltung der Wohlfahrtspflege und der hierbei zu gewichtenden Rolle von öffentlichen und freien Zuständigkeiten. Erneut konzentrierte sich der Streit um den zentralen Punkt, ob Aufgaben der Wohlfahrtspflege bzw. der Sozialen Arbeit eine öffentlich zu entscheidende und zu verantwortende Angelegenheit sei oder vielmehr dem Handeln freier Verbände überlassen werden müsse. Sowohl das 1961 verabschiedete Jugendwohlfahrtsgesetz[47] als auch das im gleichen Jahr beschlossene Bundessozialhilfegesetz[48] entschieden diese Frage eindeutig und dokumentieren die parlamentarische Minderheitenposition weitergehender Reformansätze, die den Ausbau einer öffentlichen Erziehung und Wohlfahrtspflege forderten. Gestärkt wurde stattdessen der Einfluss von (kirchlichen) Verbänden, denen nunmehr eine handlungsvorrangige Kompetenz bei der Bereitstellung sozialer Dienste zuerkannt wurde.

---

44 Vgl. u.a.: Annette Zimmer: Vereine - Basiselement der Demokratie. Leske + Budrich. Opladen 1996
45 Vgl. zusammengefasst: Christoph Sachße: Subsidiarität. In: Dieter Kreft, Ingrid Mielenz (Hrsg.): Wörterbuch Soziale Arbeit. A.a.O. S. 554 ff.
46 Vgl. hierzu insbes.: Gerhard Buck: Die Entwicklung der freien Wohlfahrtspflege von den ersten Zusammenschlüssen der freien Verbände im 19. Jahrhundert bis zur Durchsetzung des Subsidiaritätsprinzips in der Weimarer Fürsorgegesetzgebung. In: Rolf Landwehr, Rüdeger Baron (Hrsg.): Geschichte der Sozialarbeit. 5. 139 ff. Sowie: Fachlexikon der sozialen Arbeit. 3. Auflage 1993. Hrsg. Deutscher Verein für öffentliche und private Fürsorge. Frankfurt a.M. 1993. S. 774 und 939.
47 Gesetz für Jugendwohlfahrt (JWG) vom 11. August 1961
48 Bundessozialhilfegesetz (BSHG) vom 30. Juni 1961

„Das Jugendamt hat unter Berücksichtigung der verschiedenen Grundrichtungen der Erziehung darauf hinzuwirken, dass die für die Wohlfahrt der Jugend erforderlichen Einrichtungen und Veranstaltungen ausreichend zur Verfügung stehen. Soweit geeignete Einrichtungen und Veranstaltungen der Träger der freien Jugendhilfe vorhanden sind, erweitert oder geschaffen werden, ist von eigenen Einrichtungen und Veranstaltungen des Jugendamtes abzusehen. ..." (JWG § 5 Abs. 3)

„Dem Jugendwohlfahrtsausschuss müssen angehören ... Männer und Frauen, die auf Vorschlag der im Bezirk des Jugendamts wirkenden Jugendverbände und der freien Vereinigungen der Jugendwohlfahrt durch die Vertretungskörperschaft zu wählen sind. Die freien Vereinigungen und die Jugendverbände haben Anspruch auf 2/5 der Zahl der stimmberechtigten Mitglieder des Ausschusses, ...Vertreter der Kirchen und der jüdischen Kultusgemeinde ..." (JWG § 14 Abs. 1 Punkt 2 und 6)

„Die Träger der Sozialhilfe sollen bei er Durchführung dieses Gesetzes mit den Kirchen und Religionsgemeinschaften des öffentlichen Rechts sowie den Verbänden der freien Wohlfahrtspflege zusammenarbeiten und dabei deren Selbständigkeit in Zielsetzung und Durchführung ihrer Aufgaben achten." (BSHG § 10 Abs. 2)

„Wird die Hilfe im Einzelfall durch die Freie Wohlfahrtspflege gewährleistete, sollen die Träger der Sozialhilfe von der Durchführung eigener Maßnahmen absehen; dies gilt nicht für die Gewährung von Geldleistungen." (BSHG § 10 Abs. 4)

„Zur Gewährung von Sozialhilfe sollen die Träger der Sozialhilfe eigene Einrichtungen nicht neu schaffen, soweit geeignete Einrichtungen der in § 10 Abs. 2 genannten Träger der freien Wohlfahrtspflege vorhanden sind, ausgebaut oder geschaffen werden können." (BSHG § 93 Abs. 1)

Die im Gesetzgebungsverfahren unterlegene sozialdemokratische Minderheit fand sich jedoch mit diesen Regelungen keineswegs ab. Angeführt von den Stadtstaaten Hamburg und Bremen, den Ländern Hessen und Niedersachsen sowie den Städten Dortmund, Darmstadt, Frankfurt und Herne wurde Verfassungsbeschwerde erhoben. Dieser in der Geschichte der BRD als „Subsidiaritätsstreit" benannte Zentralkonflikt wurde sieben Jahre später durch den Zweiten Senat des Bundesverfassungsgerichtes entschieden. In seinem Urteil vom 18. Juli 1967 formulierte das BVerfG jedoch keineswegs eindeutige, den freien Trägern zugewiesene Handlungsvorrangigkeiten, sondern steckte ausschließlich den Interpretationsrahmen für auszugestaltende Beziehungen zwischen öffentlichen und freien Trägern ab, wobei die durch die Beschwerdeführer inkriminierten subsidiären Gesetzesregelungen als mit dem Grundgesetz vereinbar angesehen wurden.[49] Die politischen Mehrheitsverhältnisse in den Kommunen als auch die faktische Macht der konfessionellen Wohlfahrtsverbände führten in ihrem Zusammenwirken gleichwohl zu einem verbändezentrierten Ausbau sozialer Dienste, aus der heraus immer stärker eine Vorrangstellung der freigemeinnützigen Verbände abgeleitet wurde. Veränderungen bahnten sich erst mit

---

49 Vgl.: BVerfG 22. S. 180 ff. In: Münder/Kreft 1990. S. 166 ff.

dem 1990 verabschiedeten Kinder- und Jugendhilfegesetz (heute: SBG VIII) an.[50] Eingeführt wurde eine größere Trägerpluralität und die bisherige Fixierung auf die traditionellen Wohlfahrts- und Jugendverbände wurde zumindest intentional überwunden. Mit der 1998 vorgenommenen Novellierung des SGB VIII wurde dieser Prozess verstärkt. Auch im Leistungsbereich der Kinder- und Jugendhilfe sind inzwischen Leistungs- und Entgeltverträge eingeführt und privat-gewerbliche Träger anerkannt.[51] Eingeführt wurde ein komplett neuer Abschnitt, der die zukünftige Ausgestaltung der Leistungsangebote wettbewerblich präjudizieren soll.[52]

„(1) Wird die Leistung ganz oder teilweise in einer Einrichtung erbracht, so ist der Träger der öffentlichen Jugendhilfe zur Übernahme des Entgelts gegenüber dem Leistungsberechtigten verpflichtet, wenn mit dem Träger der Einrichtung oder seinem Verband Vereinbarungen über 1. Inhalt, Umfang und Qualität der Leistungsangebote (Leistungsvereinbarung), 2. differenzierte Entgelte für die Leistungsangebote und die betriebsnotwendigen Investitionen (Entgeltvereinbarungen) und 3. Grundsätze und Maßstäbe für die Bewertung der Qualität der Leistungsangebote sowie über geeignete Maßnahmen z ihrer Gewährleistung (Qualitätsentwicklungsvereinbarung) abgeschlossen sind.

(2) Die Vereinbarungen sind mit den Trägern abzuschließen, die unter Berücksichtigung der Grundsätze der Leistungsfähigkeit, Wirtschaftlichkeit und Sparsamkeit zur Erbringung der Leistung geeignet sind.

(3) Ist eine der Vereinbarungen nach Absatz 1 nicht abgeschlossen, so ist der Träger der öffentlichen Jugendhilfe zur Übernahme des Leistungsentgelts nur verpflichtet, wenn dies insbesondere nach Maßgabe der Hilfeplanung (§ 36) im Einzelfall geboten ist." (SGB VIII § 78b)

Auch in anderen Gesetzesbereichen wurde die früher bestandene Verbändelastigkeit des Subsidiaritätsparadigmas relativiert oder gar gänzlich abgeschafft. Dies gilt für das 1994 verabschiedete Pflegeversicherungsgesetz[53], bei der nicht mehr zwischen einzelnen Trägertypen unterschieden wird, ebenso wie für die 1996 vorgenommene Novellierung des BSHG.[54] Die im BSHG im § 10 zwar nach wie vor aufgeführte besondere Stellung der Verbände und Kirchen[55] hat nur noch eine symbolische Bedeu-

---

50 Gesetz zur Neuordnung des Kinder- und Jugendhilfegesetzes (Kinder- und Jugendhilfegesetz - KJHG) vom 26. Juni 1990 (BGBl. I S. 1163)
51 Vgl.: Sozialgesetzbuch (SGB) Achtes Buch (VIII) Kinder- und Jugendhilfe. In der Fassung der Bekanntmachung vom 8. Dezember 1998 (BGBl. I S. 3546).
52 Vgl.: SGB VIII §§ 78a - 78g.
53 Vgl.: Sozialgesetzbuch (SGB). Elftes Buch (XI) - Soziale Pflegeversicherungsgesetz - vom 26. Mai 1994 (BGBl. I S. 1014). Insbesondere: Siebtes Kapitel. Beziehungen der Pflegekassen zu den Leistungserbringern. §§ 69 ff.
54 Vgl.: Bundessozialhilfegesetz i.d.F. vom 23.7.1996 (BGBl. I S. 2083).
55 Im Gesetz wird diese besondere Stellung u.a. wie folgt definiert: „Die Träger der Sozialhilfe sollen bei der Durchführung dieses Gesetzes mit den Kirchen und Religionsgesellschaften des öffentlichen Rechts sowie den Verbänden der freien Wohlfahrtspflege zusammenarbeiten und dabei deren Selbständigkeit in Zielsetzung und Durchführung ihrer Aufgaben achten" (BSHG § 10 Abs. 2). Des weiteren: „Wird die Hilfe im Einzelfalle durch die freie Wohlfahrtspflege gewährleistet, sollen die Träger der Sozialhilfe von der Durchführung eigener Maahmen absehen; dies gilt nicht für die Gewährung von Geldleistungen" (BSHG § 10 Abs. 4).

tung und gilt durch die finanzierungsrechtlichen Regelungen des § 93 ff. als ausgehebelt. Danach ist die privilegierte Behandlung gemeinnütziger freigemeinnütziger Träger aufgehoben und eine Gleichstellung mit gewerblichen Anbietern vorgenommen worden.

„(1) Zur Gewährung von Sozialhilfe sollen die Träger der Sozialhilfe eigene Einrichtungen einschließlich Dienste nicht neu schaffen, so weit geeignete Einrichtungen anderer Träger vorhanden sind, ausgebaut oder geschaffen werden können. Vereinbarungen nach Absatz 2 sind nur mit Trägern von Einrichtungen abzuschließen, die insbesondere unter Berücksichtigung ihrer Leistungsfähigkeit und der Gewährleistung der Grundsätze des § 3 Abs. 1 zur Erbringung der Leistungen geeignet sind. Sind Einrichtungen vorhanden, die in gleichem Maße geeignet sind, soll der Träger der Sozialhilfe Vereinbarungen vorrangig mit Trägern abschließen, deren Vergütung bei gleichem Inhalt, Umfang und Qualität der Leistung nicht höher ist als die anderer Träger". (§ 93 Abs. 1)

Die aktuelle sozialpolitische Ausgestaltung des Subsidiaritätsprinzips zeigt also eine deutliche Aufweichung der tradierten Legitimation und bevorzugten Behandlung wohlfahrtsverbandlicher Träger. Immer weniger sind für die Gestaltung des Verhältnisses zu den freien Trägern deren sozialethischen und normativen Hintergründe maßgeblich. Vielmehr werden „...diese Beziehungsstrukturen ... tendenziell ersetzt durch eine Orientierung an sachrationalen Kategorien eines Vergleichs von ‚Inhalt, Umfang und Qualität der Leistung', wobei prinzipiell bedeutungslos wird, um welchen Träger und um welche Trägerform...es sich handelt".[56]

Die praktischen Implikationen eines sich neu formierenden Subsidiaritätsverständnisses lässt sich u.a. an markanten Einzelbeispielen ablesen und die Mitte der 1990er Jahre geführte Diskussion um eine Neuordnung der Drogenpolitik in der Hansestadt Hamburg soll dies illustrieren.

„Das aus dem Sozialstaatsprinzip folgende Individualrecht des Bürgers auf Hilfe ist gegenüber dem aus einem oftmals verkürzten und falschen Verständnis des Subsidiaritätsprinzips hergeleiteten vermeintlichen Anspruchs der Freien Träger auf Zuwendungen nicht nur eindeutig prioritär, sondern vielmehr ist es ... so, dass der Anspruch der Freien Träger auf Subsidium, d.h. auf Unterstützung, stets nachrangig gegenüber dem Individualrecht des Einzelnen auf Hilfe ist: Nur wenn und solange dem Individualrecht des Bürgers auf soziale und gesundheitsbezogene Hilfen angemessen und zureichend durch Angebote der Freien Träger nachgekommen wird und für die Angebote ein aus dem Individualrecht des Hilfesuchenden hergeleiteter Bedarf besteht, können diese einen Anspruch auf Subsidium, d.h. auf staatliche Förderung herleiten, nicht umgekehrt."[57]

---

[56] Joachim Merchel: Trägerstrukturen in der Sozialen Arbeit. Eine Einführung. Juventa Verlag. Weinheim und München 2003. S. 23.
[57] Vgl.: Bürgerschaft der Freien und Hansestadt Hamburg. 15. Wahlperiode. Drucksache 15/375 1 vom 15.8.95. Mitteilungen des Senats an die Bürgerschaft. Stellungnahme des Senats zu dem Ersuchen der Bürgerschaft vom 12./13./14. Dezember 1994 (Drucksache 15/2400..) - Zuwendungen -

Zusammenfassend ist zu sehen, dass sich der alte und ideologisch begründete Kompetenzstreit zwischen Staat einerseits und frei-gemeinnützigen (kirchlichen) Verbänden andererseits zunehmend auf die Frage verlagert, durch wen und unter welchen Ressourcenbedingungen angemessene Hilfeformen realisiert werden können. Rivalitätsbeziehungen und Machtansprüche können sich damit immer weniger auf die gesellschaftlichen Bedingungen der frühen Bundesrepublik oder gar auf die in der Weimarer Republik begründeten Traditionen beziehen. An ihnen festzuhalten, entspricht ideologisch begründeten Besitzstandsinteressen[58] etablierter Wohlfahrtsverbände, nicht aber der überfälligen Suche nach neuen sozialpolitischen Lösungen.[59]

1.3 Das Selbstverständnis Freier Wohlfahrtspflege

Warum benennt sich die Wohlfahrtspflege in Deutschland - so sie nicht mit staatlichen Aktivitäten identisch ist - mit dem Attribut „frei"? Und verbirgt sich hinter dieser im Vergleich zu anderen Ländern unüblichen Kennzeichnung[60] etwas so spezifisches, dass es Sinn machen könnte, hieran festzuhalten? Wieso kam es überhaupt zu diesem deutschen Begriffsverständnis und was macht seinen genaueren Inhalt aus? Erneut sind wir verwiesen auf die frühe Entwicklung der Wohlfahrtspflege in Deutschland. Wie schon an anderer Stelle erläutert, kam es in Deutschland erst nach dem 1. Weltkrieg zu einem demokratischen Verfassungsstaat. Dieser entstand nun keineswegs als Ergebnis eines gesellschaftlichen Diskurses und einer hierbei erzielten breiten Übereinkunft, sondern war Folge des desaströsen und verlorenen Weltkriegs sowie der revolutionären Erhebungen vom November 1918. Auf dieser Basis konnten sozialpolitische Vorstellungen, die über bisherige obrigkeitsstaatliche und polizeirechtliche Fürsorgemaßnahmen hinausgingen und auf eine Verbesserung der Lebensbedingungen verarmter Klassen zielten, nicht nur proklamiert, sondern auch erstmals umgesetzt werden. Ganz eindeutig wurde diese Aufgabe - zumindest aus der Sicht damaliger Sozialreformer - staatlichen Organen zugewiesen. Die Arbeit der Wohlfahrtsverbände begrenzte sich bis zu diesem Zeitpunkt wesentlich auf die Aktivitäten der Inneren Mission sowie der Caritas. Sie verstanden ihre Aufgaben als Ausdruck von „christlicher Liebes- und Missionstätigkeit", ohne dass damit weitergehende sozialpolitische Absichten verbunden gewesen waren. Diese „Seelen-Rettung" vollzog sich in einem jeweils eigenständigen Organisationsrahmen und abseits staatlicher Beeinflussung, gleichwohl wurde die finanzielle Unterstützung des Staates gesucht. Aus diesem Verständnis von christlicher Liebestätigkeit hielten die konfessionellen Verbände auch zu Beginn der Weimarer Republik zunächst fest. Zunehmende Kooperations- und Koordinationserfordernisse zwischen staatlichen Organen und den Wohlfahrtsverbänden bei der Ausgestaltung sozialgesetzlicher

---

58 Zum Begriff Ideologie vgl.: Werner Hofmann: Grundelemente der Wirtschaftsgesellschaft. Ein Leitfaden für Lehrende. Rowohlt TB Verlag. Reinbek b. Hamburg 1969.
59 Vgl. u.a.: Warnfried Dettling: Politik und Lebenswelt. Vom Wohlfahrtsstaat zur Wohlfahrtsgesellschaft. Verlag Bertelsmann Stiftung. Gütersloh 1995.
60 Im angloamerikanischen Sprachraum werden Wohlfahrtsverbände bzw. vergleichbare Organisationen mit „charity organization", „welfare organizations", z.T. auch als „volunteering organizations" bezeichnet.

Regelungen und beim Aufbau von sozialen Einrichtungen machten den Begriff der „christlichen Liebestätigkeit" immer stärker auch deshalb obsolet, als sich wohlfahrtliche Aktivitäten keineswegs mehr nur noch auf die konfessionellen Verbände begrenzten. Ohne dass man hierfür ein konkretes Datum angeben könnte, setzte sich im Sprachgebrauch deshalb der Terminus „freie Wohlfahrtspflege" durch, mit dem die Eigenständigkeit und Unabhängigkeit von staatlichen Organen und Einflüssen markiert wurde. In der weiteren Entwicklung der deutschen Wohlfahrtspflege verselbstständigte sich dieser Begriff, mit dem nunmehr das Nebeneinander von staatlichen Zuständigkeiten einerseits und freien (nichtstaatlichen) Aktivitäten andererseits bezeichnet wird. Zu bedenken ist zudem die spezifischen Entwicklung Deutschlands seit der 2. Hälfte des 19. Jahrhunderts. Kleinstaaterei und die relativ späte Entwicklung zu einem einheitlichen Nationalstaat waren gewissermaßen der Humus, auf dem - mangels wohlfahrtlicher Maßnahmen des Staates - sich konfessionelle Initiativen und Aktivitäten entwickelten und stabilisierten. Der lange Zeit nur kleinräumig existierende preußische „Nachtwächterstaat" kümmerte sich vorrangig um die Sicherung der gesellschaftlichen Rahmenbedingungen, wohingegen die gesellschaftlichen Binnenverhältnisse dem freien Spiel der Kräfte ausgesetzt blieben. Sozialpolitische Problemzuspitzungen waren die Folge und bildeten zugleich das Eldorado für das entstehende verbandliche Wohlfahrtswesen katholischer oder protestantischer Provenienz. Erfolgten diese Aktivitäten zunächst in zahlreichen, zersplitterten und voneinander unabhängig agierenden Einzelorganisationen, so bedingten die neuen Verhältnisse in der Weimarer Republik einen interessenspolitischen Organisierungsprozess[61], der schließlich zu einer rechtlichen Verankerung der Wohlfahrtsverbände als „Spitzenverband" führte und in der Reichsverordnung vom 4. Dezember 1926 geregelt wurde:

„Von Einrichtungen, deren Träger einem Reichsspitzenverband der Freien Wohlfahrtspflege angeschlossen sind, wird vermutet, dass sie Einrichtungen der Freien Wohlfahrtspflege sind. Reichsspitzenverbände der Freien Wohlfahrtspflege im Sinne dieser Verordnung sind

1. der Centralausschuß für die Innere Mission der deutschen evangelischen Kirche,
2. der Deutsche Caritasverband,
3. das Deutsche Rote Kreuz,
4. die Zentralwohlfahrtsstelle der deutschen Juden,
5. der Fünfte Wohlfahrtsverband,
6. der Hauptausschuss für Arbeiterwohlfahrt,
7. der Centralwohlfahrtsausschuß der christlichen Arbeiterschaft."[62]

Vom Staat per Rechtsverordnung als Kooperationspartner akzeptiert eröffneten sich für die genannten Verbände nicht nur eigenständige Gestaltungsräume, sondern

---

61 Vgl.: Exkurs: Vom Wohltätigkeitsverein zum Reichsspitzenverband. Der Aufbau der dualen Struktur der Wohlfahrtspflege. In: Christoph Sachße, Florian Tennstedt: Geschichte der Armenfürsorge in Deutschland. Band 2. A.a.O. S. 152 ff.
62 Reichsgesetzblatt. Jahrgang 1926. Teil 1. Dritte Verordnung zur Durchführung des Gesetzes über die Ablösung öffentlicher Anleihen. Vom 4. Dezember 1926. 1. Abschnitt. Die soziale Wohlfahrtsrente. § 8.

ebenfalls weit reichende staatliche Alimentierungen. In der weiteren Entwicklung der Verbände führte dies zu einer Sichtweise, „Freie Träger" und „Spitzenverband" gleichzusetzen bzw. in einem organischen Zusammenhang zu sehen.

Wie so oft verselbstständigen sich zuweilen Begriffe, fristen ihr Eigenleben, ohne sich an veränderte Bedingungen anzupassen oder gänzlich zu verschwinden. Denn was bezogen auf die Entstehung der freien Wohlfahrtspflege in Deutschland noch klar und eindeutig erschien, wirft zumindest heute erhebliche Zweifel auf. Denn inzwischen ist allgemein akzeptiert, dass wohlfahrtliche Aufgaben eine Angelegenheit der staatlichen Gemeinschaft darstellen, was keineswegs zwangsläufig einhergehen muss mit staatlichen Organisationsformen oder Trägerschaften.[63] Heftig gestritten wird notwendiger Weise um das Ausmaß öffentlicher Sozialpolitik, zumal hierbei sehr unterschiedliche Sozialpolitikkonzepte miteinander konkurrieren. Gleichwohl halten die deutschen Spitzenverbände an dem Begriff der freien Wohlfahrtspflege fest und betonen diesen sogar noch durch die Großschreibung des Attributs „frei".

„...alle Dienste und Einrichtungen in freigemeinnütziger Trägerschaft verstanden, die sich in organisierter Form freiwillig und gemeinnützig auf den Gebieten der Jugend- und Familienhilfe, der Sozialhilfe und des Gesundheitswesens betätigen, um Not leidenden oder gefährdeten Menschen zu helfen. Freie Wohlfahrtspflege wird aus eigenem Auftrag und aus eigenem Entschluss tätig. Sie ist unabhängig und in Zweck- und Zielsetzung nicht an Weisungen Dritter gebunden. Sie unterscheidet sich einmal von privat-gewerblich ausgerichteten Trägern und zum anderen von der Sozialverwaltung staatlicher, kommunaler und sonstiger öffentlichrechtlicher Körperschaften."[64]

„Die Verbände der Freien Wohlfahrtspflege begegnen mit ihren Einrichtungen und Diensten der sozialen Not. Ihre Leistungen für das Gemeinwesen sind ein wichtiger Bestandteil des Sozialstaates. Zusammen mit der öffentlichen Wohlfahrtspflege garantieren sie die Pluralität sozialer Hilfen und gewährleisten so das Wahlrecht hilfsbedürftiger Bürger."[65] (BAGFW 2001: 5).

Worin soll sich also aktuell der nachhaltige Sinn des Begriffs „Freie Wohlfahrtspflege" erschöpfen, wenn heute zu sehen ist, dass eine öffentliche Verantwortung für die Sozialpolitik keineswegs mehr auf diesem früheren isolierten Nebeneinander beruht, sondern sich in vielfältigen Kooperationsformen ausgestaltet? Und angesichts der inzwischen erreichten Trägerpluralität sowie der breiten Palette unterschiedlicher Organisations- und Rechtsformen beim Betrieb sozialer Einrichtungen stellt sich um so mehr die Frage, zu was der Begriff noch gut sein soll. Nicht von

---

63 Dass die Wahrnehmung von öffentlichen Aufgaben keineswegs gleichzusetzen ist mit staatlichen Organisationsformen, gehört zum essentiellen Erkenntnisstand der Staats- und Verwaltungswissenschaft. Demnach sollen Aufgaben gleichermaßen zweckorientiert, verfassungsbezogen und jeweils spezifisch verfahrens-/organisationsorientiert wahrgenommen werden; sie umfassen damit ein weites Spektrum verschiedener Organisierungsmuster und Rechtsformen. Vgl. Th. Ellwein, J.J. Hesse: Das Regierungssystem der Bundesrepublik Deutschland. 6., neubearbeitete und erweiterte Auflage. Westdeutscher Verlag Opladen 1987. S. 347 f.
64 Siehe hierzu: BAOFW (Hg.): Die Spitzenverbände der Freien Wohlfahrtspflege - Aufgaben und Finanzierung, Lambertus Verlag. Freiburg i.Br. 1985. S. 11.
65 BAGFW 2001. S. 5

der Hand zu weisen ist die Vermutung, der Begriff „Freie Wohlfahrtspflege" sei ein begriffliches Konstrukt zur Legitimation spitzenverbandlicher Einflusszonen und Ausgrenzung unliebsamer Konkurrenten beim Zugang um öffentliche Haushaltsmittel. Denn legt man die von der BAGFW benannten und als erforderlich angesehenen Eigenschaften für die Kennzeichnung eines Spitzenverbandes zu Grunde, stellen sich Fragen und Zweifel. Zu sehen ist nämlich ein begrifflicher Definitionsanspruch, der nur schwer, zum Teil überhaupt nicht auf alle Spitzenverbände zutrifft. Nach den Statuten der BAGFW ist ein Verband dann ein Spitzenverband, wenn

„er seine Tätigkeit über das ganze Bundesgebiet erstreckt, seine unmittelbare tätige Hilfe grundsätzlich das gesamte Gebiet der Freien Wohlfahrtspflege umfasst, nicht nur einzelne Arbeitszweige derselben;

er den umfassenden Zusammenschluss für die Organisation und Einrichtungen darstellt, die von derselben Idee getragen werden;

zwischen dem Spitzenverband und den ihm zugeordneten Organisationen und Einrichtungen eine organische Verbindung besteht;

der Spitzenverband insgesamt und durch die Bedeutung der in ihm zusammengeschlossenen Organisationen und Einrichtungen die Gewähr für eine stetige, umfassende und fachlich qualifizierte Arbeit sowie für eine gesicherte Verwaltung bietet."[66]

Und selbstdefinitorisch wird der Kreis der hierzu gehören Spitzenverbände auf die in der BAGFW zusammengeschlossenen Organisationen begrenzt.

„Die Freie Wohlfahrtspflege organisiert sich überwiegend in ihren sechs Spitzenverbänden: der Arbeiterwohlfahrt (AWO), dem Deutschen Caritasverband (DCV), dem Deutschen Paritätischen Wohlfahrtsverband (Der PARITÄTISCHE); dem Deutschen Roten Kreuz (DRK), dem Diakonischen Werk der EKD (DW der EKD) und der Zentralwohlfahrtsstelle der Juden in Deutschland (ZWST)."[67]

Wäre hiermit keine ausschließende Absicht gegenüber anderen Organisationen und Trägern verbunden, so könnte man die Problematisierung des Begriffs als künstlich und für die Praxis von Sozialer Arbeit irrelevant bezeichnen. Nun zeigen aber die heftigen Debatten, dass der Terminus „Spitzenverband der Freien Wohlfahrtspflege" keineswegs nur von historisierender Bedeutung ist. Bezogen auf die frühe sozialpolitische Entwicklung der Bundesrepublik Deutschland ging es vor allem um die Sicherung eines staatsfreien Gestaltungsraums, in dem sich die konfessionellen Verbände entfalten konnten.[68] In der weiteren Entwicklung von Sozialer Arbeit zielten die strategischen Absichten verbandsübergreifend darauf ab, eine gleichberech-

---

66 Satzung der Bundesarbeitsgemeinschaft der Freien Wohlfahrtspflege e.V. in der Fassung von 1988, § 1 Abs. 2.
67 BAGFW: Die Freie Wohlfahrtspflege. Profil und Leistungen. Lambertus Verlag. Freiburg i.Br. 2002. S. 8
68 Beispielhaft hierzu: K.-J. Ruhl: Hierarchie oder Anarchie? Der Streit um die Familienrechtsreform in den fünfziger Jahren. In: Aus Politik und Zeitgeschichte. B 45/92. 30. Oktober 1992. Ebd.: Familie und Beruf. Weibliche Erwerbstätigkeit und katholische Kirche in den fünfziger Jahren. In: Aus Politik und Zeitgeschichte. B 17/93. 23. April 1993.

tigte Stellung anderer Organisations- und Trägerformen zu verhindern.[69] Wie insbesondere an den Novellierungen des BSHG 1996 und der des SGB VIII 1998 zu sehen ist, war dieser Versuch wenig erfolgreich.

Ein weiteres kommt hinzu. Fachlich-inhaltliche Qualitätsanforderungen an die Soziale Arbeit können immer weniger verbandsspezifisch begründet werden. Ausschließlich besitzstandssichernde Haltungen verlieren deshalb an Einfluss. Das System erodiert und zeigt Angleichungsprozesse, die bisherige Unterschiede zwischen öffentlichen und freien Trägern und solche zwischen den freien Trägern zunehmend schwinden lassen. Geradezu von beispielhafter Bedeutung für diese Entwicklung sind die Ergebnisse einer Befragung von leitenden Mitarbeitern, die der Deutsche Verein 1994 vorlegte. Danach

> „Empirisch unstrittig ist bei allen Befragten die Feststellung, dass in der alltäglichen Arbeit die praktische Bedeutung christlichen Engagements vor Problemen der Professionalisierung und Organisierung des Helfens ... zurücktritt. ... Mit der Entscheidung, in einem kirchlichen Verband Sozialarbeit zu leisten, entscheidet man sich zwar weniger dafür, einer bestimmten Weltanschauung zu dienen, als dafür, eine bestimme sozialberufliche Tätigkeit auszuüben, mit all ihren spezifischen Chancen und Risiken für den persönlichen Werdegang. ... Die Frage der Befähigung für eine Tätigkeit in einem konfessionell geprägten Verband wird eindeutig im Sinne der Professionalisierung beantwortet."[70]

Die Befunde stützen die These von der Angleichung der Wohlfahrtsverbände bei einem gleichzeitigen Schwinden der Wertorientierungen und belegen die zunehmende Relevanz von fachlichen Prinzipien für die Ausgestaltung von Sozialen Hilfen.[71] Dies bedeutet nun keineswegs, dass wertgebundene Gesichtspunkte bedeutungslos würden, sondern verweist vielmehr darauf, dass deren Verbindlichkeit sich von einer institutionellen Ebene auf eine persönliche verlagert. Entscheidend ist nicht mehr der wertbezogene und entsprechend milieugebundene Charakter der Einrichtung oder Dienstleistung, sondern die persönliche Motivation des jeweiligen Mitarbeiters.[72] Den Interessen von Klienten kommt ein solcher Perspektivenwechsel sicher entgegen, zumal deren Einschätzung über den Nutzen und die Qualität Sozialer Dienste weniger an verbandsideologischen Prämissen als vielmehr an unmittelbaren Erfahrungen mit der persönlichen und direkten Dienstleistungserbringung (uno actu-Prinzip) orientiert sein dürfte. Auch der Befund weitgehend übereinstimmender Rollensettings von Leitungskräften als Unternehmer, Experte und Basisarbeiter belegt

---

69 BVerfG 22, S. 180 ff. In: J. Münder/D. Kreft (Hg.): Subsidiarität heute. Votum Verlag. Münster 1990. S. 166 ff.
70 G. Frank, C. Reis, M. Wolf: „Wenn man die Ideologie wegläßt, machen wir alle das gleiche" Eine Untersuchung zum Praxisverständnis leitender Fachkräfte unter Bedingungen des Wandels der freien Wohlfahrtspflege. Arbeitshilfen Heft 47. Hrsg.: Deutscher Verein 1994. S. 147 f.
71 Vgl. u.a.: Boeßenecker u.a.: Qualitätskonzepte in der Sozialen Arbeit. Votum Verlag. Münster 2003.
72 Siehe hierzu auch die Ergebnisse der von Nübel 1993 durchgeführten Befragungsaktionen innerhalb diakonischer Einrichtungen. In: Hans Ulrich Nübel: Die neue Diakonie: Teilhabe statt Preisgabe. Mitarbeiterinnen und Mitarbeiter kommen zu Wort. Lambertus Verlag. Freiburg i.Br. 1994.

die Tendenz einer zunehmend fachlichen, d.h. zugleich verbandsunspezifischen Dienstleistungserbringung[73]. Die quantitativ nachweisbare Inanspruchnahme sozialer Dienste jedoch als Beleg für bewusste weltanschauliche Entscheidungen der Klienten zu interpretieren, wird im Zuge dieser Entwicklung immer weniger überzeugend und die hinter einer solchen Argumentation stehenden profaneren materiellen Interessen immer deutlicher. Das Festhalten an einem Begriffsverständnis „Freier Wohlfahrtspflege" wird damit immer fragwürdiger. Auch aus juristischer Sicht gerät die bisher praktizierte Eigeninterpretation der Spitzenverbände unter Druck, zumal es im SGB an einer eindeutigen gesetzlichen Definition fehlt.[74] Bislang proklamierte Alleinzuständigkeiten der Wohlfahrtsverbände bewegen sich damit nicht nur auf einem rechtlich unsicheren Boden, sondern folgen einem engen und durch die Praxis von Sozialer Arbeit überholten Verbandsverständnis, das den heutigen Rahmenbedingungen nicht mehr entspricht.[75]

1.4 Spitzenverbandlicher Lobbyismus

Wie zu sehen, vollzieht sich freie Wohlfahrtspflege sich vor allem im organisatorischen Kontext der Spitzenverbände. Im deutschen System der Wohlfahrtspflege und auf die Entwicklung bis zur Mitte der 1990er Jahre bezogen, hatten diese Verbände eine sozialpolitisch herausgehobene und gegenüber anderen Dienstleistungsanbietern privilegierte Stellung. Diese Ausgangslage erklärt zumindest teilweise, weshalb die freie Wohlfahrtspflege in ihrem öffentlichen Auftreten als eine geschlossene Formation erscheint und zumindest in ihrer bisherigen Selbstdarstellung auf verbandliche Differenzierungen verzichtet.[76] Gerade aber diese Public-Relations-Arbeit gilt es zu problematisieren, weil damit etwas Einheitliches, Homogenes suggeriert wird, das sich in der Realität in vielfältiger Weise organisatorisch und interessenpolitisch aufsplittet. Der Öffentlichkeit werden so immer wieder Leistungsbilanzen präsentiert, die sich auf den Gesamtbereich der freien Wohlfahrtspflege beziehen. Mit geringen Abweichungen werden hierbei prinzipiell gleiche Daten genannt, von rd. 94.000 Einrichtungen, ca. 1.600 Aus-, Fort- und Weiterbildungsstätten, rd. 3,3 Mio. bereitgestellten Betten/Plätzen sowie von ca. 1,2 Mio. hauptberuflich Beschäftigten gesprochen.[77] Man könnte deshalb schnell dem Trugschluss erliegen, die freie Wohlfahrtspflege sei ein eigenständiger und in sich geschlossener Wirtschaftssektor, der hinsichtlich seiner Leistungs- und Strukturdaten ähnlich eingrenzbar wä-

---

73 Vgl. hierzu ausführlich: B. Badura, P. Gross: Sozialpolitische Perspektiven. Eine Einführung in Grundlagen und Probleme sozialer Dienstleistungen. München 1976. J. Berger, C. Offe: Die Entwicklungsdynamik des sozialen Dienstleistungssektors. In: Leviathan. Heft 8/1980. S. 41-75. Th. Olk: Jugendhilfe als Dienstleistung. Vom Öffentlichen Gewährleistungsauftrag zur Marktorientierung? In: Widersprüche. Heft 53. Dezember 1994.
74 Vgl.: Johannes Münder: Verbände der freien Wohlfahrtspflege — ein strittiger Begriff. In: Nachrichtendienst des Deutschen Vereins für öffentliche und private Fürsorge. 76. Jahrgang. Heft 11/96. S. 350 ff.
75 Vgl.: Berthold Becher: Die Verbände der freien Wohlfahrtspflege vor dem Zwang zur Neupositionierung: Strategisches Management und Organisationsentwicklung. In: Nachrichtendienst des Deutschen Vereins für öffentliche und private Fürsorge. 76. Jahrgang. Heft 6/96. S. 178 ff.
76 Vgl. hierzu aktuell: BAGFW 20002
77 Vgl.: BAGFW 2002. S. 63

re wie andere Beschäftigungsbranchen. Wie jedoch in der vorliegenden Veröffentlichung aufgezeigt wird, ist das Feld der freien Wohlfahrtspflege durch spezifische hochkomplexe Organisations- und Verbändestrukturen bestimmt, die sich nur schwerlich unter einen gemeinsamen Hut bringen lassen. Dass die Öffentlichkeit dennoch einer verbändeunspezifischen Informationspolitik gegenübersteht, ist nicht nur dem Begriff „Spitzenverband" zuzuschreiben. Hinzu kommt, dass CV, DW, AWO, DPWV, DRK und ZWST neben ihrer rechtlichen und organisatorischen Eigenständigkeit gegenüber der Öffentlichkeit einen gemeinsam abgestimmten Lobbyismus praktizieren, der sich strategisch in der hierzu gebildeten Bundesarbeitsgemeinschaft der Freien Wohlfahrtspflege (BAGFW) realisiert. Zumindest gilt dies für die allgemeinen Belange der freien Wohlfahrtspflege und der hierbei zu sichernden Bestandsbedingungen. In einem solchen organisatorischen Korsett Interessen zu vertreten, erfordert offenkundig eine gemeinsame überverbandliche Sprache und entsprechend abgestimmte Strategien. Dies heißt Schnittmengen auszuloten, zu managen und lobbyistisch in konkurrierender Auseinandersetzung gegenüber anderen Interessen durchzusetzen. Zugleich bedeutet dies aber auch, einzelverbandliche Charakteristika zurückzustellen und öffentlich zu verdecken. Begrenzte sich diese Tätigkeit bis zum Ende der 1980er Jahre fast ausschließlich auf eine nationalstaatliche Handlungsbühne, so stellt sich diese Aufgabe inzwischen ebenfalls im Kontext einer europäischen Interessenvertretung.[78]

Die institutionelle Ausprägung einer solchen verbändelobbyistischen Politik ist keineswegs ein Produkt der bundesrepublikanischen Geschichte, sondern beginnt schon Anfang der 1920er Jahre, unmittelbar nach Bildung der Weimarer Republik. Seit dem zeigt sich eine Kontinuitätslinie, die deutlich macht, dass dieser verbändeübergreifende Zusammenschluss januskopfig zum System der deutschen Spitzenverbände freier Wohlfahrtspflege gehört. Nur zwei Ereignisse durchbrechen dieses Kontinuum. Zum einen ist es der nationalsozialistische Staat, der die Eigenständig der Verbände aufhob und diese - soweit sie noch bestanden - in die Nationalsozialistische Volkswohlfahrt integrierten. Zum anderen ist es die veränderte Positionierung der AWO, die erst nach dem Zweiten Weltkrieg ihre ablehnende Haltung gegenüber dem spitzenverbandlichen Zusammenschluss aufgab und diesem beitrat.

Die Aufgabe, die Gesamtinteressen der „Freien Wohlfahrtspflege" gegenüber dem Staat und der Gesellschaft zu vertreten, bedeutet vorrangig, sich aktiv am Sozialgesetzgebungsprozess sowie der konzeptionellen und institutionellen Ausgestaltung staatlicher Sozialpolitik zu beteiligen.[79] Auf der Bundesebene erfolgt dies durch die BAGFW, die als lobbyistischer Zusammenschluss der sechs Spitzenverbände in den öffentlichen Entscheidungsprozess über die Ausgestaltung der Wohlfahrtspflege inkorporiert ist. Auf der Länderebene sind entsprechende Landesligen oder Landesarbeitsgemeinschaften tätig und auf der kommunalen Ebene bestehen örtliche Ar-

---

78 Vgl. hierzu u.a.: Rudolph Bauer (Hg.): Sozialpolitik in deutscher und europäischer Sicht. Rolle und Zukunft der Freien Wohlfahrtspflege zwischen EG-Binnenmarkt und Beitrittsländern a.a.O. Walter Hornstein, Gerd Mutz: Die europäische Einigung als gesellschaftlicher Prozeß. Soziale Problemlagen, Partizipation und kulturelle Transformation. Nomos Verlag. Baden-Baden 1993. Insbes. Kap. 2: Sozialarbeit und Sozialpolitik, S. 226 ff.
79 Vgl.: Satzung der BAGFW, § 3 Aufgaben und § 9 Erweiterte Mitgliederversammlung.

beitsgemeinschaften, die mit gleicher Zielsetzung tätig und in maßgeblichen sozialpolitischen Entscheidungsgremien vertreten sind. Unabhängig von der jeweils gewählten Bezeichnung und Handlungsebene gilt für all diese Ligaverbände, dass sie rechtlich eigenständige Arbeitsgemeinschaften darstellen und sich in ihrer Zusammensetzung ausschließlich auf die Spitzenverbände begrenzen. Was zum Ausdruck kommt, ist eine closed shop Strategie wohlfahrtsverbandlicher Interessenspolitik.

Tab. 1: Lobbyismus der Spitzenverbände der Freien Wohlfahrtspflege[80]

1920	Verbände der Freien Wohlfahrtspflege gründen den Wirtschaftsbund sozialer Einrichtungen - WIBU - als Einkaufsgenossenschaft für die ihnen angeschlossenen Einrichtungen.[81]
1921	DCV, Innere Mission, ZWST, DRK, Paritätischer Verband schließen sich zur „Reichsarbeitsgemeinschaft der Hauptverbände der Freien Wohlfahrtspflege" zusammen.
1923	Gründung der „Hilfskasse gemeinnütziger Wohlfahrtseinrichtungen Deutschlands GmbH" (Hika) durch die Mitgliedsverbände der Reichsarbeitsgemeinschaft.[82]
1924	Die Reichsarbeitsgemeinschaft gibt sich einen neuen Namen und heißt fortan „Liga der Spitzenverbände der Freien Wohlfahrtspflege".

---

80 Vgl. hierzu u.a.: Christoph Sachße, Florian Tennstedt: Geschichte der Armenfürsorge in Deutschland. Band 2. A.a.O. Rudolph Bauer (1986). S. 313 f. Ebd.: Vom Roten Kreuz zum Totenkreuz. Zur Wohlfahrtsverbände-Politik im Nationalsozialismus. In: neue praxis. Zeitschrift für Sozialarbeit, Sozialpädagogik und Sozialpolitik. Heft4/1986. S. 311 ff.

81 Die WIBU besteht als eingetragene Genossenschaft mit Hauptsitz in Ahrensburg. Sie unterhält sechs Regionalgesellschaften in der Rechtsform einer GmbH. 1996 gehörten der WIBU 1173 Mitglieder an, die folgenden Spitzenverbänden angeschlossen waren: 560 Mitglieder des DCV, 361 Mitglieder des DW, 60 Mitglieder des DPWV, 23 Mitglieder des DRK, 15 Mitglieder der AWO. 115 Mitglieder gehörten keinem Spitzenverband an; bei 39 Mitgliedern handelte es sich um öffentliche Einrichtungen. Vgl.: WIBU-Mitgliederadressen. Stand: 31.2.1996.

82 Mit der Gründung einer eigenen Wohlfahrtsbank weiteten die Spitzenverbände ihre Tätigkeiten auf das Bankgeschäft aus und schufen sich ein zusätzliches Instrument zur Finanzierung ihrer Verbände und Einrichtungen. Der Bankencrash 1929/30 brachte auch die Hika in Schwierigkeiten. Ihr drohender Konkurs konnte nur mit Hilfe des Reiches abgewendet werden. Die Vereinnahmung der Hilfskasse durch die NSV 1934 sowie rückgehende Mitgliederzahlen führten zum Niedergang der Hilfskasse. Nach 1945 arbeitete die Hilfskasse zunächst als Vermögensverwaltung der früheren Wohlfahrtsverbände in kleinem Rahmen weiter. Ihre Wiederzulassung zum Betreiben von Bankgeschäften erhielt sie 1954. Ausgestattet mit 50 Mio. DM Treuhandmittel des Bundesinnenministeriums konnte die Hilfskasse ab 1956 allmählich ihre frühere Bedeutung zurückerlangen. 1970 erfolgte die Umbenennung in „Bank für Sozialwirtschaft GmbH" (BFS). 1990 übernimmt die BFS die Lotterie-Organisationsgesellschaft mbH und organisiert seitdem die Wohlfahrtslotterien „Glückspilz" und „Glückskäfer". Mit Hauptsitz in Berlin vertreten, hatte die Hika/BFS zunächst nur eine Niederlassung in Köln. Nach dem deutschen Einigungsprozess wurden 1992 in Leipzig und Dresden weitere Geschäftsstellen eingerichtet. Gesellschafter der BFS sind die in der BAGFW zusammengeschlossenen Spitzenverbände der Freien Wohlfahrtspflege mit folgenden Anteilen: DCV 33 %, DW der EKD 33 %, AWO 10 %, DPWV-Gesamtverband- 10 %, DRK 10 %, ZWST 1 %. Vgl.: BFS - Bank für Sozialwirtschaft GmbH: Mit uns ... (1993). Sowie: Bericht über das Geschäftsjahr 1994.

1926	Die in der Liga zusammengeschlossenen Verbände, aber auch die AWO werden durch die 3. Verordnung zur Durchführung des Gesetzes über die Ablösung öffentlicher Anleihen vom 4.12.1926 (RGBl I S. 494 ff.) als „(Reichs-) Spitzenverbände der Freien Wohlfahrtspflege" anerkannt.
1933	Neuordnung der Spitzenverbände durch den NS-Staat und Bildung der „Reichsgemeinschaft der freien Wohlfahrtspflege Deutschlands". Mitglieder sind: Innere Mission, Caritasverband, Deutsches Rotes Kreuz und Nationalsozialistische Volkswohlfahrt (NSV).
1934	An die Stelle der „Reichsgemeinschaft ..." tritt die „Arbeitsgemeinschaft der freien Wohlfahrtspflege", mittelbar geleitet und geführt durch die Reichsleitung der NSDAP.
1940	Die NSV kündigt ihre Mitarbeit in der „Arbeitsgemeinschaft der freien Wohlfahrtspflege" auf.
1949	Erweitert um die AWO gründet sich die bis 1933 bestehende Liga neu.
1961	Die Liga benennt sich um in „Bundesarbeitsgemeinschaft der Freien Wohlfahrtspflege - BAGFW -".
1966	Die Form der losen Arbeitsgemeinschaft wird aufgegeben. Die BAGFW gibt sich die Rechtsform eines eingetragenen Vereins.
1990	Die BAGFW errichtet ein Europabüro in Brüssel.
1994	Innerhalb der europäischen Gemeinschaft wird die BAGFW mit Beginn der neuen Legislaturperiode (Oktober) Mitglied des Wirtschafts- und Sozialausschusses.
2000	Verlagerung der BAGFW Geschäftsstelle an den neuen Berliner Regierungssitz

Als bundesweiter Zusammenschluss rechtlich autonomer Einzelverbände kann die BAGFW freilich nur solche Interessen öffentlich vertreten, die sich im Konzert aller Mitgliedsorganisationen als konsensfähig erweisen. Dies zu gewährleisten, erfordert eine Grundordnung, die Majorisierungen und Bevormundungen verhindert. Typisch sind deshalb spezifische Satzungsbestimmungen der BAGFW, die den Vorstand als ein aus allen Mitgliedsverbänden zusammengesetztes Vertretungsorgan bestimmen und einen regelmäßigen Vorsitzwechsel vorschreiben.[83] Ebenso zeigt sich die Mitgliederversammlung als weiteres Vereinsorgan durch das Prinzip der gleichwertigen Mitgliedschaft geprägt. Unabhängig von der Größe des jeweiligen Spitzenverbandes hat auch hier jede Mitgliedsorganisation nur eine Stimme, wobei eine Beschlussfassung, mit Ausnahme genau definierter Bereiche, der Einstimmigkeit bedarf.[84] Und dieses Prinzip gilt ebenso für die Bildung von entscheidungsvorbereitenden Ausschüssen.[85]

Dass die BAGFW als ideeller Gesamtlobbyist der Spitzenverbände Freier Wohlfahrtspflege keineswegs nur allgemeine und formelhafte Ziele verfolgt, zeigt ihr po-

---

83 Vgl.: §§ 7, 12 der Satzung.
84 Vgl.: §§ 8, 10 der Satzung.
85 Vgl.: § 11 der Satzung.

litisches Agieren auf nationaler und europäischer Ebene. Deutlich werden vor allem drei miteinander verzahnte Handlungsstrategien. Dies sind zum einen zahlreiche sozialpolitische Stellungnahmen und Forderungen zur Situation von unterschiedlichen Ziel-, Problem- und Klientengruppen der Sozialen Arbeit. Beispiele hierzu sind u.a.:[86]

- Vorschlag (geänderter) für eine Verordnung des Europäischen Parlaments und des Rates über Verkaufsförderung im Binnenmarkt (Januar 2003)
- Stellungnahme der BAGFW und der Stiftung Deutsches Hilfswerk zum Staatsvertrag zum Lotteriewesen (Januar 2003)
- Gemeinsame Empfehlungen „Qualitätssicherung". Stellungnahme zum Diskussionsentwurf der BAG für Rehabilitation (Februar 2003)
- Anforderungen der BAGFW an die Darlegung und Prüfung von QM-Systemen (März 2003)
- Erster Arbeitsentwurf für dein 5. Gesetz zur Änderung des SGB XI (März 2003)
- Stellungnahme zur gesetzlichen Verankerung der Integrationsbegleitung und Zuwanderungsgesetz (April 2003)
- Gemeinsame Stellungnahme mit Nationaler Armutskonferenz zum Entwurf der NAPincl 2003-2005 (Mai 2003)
- Positionen zur Europäischen Strukturpolitik nach 2006 (September 2003)
- Stellungnahme zur Straffung der „Offenen Methode der Koordinierung" im Bereich Sozialschutz (September 2003)
- Stellungnahme zum Gesetzentwurf von SPD und Bündnis 90/Die Grünen zur Einordnung des Sozialhilferechts in das SGB (September 2003)
- Stellungnahme zur Umsetzung des SGB IX (Oktober 2003)

Zum anderen handelt es sich um die politikberatende und -beeinflussende Mitarbeit in staatlichen, halbstaatlichen und verbandlichen Gremien oder Facharbeitskreisen auf der Bundes- und Landesebene sowie in den Kommunen. Vorrangiges Ziel hierbei ist eine verbändegünstige Gestaltung der öffentlichen Förderbedingungen.[87] Die

---

86 Unvollständig übernommen aus: BAGFW: Jahresbericht 2003. S. 51.
87 Beispielhaft für diese lobbyistische Tätigkeit sind die durch das Ministerium für Arbeit, Gesundheit und Soziales NRW erlassenen „Richtlinien über die Gewährung von Zuwendungen für die Förderung von ambulanten gesundheits- und sozialpflegerischen Diensten, insbesondere von Sozialstationen" (Juni 1992) sowie die „Richtlinien zur Förderung komplementärer ambulanter Dienste in Nordrhein-Westfalen" (Juni 1996). Hier gelang es der Landesarbeitsgemeinschaft der Freien Wohlfahrtspflege, den Kreis der Zuwendungsempfänger auf ihre Mitgliedsverbände zu begrenzen und neue (z.B. gewerbliche) Anbieter auszuschließen. Vgl.: Ministerialblatt für das Land NRW.45. Jg. Nr. 51. Düsseldorf 17. August 199. Ebd. 49. Jg. Nr. 50. Düsseldorf 5. August 1996.

nachfolgende Auflistung differenziert nach internen BAGFW-Arbeitskreisen und Repräsentanzen in externen Gremien.[88]

BAGFW - interne Arbeitskreise und ad-hoc Gruppen:
- Arbeitskreis „Wohlfahrtsmarken"
- Ad-hoc-Arbeitsgruppe „Gemeinnützigkeitsrecht"
- Arbeitskreis „Statistik"
- Projektgruppe „Arbeitslosigkeit und Arbeitsmarktpolitik/Zusammenlegung von Arbeitslosen- und Sozialhilfe"
- Ausschuss „ESF-Förderung"
- Projektgruppe „Behindertenpolitik"
- Projektgruppe „Bioethik"
- Projektgruppe „Nationaler Aktionsplan soziale Integration"
- Projektgruppe „Qualitätsmanagement"
- Projektgruppe „Schwangeren- und Familienhilfe"
- Projektgruppe „Reformbedarf der Pflegeversicherung"
- Projektgruppe „Bildung, Betreuung und Erziehung"
- Projektgruppe „Migration"
- Projektgruppe „Enquete-Kommission bürgerschaftliches Engagement und die Folgen"
- Ad-hoc-Arbeitsgruppe „Bundesempfehlungen nach § 93d Abs. 3 BSHG"
- Ad-hoc-Arbeitsgruppe „Pflegeversicherung"
- Verhandlungsdelegation „Bundesrahmenempfehlungen nach § 132a SGB V"
- Verhandlungsdelegation „Zivildienst"

Vertretung in Gremien und Institutionen:
- Arbeitsgruppe Runder Tisch Pflege
- BAG der Berufsbildungswerke
- Begleitausschüsse zu den Europäischen Strukturfonds
- Beirat für die Teilhabe behinderter Menschen
- Beirat Rehabilitation und Teilhabe beim BMGS
- Beirat Stiftung „Digitale Chancen"
- Bundesjugendkuratorium
- Bundesprüfstelle für jugendgefährdende Schriften
- Deutsche Krankenhausgesellschaft
- Deutsche Welthungerhilfe
- Deutsches Forum Prävention und Gesundheitsförderung
- Deutsches Komitee für UNICEF e.V.
- Deutsches Zentralinstitut für soziale Fragen (DZI)
- Kuratorium des Deutschen Forums für Kriminalprävention des BMI
- Sachverständigenrat zur Begutachtung der Entwicklung im Gesundheitswesen
- Stiftung „Bürger für Bürger"
- Stiftung „Hilfswerk für behinderte Kinder"
- Stiftung Deutsche Jugendmarke

---

88 Zusammengestellt nach: BAGFW: Jahresbericht 2003. Berlin 2004

- Stiftung Deutsches Hilfswerk
- Wettbewerb „startsocial", „Hilfe braucht Hilfe"
- Wirtschafts- und Sozialausschuss der EU

Schließlich zielen die Aktivitäten auf die Bestandssicherung und den Ausbau gegenwärtiger Systemstrukturen wohlfahrtlicher Arbeit, verbunden mit der Absicht, marktbedrohliche Einflüsse zu verhindern und so weit wie möglich eine Europäisierung des deutschen Modells freier (nicht öffentlicher) Wohlfahrtspflege zu erreichen.[89]

Wie an anderer Stelle schon erläutert, ist dieses lobbyistische System freier Wohlfahrtspflege keineswegs mehr unumstritten und stößt zunehmend auf heftige Kritik. Vor allem lassen sich zwei unterschiedliche Denkrichtungen ausmachen, aus denen die Angemessenheit solcher claim-artigen Strukturen in Frage gestellt werden. Zum einen handelt es sich um eine engagiert-sozialpolitische Position, die erfahrungsmäßig eingebunden in den Handlungskontext neuer sozialer Bewegungen ideologiekritisch den Einflussbereich und die systemstabilisierenden Rolle der traditionellen Wohlfahrtspflege kritisiert und für größere Autonomie, Selbstorganisation und Selbsthilfe der Betroffenen plädiert.[90] War diese Position vor allem für die späten 60er, für die 70er und 80er Jahre meinungsbildend, so haben sich diese kritischen Stimmen insofern relativiert, als viele der damaligen Protestströmungen und Initiativen inzwischen Teil der Wohlfahrtsverbände geworden sind und von diesen adaptiert wurden. Daneben findet sich seit Ende der 80er, Anfang der 90er Jahre vermehrt eine zweite Kritik, die aus ordoliberaler Sicht die Legitimität des Systems Freier Wohlfahrtspflege schlichtweg verneint und radikal die marktförmige Neugestaltung des so genannten „Wohlfahrtskartells" fordert.[91]

In der Vergangenheit stellte sich die BAGFW einer solchen Kritik eher zögerlich und defensiv. Spätestens seit dem Deutschen Fürsorgetag 2003 ist jedoch zu sehen, dass den nicht abreisenden kritischen Einwürfen nunmehr mit einer offensiven Qualitätskampagne begegnet wird. Sie zielt darauf, die aus der Sicht der BAGFW unverzichtbaren Leistungen der freien Wohlfahrtspflege herauszustellen und praktisch zu belegen. Interessant hierbei ist die Verständigung aller Spitzenverbände auf eine gemeinsame formulierte Qualitätsmanagement-Strategie, die jeweils verbändespezifisch umgesetzt werden soll. Transparenz, Nachweisbarkeit, Verbindlichkeit und Wirksamkeit des jeweiligen Dienstleistungsprofils sollen hierdurch unterstützt und gesichert werden. Als fachunabhängige und für alle Fachbereiche geltenden Qualitätsanforderungen werden neun Kriterien angegeben: Leitbildorientierung, Orientierung am persönlichen Nutzen, Gemeinwesen- und Bürgerorientierung, Mitarbeiter-

---

89 Vgl. hierzu: BAGFW: Jahresbericht 1992. Insbes. S. 3, 12 f., 15, 24 ff., 30, 39 f., 49, 63 und 69.
90 Vgl. hierzu: Rudolph Bauer (Hrsg.): Die liebe Not: zur historischen Kontinuität der Freien Wohlfahrtspflege. Beltz Verlag. Weinheim 1984. Rudolph Bauer; Hartmut Diessenbacher (Hrsg.): Organisierte Nächstenliebe. Wohlfahrtsverbände und Selbsthilfe in der Krise des Sozialstaats. Westdeutscher Verlag. Opladen 1984.
91 Vgl.: Gerd von Lojewski, Uwe Sauermann: Unsere Wohlfahrt: Verbände, Funktionäre und Filz? Bayerischer Rundfunk 1989; Bericht der Bundesregierung. 12. Hauptgutachten Monopolkommission; Ottnad u.a. 2000; Institut der deutschen Wirtschaft 2004.

orientierung, Dienstleistungsorientierung, Ziel- und Wirkungsorientierung, Vertragspartnerschaft, Ressourcenorientierung und schließlich Management der Qualität. Deren Operationalisierung steht freilich noch aus und soll im Rahmen einer Selbstverpflichtung der Verbände eingelöst werden.[92] Aufgeworfen ist damit allerdings eine weitere kritische Anfrage an das bestehende System der freien Wohlfahrtspflege. Denn wie glaubwürdig und überzeugend können die bisher behaupteten sozialpolitischen Beiträge und Wirkungen der freien Wohlfahrtspflege überhaupt sein, wenn deren Nachweis erst durch ein wettbewerblich induziertes Qualitätsmanagementkonzept, das zudem auf zukünftige Entwicklungen bezogen ist, erfolgen soll.

Literatur

Angerhausen, Susanne/Backhaus-Maul, Holger/Offe, Claus/Olk, Thomas/Schiebel, Martina: Überholen ohne einzuholen. Freie Wohlfahrtspflege in Ostdeutschland. Westdeutscher Verlag. Opladen/Wiesbaden 1998

Arbeitsgemeinschaft für Jugendhilfe (AGJ), Fachhochschule für Sozialarbeit und Sozialpädagogik Berlin: 60 Jahre für Jugendwohlfahrt 1922-1982. Bonn 1983

Badelt, Christoph. (Hrsg.): Handbuch der Nonprofit Organisationen. Strukturen und Management, Stuttgart 1977

Badura, B/Gross, P: Sozialpolitische Perspektiven. Eine Einführung in Grundlagen und Probleme sozialer Dienstleistungen. München 1976.

BAGFW: Die Freie Wohlfahrtspflege. Profil und Leistungen. Lambertus Verlag. Freiburg i.Br. 2002.

Baron, Rüdeger/Dykerhoff, Kristin/Landwehr, Rolf/Nootbaar, Hans (Hrsg.): Sozialarbeit zwischen Bürokratie und Klient - Die Sozialpädagogische Korrespondenz 1969 - 1973 (Reprint) - Dokumente der Sozialarbeiterbewegung. Hrsg. Sozialistisches Büro. Offenbach 1978

Bauer, Rudolph (Hrsg.): Die liebe Not: zur historischen Kontinuität der Freien Wohlfahrtspflege. (Beiträge der Tagung Zum Stand der Wohlfahrtsverbände-Forschung in der Bundesrepublik Deutschland). Beltz Verlag. Weinheim 1984

Bauer, Rudolph Bauer: Vom Roten Kreuz zum Totenkreuz. Zur Wohlfahrtsverbände-Politik im Nationalsozialismus. In: neue praxis. Zeitschrift für Sozialarbeit, Sozialpädagogik und Sozialpolitik. Heft4/1986. S. 311 ff.

Bauer, Rudolph/Thränhard, Anna-Maria (Hrsg.): Verbandliche Wohlfahrtspflege im internationalen Vergleich. Westdeutscher Verlag. Opladen 1987

Bauer, Rudolph: Sozialpolitik in deutscher und europäischer Sicht. Rolle und Zukunft der Freien Wohlfahrtspflege zwischen EG-Binnenmarkt und Beitrittsländern. Deutscher Studien Verlag. Weinheim 1992

Becher, Berthold: Die Verbände der freien Wohlfahrtspflege vor dem Zwang zur Neupositionierung: Strategisches Management und Organisationsentwicklung. In: Nachrichtendienst des Deutschen Vereins für öffentliche und private Fürsorge. 76. Jahrgang. Heft 6/96. S. 178 ff.

---

92 Vgl.: Grundanliegen der Wohlfahrtsverbände zur Erreichung ihrer spezifischen Dienstleistungsqualität. Verabschiedet vom Vorstand der Bundesarbeitsgemeinschaft der Freien Wohlfahrtspflege. Berlin 18.03.2003 Anforderungen der Bundesarbeitsgemeinschaft der Freien Wohlfahrtspflege (BAGFW) an die Darlegung und Prüfung von QM-Systemen. Dgl.

Beher, K./Liebig, R./Rauschenbach, Thomas: Das Ehrenamt in empirischen Studien - ein sekundäranalytischer Vergleich. In: BMFSFJ, Schriftenreihe 163, Berlin 1999

Berger, J./Offe, Claus: Die Entwicklungsdynamik des sozialen Dienstleistungssektors. In: Leviathan. Heft 8/1980. S. 41-75

Bericht der Bundesregierung. 12. Hauptgutachten Monopolkommission.

BFS - Bank für Sozialwirtschaft GmbH: Mit uns ... (1993). Sowie: Bericht über das Geschäftsjahr 1994.

Blandow, Jürgen/Tangemann, M.: Von der christlichen Liebestätigkeit zum Wohlfahrtsverband. Caritas und Diakonie der ehemaligen DDR der Transformation. Beispiele aus Rostock. In: Bauer (Hrsg.): Sozialpolitik in deutscher und europäischer Sicht.

BMFSFJ, 2000: Freiwilliges Engagement in Deutschland. Ergebnisse der Repräsentativerhebung zu Ehrenamt, Freiwilligenarbeit und bürgerschaftlichem Engagement. In: BMFSFJ, Schriftenreihe 194.1-3, Berlin.

Boeßenecker u.a.: Qualitätskonzepte in der Sozialen Arbeit. Votum Verlag. Münster 2003.

Boeßenecker, Karl-Heinz/Siedhoff, Christa., 2000: Bürgerschaftliches Engagement im Politikbereich Gesundheit. Eine Explorationsstudie. In: FH-Düsseldorf; Forschungsschwerpunkt Wohlfahrtsverbände/Sozialwirtschaft: Schriftenreihe Arbeitsmaterialien Nr. 14, Düsseldorf.

Branahl, Matthias/Fuest, Winfried: Kirchensteuer in der Diskussion. Hrsg.: Institut der deutschen Wirtschaft. Beiträge zur Wirtschafts- und Sozialpolitik Nr. 224. Deutscher Institutsverlag. Köln 1995

Braun, Joachim: Kontaktstellen und Selbsthilfe. Bilanz und Perspektiven der Selbsthilfeförderung in Städten und ländlichen Regionen. ISAB-Verlag. Köln 1989.

Brenner, Tobias: Diakonie im Sozialstaat. Staatskirchenrecht und Evangelische Kirche. Universitas Verlag. Tübingen 1995.

BSHG vom 30. Juni 1961 (BGBl. I. S. 815)

Buck, Gerhard: Die Entwicklung der freien Wohlfahrtspflege von den ersten Zusammenschlüssen der freien Verbände im 19. Jahrhundert bis zur Durchsetzung des Subsidiaritätsprinzips in der Weimarer Fürsorgegesetzgebung. In: Rolf Landwehr, Rüdeger Baron (Hrsg.):

Bundesarbeitsgemeinschaft der Freien Wohlfahrtspflege e.V. (Hrsg.), 2001: Gesamtstatistik der Einrichtungen und Dienste der Freien Wohlfahrtspflege, Berlin.

Bundesarbeitsgemeinschaft der Freien Wohlfahrtspflege: Anforderungen der Bundesarbeitsgemeinschaft der Freien Wohlfahrtspflege (BAGFW) an die Darlegung und Prüfung von QM-Systemen. Verabschiedet vom Vorstand der Bundesarbeitsgemeinschaft der Freien Wohlfahrtspflege. Berlin 18.03.2003

Bundesarbeitsgemeinschaft der Freien Wohlfahrtspflege: Die Freie Wohlfahrtspflege. Profil und Leistungen. Lambertus Verlag. Freiburg i.Br. 2002.

Bundesarbeitsgemeinschaft der Freien Wohlfahrtspflege: Die Spitzenverbände der Freien Wohlfahrtspflege - Aufgaben und Finanzierung, Lambertus Verlag. Freiburg i.Br. 1985[1]

Bundesarbeitsgemeinschaft der Freien Wohlfahrtspflege: Grundanliegen der Wohlfahrtsverbände zur Erreichung ihrer spezifischen Dienstleistungsqualität. Verabschiedet vom Vorstand der Bundesarbeitsgemeinschaft der Freien Wohlfahrtspflege. Berlin 18.03.2003

Bundesarbeitsgemeinschaft der Freien Wohlfahrtspflege: Jahresbericht 1992. Bonn 1993.

Bundesarbeitsgemeinschaft der Freien Wohlfahrtspflege: Jahresbericht 2003. Bonn 2004

Bundesministerium für Familie und Senioren (Hrsg.): Schriftenreihe. Band 42: Joachim Braun: Selbsthilfeförderung durch Länder, Kommunen und Krankenkassen. Bonn 1994
Bundessozialhilfegesetz vom 30. Juni 1961 (BSHG).
Bürgerschaft der Freien und Hansestadt Hamburg. 15. Wahlperiode. Drucksache 15/375 1 vom 15.8.95. Mitteilungen des Senats an die Bürgerschaft. Stellungnahme des Senats zu dem Ersuchen der Bürgerschaft vom 12./13./14. Dezember 1994 (Drucksache 15/2400..) - Zuwendungen -
BVerfG 22, S. 180 ff. In: J.Münder/D.Kreft (Hg.): Subsidiarität heute. Votum Verlag. Münster 1990. S. 166 ff.
Caperchione, Eugen/Gudera, Markus: Freie Wohlfahrtsorganisationen in Italien. In: Zeitschrift für öffentliche und gemeinwirtschaftliche Unternehmen (ZögU). Band 18. Heft 4. 1995. 5. 398.
Dankwart Danckwerts: Grundriß einer Soziologie sozialer Arbeit und Erziehung. Zur Bestimmung der Entwicklung von Sozialarbeit und Sozialpädagogik in der BRD. Beltz Verlag. Weinheim und Basel 1978.
Der Spiegel. Nr. 15/1988. S. 52 ff.: „Nur noch saugen und mauscheln". Korruption, Filz und Inkompetenz im System der deutschen Wohlfahrtsverbände
Der Spiegel. Nr. 52/1995. S. 40 ff.: „Konzerne unterm Kreuz"
Dettling, Warnfried: Politik und Lebenswelt. Vom Wohlfahrtsstaat zur Wohlfahrtsgesellschaft. Verlag Bertelsmann Stiftung. Gütersloh 1995.
Deutscher Bundestag, 1996: Antwort der Bundesregierung auf die Große Anfrage zur Bedeutung ehrenamtlicher Tätigkeit in unserer Gesellschaft, Drucksache 13/5674.
Die Verfassung des Deutschen Reiches (Weimarer Verfassung) vom 11. August 1919. Art. 7, Punkt5, 7, 8 und 11.
Dritte Verordnung zur Durchführung des Gesetzes über die Ablösung öffentlicher Anleihen. Vom 4. Dezember 1926. 1. Abschnitt. Die soziale Wohlfahrtsrente. § 8. Reichsgesetzblatt. Jahrgang 1926. Teil 1.
DTV-Lexikon. Band 17. München 1979. S. 341
Duden Fremdwörterbuch. 6., auf der Grundlage der amtlichen Neuregelung der deutschen Rechtschreibung überarbeite und erweiterte Auflage. Herausgegeben und bearbeitet vom Wissenschaftlichen Rat der Dudenredaktion. Mannheim 1997. S. 780
Ellwein, Thoma/Hesse, J...: Das Regierungssystem der Bundesrepublik Deutschland. 6., neubearbeitete und erweiterte Auflage. Westdeutscher Verlag Opladen 1987.
Emden 1571-1971. Herausforderungen der Jubiläumssynode. In: Reformierte Kirchenzeitung. Organ des Reformierten Bundes. Nr. 3. 113. Jahrgang. Februar 1971. S. 26.
Ettwig, S.,: Subsidiarität und Demokratisierung der Europäischen Union. Die Verbände der freien Wohlfahrtspflege als sozialpolitische Akteure vor den Herausforderungen einer europäischen Sozialpolitik, Frankfurt/M. 2000
Familie und Beruf. Weibliche Erwerbstätigkeit und katholische Kirche in den fünfziger Jahren. In: Aus Politik und Zeitgeschichte. B 17/93. 23. April 1993.
Frank, G./Reis, C./Wolf, M.: „Wenn man die Ideologie wegläßt, machen wir alle das gleiche" Eine Untersuchung zum Praxisverständnis leitender Fachkräfte unter Bedingungen des Wandels der freien Wohlfahrtspflege. Arbeitshilfen Heft 47. Hrsg.: Deutscher Verein 1994. S. 140 ff.
Fridolin, Arthur: Formen und Grenzen des Subsidiaritätsprinzips. Heidelberg 1965. S. 28.
Gesetz für Jugendwohlfahrt (JWG) vom 11. August 1961
Gesetz für Jugendwohlfahrt vom 11. August 1961 (JWG). §§ 2, 5, 8, 9, 12, 13 bis 16, 18 und 37.

Gesetz zur Neuordnung des Kinder- und Jugendhilfegesetzes (Kinder- und Jugendhilfegesetz - KJHG) i.d.F. Sozialgesetzbuch (SGB) Achtes Buch (VIII). Kinder- und Jugendhilfe. In der Fassung der Bekanntmachung vom ...

Goeters, J.F. Gerhard (Hrsg.): Die Akten der Synode der Niederländischen Kirchen zu Emden vom 4.-13. Oktober 1571. Im lateinischen Grundtext mitsamt den alten niederländischen, französischen und deutschen Übersetzungen. Neukirchener Verlag. Neukirchen-Vluyn 1971.

Grunwald, Klaus: Neugestaltung der freien Wohlfahrtspflege. Management organisationalen Wandels und die Ziele der Sozialen Arbeit. Juventa Verlag. Weinheim und München 2001

Hofmann, Werner: Grundelemente der Wirtschaftsgesellschaft. Ein Leitfaden für Lehrende. Rowohlt TB Verlag. Reinbek b. Hamburg 1969.

Hornstein, Walter/Mutz, Gerd: Die europäische Einigung als gesellschaftlicher Prozeß. Soziale Problemlagen, Partizipation und kulturelle Transformation. Nomos Verlag. Baden-Baden 1993

Initiative Jugendpolitisches Forum (Hrsg.): Dokumentation Jugendpolitisches Forum in Frankfurt. Fachhochschule für Sozialarbeit 6.-8. Dezember 1974. Mai 1975

Institut der deutschen Wirtschaft: Wohlfahrtsverbände in Deutschland. Auf den Schultern der Schwachen. Deutscher Instituts-Verlag. Köln 2004.

Institut für Lokale Sozialpolitik und Nonprofit-Organisationen (Sprecher: Prof. Dr. Rudolph Bauer) c/o Universität Bremen (Hrsg.): Aktionsprogramm zur Förderung des freiwilligen gesellschaftlichen Engagements. Eine Aufforderung zum Handeln. Bremen (1995)

Jordan, Erwin/ Münder, Johannes (Hrsg. 65 Jahre Reichsjugendwohlfahrtsgesetz - ein Gesetz auf dem Weg in den Ruhestand. Votum Verlag. Münster 1987

Kinder- und Jugendhilfegesetz vom 26. Juni 1990 (KJHG). §§ 3, 4, 5, 8, 9, 11, 36, 71, 74, 78 und 80.

Landwehr, Rolf/Baron, Rüdeger (Hrsg.): Geschichte der Sozialarbeit. Hauptlinien ihrer Entwicklung im 19. und 20. Jahrhundert. Beltz Verlag. Weinheim und Basel 1983

Lange, Chris: Freie Wohlfahrtspflege und europäische Integration. Zwischen Marktangleichung und sozialer Verantwortung. Verlag Deutscher Verein. Frankfurt/M. 2001

Leisner, Walter: Staatliche Rechnungsprüfung kirchlicher Einrichtungen unter besonderer Berücksichtigung der karitativen Tätigkeit. Ebd., Band 600. Berlin 1991.

Leisner, Walter: Staatliche Rechnungsprüfung Privater unter besonderer Berücksichtigung der Freien Wohlfahrtspflege. Schriften zum Öffentlichen Recht, Band 585. Verlag Duncker & Humblot. Berlin 1990

Lojewski, Gerd von/Sauermann, Uwe: Unsere Wohlfahrt: Verbände, Funktionäre - und Filz? Bayerischer Rundfunk 1989.

Ludemann, Peter: Zur (besonderen) Aufgabenstellung der Vertreter der Caritas im JHA. In: Jugendwohl. Zeitschrift für Kinder- und Jugendhilfe 3/1995

Merchel, Joachim: Trägerstrukturen in der Sozialen Arbeit. Eine Einführung. Juventa Verlag. Weinheim und München 2003

Meyer, Dirk: Das teure Wohlfahrtskartell. In: Frankfurter Allgemeine Zeitung vom 10. Dezember 1995. ARD/mdr-Sendung „Fakt" vom 18.03.1996.

Ministerialblatt für das Land NRW.45. Jg. Nr. 51. Düsseldorf 17. August 199. Ebd. 49. Jg. Nr. 50. Düsseldorf 5. August 1996.

Münchmeier, Richard: Zugänge zur Geschichte der Sozialarbeit. Juventa Verlag. München 1981

Münder, Johannes/ Kreft, Dieter (Hrsg.): Subsidiarität heute. Votum Verlag. Münster 1990.

Münder, Johannes: Verbände der freien Wohlfahrtspflege - ein strittiger Begriff. In: Nachrichtendienst des Deutschen Vereins für öffentliche und private Fürsorge. 76. Jahrgang. Heft 11/96. S. 350 ff.

Nell-Breuning von, Oswald: Das Subsidiaritätsprinzip. In: Theorie und Praxis der sozialen Arbeit 1976. S. 6-17.

Nell-Breuning von, Oswald: Gerechtigkeit und Freiheit. Grundzüge der katholischen Soziallehre. München 1985

Nordholt, Gerhard: Emden 1571 - eine heilsame „Unruhe" für Verfassung und Ordnung der Evangelisch-reformierten Kirche in Nordwestdeutschland. In: Reformierte Kirchenzeitung. Organ des Reformierten Bundes. Nr. 17. 112. Jahrgang. September 1971. 5. 182 ff.

Nübel, Hans Ulrich: Die neue Diakonie: Teilhabe statt Preisgabe. Mitarbeiterinnen und Mitarbeiter kommen zu Wort. Lambertus Verlag. Freiburg i.Br. 1994.

Olk, Thomas: Jugendhilfe als Dienstleistung. Vom Öffentlichen Gewährleistungsauftrag zur Marktorientierung? In: Widersprüche. Heft 53. Dezember 1994.

Otto, Hans-Uwe/Schnurr, Stefan: Privatisierung und Wettbewerb in der Jugendhilfe. Marktorientierte Modernisierungsstrategien in internationaler Perspektive, Neuwied, Kriftel. 2000.

Perlich, Dieter: Referat: Die Akten der Synode der niederländischen Gemeinden, die unter dem Kreuz sind und in Deutschland und Ostfriesland verstreut sind. Gehalten in Emden, den 4. Oktober 1571. Übersetzung aus dem Lateinischen. In: Evangelisch-reformierte Kirche in Nordwestdeutschland (Hrsg.): 1571 Emder Synode 1971. Beiträge zur Geschichte und zum 400jährigen Jubiläum. Bearbeitet und redigiert von Elwin Lomberg. Neukirchener Verlag. Neukirchen-Vluyn 1973.

Pott, Ludwig: Wohlfahrtsverbände im Dilemma der Zivilgesellschaft. In: Soziale Arbeit, H. 10-11/2000. S. 382-389.

Puhl, Ria/Maas, Udo (Hrsg.): Soziale Arbeit in Europa. Organisationsstrukturen, Arbeitsfelder und Methoden im Vergleich, Juventa Verlag. Weinheim-München 1997

Reichsgesetzblatt. Jahrgang 1926. Teil 1. Dritte Verordnung zur Durchführung des Gesetzes über die Ablösung öffentlicher Anleihen. Vom 4. Dezember 1926. 1. Abschnitt. Die soziale Wohlfahrtsrente. § 8.

Reichsverordnung über die Fürsorgepflicht - RFV - vom 13. Februar 1924. Insbes. § 5, Absatz 1, 2 und 5.

Ruhl, K.-J.: Hierarchie oder Anarchie? Der Streit um die Familienrechtsreform in den fünfziger Jahren. In: Aus Politik und Zeitgeschichte. B 45/92. 30. Oktober 1992.

Runge, Brigitte/Vilmar, Fritz: Handbuch Selbsthilfe. Verlag Zweitausendeins. Frankfurt a.M. 1988

Sachße, Christoph/Tennstedt, Florian: Geschichte der Armenfürsorge in Deutschland. Band 2. Fürsorge und Wohlfahrtspflege 1871 bis 1929. Verlag W. Kohlhammer. Stuttgart, Berlin, Köln, Mainz 1988

Sachße, Christoph: Subsidiarität. In: Dieter Kreft, Ingrid Mielenz (Hrsg.): Wörterbuch Soziale Arbeit.. S. 554 ff.

Satzung der BAGFW, § 3 Aufgaben und § 9 Erweiterte Mitgliederversammlung.

Satzung der Bundesarbeitsgemeinschaft der Freien Wohlfahrtspflege e.V. in der Fassung von 1988, § 1 Abs. 2.

Schäfer, Peter: Europäische Integration und Soziale Arbeit. Zu den Auswirkungen europäischer Sozialpolitik in Deutschland und deutscher Sozialpolitik in Europa auf Soziale Arbeit. Frankfurt/M. 2000

Sengling, Dieter: Über die Freie Wohlfahrtspflege in einer sich wandelnden Gesellschaft. Frankfurter Rundschau vom 12.8.1993. Ebd.: Die heutige und zukünftige Bedeutung der Freien Wohlfahrtspflege. In: Bank für Sozialwirtschaft. Bericht über das Geschäftsjahr 1993. S. 66 ff.

Sozialgesetzbuch (SGB). Achtes Buch (VIII). Kinder- und Jugendhilfe. I.d.F. der Bekanntmachung vom 8. Dezember 1998.

Sozialgesetzbuch (SGB). Elftes Buch (XI). Pflegeversicherungsgesetz .. i.d.F. vom ...

Sozialgesetzbuch II - Grundsicherung für Arbeit Suchende - Vom 24. Dezember 2003. BGBl. I S. 2954

Sozialgesetzbuch XII - Sozialhilfe - Vom 27. Dezember 2003. BGBl. I S. 3022

Spiegelhalter, Franz: Der dritte Sozialpartner. Die Freie Wohlfahrtspflege - ihr finanzieller und ideeller Beitrag zum Sozialstaat. Lambertus Verlag. Freiburg im Breisgau 1990.

Stiftung Mitarbeit (Hg.): Hartmut Krebs: Selbsthilfe Netze, Über 200 Zusammenschlüsse von Selbsthilfe- und Initiativgruppen.

Stiftung Mitarbeit (Hrsg.): Karl-Heinz Boeßenecker, Ulrich Buchholz, Theo Bühler: Analyse des Beratungsbedarfs und der Beratungsangebote im Bereich sozialer Selbsthilfe. Eine Pilotstudie. Bonn 1988

Theorie und Praxis der sozialen Arbeit 1976. S. 6-17.

Vertrag zwischen der BRD und der DDR über die Herstellung der Einheit Deutschlands (Einigungsvertrag) vom 31. August 1990. Artikel 32 Freie und gesellschaftliche Kräfte.

Von Tugenden und Sünden. Neuer Welt-„Katechismus der katholischen Kirche". Frankfurter Rundschau vom 18.5.93.

Walter Schellhorn: Einordnung des Sozialhilferechts in das Sozialgesetzbuch - das neue SGB XII. In: Nachrichtendienst des Deutschen Vereins für öffentliche und private Fürsorge. Heft 5/2004. S. 168 ff.

Wangler, Walter: Bürgschaft des inneren Friedens. Sozialpolitik in Geschichte und Gegenwart. Westdeutscher Verlag. Opladen/Wiesbaden 1998

Waschkuhn, Arno: Was ist Subsidiarität? Ein sozialphilosophisches Ordnungsprinzip: Von Thomas von Aquin bis zur „civil society". Westdeutscher Verlag. Opladen 1995.

Wirtschafts- und Sozialwissenschaftliches Institut des Deutschen Gewerkschaftsbundes (Hg.): Seit über einem Jahrhundert ...: Verschüttete Alternativen in der Sozialpolitik. Bund-Verlag. Köln 1981.

Wirtschaftsmagazin Capital. Nr. 12/96. Dezember 1996. S. 148 ff.: "Wohlfahrt im Rolls-Royce"

Wohlfahrt, Norbert, 1999: Zwischen Ökonomisierung und verbandlicher Erneuerung: Die Freie Wohlfahrtspflege auf dem Weg in einen veränderten Wohlfahrtsmix. In: Theorie und Praxis der Sozialen Arbeit, H.1, 3-8.

Zimmer, Annette: Vereine - Basiselement der Demokratie. Leske + Budrich. Opladen 1996

2 Wohlfahrtspflege aus statistischer Sicht

Trotz inzwischen vieler vorliegender Einzeluntersuchungen ist der empirische Kenntnisstand über die Spitzenverbände der freien Wohlfahrtspflege nach wie vor unbefriedigend. Und auch die Miteinbeziehung der Wohlfahrtsfahrtsverbände in eine „Dritte-Sektor-Forschung" hat an diesem Sachverhalt nur wenig geändert.[1] Zwar hat sich im Vergleich zum Informationsstand Mitte der 1990er Jahre die Datenlage ebenso verbessert wie das öffentliche Informationsverhalten der Verbände, ohne dass sich damit aber die empirischen Zugangsprobleme wirklich gelöst hätten. Denn wenn auch die Produktion sozialer Dienstleistungen in der Bundesrepublik Deutschland in überwiegender Weise durch die Träger und Einrichtungen der freien Wohlfahrtspflege erfolgt, so sind hiermit keineswegs alle sozialen Dienstleistungen ausreichend erfasst. Viele dieser personenbezogenen Aktivitäten realisieren sich außerhalb der Verbände in familiären Zusammenhängen, Nachbarschaftskontexten oder in anderen Organisationsformen, über deren Ausmaß und volkswirtschaftliche Bedeutung quantitativ und qualitativ nur nähernde Daten vorliegen. Auch gilt diese unsichere Datenbasis für die Tätigkeit der Spitzenverbände selbst. Denn wie in den verbändespezifischen Teilen des vorliegenden Lehrbuches zu sehen ist, führen die sehr differenzierten Organisations- und Trägerstrukturen innerhalb der Verbände zu bislang ungelösten Statistikproblemen. Hinzu kommt, dass auch die vorliegenden amtlichen Erhebungsverfahren jeweils eigenen Logiken folgen und kaum miteinander vergleichbar sind. Als statistische Quellen, auf deren Basis die von den Spitzenverbänden geleisteten Aktivitäten, beschäftigten Personen und bereitgestellten Dienstleistungen zumindest annähernd genau und in quantitativer Dimension benannt werden könnten, stehen gleich mehrere und wenig übereinstimmende Grundlagen zur Verfügung. Es sind dies im Einzelnen die

a) Gesamtstatistik der Freien Wohlfahrtspflege, herausgegeben von der BAGFW
b) Verbandsstatistiken der einzelnen Spitzenverbände,
c) Jugendhilfestatistik, herausgegeben vom Statistischen Bundesamt, Wiesbaden,
d) Bevölkerungs- und Erwerbstätigkeitsstatistik des Statistischen Bundesamtes und
e) Umlagestatistik der Berufsgenossenschaft für Gesundheitsdienst und Wohlfahrtspflege.

Gründe, Anlässe, Verwendungszwecke, Zählweisen wie Aussagegehalt dieser Erhebungen sind höchst unterschiedlich und blockieren bislang einen vergleichenden Datenzugang. Dies gilt es zu bedenken, wenn im Folgenden die jeweiligen Quellen kurz erläutert werden.

---

1 Vgl. hierzu u.a.: Priller, Eckhard/Zimmer, Annette (Hrsg.): Der Dritte Sektor International. Mehr Markt - weniger Staat? Edition Sigma. Berlin 2001

Die Gesamtstatistik der BAGFW dokumentiert die Aktivitäten und Einrichtungen der Spitzenverbände und ihrer Mitgliedsorganisationen. Das Zahlenwerk besteht aus summarischen Angaben und kommentierten Erläuterungen über den größten Bereich der nichtstaatlichen, gemeinnützigen Wohlfahrtspflege. Systematisch werden 7 Fachbereiche unterschieden, die insgesamt 172 Tätigkeitsfelder umfassen. Auch Selbsthilfe- und eigenständige Initiativgruppen werden zahlenmäßig aufgeführt, wobei allerdings bereichs- und verbändespezifische Informationen fehlen. Erhoben und vorgelegt werden diese Daten in einem zweijährigen Abstand. Die zuletzt vorgelegte Statistik datiert vom 1.1.2001.[2] Die der BAGFW von den einzelnen Spitzenverbänden mitgeteilten Daten erfolgen auf freiwilliger Basis und sind nach jeweils verbändeintern vorgenommenen Gesichtspunkten den unterschiedlichen Handlungsfeldern zugeordnet. Ob diese Angaben tatsächlich den damit suggerierten Sachverhalten entsprechen, ist deshalb keineswegs klar und eindeutig. Ein bislang weiterer Mangel besteht in der verbändeunspezifischen Bilanzierung der freien Wohlfahrtspflege. Die sowohl zwischen den Spitzenverbänden als auch innerhalb der Spitzenverbände bestehenden unterschiedlichen Organisationswirklichkeiten bleiben ungenannt und lassen damit keine weiteren Aussagen über die konkrete Bedeutung der einzelnen Verbände bei der Erbringung sozialer Dienstleistungen zu.

Tab. 2: Systematik der BAGFW-Statistik

Fachbereichen	Differenzierung nach Tätigkeitsfelder
1. Gesundheitshilfe	9
2. Jugendhilfe	26
3. Familienhilfe	16
4. Altenhilfe	15
5. Behindertenhilfe	40
6. Weitere soziale Hilfen	46
7. Aus-, Fort-, Weiterbildung	20
I n s g e s a m t	172
Erhebungszeitraum: Zweijährlich Gesetzliche Grundlage: keine, freiwillige Mitteilung	

Die Jugendhilfestatistik beruht auf gesetzlicher Grundlage und wird seit 1963 durchgeführt. Sie erfasst gleichermaßen freie und öffentliche Träger.[3] Als Folge der bestehenden Auskunftspflicht ist die Jugendhilfe der statistisch am differenziertesten belegte Bereich der Wohlfahrtspflege.[4] Systematisch erfasst die Jugendhilfestatistik

---

2 Vgl.: Bundesarbeitsgemeinschaft der Freien Wohlfahrtspflege e.V.: Gesamtstatistik der Einrichtungen und Dienste der Freien Wohlfahrtspflege. Stand: 01.01.2000. Berlin. Dezember 2001.
3 Gesetz über die Durchführung von Statistiken auf dem Gebiet der Sozialhilfe, der Kriegsopferfürsorge und der Jugendhilfe vom 15. Januar 1963. KJHG §§ 98 - 103.
4 Mit der zweibändigen Studie von Thomas Rauschenbach/Matthias Schilling „Die Kinder- und Jugendhilfe und ihre Statistik" liegt erstmals eine systematische Auswertung vor. Die Ergeb-

13 Einzelbereiche, die in vier thematisch gebündelten Berichtsteilen jährlich oder vierjährig präsentiert werden. Hinsichtlich der Organisationsformen werden insgesamt 42 Einrichtungsarten unterschieden (siehe Tab. 3). Unabhängig von ihrer jeweiligen Rechts- und Organisationsform sind alle Träger, die Leistungen nach dem SGB VIII anbieten, zu statistischen Angaben verpflichtet. Wird dieser Auskunftspflicht nicht entsprochen, so kann dieses Verweigerungsverhalten mit einem Bußgeld geahndet werden.[5] Systematisch ausgewertet und aufbereitet werden die aus der Kinder- und Jugendhilfestatistik gewonnenen Daten seit Mitte der 1990er Jahre durch die an der Universität Dortmund angesiedelten Arbeitsstelle Kinder- und Jugendhilfestatistik.[6] Mit einem speziellen Newsletter „KomDat Jugendhilfe" informiert die Arbeitsstelle in regelmäßigen Abständen über neue Befunde und Entwicklungen in der Jugendhilfe.[7]

Tab. 3: Systematik der Kinder- und Jugendhilfestatistik

Systematik der Kinder- und Jugendhilfestatistik
Erfasste Bereiche: <ul><li>Hilfen zur Erziehung, Eingliederungshilfe für seelisch behinderte Kinder und Jugendliche</li><li>Hilfen zur Erziehung nach §§ 29 bis 31 sowie nach § 41</li><li>Beratung und Beratungsdienste/-einrichtungen nach § 28, § 35 a oder § 41</li><li>Empfänger von Hilfe zur Erziehung nach §§ 32-35, § 35 a und § 41</li><li>Kinder- und Jugendschutz nach §§ 42 und 43</li><li>Kindesannahme (Adoption)</li><li>Amtspflegschaft, Amtsvormundschaft und Beistandsschaft</li><li>Pflegeerlaubnis nach § 44</li><li>Sorgerechtliche Maßnahmen</li><li>Vaterschaftsfeststellungen</li><li>Angebote der Jugendarbeit nach § 11</li><li>Einrichtungen, Behörden und Geschäftsstellen in der Jugendhilfe</li><li>Ausgaben und Einnahmen der öffentlichen Jugendhilfe</li></ul>
Erhebungszeitraum: Jährlich bzw. alle vier Jahre Gesetzliche Grundlage: verpflichtende Statistik nach SBG VIII, gilt für alle Träger in der Jugendhilfe

---

nisse dieser vom BMFSFJ in Auftrag gegebenen Untersuchung wurden im Dezember 1997 veröffentlicht und konnten in dem hier vorliegenden Text nicht mehr berücksichtigt werden.
5 Vgl.: SGB VIII § 104
6 Vgl.: Rauschenbach, Thomas/Schilling, Matthias: Die Kinder- und Jugendhilfe und ihre Statistik. Band I: Einführung und Grundlagen. Luchterhand Verlag. Neuwied 1997. Dgl.: Band II: Analysen, Befunde und Perspektiven. 1997
7 Der Infodienst „KomDat" wird von der Dortmunder Arbeitsstelle Kinder - und Jugendhilfestatistik herausgeben und erscheint seit 1998 drei Mal jährlich. Die öffentlich frei zugänglichen Informationen sind im Internet abrufbar unter: http://www.akj-stat.fb12.uni-dortmund.de/Komdat.htm.

> Gesamtstatistik wird vorgelegt durch vier einzelne Berichtsteile:
> - Erzieherische Hilfen
> - Maßnahmen der Jugendarbeit
> - Einrichtungen und tätige Personen
> - Aufwand für die Jugendhilfe

Die Bevölkerungs- und Erwerbstätigkeitsstatistik, herausgegeben vom Statistischen Bundesamt, dokumentiert die quantitative Bedeutung einzelner Wirtschaftssektoren innerhalb der deutschen Volkswirtschaft und erfasst in ihren Unterteilungen u.a. die Anzahl der existierenden Betriebe und hierin beschäftigten Personen. Der Bereich der freien Wohlfahrtspflege wird hierbei nicht speziell berücksichtigt, weshalb aus diesen statistischen Angaben keine weiteren Schlussfolgerungen für die Bedeutung der Spitzenverbände möglich sind.

Nähere Eingrenzung zur Bedeutung sozialpflegerischer Berufe lassen sich über die Erhebungen des Instituts für Arbeitsmarkt und Berufsforschung der Bundesagentur für Arbeit vornehmen.[8] Durch die hierbei vorgenommene Berufsklassifikation können zumindest die für die Wohlfahrtspflege wichtigen Berufsgruppen, wie Sozialarbeiter- und Sozialpädagogen, Heimleiter, Heilpädagogen, Erzieherinnen in ihrer beschäftigungsrelevanten Bedeutung quantitativ belegt werden. Eine trägerspezifische Zuordnung dieser Daten ist allerdings nicht möglich. Die Erhebungsergebnisse zeigen die unterschiedlich stark ausgeprägte Bedeutung der einzelnen Berufsgruppen, deren geschlechtsspezifische Zusammensetzung sowie die in den jeweiligen Berufsgruppen bestehenden Qualifikationsebenen.

Mit der Pflegestatistik liegt eine weitere amtliche und rechtlich verpflichtende Erhebung vor. Diese wird seit Dezember 1999 in einem zweijährigen Abstand durchgeführt und bezieht sich auf das Angebot und die Nachfrage zur pflegerischen Versorgung in der Bundesrepublik.[9] Bezogen auf den Bereich der Wohlfahrtspflege dokumentieren die vorliegenden Daten zwar die jeweilige Bedeutung von öffentlichen, frei-gemeinnützigen und privat-gewerblichen Trägerschaften bei der Bereitstellung ambulanter Pflegedienste. Auch liegen konkrete Zahlen über das Ausmaß unterschiedlicher Beschäftigungsverhältnisse (Vollzeit-, Teilzeit-, geringfügig Beschäftigte) sowie die Bedeutung verschiedener Tätigkeitsbereiche (Pflegedienstleitung, Grundpflege, hauswirtschaftliche Versorgung, Verwaltung/Geschäftsführung, sonstige Bereiche) vor. Gleichwohl fehlt es aber auch dieser Spezialstatistik an konkreten Informationen zur Bedeutung der einzelnen Spitzenverbände der freien Wohlfahrtspflege.

Eine weitere Datenquelle steht mit den jährlichen Geschäftsberichten sowie der Umlagestatistik der Berufsgenossenschaft für Gesundheitsdienst und Wohlfahrtspflege zur Verfügung.[10] In ihrer Eigenschaft als Arbeitgeber unterliegen die Spitzenver-

---

[8] Vgl.: Institut für Arbeitsmarkt- und Berufsforschung (IAB): Berufe im Spiegel der Statistik. Beschäftigung und Arbeitslosigkeit 1996 - 2002. Nürnberg 2003.
[9] Vgl.: Statistisches Bundesamt: 3. Bericht: Pflegestatistik 2001. Bonn 2003
[10] Vgl.: Berufsgenossenschaft für Gesundheitsdienst und Wohlfahrtspflege: Jahresbericht 2002. Hamburg (2003); dgl.: Umlagestatistik 2002.

bände den Bestimmungen des Sozialversicherungsgesetzes, was unter anderem bedeutet, genauere Angaben über die Mitgliedsunternehmen und die hierin tätigen Personen machen zu müssen. Dokumentiert werden verbändespezifische Angaben über die Zahl der versicherten Unternehmen, Arbeitnehmer und ehrenamtlich Tätigen. Diese Daten entsprechen allerdings nur zum Teil den vorliegenden verbandsinternen und der BAGFW mitgeteilten Angaben. Der Grund hierfür sind vor allem unterschiedliche Begriffsverwendungen der Bezeichnungen „Betrieb" und „Einrichtung". Werden der BG die Anzahl der einem Spitzenverband zugehörenden Betriebe gemeldet, so handelt es sich bei den BAGFW-Zahlen um mitgeteilte Einrichtungen.[11] Auch die Zahl der bei den Spitzenverbänden insgesamt beschäftigten Mitarbeiter weicht in beiden Statistiken zumindest teilweise erheblich voneinander ab. Hier liegt der Grund in einer vorgenommenen Umrechnung angegebener Arbeitsstunden in Vollzeitäquivalente; ein Verfahren, das vor allem beim PARITÄTISCHEN Wohlfahrtsverband sowie beim DRK zu wesentlich höheren Beschäftigungszahlen führt und zu Fehlinterpretationen Anlass gibt.[12]

Fasst man die unterschiedlich vorliegenden Befunde zusammen, so wird dennoch deutlich, dass sich der Trend früherer Untersuchungen fortsetzt: Die freie Wohlfahrtspflege hat sich längst aus einer ehemals randständigen Bedeutung befreit und sich zu einem eigenständigen Wirtschaftssektor und Arbeitsmarkt entwickelt.[13] Und wie der Zeitvergleich zwischen 1950 und 2002 zeigt, vollzog sich diese gewachsene Bedeutung vor allem mit Beginn der 1970er Jahre.[14]

Tab. 4: Hauptberuflich Beschäftigte in sozialpflegerischen Berufen

Jahr		Beschäftigte
1950	rd.	67.000
1960	rd.	96.000
1970	rd.	382.000
1975	rd.	513.000
1981	rd.	593.000
1984	rd.	656.000

---

11 Die Bezeichnungen „Betriebe" und „Einrichtungen" werden in der Wohlfahrtspflege unscharf benutzt und erfassen nicht in jedem Fall gleiche Gegenstandsbereiche. Begriffshierarchisch umfasst der Terminus „Betrieb" ein betriebswirtschaftlich abgrenzbares Unternehmen, das aus mehreren Einrichtungen bestehen kann. Dies erklärt die Differenz zwischen der unterschiedlich hohen Zahl von Betrieben und Einrichtungen in den genannten Statistiken.

12 Demnach wären beim PARITÄTISCHEN rd. 330.000 VZ-Arbeitnehmer beschäftigt, was die Zahl der verbandsintern angegebenen Beschäftigten um fast 123 % übersteigen würde. Und in seiner Jubiläumsbroschüre „Vielfalt schafft sozialen Fortschritt - 80 Jahre Paritätischer Wohlfahrtsverband." wird eine solche Hochrechnung ungeprüft mit werbewirksamen Effekt übernommen: „...Fast eine halbe Million - genauer: 490.000 Menschen - arbeiten hauptamtlich im Verband und seinen Mitgliedsorganisationen, die bei der Jubiläumsfeier zahlreich vertreten waren." In: Nachrichten Parität 2/2004. S. 6

13 Vgl. hierzu u.a.: E. Goll: Die freie Wohlfahrtspflege als eigener Wirtschaftssektor. Theorie und Empirie ihrer Verbände und Einrichtungen. Nomos Verlag. Baden-Baden 1991.

14 Vgl. hierzu auch: W.R. Leenen: Der Arbeitsmarkt für Sozialarbeiter und Sozialpädagogen. Ein kritischer Rückblick auf die 80er Jahre. In: neue praxis 6/92. S. 503 ff.

Jahr	Beschäftigte
1987	rd. 758.000
1990	rd. 751.000
1993	rd. 780.000
1994	rd. 1.000.000
2002	rd. 1.200.000

Und wiederum bezogen auf die freie Wohlfahrtspflege insgesamt dokumentieren die BAGFW-Daten eine anhaltende Steigerung sozialer Dienstleistungen, die dem tagespolitischen Klagen über den Abbau sozialer Dienste zu widersprechen scheint.

Tab. 5: BAGFW-Statistik: Übersicht zur Entwicklung der Arbeitsbereiche 1970 - 2002[15]

Arbeitsbereich	Stand	Einrichtungen	Betten/Plätze	Beschäftigte
Krankenhäuser	1970	1.205	227.794	153.861
	1981	1.018	226.866	226.110
	1990	1.086	219.975	251.919
	2000	1.227	220.507	317.516
Jugendhilfe	1970	19.377	1.298.105	97.512
	1981	22.416	1.322.828	133.084
	1990	24.701	1.347.159	148.203
	2000	33.974	1.835.231	256.732
Familienhilfe	1970	13.077	59.324	31.646
	1981	9.018	71.831	42.967
	1990	9.509	79.765	49.453
	2000	9.453	58.757	89.447
Altenhilfe	1970	6.416	335.462	49.970
	1981	8.365	358.302	90.182
	1990	9.584	418.252	138.734
	2000	15.212	481.495	237.577
Behindertenhilfe	1970	1.527	81.369	19.011
	1981	4.627	176.100	62.627
	1990	8.122	248.562	96.659
	2000	12.449	344.819	157.711
Sonstige Einrichtungen/Dienste	1970	9.269	91.515	20.416
	1981	11.108	133.304	28.095

---

15 BAGFW e.V.: Gesamtstatistik der Einrichtungen und Dienste der Freien Wohlfahrtspflege. Stand: 01.01.2000. Berlin 2001. S. 14 f.

	1990	14.023	202.888	55.533
	2000	19.683	215.417	88.921
Aus-, Fort- Weiterbildungsstätten	1970	1.604	58.000	9.472
	1981	1.534	92.275	9.805
	1990	1.441	108.322	10.625
	2000	1.568	114.310	16.425
Gesamt	1970	52.475	2.151.569	381.888
	1981	58.086	2.181.506	592.870
	1990	68.466	2.624.923	751.126
	2000	93.566	3.270.536	1.164.329

Über diesen allgemeinen Trend hinaus zeigt sich, dass die einzelnen Spitzenverbände diesen Arbeitsmarkt sozialer Dienstleistungen sehr unterschiedlich prägen (siehe Tab. 6 und 7). Ohne den in den Kapitel 3.1 bis 3.6 verbandsspezifischen Erläuterungen vorzugreifen, soll dieser Sachverhalt hier zumindest durch einige verbändevergleichende Daten illustriert werden. Zu beachten ist hierbei, dass diese Daten mit anderen statistischen Angaben nicht vollständig übereinstimmen und auf verbandsinterne Abstimmungsprobleme verweisen. So z.B. ist die Zahl der insgesamt aufgeführten Einrichtungen deutlich höher, als die in der veröffentlichten Gesamtstatistik präsentierten Daten. Auch zeigen sich bei einzelnen Verbänden unterschiedliche Meldeverfahren. So z.B. sind die zunächst überraschend hohen Einrichtungszahlen beim DRK auf die Existenz von Kleiderstuben und Möbellager zurückzuführen (insgesamt 12.512); Daten, die in anderen statistischen Mitteilungen des DRK nicht aufgeführt sind.

Tab. 6: Einrichtungen und Dienste der Freien Wohlfahrtspflege Stand 3.7.2001[16]

		DCV	DW	AWO	DPWV	DRK	ZWST
1.	Krankenhäuser	638	318	45	172	54	--
2.	Jugendhilfe	12.738	10.627	2.792	6.556	1.207	55
3.	Familienhilfe	2.662	2.446	1.068	1.683	1.555	39
4.	Altenhilfe	2.787	2.425	4.076	2.722	3.157	45
5.	Behindertenhilfe	1.709	2.019	1.348	5.355	2.260	9
6.	Sonstige Einrichtungen und Dienste	4.521	3.545	3.046	3.570	15.832	210
7.	Aus-, Fort und Weiterbildung	726	517	87	149	653	1
8.	Selbsthilfe, Helfergruppen	11.778	4.308	3.490	8.684	56	81
Gesamt		*37.558*	*26.205*	*15.952*	*28.891*	*24.774*	*440*
• darunter: Geschäftsstellen		664	566	1.362	758	287	86

---

16 Eigene Zusammenstellung nach: Gesamtstatistik 2000 der Bundesarbeitsgemeinschaft der Freien Wohlfahrtspflege e.V. - internes, unveröffentlichtes Arbeitspapier. Stand 3. Juli 2001.

	DCV	DW	AWO	DPWV	DRK	ZWST
Soziale Dienste/Einrichtungen ohne Geschäftsstellen	36.894	25.639	14.590	28.133	24.487	354
Einrichtungen insgesamt						*130.097*

Ungeachtet der vielen statistischen Unstimmigkeiten zeigen die Daten gleichwohl, dass sich die Verbände der freien Wohlfahrtspflege hinsichtlich ihrer summarischen Leistungsdaten durchaus mit Großbetrieben vergleichen lassen. So beschäftigten z.B. die Firmen Siemens rd. 373.000, Daimler Benz rd. 311.000, Volkswagen rd. 243.000, Hoechst rd. 162.000 und MAN rd. 57.000 Arbeitnehmer.[17] Nur muss man ebenfalls sehen, dass dieser Vergleich in so fern hinkt, als die den Spitzenverbänden zugerechneten Einrichtungen, Dienste und Mitarbeiter eben nicht in ähnliche unternehmensrechtliche Entscheidungsstrukturen eingebunden sind, wie dies bei den genannten Konzernen der Fall ist. Wie noch zu zeigen ist, sind hier die Verhältnisse anders und komplizierter. Gleichwohl ist nicht zu übersehen: Es sind vor allem die konfessionellen Spitzenverbände, die auf dem Markt sozialer Dienste den Ton angeben.

Tab. 7: Beschäftigte in der Freien Wohlfahrtspflege Stand 3.7.2001[18]

	DCV	DW	AWO	DPWV	DRK	ZWST
1. Krankenhäuser	191.413	99.507	3.293	23.303	11.682	--
2. Jugendhilfe	103.579	90.11	23.934	31.389	7.484	235
3. Familienhilfe	28.943	31.310	10.578	10.662	7.898	56
4. Altenhilfe	77.452	77.246	43.907	26.894	12.759	319
5. Behindertenhilfe	45.782	61.156	13.319	36.011	3.716	6
6. Sonstige Einrichtungen/ Dienste	20.654	21.528	15.230	12.972	14.682	115
7. Aus-, Fort und Weiterbildung	7.957	5.703	1.985	691	64	25
8. Selbsthilfe, Helfergruppen						
Gesamt	*475.770*	*387.537*	*112.246*	*141.922*	*58.297*	*756*
• darunter: Geschäftsstellen	6.640	2.949	5.699	3.111	91	37
Soziale Dienste/Einrichtungen ohne Geschäftsstellen	469.130	384.588	106.547	138.811	58.206	719
Beschäftigte insgesamt						*1.158.001*

Wie schon bemerkt sind die allgemein vorliegenden Leistungsdaten zur freien Wohlfahrtspflege mit nicht unerheblichen Gültigkeitsproblemen verbunden. Ausschließlich aus den Daten der Jugendhilfestatistik lassen sich präzisere Angaben

---

17 Vgl. „Rangliste der führenden deutschen Industrieunternehmen: am Ende der Rezession" In: Die Zeit Nr. 33 vom 9. August 1996.
18 Dgl.

darüber entnehmen, in welchem Verhältnis eine Aufgabenwahrnehmung durch öffentliche und Freie Träger in den einzelnen Arbeitsbereichen erfolgt. Und ebenso lässt sich dokumentieren, welche Bedeutung die einzelnen Spitzenverbände bei der Wahrnehmung sozialer Aufgaben haben. Wenn auch die Jugendhilfe keineswegs das Hauptarbeitsfeld der freien Wohlfahrtspflege darstellt, so werden hierdurch dennoch wichtige Handlungsbereiche repräsentiert. Schließlich sind rd. 21.000 der über 93.000 Einrichtungen sowie rd. 350.000 der ca. 1,2 Millionen hauptberuflich Beschäftigten im Bereich der Jugendhilfe angesiedelt.

Tab. 8: Einrichtungen der Jugendhilfe am 31.12.2002 - Bundesrepublik insgesamt öffentliche und freie Träger[19]

Nr.	Art der Einrichtung	insgesamt	Öfftl. Träger	Freie Träger
1	Kinderkrippen	798	203	595
2	Kindergärten	27.830	9.733	18.097
3	Horte	3.469	1.795	1.674
4	Tageseinrichtungen mit alterseinheitlichen Gruppen	4.813	2.602	2.211
5	Tageseinrichtungen mit altersgemischten Gruppen	6.157	2.696	3.461
6	TE mit alterseinheitlichen u. altersgemischten Gruppen	4.212	2.057	2.155
7	Tageseinrichtungen für Kinder insgesamt Davon/darunter:	47.279	19.086	28.193
8	• Integrative Tageseinrichtungen	9.801	3.483	6.318
9	• Tageseinrichtungen für behinderte Kinder	299	70	229
10	• TE für Kinder von Betriebsangehörigen	272	78	194
11	• Kindergartenähnliche Einrichtungen	5.873	1.950	3.923
12	• Tageseinrichtungen von Elterninitiativen	3.195	118	3.077
13	Einrichtungen stationäre Erziehungshilfe im Stammhaus	1.165	91	1.074
14	Einrichtungen stat. Erziehungshilfe in Lebensgemeinschaftsform auf Heimgelände	184	9	175
15	Ausgelagerte Gruppe mit organisatorischer Anbindung an Stammhaus	1.005	75	930
16	Ausgelagerte Gruppe mit organisatorischer Anbindung an Stammhaus in Lebensgemeinschaftsform	525	61	464
17	Betreute Wohnform	1.177	83	1.094

---

19 Eigene Zusammenstellung nach: Statistisches Bundesamt: Einrichtungen und tätige Personen in der Kinder- und Jugendhilfe am 31.12.2002 - Gesamt - . Wiesbaden 2004.

Nr.	Art der Einrichtung	insgesamt	Öfftl. Träger	Freie Träger
18	Erziehungsstelle gemäß § 34 SGB VIII	341	11	330
19	Wochengruppe (ohne Wochenendunterbringung)	71	7	64
20	Tagesgruppe gemäß § 32 SGB VIII	1.079	56	1.023
21	Einrichtung geschlossene Unterbringung nach richterlicher Entscheidung	14	3	11
22	Einrichtung vorläufige Schutzmaßnahme gemäß §§ 41, 43 SGB VIII	196	50	146
23	Kleinsteinrichtung der stationären Erziehungshilfe	720	37	683
24	Einrichtung für integrierte Hilfen (z.B. Jugendhilfestationen)	297	20	277
25	Internat gemäß §§ 34, 41 SGB VIII	65	4	61
26	Großpflegestelle	26	-	26
27	Gemeinsame Wohnform für Mütter/Väter/Kinder	168	12	156
28	Einrichtung der Frühförderung	80	8	72
29	Einrichtung über Tag/Nacht für junge Menschen mit Behinderung	277	30	247
30	Tagesheim für jg. Menschen m. Behinderung	204	13	191
31	Jugendwohnen/Jugendsozialarbeit gemäß § 13 Abs. 3 SGB VIII	256	34	222
32	Jugendgemeinschaftswerk	130	4	126
33	Jugendsozialarbeit gemäß § 13 Abs. 1 und 2 SGB VIII	534	101	433
34	Kur-, Genesungs- und Erholungseinrichten für junge Menschen	37	7	30
35	Jugendherberge, Jugendgästehaus	925	136	789
36	Jugendtagungsstätte, Jugendbildungsstätte	405	55	350
37	Jugendzentrum, Haus der offenen Tür	8.038	3.437	4.601
38	Jugendräume/Jugendheim ohne Hauptamtliche	5.381	1.889	3.492
39	Einrichtung/Initiative der mobilen Jugendarbeit	808	269	539
40	Jugendkunstschule, kulturpäd. Einrichtung für jg. Menschen	362	92	270
41	Einrichtung der Stadtranderholung	165	34	131
42	Kinder-/Jugendferien/-erholungsstätte	306	37	269
43	Familienferienstätte	61	2	59
44	Päd. Betreuter Spielplatz/Abenteuerspielplatz	347	162	185
45	Jugendzeltplatz	332	160	172

46	Erziehungs- und Familienberatungsstelle	1.310	331	979
47	Ehe- und Lebensberatungsstelle	218	5	213
48	Jugendberatungsstelle gemäß § 11 SGB VIII	266	63	203
49	Drogen- und Suchtberatungsstelle	377	37	340
50	Einrichtungen der Mitarbeiterfortbildung	69	8	61
51	Einrichtung der Eltern- und Familienbildung	365	35	330
52	*(Summe aus Nr. 7, 13-51) Zusammen*	*28.286*	*7.468*	*20.818*
53	Gemeinden/Gemeindeverbände ohne Jugendamt	206	206	-
54	Jugendämter	749	749	-
55	Landesjugendämter	16	16	-
56	Oberste Landesjugendbehörden	12	12	-
57	*Zusammen*	*983*	*983*	-
58	Geschäftsstellen, Träger der freien Jugendhilfe	1.711	-	1.711
59	Arbeitsgemeinschaften von Trägern der Jugendhilfe	316	17	299
60	*Insgesamt*	*78.575*	*27.554*	*51.021*

Ebenso wie für die Wohlfahrtspflege insgesamt lässt sich auch im Handlungsfeld der Jugendhilfe im Vergleich zu 1994 eine ungebrochene Zunahme sozialer Dienste feststellen. Inzwischen zählt dieser Bereich rd. weitere 7.100 Einrichtungen. Von dieser Expansion profitieren vor allem freie Träger. Die schon für die Vergangenheit konstatierbare Lastigkeit zu Gunsten freier Trägerschaften hat sich hierbei weiter verstärkt. Befanden sich 1994 von allen Einrichtungen, Fach- und Jugendämtern, Geschäftsstellen, Arbeitsgemeinschaften 59,4 % in freier und 40,6 % in öffentlicher Trägerschaft[20], so dominieren freie Trägerschaften inzwischen mit rd. 74 % beim Betrieb sozialer Dienste (Tabelle, Werte aus Nr. 7, 13-51). Diese Durchschnittszahl verdeckt allerdings das tatsächliche Ausmaß frei-gemeinnütziger Trägerschaften, das in vielen Einrichtungsbereichen wesentlich stärker ausgeprägt ist. In 25 von 50 Einrichtungsarten haben freie Träger mit über 85 % eine fast monopolartige Stellung und in weiteren 11 Einrichtungsarten bestehen überwiegend freie Trägerschaften. Ausschließlich in zwei Einrichtungsarten (Horte und Tageseinrichtungen mit alterseinheitlichen Gruppen) findet sich hingegen eine leicht mehrheitliche Repräsentanz öffentlicher Träger.

Prinzipiell gilt dieser Sachverhalt auch für die neuen Bundesländer. Auch hier überwiegen frei-gemeinnützige Trägerschaften, wenn auch ihr Anteil nicht ganz so stark ausgeprägt ist wie in den alten Bundesländern. Und abweichend zur Trägersituation in Westdeutschland bestehen bei den Kindergarteneinrichtungen in den neuen Bundesländern überwiegend öffentliche Trägerschaften.

---

20 Vgl.: Statistisches Bundesamt: Statistik der Jugendhilfe. Fachserie 13. Reihe 6.3. Einrichtungen und tätige Personen in der Jugendhilfe 1994. Wiesbaden 1996.

Tab. 9: Einrichtungen der Jugendhilfe am 31.12.2002 - Neue Bundesländer öffentliche und freie Träger[21]

Nr.	Art der Einrichtung	insgesamt	Öfftl. Träger	Freie Träger
1	Kinderkrippen	91	72	19
2	Kindergärten	447	248	199
3	Horte	1.226	968	258
4	Tageseinrichtungen mit alterseinheitlichen Gruppen	2.535	1.419	1.116
5	Tageseinrichtungen mit altersgemischten Gruppen	2.642	1.581	1.061
6	TE mit alterseinheitlichen u. altersgemischten Gruppen	1.602	877	725
7	Tageseinrichtungen für Kinder insgesamt Davon/darunter:	8.543	5.165	3.378
8	• Integrative Tageseinrichtungen	1.626	640	977
9	• Tageseinrichtungen für behinderte Kinder	77	45	32
10	• TE für Kinder von Betriebsangehörigen	29	13	16
11	• Kindergartenähnliche Einrichtungen	1.161	818	343
12	• Tageseinrichtungen von Elterninitiativen	270	6	264
13	Einrichtungen stationäre Erziehungshilfe im Stammhaus	328	28	300
14	Einrichtungen stationäre Erziehungshilfe in Lebensgemeinschaftsform auf Heimgelände	50	6	44
15	Ausgelagerte Gruppe mit organisatorischer Anbindung an Stammhaus	231	21	210
16	Ausgelagerte Gruppe mit organisatorischer Anbindung an Stammhaus in Lebensgemeinschaftsform	67	3	64
17	Betreute Wohnform	349	23	326
18	Erziehungsstelle gemäß § 34 SGB VIII	97	-	97
19	Wochengruppe (ohne Wochenendunterbringung)	12	4	8
20	Tagesgruppe gemäß § 32 SGB VIII	253	14	239
21	Einrichtung geschlossene Unterbringung nach richterlicher Entscheidung	4	-	4
22	Einrichtung vorläufige Schutzmaßnahme gemäß §§ 41, 43 SGB VIII	45	8	37
23	Kleinsteinrichtung der stationären Erziehungshilfe	158	3	155

---

21 Eigene Zusammenstellung nach: Statistisches Bundesamt: Einrichtungen und tätige Personen in der Kinder- und Jugendhilfe am 31.12.2002 - Gesamt -. Wiesbaden 2004

24	Einrichtung für integrierte Hilfen (z.B. Jugendhilfestationen)	79	2	77
25	Internat gemäß §§ 34, 41 SGB VIII	9	1	8
26	Großpflegestelle	3	-	3
27	Gemeinsame Wohnform für Mütter/Väter/Kinder	49	2	47
28	Einrichtung der Frühförderung	25	1	24
29	Einrichtung über Tag/Nacht für junge Menschen mit Behinderung	53	9	44
30	Tagesheim für jg. Menschen m. Behinderung	8	-	8
31	Jugendwohnen/Jugendsozialarbeit gemäß § 13 Abs. 3 SGB VIII	47	8	39
32	Jugendgemeinschaftswerk	34	-	34
33	Jugendsozialarbeit gemäß § 13 Abs. 1 und 2 SGB VIII	150	11	139
34	Kur-, Genesungs- und Erholungseinrichten für junge Menschen	-	-	-
35	Jugendherberge, Jugendgästehaus	160	15	145
36	Jugendtagungsstätte, Jugendbildungsstätte	63	7	56
37	Jugendzentrum, Haus der offenen Tür	2.427	789	1.638
38	Jugendräume/Jugendheim ohne Hauptamtliche	1.324	988	336
39	Einrichtung/Initiative der mobilen Jugendarbeit	278	74	204
40	Jugendkunstschule, kulturpäd. Einrichtung für jg. Menschen	116	20	96
41	Einrichtung der Stadtranderholung	9	2	7
42	Kinder-/Jugendferien/-erholungsstätte	65	9	56
43	Familienferienstätte	7	-	7
44	Päd. Betreuter Spielplatz/Abenteuerspielplatz	21	6	15
45	Jugendzeltplatz	6	-	6
46	Erziehungs- und Familienberatungsstelle	255	17	238
47	Ehe- und Lebensberatungsstelle	20	-	20
48	Jugendberatungsstelle gemäß § 11 SGB VIII	71	8	63
49	Drogen- und Suchtberatungsstelle	57	7	50
50	Einrichtungen der Mitarbeiterfortbildung	2	-	2
51	Einrichtung der Eltern- und Familienbildung	53	1	52
52	*(Summe aus Nr. 7, 13-51) Zusammen*	*15.528*	*7.252*	*8.276*
53	Gemeinden/Gemeindeverbände ohne Jugendamt	30	30	-
54	Jugendämter	114	114	-
55	Landesjugendämter	5	5	-
56	Oberste Landesjugendbehörden	5	5	-

Nr.	Art der Einrichtung	insgesamt	Öfftl. Träger	Freie Träger
57	*Zusammen*	*154*	*154*	*-*
58	Geschäftsstellen, Träger der freien Jugendhilfe	553	-	553
59	Arbeitsgemeinschaften von Trägern der Jugendhilfe	86	4	82
60	*Insgesamt*	*16.321*	*7.410*	*8.911*

Freie Trägerschaften prägen sich hinsichtlich ihrer spitzenverbandlichen Anbindung sehr unterschiedlich aus. Und wie schon bemerkt, sind die einzelnen Spitzenverbände als Träger sozialer Einrichtungen höchst unterschiedlich relevant. Das hierbei erkennbare Muster scheint trotz verschiedener Veränderungen gleichwohl ungebrochen zu sein. Nach wie vor dominieren in der Gruppe der freien Trägerschaften die konfessionellen Verbände. Gleichwohl ist deren Anteil gegenüber 1994 leicht zurückgegangen[22] und beträgt heute 53,2 %. Besonders stark ausgeprägt sind die kirchlichen Trägerschaften bei den Kindertageseinrichtungen (60,8 %) sowie den Jugendzentren und Jugendheimen (54 %).

Im Zeitvergleich der vergangenen 10 Jahre hat sich damit nicht nur die starke Stellung konfessioneller Trägerschaften relativiert. Gleichfalls zu sehen ist eine gewachsene Bedeutung sonstiger juristischer Personen sowie von gewerblichen Unternehmen. So hat sich die Teilgruppe „sonstige juristische Personen" um mehr als 3.300 Einrichtungen vermehrt und jene der gewerblichen Unternehmen um etwas über 500. Und liest man die vorliegenden Daten genauer, so wird schnell erkennbar, dass es sich bei den sonstigen juristischen Personen einerseits um Trägerinitiativen im Bereich der frühkindlichen und vorschulischen Erziehung und andererseits um Erziehungshilfen außerhalb der Familie handelt. Interessant hierbei ist zudem, dass sich in diesen Handlungssegmenten neue Trägerschaften außerhalb der traditionellen Wohlfahrtsverbände realisieren und innerhalb der freien Träger nach Caritas und Diakonie mit 19,1 % die drittgrößte Trägergruppe sind. Erst dann folgen der Paritätische mit 11,5 %, die AWO mit 6, 2 %, das DRK mit 3,1 % und die ZWST mit 0,05 % aller nicht-staatlichen Einrichtungen. Ebenso interessant zu sehen ist die allmähliche Zunahme privat-gewerblicher Unternehmen im Bereich der Jugendhilfe. Auch wenn deren Anteil mit gerade einmal 2,1 % aller Einrichtungen nach wie vor recht gering ist, deuten sich hier Umschichtungen an. Betroffen hiervon sind ebenfalls vorschulische und frühkindliche Einrichtungen sowie Angebote der familienergänzenden oder familienersetzenden Erziehungshilfe.

Ob diese Entwicklungen die mit dem 1990 verabschiedeten Kinder- und Jugendhilfegesetz (SGB VIII) intendierte größere Trägerpluralität zum Ausdruck bringen, darf gleichwohl bezweifelt werden. Denn ebenso denkbar ist es, dass es sich in vielen Fällen um Ausgründungen und Organisationsprivatisierungen öffentlicher Träger handelt (z.B. KiTa-GmbHs u.a.), die in der statistischen Erfassung nunmehr zu

---

22 Im Bereich der freien Jugendhilfe befanden sich 1994 von allen Einrichtungen, Geschäftsstellen und Arbeitsgemeinschaften mehr als 63 % in kirchlicher Trägerschaft. Vgl.: Boeßenecker 1998. S. 45.

Tab. 10: Einrichtungen der Jugendhilfe am 31.12.2002 - Bundesrepublik insgesamt - nicht-staatliche/freie Träger[23]

Nr.	Art der Einrichtung	Insgesamt	AWO	DPWV	DRK	DW	DCV	ZWST	So. Relig-G	JV	Betriebe	So. jur. Pers
1	Kinderkrippen	595	31	48	9	44	45	1	2	2	20	393
2	Kindergärten	18.097	739	994	530	5.927	7.804	9	128	10	55	1.901
3	Horte	1.674	195	282	62	201	276	1	13	10	12	622
4	Tageseinrichtungen mit alterseinheitlichen Gruppen	2.211	302	489	206	485	251	1	8	3	50	416
5	Tageseinrichtungen mit altersgemischten Gruppen	3.461	312	538	137	719	497	2	16	5	64	1.171
6	TE mit alterseinheitlichen u. altersgemischten Gruppen	2.155	327	403	160	495	415	1	6	2	32	314
7	Tageseinrichtungen für Kinder insgesamt Davon/darunter:	28.193	1.906	2.754	1.104	7.871	9.288	15	173	32	233	4.817
8	Integrative Tageseinrichtungen	6.318	487	897	288	1.950	1.781	4	33	4	33	841
9	Tageseinrichtungen für behind. Kinder	229	23	111	5	18	30	-	-	-	8	34
10	TE für Kinder von Betriebsangehörigen	194	14	16	3	22	26	-	2	-	46	65
11	Kindergartenähnliche Einrichtungen	3.923	241	443	121	955	908	2	41	10	51	1.151
12	Tageseinrichtungen von Elterninitiativen	3.077	23	627	4	31	17	-	5	8	4	2.358
13	Einrichtungen stationäre Erziehungshilfe im Stammhaus	1.074	66	161	37	276	220	-	9	1	110	194
14	Einrichtungen stat. Erz-hilfe in Lebensgemeinschaftsform auf Heimgelände	175	7	52	-	50	16	-	-	-	16	34

[23] Zusammenstellung nach: Statistisches Bundesamt: Einrichtungen und tätige Personen in der Kinder- und Jugendhilfe am 31.12.2002 - Gesamt. Wiesbaden 2004.

Nr.	Art der Einrichtung	Insgesamt	AWO	DPWV	DRK	DW	DCV	ZWST	So. Relig-G	JV	Betriebe	So. jur. Pers
15	Ausgelagerte Gruppe mit organisatorischer Anbindung an Stammhaus	930	48	135	24	339	144	8	3	3	51	175
16	Ausgelagerte Gruppe mit organisatorischer Anbindung an Stammhaus in Lebensgemeinschaftsform	464	17	86	6	185	39	-	-	-	24	107
17	Betreute Wohnform	1.094	87	288	47	243	102	-	3	2	93	229
18	Erziehungsstelle gemäß § 34 SGB VIII	330	21	71	8	115	23	-	1	-	25	66
19	Wochengruppe (ohne Wochenendunterbringung)	64	4	10	1	23	16	-	2	1	3	4
20	Tagesgruppe gemäß § 32 SGB VIII	1.023	100	184	39	323	173	-	5	5	50	146
21	Einrichtung geschlossene Unterbringung nach richterlicher Entscheidung	11	-	1	-	2	4	-	-	-	-	4
22	Einrichtung vorläufige Schutzmaßnahme gemäß §§ 41, 43 SGB VIII	146	9	37	4	36	30	-	-	-	6	24
23	Kleinsteinrichtung der stationären Erziehungshilfe	683	42	158	12	50	20	-	1	3	193	204
24	Einrichtung für integrierte Hilfen (Ju-hi-stationen)	277	21	78	11	93	24	-	-	1	9	40
25	Internat gemäß §§ 34, 41 SGB VIII	61	2	3	4	11	16	-	5	-	1	19
26	Großpflegestelle	26	-	-	-	-	-	-	-	-	15	11
27	Gemeinsame Wohnform für Mütter/Väter/Kinder	156	9	33	4	39	34	-	-	-	6	31
28	Einrichtung der Frühförderung	72	6	30	1	14	11	-	-	-	-	10
29	Einrichtung über Tag/Nacht für junge Menschen mit Behinderung	247	9	66	8	57	40	-	-	1	13	53
30	Tagesheim für jg. Menschen m. Behinderung	191	8	33	2	24	50	-	-	-	4	70
31	Jugendwohnen/Jugendsozialarbeit gemäß § 13 Abs. 3 SGB VIII	222	5	12	2	35	86	-	3	2	10	67

32	Jugendgemeinschaftswerk	126	17	4	8	26	25	-	-	1	1	44
33	Jugendsozialarbeit gemäß § 13 Abs. 1 und 2 SGB VIII	433	45	80	8	68	80	-	2	19	8	123
34	Kur-, Genesungs- und Erholungseinrichten für junge Menschen	30	4	1	-	4	5	-	1	-	5	10
35	Jugendherberge, Jugendgästehaus	789	11	148	6	75	46	-	9	99	26	369
36	Jugendtagungsstätte, Jugendbildungsstätte	350	4	26	5	63	56	-	10	59	8	119
37	Jugendzentrum, Haus der offenen Tür	4.601	269	503	75	1.235	655	2	151	537	47	1.127
38	Jugendräume/Jugendheim ohne Hauptamtliche	3.492	37	35	46	636	1.843	2	175	357	5	356
39	Einrichtung/Initiative der mobilen Jugendarbeit	539	40	75	12	101	48	-	4	79	13	167
40	Jugendkunstschule, kulturpäd. Einrichtung für jg. Menschen	270	4	35	1	11	5	-	-	16	9	189
41	Einrichtung der Stadtranderholung	131	31	3	2	45	33	1	1	5	-	10
42	Kinder-/Jugendferien/-erholungsstätte	269	15	19	3	49	19	1	10	21	45	87
43	Familienferienstätte	59	1	8	-	14	9	-	2	1	2	22
44	Päd. Betreuter Spielplatz/Abenteuerspielplatz	185	17	30	1	11	2	-	-	19	1	104
45	Jugendzeltplatz	172	2	5	2	15	12	-	4	71	1	60
46	Erziehungs- und Familienberatungsstelle	979	117	164	21	286	277	-	8	3	7	96
47	Ehe- und Lebensberatungsstelle	213	13	35	3	68	76	-	4	-	-	14
48	Jugendberatungsstelle gemäß § 11 SGB VIII	203	19	63	5	6	24	-	-	3	4	59
49	Drogen- und Suchtberatungsstelle	340	21	63	12	108	86	-	3	-	1	46
50	Einrichtungen der Mitarbeiterfortbildung	61	2	7	1	21	13	-	4	4	1	8
51	Einrichtungen der Eltern- und Familienbildung	330	40	50	18	69	73	-	8	7	-	65
52	(Summe aus Nr. 7, 13-51) Zusammen	20.818	1.170	2.792	439	4.846	4.435	14	427	1.319	813	4.563
53	Gemeinden/Gemeindeverbände ohne Jugendamt	-										
54	Jugendämter	-										
55	Landesjugendämter	-										

Nr.	Art der Einrichtung	Insgesamt	AWO	DPWV	DRK	DW	DCV	ZWST	So. Relig-G	JV	Betriebe	So. jur. Pers
56	Oberste Landesjugendbehörden	-										
57	Zusammen	-										
58	Geschäftsstellen, Träger der freien Jugendhilfe	1.711	102	290	44	264	416	1	11	292	20	271
59	Arbeitsgemeinschaften von Trägern der Jugendhilfe	299	5	38	5	22	23	-	9	85	3	109
60	Insgesamt	51.021	3.183	5.874	1.592	13.003	14.162	30	620	1.728	1.069	9.760

Tab. 11: Einrichtungen der Jugendhilfe am 31.12.2002 - Neue Bundesländer - nicht-staatliche/freie Träger[24]

Nr.	Art der Einrichtung	Insgesamt	AWO	DPWV	DRK	DW	DCV	ZWST	So. Relig-G	JV	Betriebe	So. jur. Pers
1	Kinderkrippen	19	2	2	3	2	-	-	-	-	1	9
2	Kindergärten	199	24	47	7	52	36	-	-	-	4	29
3	Horte	258	37	81	18	33	8	-	4	-	6	71
4	Tageseinrichtungen mit alterseinheitlichen Gruppen	1.116	180	374	129	160	18	-	5	1	35	214
5	Tageseinrichtungen mit altersgemischten Gruppen	1.061	173	225	88	239	80	-	3	1	22	230
6	TE mit alterseinheitlichen u. altersgemischten Gruppen	725	127	185	74	140	34	-	3	-	14	148
7	Tageseinrichtungen für Kinder insgesamt	3.378	543	914	319	626	176	-	15	2	82	701
	Davon/darunter:											
8	Integrative Tageseinrichtungen	977	191	339	95	180	34	-	3	1	14	120
9	Tageseinrichtungen für behind. Kinder	32	7	14	1	3	-	-	-	-	2	5
10	TE für Kinder von Betriebsangehörigen	16	3	3	-	1	1	-	-	-	7	1
11	Kindergartenähnliche Einrichtungen	343	47	73	20	65	17	-	1	-	19	101
12	Tageseinrichtungen von Elterninitiativen	264	-	50	-	4	14	-	-	1	-	209
13	Einrichtungen stationäre Erziehungshilfe im Stammhaus	300	44	80	29	71	14	-	1	-	17	44
14	Einrichtungen stat. Erz-hilfe in Lebensgemeinschaftsform auf Heimgelände	44	7	15	-	12	1	-	-	-	2	7

[24] Zusammenstellung nach: Statistisches Bundesamt: Einrichtungen und tätige Personen in der Kinder- und Jugendhilfe am 31.1.2002 - Gesamt. Wiesbaden 2004.

Nr.	Art der Einrichtung	Insgesamt	AWO	DPWV	DRK	DW	DCV	ZWST	So. Relig-G	JV	Betriebe	So. jur. Pers
15	Ausgelagerte Gruppe mit organisatorischer Anbindung an Stammhaus	210	22	53	21	40	3	-	-	1	12	58
16	Ausgelagerte Gruppe mit organisatorischer Anbindung an Stammhaus in Lebensgemeinschaftsform	64	10	14	1	14	-	-	-	-	4	21
17	Betreute Wohnform	326	50	121	26	50	6	-	-	-	19	54
18	Erziehungsstelle gemäß § 34 SGB VIII	97	6	22	6	26	3	-	1	-	9	24
19	Wochengruppe (ohne Wochenendunterbringung)	8	1	3	1	1	-	-	-	-	1	1
20	Tagesgruppe gemäß § 32 SGB VIII	239	45	92	25	40	12	-	-	2	4	19
21	Einrichtung geschlossene Unterbringung nach richterlicher Entscheidung	4	-	1	-	1	-	-	-	-	-	2
22	Einrichtung vorläufige Schutzmaßnahme gemäß §§ 41, 43 SGB VIII	37	4	10	1	9	5	-	-	-	-	8
23	Kleinsteinrichtung der stationären Erziehungshilfe	155	22	58	5	17	1	-	-	-	17	35
24	Einrichtung für integrierte Hilfen (Ju-hi-stationen)	77	8	26	3	15	5	-	-	1	2	17
25	Internat gemäß §§ 34, 41 SGB VIII	8	1	1	2	-	-	-	-	-	-	4
26	Großpflegestelle	3	-	-	-	-	-	-	-	-	-	3
27	Gemeinsame Wohnform für Mütter/Väter/Kinder	47	6	16	3	9	2	-	-	-	1	10
28	Einrichtung der Frühförderung	24	-	11	1	9	1	-	-	-	-	2
29	Einrichtung über Tag/Nacht für junge Menschen mit Behinderung	44	4	22	2	8	2	-	-	-	1	5
30	Tagesheim für jg. Menschen m. Behinderung	8	-	7	-	-	-	-	-	-	-	1
31	Jugendwohnen/Jugendsozialarbeit gemäß § 13 Abs. 3 SGB VIII	39	1	4	-	5	6	-	-	1	3	19

Nr.												
32	Jugendgemeinschaftswerk	34	8	-	2	8	2	-	-	-	-	14
33	Jugendsozialarbeit gemäß § 13 Abs. 1 und 2 SGB VIII	139	13	29	-	21	14	-	1	3	6	63
34	Kur-, Genesungs- und Erholungseinrichten für junge Menschen	-	-	-	-	-	-	-	-	-	-	-
35	Jugendherberge, Jugendgästehaus	145	5	55	3	10	-	-	2	12	15	43
36	Jugendtagungsstätte, Jugendbildungsstätte	56	2	4	1	9	3	-	2	6	1	30
37	Jugendzentrum, Haus der offenen Tür	1.638	149	320	48	236	72	-	32	160	39	593
38	Jugendräume/Jugendheim ohne Hauptamtliche	336	8	16	8	70	34	-	27	77	3	93
39	Einrichtung/Initiative der mobilen Jugendarbeit	204	10	26	7	35	4	-	2	43	7	70
40	Jugendkunstschule, kulturpäd. Einrichtung für jg. Menschen	96	2	2	1	1	-	-	-	8	2	80
41	Einrichtung der Stadtranderholung	7	1	2	-	-	-	-	-	1	-	3
42	Kinder-/Jugendferien/-erholungsstätte	56	4	8	1	5	2	-	-	2	3	32
43	Familienferienstätte	7	-	1	2	2	1	-	2	-	-	1
44	Päd. Betreuter Spielplatz/Abenteuerspielplatz	15	-	3	-	-	-	-	-	-	-	12
45	Jugendzeltplatz	6	-	-	1	1	-	-	1	1	-	2
46	Erziehungs- und Familienberatungsstelle	238	48	64	15	76	19	-	1	-	-	2
47	Ehe- und Lebensberatungsstelle	20	-	5	2	6	4	-	1	-	-	2
48	Jugendberatungsstelle gemäß § 11 SGB VIII	63	10	22	-	8	4	-	-	1	-	18
49	Drogen- und Suchtberatungsstelle	50	4	7	8	25	2	-	1	-	1	2
50	Einrichtungen der Mitarbeiterfortbildung	2	-	-	1	-	1	-	-	-	-	-
51	Einrichtung der Eltern- und Familienbildung	52	4	14	7	8	3	-	1	3	-	12
52	(Summe aus Nr. 7, 13-51) Zusammen	8.276	1.040	2.048	550	1.474	402	-	90	325	250	2.108
53	Gemeinden/Gemeindeverbände ohne Jugendamt	-	-	-	-	-	-	-	-	-	-	-
54	Jugendämter	-	-	-	-	-	-	-	-	-	-	-
55	Landesjugendämter	-	-	-	-	-	-	-	-	-	-	-

Nr.	Art der Einrichtung	Insgesamt	AWO	DPWV	DRK	DW	DCV	ZWST	So. Relig-G	JV	Betriebe	So. jur. Pers
56	Oberste Landesjugendbehörden	-	-	-	-	-	-	-	-	-	-	-
57	Zusammen	-	-	-	-	-	-	-	-	-	-	-
58	Geschäftsstellen, Träger der freien Jugendhilfe	553	44	140	10	76	33	-	2	69	11	159
59	Arbeitsgemeinschaften von Trägern der Jugendhilfe	82		3	2	5	1	-	4	24	1	41
60	Insgesamt	8.911	1.085	2.191	571	1.555	436	-	85	418	262	2.308

anderen Zuordnungen führen, jedoch nicht wirklich das Entstehen neuer Träger in der Jugendhilfe belegen.

Getrennt von diesen allgemeinen und insgesamt auf die Bundesrepublik bezogenen Daten ist die Situation in den neuen Bundesländern zu sehen. Hier zeigen die Befunde der Jugendhilfestatistik ein deutlich anderes Bild (siehe Tabelle 11). In der Gruppe der nicht-öffentlichen Träger dominieren keinesfalls die konfessionellen Verbände. Ihr Anteil beträgt zwar summarisch 22,4 %, differenziert sich aber deutlich nach diakonischen (17,5 %) und katholischen Trägerschaften (4,9 %). Als stärkste Teilgruppe freier Träger bestehen die „sonstigen juristischen Personen" (25,9 %), gefolgt vom Paritätischen Wohlfahrtsverband (24,6 %). Danach folgen DW mit 17,5 %, die AWO mit 12,2 % das DRK mit 6,4 %, die Caritas mit 4,9 % und die JV mit 4,7 % aller Einrichtungen. Diese im Vergleich zu Westdeutschland deutlich anderen Gewichtungen konzentrieren sich vor allem auf vorschulische Tageseinrichtungen, Jugendzentren und Jugendeinrichtungen sowie kulturpädagogische Einrichtungen. Interessenspolitisch ist damit die Frage aufgeworfen, ob diese ostdeutschen Spezifika in der Trägerstruktur sozialer Dienste ihren Niederschlag auch in der Zusammensetzung der örtlichen und überörtlichen Jugendhilfeausschüsse finden, oder sich hier unverändert traditionelle Verbändeinteressen manifestieren.

Im Folgenden soll nunmehr die Jugendhilfe als Arbeits- und Beschäftigungsmarkt näher in den Blick genommen werden. Als statistische Quelle steht hierfür wiederum die Jugendhilfestatistik zur Verfügung, die im vierjährlichen Rhythmus Datengrundlagen über die in der Jugendhilfe tätigen Personen und existierenden Einrichtungen liefert. Hierdurch werden konkretere Aussagen darüber möglich, welche Berufsgruppen in diesem Bereich im Einzelnen tätig sind, über welchen Ausbildungsabschluss diese Arbeitnehmer verfügen und bei welchen Trägern und Einrichtungsarten diese im Einzelnen beschäftigt sind. Insgesamt zeigt sich, dass im Vergleich zu den Angaben von 1990 und 1994 auch im Bereich der Jugendhilfe eine fortgesetzt expansive Entwicklung, allerdings mit abnehmender Tendenz festzustellen ist. Gesamtdeutsch betrachtet sind inzwischen 568.249 hauptberufliche Personen in der Jugendhilfe tätig. Das sind rd. 19.000 mehr Beschäftigte, als dies 1994 der Fall gewesen war.

Tab. 12: Beschäftigte in der Jugendhilfe am 31.12.2002 - Bundesrepublik insgesamt[25]

Nr.	Art der Einrichtung	Insges.	Öfftl. Träger	Freie Träger
1	Kinderkrippen	4.796	1.954	2.842
2	Kindergärten	193.364	64.756	128.608
3	Horte	16.633	8.515	8.118

---

25 Eigene Zusammenstellung nach: Statistisches Bundesamt: Statistik der Kinder - und Jugendhilfe. Teil III.1 Einrichtungen und tätige Personen - Tageseinrichtungen für Kinder - 2002. Teil III.2 Einrichtungen und tätige Personen - sonstige Einrichtungen - (ohne Tageseinrichtungen für Kinder) 2002. Wiesbaden 2004.

Nr.	Art der Einrichtung	Insges.	Öfftl. Träger	Freie Träger
4	Tageseinrichtungen mit alterseinheitlichen Gruppen	58.791	31.544	27.247
5	Tageseinrichtungen mit altersgemischten Gruppen	49.587	23.607	25.980
6	TE mit alterseinheitlichen u. altersgemischten Gruppen	50.999	24.953	26.046
7	Tageseinrichtungen für Kinder insgesamt Davon/darunter:	374.170	155.329	218.841
8	Integrative Tageseinrichtungen	105.719		-
9	• Tageseinrichtungen für behinderte Kinder	4.183		-
10	• TE für Kinder von Betriebsangehörigen	2.458		-
11	• Kindergartenähnliche Einrichtungen	42.947		-
12	• Tageseinrichtungen von Elterninitiativen	16.195		-
13	Einrichtungen stationäre Erziehungshilfe im Stammhaus	28.386	2.115	26.271
14	Einrichtungen stat. Erziehungshilfe in Lebensgemeinschaftsform auf Heimgelände	4.473	150	4.323
15	Ausgelagerte Gruppe mit organisatorischer Anbindung an Stammhaus	8.344	672	7.672
16	Ausgelagerte Gruppe mit organisatorischer Anbindung an Stammhaus in Lebensgemeinschaftsform	2.126	249	1.877
17	Betreute Wohnform	5.224	348	4.876
18	Erziehungsstelle gemäß § 34 SGB VIII	1.281	122	1.159
19	Wochengruppe (ohne Wochenendunterbringung)	538	69	469
20	Tagesgruppe gemäß § 32 SGB VIII	6.663	348	6.315
21	Einrichtung geschlossene Unterbringung nach richterlicher Entscheidung	127	63	64
22	Einrichtung vorläufige Schutzmaßnahme gemäß §§ 41, 43 SGB VIII	1.847	592	1.255
23	Kleinsteinrichtung der stationären Erziehungshilfe	4.082	199	3.883
24	Einrichtung für integrierte Hilfen (Ju-hi-stationen)	3.294	516	2.778
25	Internat gemäß §§ 34, 41 SGB VIII	770	43	727
26	Großpflegestelle	42	-	42
27	Gemeinsame Wohnform für Mütter/Väter/Kinder	1.095	63	1.032

Nr.	Art der Einrichtung	Insges.	Öfftl. Träger	Freie Träger
28	Einrichtung der Frühförderung	751	47	704
29	Einrichtung über Tag/Nacht für junge Menschen mit Behinderung	8.375	806	7.569
30	Tagesheim für jg. Menschen m. Behinderung	5.361	333	5.028
31	Jugendwohnen/Jugendsozialarbeit gemäß § 13 Abs. 3 SGB VIII	2.135	194	1.941
32	Jugendgemeinschaftswerk	677	19	658
33	Jugendsozialarbeit gemäß § 13 Abs. 1 und 2 SGB VIII	3.502	493	3.009
34	Kur-, Genesungs- und Erholungseinrichten für junge Menschen	939	83	856
35	Jugendherberge, Jugendgästehaus	5.939	662	5.277
36	Jugendtagungsstätte, Jugendbildungsstätte	3.229	420	2.809
37	Jugendzentrum, Haus der offenen Tür	24.844	11.560	13.284
38	Jugendräume/Jugendheim ohne Hauptamtliche	1.170	370	800
39	Einrichtung/Initiative der mobilen Jugendarbeit	2.168	647	1.521
40	Jugendkunstschule, kulturpäd. Einrichtung für jg. Menschen	3.267	1.277	1.990
41	Einrichtung der Stadtranderholung	229	36	193
42	Kinder-/Jugendferien/-erholungsstätte	976	127	849
43	Familienferienstätte	449	9	440
44	Päd. Betreuter Spielplatz/Abenteuerspielplatz	1.358	718	640
45	Jugendzeltplatz	290	90	200
46	Erziehungs- und Familienberatungsstelle	8.200	2.574	5.626
47	Ehe- und Lebensberatungsstelle	1.097	12	1.085
48	Jugendberatungsstelle gemäß § 11 SGB VIII	1.105	235	870
49	Drogen- und Suchtberatungsstelle	1.998	256	1.742
50	Einrichtungen der Mitarbeiterfortbildung	295	81	214
51	Einrichtung der Eltern- und Familienbildung	2.369	375	1.994
52	*Art der Einrichtung (Summe aus Nr. 7, 13 - 51) Zusammen*	*523.185*	*182.302*	*340.883*
53	Gemeinden/Gemeindeverbände ohne Jugendamt	471	471	-
54	Jugendämter	33.752	33.752	-
55	Landesjugendämter	1.118	1.118	-
56	Oberste Landesjugendbehörden	273	273	-

Nr.	Art der Einrichtung	Insges.	Öfftl. Träger	Freie Träger
57	Zusammen	35.614	35.614	-
58	Geschäftsstellen, Träger der freien Jugendhilfe	8.731	-	8.731
59	Arbeitsgemeinschaften von Trägern der Jugendhilfe	719	83	636
60	*Insgesamt*	*568.249*	*217.999*	*350.250*

Tab. 13: Beschäftigte in der Jugendhilfe nach Geschlecht und Ausbildungsabschluss[26]

Berufsausbildungsabschluss	Frauen	Männer
Dipl.-Sozialpädagogen/Sozialarbeiter (FH-Abschluss)	34.773	18.064
Dipl.-Pädagogen/Sozialpädagogen (Uni-Abschluss)	7.656	3.865
Dipl.-Heilpädagogen (FH-Abschluss)	1.840	315
Erzieherinnen	264.928	13.169
Heilpädagogen	5.500	608
Kinderpflegerinnen	48.624	376
Heilerzieher	2.857	790
Familienpflegerinnen	446	35
Assistenten im Sozialwesen	1.126	126
Soziale und medizinische Helferberufe	1.409	145
Sonstige soziale/sozialpädagogische Kurzausbildung	1.925	574
Kinder- und Jugendpsychotherapeuten	412	152
Psychologische Psychotherapeuten	572	450
Psychologen mit Hochschulabschluss	2.532	1.678
Beschäftigungs- und Arbeitstherapeuten	616	183
Ärzte	193	104
Kinderkrankenpfleger/innen, Krankenpfleger	2.896	122
Krankengymnasten, medizinische Bademeister	908	116
Logopäden/innen	670	60
Sonderschullehrer	380	292
Fachlehrer und sonstige Lehrer	3.611	1.910
Sonstiger Hochschulabschluss	2.691	2.654
Abschluss für den mittleren Dienst/erste Angestelltenprüfung	3.694	772

26 Zusammenstellung nach: Statistisches Bundesamt: Einrichtungen und tätige Personen in der Kinder- und Jugendhilfe am 31.12.2002 - Gesamt. Wiesbaden 2004

Abschluss für den gehobenen Dienst/zweite Angestelltenprüfung	3.837	2.476
Sonstige Verwaltungsberufe	9.146	1.098
Hauswirtschaftsleiterinnen, Oekotrophologen	2.779	232
Hauswirtschafterinnen	4.216	298
Kaufmannsgehilfen	1.567	343
Facharbeiter	9.214	6.524
Meister	514	1.232
Künstlerischer Ausbildungsabschluss	764	535
Sonstiger Ausbildungsabschluss	20.088	6.381
Praktikanten im Anerkennungsjahr	12.325	1.183
Anderweitig noch in Ausbildung	28.741	2.537
Ohne abgeschlossene Ausbildung	28.741	7.847
Insgesamt	490.998	77.246
Frauen und Männer zusammen	568.244	
Darunter mit akademischem Berufsabschluss - in % der Beschäftigten		
Fachhochschule oder vergleichbarer Abschluss	7,4	23,8
Universität oder vergleichbarer Abschluss	3,6	14,4
Fachhochschule und Universität zusammen	11,0	38,2
Akademisierungsgrad bezogen auf alle Beschäftigte	14,8	

Der allgemeine Befund: Die Jugendhilfe als Teil der Wohlfahrtspflege ist nicht nur ein wichtiger Beschäftigungssektor sondern prägt neben dem Bereich der Gesundheitspflege ganz wesentlich die Infrastruktur sozialer Dienste. Und konkreter auf die freie Wohlfahrtspflege ist zu sehen, dass rd. 29 % aller Beschäftigten im Arbeitsfeld der Jugendhilfe tätig sind. Gemessen an den Beschäftigungszahlen steht damit die Jugendhilfe einschließlich der familienbezogenen Dienste an erster Stelle. Ein weiterer Blick zeigt, dass die überwiegende Zahl der Beschäftigten, nämlich über 62 %, in Tageseinrichtungen für Kinder sowie in anderen vorschulischen Einrichtungen arbeitet. Daneben zeigt sich die freie Jugendhilfe durch ein diversifiziertes Angebot zahlreicher Einrichtungsarten geprägt, die extrem unterschiedlich hohe Beschäftigungszahlen aufweisen. Die Spanne reicht hier von < 64 hauptberuflichen Personen (Unterbringung nach richterlicher Entscheidung) bis zu > 26.000 (Erziehungshilfen außerhalb der Familie/Heimerziehung), was u.a. auf die breite Palette von allgemeinen pädagogischen Einrichtungen bis hin zu spezialisierten Tätigkeitsbereichen verweist. Wurde für die freie Wohlfahrtspflege insgesamt ein dominierender Einfluss konfessioneller Träger konstatiert, so gilt dieser Befund ebenso für die Beschäftigungsverhältnisse in der Jugendhilfe. Nicht nur sind die meisten der Beschäftigten bei freien Trägern angestellt (rd. 62 % der insgesamt über 568.000 Arbeitnehmer), sondern knapp über 55 % der bei freien Trägern beschäftigten Personen unterliegen kirchlich geregelten Arbeits- und Anstellungsbedingungen. Bezogen auf das hauptsächliche Arbeitsfeld der Kindertageseinrichtungen und vorschulischen

Einrichtungen erhöht sich dieser hohe Beschäftigungsanteil konfessioneller Träger auf über 60 %. Die übrigen Spitzenverbände der freien Wohlfahrtspflege rangieren als Arbeitgeber im Vergleich zu den kirchlichen Wohlfahrtsverbänden erst mit großem Abstand. So sind beim DPWV 13,5 %, bei der AWO 6,9 %, beim DRK 3,5 % und bei der ZWST 0,06 % aller in der freien Jugendhilfe beschäftigten Personen tätig. Dass die Wohlfahrtspflege in weiten Teilen ein weiblich dominierter Beschäftigungssektor ist, zeigt sich erneut auch im Bereich der Jugendhilfe. Über 86 % der Beschäftigten sind Frauen und die größte Gruppe hierbei bilden die Erzieherinnen. Gleichzeitig wird deutlich, dass in diesem Teilbereich der Wohlfahrtspflege nur eine Minderheit der Beschäftigten über einen akademischen Berufsabschluss verfügt, wobei auch hier deutliche Unterschiede zwischen Männern und Frauen zu Tage treten.

Die vorliegenden Befunde zusammenfassend lässt sich bei allen vorzunehmenden Differenzierungen konstatieren: Soziale Dienste und Einrichtungen werden in der Bundesrepublik Deutschland nach wie vor in überwiegender Weise durch die Spitzenverbände der freien Wohlfahrtspflege erbracht. Sie sind relativ unverändert die primären Akteure und Anstellungsträger. Dieser Sachverhalt verleitete in der Vergangenheit manche Beobachter zu der Diagnose, Freie Wohlfahrtspflege sei ein monopolistischer und durch Kartelle geprägter Wirtschaftsbereich.[27] Bei der Darstellung der einzelnen Spitzenverbände wird zu zeigen sein, ob und wo diese Hypothese ihre Berechtigung hat. Und ebenso ist zu sehen, dass entgegen des allgemeinen öffentlichen Eindrucks der Bereich der Wohlfahrtspflege - wenn auch mit abnehmender Tendenz - dennoch expandiert. Zumindest gilt dies für die bisherige Entwicklung.

Die vorliegenden Daten belegen jedoch nicht nur die gewachsene arbeitsmarktpolitische Bedeutung der Wohlfahrtspflege. Sie verweisen auch auf die damit einhergehenden, in den letzten Jahrzehnten stattgefundenen Veränderungsprozesse von Professionalisierung, Verfachlichung und Dienstleistungsorientierung in der Sozialen Arbeit überhaupt.[28] Ganz zweifellos hat hierbei die beruflich ausgeübte Sozialarbeit eine zunehmende Bedeutung erfahren, was sich nicht zuletzt in einem gewachsenen Anteil akademisch ausgebildeter Fachkräfte zeigt. Unübersehbar sind die Folgen einer Hochschulreform, die seit Anfang der 70er Jahre die Ausbildung von Sozialarbeitern/-pädagogen in die Fachhochschulen, Gesamthochschulen und Universitäten verlagerte. Dennoch lässt dies keineswegs den Schluss zu, Soziale Arbeit sei auf dem Wege, sich in stärkerem Maße und den beruflichen Anforderungen entsprechend zu akademisieren. Stattdessen ist zu sehen, dass der Anteil der an Hochschulen ausgebildeten Fachkräfte innerhalb der Wohlfahrtspflege nach wie vor gering

---

27 Beispielhaft für einen besonders misslungenen Informationsbeitrag: G.v. Lojewski, U. Sauermann: Unsere Wohlfahrt: Verbände, Funktionäre - und Filz? Bayerischer Rundfunk 1989. Sowie: ARD/mdr-Sendung „Fakt" vom 18.03.1996.
28 Thomas Rauschenbach: Jugendhilfe als Arbeitsmarkt. Fachschul-, Fachhochschul- und Universitätsabsolvent(innen) in sozialen Berufen. In: Sachverständigenkommission 8. Jugendbericht (Hrsg.): Jugendhilfe - Historischer Rückblick und neuere Entwicklungen. Materialien zum 8. Jugendbericht (Band 1). München 1990. S. 225 ff. Manfred Bausch: Sozialpädagogin/Sozialpädagoge. Sozialarbeiterin/Sozialarbeiter. Gesamtbetrachtung zum Beruf und zur allgemeinen Arbeitsmarktsituation. In: ibv Nr. 1 vom 4. Jan. 1995.

und nur unwesentlich gestiegen ist. Hatten nach den Erhebungen der Jugendhilfestatistik 1994 nicht mehr als 10,8 % aller in der Jugendhilfe beschäftigten Personen einen Fachhochschul- oder Universitätsabschluss, so sind dies heute gerade einmal 14,8 %.[29] Und legt man die Daten des Nürnberger Instituts für Arbeitsmarkt und Berufsforschung zu Grunde, so sieht die Lage keineswegs optimistisch aus. Nach diesen Befunden hätte sich der Anteil akademisch qualifizierter Fachkräfte bei den sozialpflegerischen Berufen[30] seit 1996 nämlich kaum verändert und würde bei heute 11,2 % gegenüber 10,8 % auf leicht höherem Niveau stagnieren.[31]

Ebenso in überschaubaren Grenzen hält sich die Zahl der Studierenden des Sozialwesens an deutschen Hochschulen. Diese betrug im WS 91/92 rd. 46.700 und umfasste damit nicht mehr als 2,8 % aller eingeschriebenen Studenten.[32] Bezogen auf das WS 2002/03 hat sich an dieser Ausgangslage nur wenig geändert. Zu diesem Zeitpunkt waren in den Studiengängen des Sozialwesens (Sozialarbeit und Sozialpädagogik) an Fachhochschulen und Universitäten insgesamt rd. 62.700 Studierende immatrikuliert, was einem Anteil von 3,2 % aller Studenten entspricht.[33] Angesichts dieser Befunde von einer Akademisierungswelle sozialer Berufe zu sprechen, wäre maßlos übertrieben. Jene, die solches behaupten, tun dies entweder in Unkenntnis tatsächlicher Befunde oder beabsichtigen - aus welcher Interessenlage auch immer - die Beibehaltung eines semiprofessionellen Berufsstatus für die Soziale Arbeit. Angesichts zunehmender komplexer Anforderungen ist Gegenteiliges gefordert. Fachliche Qualifizierung und Professionalisierung können nicht weiterhin auf nur wenige Bereiche bezogen bleiben und verlangen geradezu nach einer verstärkten Ausweitung akademischer Ausbildungsgänge im Bereich der Sozialen Arbeit. Und insbesondere mit Blick auf unsere europäischen Nachbarstaaten wird deutlich, dass über den bisher erreichten Stand weitere, darüber hinausgehende Reformen zwingend erforderlich sind.[34]

---

29 Vgl.: Jugendhilfestatistik 1994 und 2002. A.a.O.
30 Die Berufsklassifikation des IAB unterteilt sozialpflegerische Berufe in folgende Berufsordnungen: 861 Sozialarbeiter/innen, Sozialpfleger/innen, 862 Heimleiter/innen, Sozialpädagogen/innen, 863 Arbeit-, Berufsberater/innen, 864 Kindergärtner/innen, Kinderpfleger/innen. Aufgeführt werden alle sozialversicherungspflichtige Beschäftigte, deren Erwerbsstatus und Ausbildungsabschluss. Vgl.: Institut für Arbeitsmarkt- und Berufsforschung der Bundesanstalt für Arbeit: Berufe im Spiegel der Statistik. Beschäftigung und Arbeitslosigkeit 1996 - 2002. Nürnberg 2003.
31 Vgl.: IAB 2003
32 Vgl.: Statistisches Bundesamt (Hrsg.): Fachserie 11. Reihe 4.1 Studenten an Hochschulen. WS 1991/92. Wiesbaden. Juli 1993.
33 Vgl.: Statistisches Bundesamt (Hrsg.): Fachserie 11. R. 4.1. Studenten an Hochschulen WS 2002/03. Wiesbaden 2003.
34 U.a. als Folge der PISA-Studie und der damit verbundenen ländervergleichenden Perspektive wird verstärkt die Miteinbeziehung der Erzieherausbildung in ein sozialpädagogisches Hochschulstudium gefordert. Ein erster Modellstudiengang mit der Bezeichnung „Erziehung und Bildung im Kindesalter - Bachelor of Arts" wurde im SS 2004 an der Alice Salomon Fachhochschule Berlin eingerichtet.

Literatur

Bausch, Manfred: Sozialpädagogin/Sozialpädagoge. Sozialarbeiterin/Sozialarbeiter. Gesamtbetrachtung zum Beruf und zur allgemeinen Arbeitsmarktsituation. In: ibv Nr. 1 vom 4. Jan. 1995

Berufsgenossenschaft für Gesundheitsdienst und Wohlfahrtspflege: Jahresbericht 2002. Hamburg (2003); dgl.: Umlagestatistik 2002

Bundesarbeitsgemeinschaft der Freien Wohlfahrtspflege e.V.: Gesamtstatistik der Einrichtungen und Dienste der Freien Wohlfahrtspflege. Stand: 01.01.2000. Berlin. Dezember 2001.

Bundesarbeitsgemeinschaft der Freien Wohlfahrtspflege e.V.: Gesamtstatistik 2000 - internes, unveröffentlichtes Arbeitspapier. Stand 3. Juli 2001

Gesetz über die Durchführung von Statistiken auf dem Gebiet der Sozialhilfe, der Kriegsopferfürsorge und der Jugendhilfe vom 15. Januar 1963

Goll, Eberhard: Die freie Wohlfahrtspflege als eigener Wirtschaftssektor. Theorie und Empirie ihrer Verbände und Einrichtungen. Nomos Verlag. Baden-Baden 1991

Materialien zum 8. Jugendbericht (Band 1)

Institut für Arbeitsmarkt- und Berufsforschung (IAB) der Bundesagentur für Arbeit: Berufe im Spiegel der Statistik. Beschäftigung und Arbeitslosigkeit 1996 - 2002. Nürnberg 2003

Leenen, Wolf Reiner: Der Arbeitsmarkt für Sozialarbeiter und Sozialpädagogen. Ein kritischer Rückblick auf die 80er Jahre. In: neue praxis 6/92. S. 503 ff.

Lojewski, Gerd von/Sauermann, Uwe: Unsere Wohlfahrt: Verbände, Funktionäre - und Filz? Bayerischer Rundfunk 1989. Sowie: ARD/mdr-Sendung „Fakt" vom 18.03.1996

Max-Traeger-Stiftung (Hrsg.): Jens Pothmann/Matthias Schilling: Der Arbeitsmarkt Kinder- und Jugendhilfe. Eine aktuelle Bestandsaufnahme und die Zukunftsperspektiven in den neuen Ländern und Berlin Ost. Abschlussbericht. Frankfurt am Main. Juni 1998

Nachrichten Parität 2/2004: Vielfalt schafft sozialen Fortschritt - 80 Jahre Paritätischer Wohlfahrtsverband. S. 6

Priller, Eckhard/Zimmer, Annette (Hrsg.): Der Dritte Sektor International. Mehr Markt - weniger Staat? Edition Sigma. Berlin 2001

Rauschenbach, Thomas/Schilling, Matthias: Die Kinder- und Jugendhilfe und ihre Statistik. Band I:: Einführung und Grundlagen. Luchterhand Verlag. Neuwied 1997.

Rauschenbach, Thomas/Schilling, Mathias: Die Kinder- und Jugendhilfe und ihre Statistik. Band II: Analysen, Befunde und Perspektiven. Luchterhand Verlag. Neuwied 1997

Rauschenbach, Thomas: Jugendhilfe als Arbeitsmarkt. Fachschul-, Fachhochschul- und Universitätsabsolvent(innen) in sozialen Berufen. In: Sachverständigenkommission 8. Jugendbericht (Hrsg.): Jugendhilfe

Statistisches Bundesamt (Hrsg.): Reihe 4.1 Studenten an Hochschulen. WS 1991/92. Wiesbaden. Juli 1993.

Statistisches Bundesamt: 3. Bericht: Pflegestatistik 2001. Bonn 2003

Statistisches Bundesamt: Einrichtungen und tätige Personen in der Kinder- und Jugendhilfe am 31.12.2002 - Gesamt - . Wiesbaden 2004

Statistisches Bundesamt: Statistik der Jugendhilfe. Fachserie 13. Reihe 6.3. Einrichtungen und tätige Personen in der Jugendhilfe 1994. Wiesbaden 1996

Statistisches Bundesamt: Statistik der Kinder - und Jugendhilfe. Teil III.1 Einrichtungen und tätige Personen - Tageseinrichtungen für Kinder - 2002. Teil III.2 Einrichtungen und tätige Personen - sonstige Einrichtungen - (ohne Tageseinrichtungen für Kinder) 2002. Wiesbaden 2004

3 Spitzenverbände der freien Wohlfahrtspflege

3.1 Der Deutsche Caritasverband e.V. (DCV)

Entstehung des Verbandes

Gegründet wurde der „Caritasverband für das katholische Deutschland" am 9. November 1897 als eine zunächst neben der Amtskirche weitgehend selbständig agierende Organisation. Maßgeblicher Initiator war neben anderen Personen Lorenz Werthmann, Hofkaplan des Freiburger Erzbischofs. Die im Vergleich zum Central-Ausschuss der Inneren Mission relativ späte Gründung einer zentralen katholischen Wohlfahrtsorganisation stellt jedoch keineswegs den Beginn karitativer Aktivitäten dar, sondern markiert vielmehr eine neue Etappe im Entwicklungsprozess des ausgedehnten katholischen Verbandswesens seit Anfang des 19. Jahrhunderts. Wenn auch die katholisch-karitative Arbeit schon immer sehr eng mit der Institution Kirche verbunden war und sich innerhalb dieses Kontextes definierte, so blieben die damit verbundenen Initiativen dennoch lange Zeit organisatorisch unverbunden, lokal und/oder auf spezifische Problemfelder begrenzt. Unterstützt bzw. initiiert von einzelnen Priestern entstanden vielerorts katholische Arbeitervereine und Arbeiterinnenvereine, Laienorganisationen wie die Vincenzsvereinigungen oder der Raphaelsverein.[1] Deren Aktivitäten fanden allerdings neben den amtskirchlichen Strukturen und Organen statt und wurden von der offiziellen Amtkirche deshalb argwöhnisch beäugt, eher geduldet als gefördert. In diesen Anfangsjahren gehörte aus der Sicht der Bischöfe eine katholische und sich außerhalb von Ordensgemeinschaften organisierende Sozialarbeit noch nicht zum selbstverständlichen Teil kirchlichen Handelns. Dem pragmatischen Eigensinn karitativer Initiativen tat diese Positionierung der offiziellen Amtsträger keinen Abbruch und zunehmend stellte sich die Aufgabe, die stattfindenden Aktivitäten zu bündeln und zu koordinieren. Der politische Faktor, innerhalb des protestantisch bestimmten Preußen die „Diasporasituation" der katholischen Minderheit zu überwinden, förderte zusätzlich die Bestrebungen nach einem gemeinsamen Verbandsdach.[2] Organisatorische Synergieeffekte ergaben sich vor allem mit dem von Paul Ahensley 1871 gegründeten „Raphaels-Verein zum Schutz katholischer deutscher Auswanderer". Ahensley, ebenfalls Priester und mit Werthmann freundschaftlich eng verbunden, reagierte mit dieser Vereinsgründung auf die große Auswanderungswelle während des letzen Drittels des 19. Jahrhunderts. Die Zahl der deutschen Auswanderer nach Amerika überstieg bei

---
1 Vgl.: Jochen-Christoph Kaiser: Die zeitgeschichtlichen Umstände der Gründung des Deutschen Caritasverbandes am 9. November 1897. In: Manderscheid/Wollasch 1989. S. 11 ff.
2 Vgl.: Sekretariat der Deutschen Bischofskonferenz: Katholische Verbände. Studientag der Vollversammlung der Deutschen Bischofskonferenz. 21. September 1988. Arbeitshilfen Nr. 61.

weitem die Überfahrtmöglichkeiten, was in den deutschen, niederländischen und französischen Hafenstädten zu massiven sozialen Problemen führte. Mit besonderen Beratungsdiensten, Hilfen zur Existenzbeschaffung, Rechtsberatung und religiössittlichem Beistand sollte diesen Missständen begegnet und neue Orientierungen ermöglicht werden. Die Zusammenarbeit beider Organisationen wurde forciert und führte nach schwerer Erkrankung Ahensleys 1914 zur Integration der Raphaels-Vereinsgeschäftsführung in den Caritasverband.[3]

Die weitere Entwicklung des Verbandes ist nicht unwesentlich durch den 1. Weltkrieg beeinflusst. Werthmanns Aktivitäten zielten hierbei sowohl auf eine größere staatliche Unterstützung des Verbandes als auch auf die wirksamere Anerkennung und Förderung durch die katholischen Bischöfe. Seine politisch-lobbyistischen Tätigkeiten in Berlin erforderten sehr bald eine dort anzusiedelnde Geschäftsstelle des Caritasverbandes. Hierfür die Bischöfe zu gewinnen, stellte sich als eine zentrale, keineswegs leicht zu realisierende Aufgabe. Im Juli 1918 beschloss der Caritas Zentralrat die Errichtung einer Generalvertretung in Berlin, deren Kosten gleichermaßen durch den Verband selbst sowie den Raphaelsverein zu tragen waren. Die Mittel für eine gedeihliche Entwicklung reichten nicht aus, schon nach kurzer Zeit musste das Berliner Büro geschlossen werden. Der im Oktober 1918 in Koblenz stattfindende 20. Caritastag behandelte das Thema erneut und führte zu einer weiteren Organisationsgründung. Die drohende Kriegsniederlage und damit verbundene Auswanderungswelle antizipierend (gerechnet wurde mit einem Anwachsen der Auswandererzahl auf 5 - 10 Millionen) wurde der „Reichsverband für die katholischen Auslandsdeutschen" als Dachverband für kath. Deutschen Vereine für Auslanddeutschenfürsorge gegründet.

Unverändert setzte sich Werthmann bei den deutschen Bischöfen für eine materielle und personelle Unterstützung des Verbandes und seiner Berliner Außenvertretung ein. Nach mehreren Anläufen konnte der Militärgeistliche Benedict Kreutz für die Berliner Aufgabe gewonnen und freigestellt werden. Der kurzen Einarbeitungszeit in der Freiburger Caritaszentrale folgte die Leitungsübernahme der erneut eröffneten Berliner Geschäftsstelle. Kreutz übernimmt in Personalunion zugleich die GF für den Raphaelsverein sowie den Reichsverband für die katholischen Auslandsdeutschen.

Die Novemberrevolution 1918 und die sich konstituierende Weimarer Republik bedeuteten für den sich allmählich stabilisierenden Caritasverband weitere Gefährdungen. Sich mit dem Systemsturz ankündigende sozialpolitische Umwälzungen, insbesondere die beabsichtigte Kommunalisierung und Säkularisierung sozialer Einrichtungen, die gesetzliche Verankerung von sozialen Schutzrechten, die Einführung des Achtstundentages sowie die Durchsetzung politischer Rechte wie das Frauenwahlrecht, stellten für die katholische Sozialarbeit eine existenzielle Bedrohung dar. Der Verband reagierte hierauf mit verstärktem politischem Lobbyismus gegenüber Ministerien und Vertretern der neuen Regierung. Da es dem Caritasverband für eine solche Interessenvertretung an einem innerkirchlichen Mandat fehlte, waren Kon-

---

3 Vgl.: Hans-Josef Wollasch: Werthmann, Kreutz und die Anfänge der Hauptvertretung Berlin des Deutschen Caritasverbandes. A.a.O.

flikte mit dem deutschen Episkopat geradezu programmiert. Heftig, kurz und eindeutig intervenierten die deutschen Bischöfe, die dem Caritasverband entsprechende Kompetenzen untersagen und dessen Tätigkeiten auf die praktische Nächstenliebe begrenzen.

Trotz der Beschlüsse der Fuldaer Bischofskonferenzen vom August 1916 und 1917, der damit verbundenen grundsätzlichen Anerkennung und Einordnung des Caritasverbandes in die katholische Kirche blieb der Verband und sein Berliner Büro in einer materiell prekären Lage, die durch den Kapp-Putsch im März 1920 zusätzlich verschärft wurde. Der von Kreutz dem Zentralrat im Mai 1920 vorgelegte Rechenschaftsbericht beschreibt die Schwierigkeiten der damaligen Arbeit und lässt erkennen, dass der Verband erst am Anfang seiner Konsolidierung stand. Die fortschreitende Erkrankung Werthmanns führte noch im Verlaufe des Jahres 1921 zu einer faktischen Übertragung der Amtsgeschäfte an Kreutz, der nach Werthmanns Tod im April 1921 konsequenterweise im November 1921 zum 2. Präsidenten des Caritasverbandes gewählt wurde.[4] Das neue Amt war zugleich mit der vorläufigen Geschäftsführung für die Berliner Hauptvertretung verbunden. Der durchaus schwierige und zwei Jahrzehnte dauernde Integrationsprozess des DCV in die katholische Kirche ist erst mit dem Jahre 1921 weitgehend abgeschlossen; die Phase der Konsolidierung und des Wachstums beginnt.

Selbstverständnis des Verbandes

„Caritas" (lat. „Liebe") bezeichnet in der katholischen Theologie die göttliche Tugend der Liebe, die sich in christlicher Nächstenliebe und Wohltätigkeit äußert. Innerhalb der katholischen Kirche bezeichnet „Caritas" alle sozialen Dienste, die in organisierter Form angeboten und realisiert werden. Unerheblich ist hierbei, ob es sich um Einrichtungen des Caritasverbandes selbst, seiner Mitgliedsorganisationen und angeschlossenen Fachverbände oder der Ordensgemeinschaften handelt. All die hiermit einhergehenden sozialen Aktivitäten sind Wesensäußerungen von Kirche und damit substanzieller Teil eines von der katholischen Kirche definierten Verkündigungs- und Missionsauftrages. Der Verband kann deshalb hinsichtlich seiner strategischen und operativen Ausrichtung keineswegs als eine von der römisch-katholischen Kirche unabhängig bestehende und autonom operierende Wohlfahrtsorganisation verstanden werden. Stattdessen zeigt er sich eingebunden in eine theologisch begründete Amtsautorität und Entscheidungsgewalt des Heiligen Stuhls sowie des deutschen Episkopats. Kirchenrechtlich ist diese Stellung des Verbandes in der Satzung sowie im kanonischen Recht verankert.

„(1) Der Deutsche Caritasverband ist die von den deutschen Bischöfen anerkannte institutionelle Zusammenfassung und Vertretung der katholischen Caritas in Deutschland.

---

4 Vgl.: Hans-Josef Wollasch: Werthmann, Kreutz und die Anfänge der Hauptvertretung Berlin des Deutschen Caritasverbandes. In: Deutscher Caritasverband (Hrsg.): Caritas Jahrbuch 71. S. 155 ff.

(2) Er ist privater Verein von Gläubigen im Sinne der Canones 299, 321 - 326 des Codex Iuris Canonici (Codex des kanonischen Rechts).

(3) Der Verband steht unter der nach dem Codes Iuris Canonici sich bestimmenden Aufsicht der Deutschen Bischofskonferenz.

(4) Der Vorsitzende der für die Caritas zuständigen Bischöflichen Kommission hat das Recht, an den Sitzungen der Verbandsorgane teilzunehmen.

(5) Die Grundordnung des kirchlichen Dienstes im Rahmen kirchlicher Arbeitsverhältnisse findet in ihrer jeweiligen im Amtsblatt der Erzdiözese Freiburg veröffentlichten Fassung Anwendung."[5]

Anders als die protestantischen Konfessionen beansprucht die katholische Kirche - ihrer immanenten Logik folgend - allgemein gültige theologische Wahrheitsaussagen, deren Festlegungen letztinstanzlich durch die Glaubenskongregation des Heiligen Stuhls getroffen werden. Aus der konsequenten Sichtweise einer sich universalistisch verstehenden und deshalb zentralistisch verfassten Weltkirche leiten sich damit sozialpolitische, wohlfahrtliche Zielsetzungen wesensmäßig aus eben theologischen Setzungen ab.[6] Die Entscheidungen des römischen Episkopats und seiner legitimierten nationalen Instanzen haben damit für das Handeln katholischer Sozialorganisationen eine präjudizierende Bedeutung, was zur Folge hat, dass sich Zielsetzungen und Aufgaben der verbandlichen Caritas immer im Spannungsverhältnis zu theologischen Lehrmeinungen befinden und erst durch diesen Filter praktisch wirksam werden können.

„Caritas ist eine der Grundfunktionen der Kirche. Das heißt, sie ist eine wesentliche Form ihres Selbstvollzugs ebenso wie die missionarische Verkündigung, die Feier der Liturgie und die gegliederte Ordnung der Gemeinschaft der Gläubigen. Caritas bestimmt als Zeichen der Liebe Gottes das Erscheinungsbild der Kirche entscheidend mit. ...

Der Caritasverband ist nicht Organisation neben den Gemeinden, sondern mit deren Leben organisch verbunden. Er ist auch nicht nur Spitzenverband der Freien Wohlfahrtspflege, sondern vor allem Instrument der dienenden Kirche."[7]

Die durch die verbandlich organisierte Caritas geleistete Wohlfahrtspflege einerseits und die Erfüllung kirchlicher Aufgaben andererseits lassen sich deshalb keineswegs als jeweilige eigenständige und voneinander unabhängig wirkende Handlungs- und Entscheidungsebenen verstehen. Gewahrt wird der Zusammenhang mittels einer

---

5 Satzung des DCV vom 9. November 1897 in der Fassung vom 16. Oktober 2003. § 2
6 Vgl. u.a.: „Wesentlich für das Katholische ist es, dass es an der kirchlichen Vermitteltheit des Christlichen festhält, während das Protestantische von seinem historischen Ursprung her im Namen des ursprünglichen Christlichen gegen die konkrete kirchliche Vermittlungsgestalt protestiert und die Unmittelbarkeit zu Gott behauptet. Man kann auch sagen: Das Wesen des Katholischen ist die Vermittlung" Walter Jasper. Zitiert nach Bischof Dr. Josef Homeyer. In: Sekretariat der Deutschen Bischofskonferenz: Katholische Verbände ... A.a.O.; „Erklärung Dominus Jesus. Über die Einzigartigkeit und die Heiluniversalität Jesu Christi und der Kirche", verfasst von der „Kongregation für die Glaubenslehre", August 2000. Vollständiger Text siehe: www.dbk.de
7 Johannes Paul II. anlässlich der Deutschen Bischofskonferenz im November 1980.

durchgängigen Adaption katholischer Prämissen, die handlungsverpflichtend in jeweiligen Satzungen geregelt sind. Gesichert bleibt so ein durch die Amtskirche kontrolliertes katholisches Selbstverständnis in den regionalen Gliederungen als auch in den angeschlossenen Mitgliedsorganisationen. Dass eine solche Präjudizierung nicht zugleich Einheitlichkeit in der rechtlichen Ausgestaltung und organisatorischen Ausgestaltung der Caritasverbände bedeutet, zeigen die in den Diözesen durchaus unterschiedlich gewählten Optionen. So besteht nach kanonischem Recht die Möglichkeit, Caritasverbände in der Form eines öffentlichen oder eines privaten Vereins zu konstituieren, was eine jeweils unterschiedliche Einbindung in die jeweilige Erzdiözese zur Folge hat. Die nachfolgenden Satzungsregelungen des Erzbistums Köln sind eine Option für die Variante des „öffentlichen Vereins", die in dieser Form keineswegs durchgängig für alle Caritasverbände gilt.

„Verkündigung, Liturgie und Caritas sind die wesentlichen Aufträge der Katholischen Kirche. Caritas ist Ausdruck des Lebens der Kirche, in der Gott durch die Menschen sein Werk verwirklicht. In der Caritas ‚wird der Glaube in der Liebe wirksam' (Gal. 5,6). Somit ist Caritas Pflicht des ganzen Gottesvolkes und jedes einzelnen Christen. Ihrer vollen Erfüllung in der Diözese gilt die besondere Sorge des Bischofs. Daher steht dieser Caritasverband unter dem Schutz und der Aufsicht des Erzbischofs von Köln. In ihm sind alle innerhalb seines Bereiches der Caritas dienenden Einrichtungen und Dienste institutionell zusammengefasst; er vertritt die Caritas seines Bereiches nach außen. Der Verband ist Mitgliederverband und für seinen Bereich Verband der Freien Wohlfahrtspflege. Er ist Repräsentant der sozial-karitativen Arbeit der Katholischen Kirche im Erzbistum Köln."[8]

„(1) Mitglieder des Verbandes ... sind verpflichtet,

a) eine Tätigkeit im Sinne der Caritas der Katholischen Kirche auszuüben und eine entsprechende Formulierung in der Satzung vorzulegen,
b) die ‚Grundordnung des kirchlichen Dienstes im Rahmen kirchlicher Arbeitsverhältnisse' rechtsverbindlich zu übernehmen,
c) mit ihren Mitarbeiterinnen und Mitarbeitern Arbeitsverträge nach den Richtlinien für Arbeitsverträge in den Einrichtungen des Deutschen Caritasverbandes (AVR) abzuschließen,
d) in ihren Einrichtungen Mitarbeitervertretungen nach der Mitarbeitervertretungsordnung für das Erzbistum Köln zu bilden,
e) dem Verband für die Erfüllung seiner Aufgaben als Spitzenverband alle erforderlichen Auskünfte zu geben und sich in der fachlichen und konzeptionellen Arbeit und bei der Gestaltung der Dienste und Aufgaben mit dem Diözesan-Caritasverband abzustimmen,
f) in ihrer Satzung sich der Aufsicht des Erzbischofs von Köln zu unterstellen,
g) in ihrer Satzung die Mitgliedschaft beim Verband festzulegen,

---

8 Amtsblatt des Erzbistums Köln. 1. Juni 2000. Erlasse des Herrn Erzbischofs Nr. 138: Satzung des Diözesan-Caritasverbandes für das Erzbistum Köln e.V. i.d.F. vom 3.2.2000. Präambel.

h) das Zusammenwirken aller an der katholischen Caritas Beteiligten und die Verwirklichung der Ziele des Deutschen Caritasverbandes durch Information und Kooperation zu fördern,

i) keine Mitgliedschaft in einem anderen Spitzenverband der Freien Wohlfahrtspflege zu erwerben oder aufrechtzuerhalten,

j) den Verband über Änderungen der Satzung, Statuten, Gesellschaftsverträge einschließlich der Gesellschafterwechsel zu informieren."[9]

Ein Beispiel für die Option „privater Verein" stellen die Satzungsregelungen des Caritasverbandes der Erzdiözese München und Freising dar. Dieser verfügt über eigene, von der Amtskirche unabhängigere Vereinsorgane und gliedert sich in Kreis-, Bezirks- und Ortscaritasstellen bzw. -verbände.

„Das Gebot Jesu ‚Liebet einander! Wie ich euch geliebt habe, so sollt auch ihr einander lieben' (Joh. 13,34) und seine Aufforderung, den Notleidenden zu helfen, ist an jeden einzelnen Christen gerichtet, aber es gilt auch der Kirche als ganzer, die dazu bestimmt ist, die Liebe Gottes zu bezeugen und das Heil Gottes zu allen Menschen zu tragen. Darum zählt die karitative Diakonie neben der Verkündigung des Wortes Gottes und dem Heiligungsdienst zu den Grundfunktionen kirchlichen Lebens und Handelns, bildet mit diesen eine unaufgebbare Einheit und dient wie diese der Heilssorge für alle. Um dem Auftrag zur Diakonie gerecht zu werden, hat die Kirche in der Geschichte immer wieder karitative Dienste und Werke ins Leben gerufen. Der Bischof hat als Zeuge der Liebe Christi (vgl. c. 383 § 4 CIC) dafür zu sorgen, dass der Geist der Nächstenliebe durch geeignete Werke, Vereinigungen und Organisationen verwirklicht wird. Ein wichtiges Instrument des Erzbischofs von München und Freising bildet hierzu der Caritasverband der Erzdiözese München und Freising e.V."[10]

Seine Mitglieder können natürliche und juristische Personen sein, über deren Aufnahme und Ausschluss der Vorstand entscheidet.

„1) Mitglieder des Vereins können natürliche und juristische Personen sein.

2) Natürliche Personen können Mitglieder werden, wenn sie als Katholiken an der Erfüllung des Auftrags der Caritas mitwirken.

3) Juristische Personen können korporative Mitglieder werden, wenn sie
- als Träger von Einrichtungen und Diensten nach ihren satzungsgemäßen Zwecken Aufgaben der Caritas der Katholischen Kirche erfüllen,
- als Vereinigungen sozial-karitative Aufgaben der Katholischen Kirche wahrnehmen, und die Pflichten nach § 6 erfüllen.

4) Alle Mitglieder der Kreis-, Bezirks- und Ortscaritasstellen bzw.. -verbände nach § 2 Abs. 1 und der Fachverbände nach § 2 Abs.3 sind zugleich Mitglieder des Caritasverbandes der Erzdiözese München und Freising, wenn sie die Voraussetzungen von Abs. 2 oder Abs. 3 erfüllen.

---

9 Satzung Diözesan-Caritasverband für das Erzbistum Köln e.V. § 5 Mitgliedschaft
10 Präambel. Satzung Caritasverband der Erzdiözese München und Freising e.V.

5) Personen, die dem Auftrag der Caritas nahe stehen und die Voraussetzungen von Abs. 2 nicht erfüllen, können fördernde Mitglieder werden. Träger von Einrichtungen und Diensten, die den Zielen des Verbands nahe stehen, aber die Voraussetzungen nach Abs. 3 nicht erfüllen, können dem Verein assoziiert werden. Sie werden vom Verein informiert und beraten sowie im Rahmen der satzungsgemäßen Aufgaben des Verbands gegenüber Dritten vertreten.

6) Nähere Einzelheiten der Mitgliedschaft regelt eine vom Caritasrat erlassene Ordnung."[11]

Und gerade weil die Variante „privater Verein" mit einer größeren Autonomie gegenüber der Amtskirche versehen ist, unterliegen die Vorsitzregelungen innerhalb der Vereinsorgane Vertreterversammlung, Caritasrat und Vorstand unmittelbar der erzbischöflichen Entscheidungskompetenz.[12] Verbandssteuerung findet hier also über Personen statt. Ebenso bedürfen konkret aufgelistete Rechtsgeschäfte der ausdrücklichen Zustimmung des Erzbischofs. Solche Vorbehaltsgeschäfte betreffen neben Finanz-, Kredit- und Grundstücksgeschäften auch den Erlass von Rahmensatzungen und Ordnungen.[13]

Wenn auch die Rahmenbedingungen der einzelnen DiCV sich unterschiedlich konstituieren und mit durchaus verschiedenen Entscheidungsspielräumen verbunden sind, so folgt aus diesen Bedingungen gleichwohl eine übereinstimmende arbeitsrechtliche Einbindung der verbandlichen Caritas, die sich außerhalb des öffentlichen Arbeitsrechts als besondere Form der Dienstgemeinschaft (so genannter „dritter Weg") ausgestaltet. So bestimmen die arbeitsvertraglichen Richtlinien für alle Einrichtungen des DCV:

„(1) Die Caritas ist eine Lebens- und Wesensäußerung der Katholischen Kirche. Die dem Deutschen Caritasverband angeschlossenen Einrichtungen dienen dem gemeinsamen Werk christlicher Nächstenliebe. Dienstgeber und Mitarbeiter bilden eine Dienstgemeinschaft und tragen gemeinsam zu Erfüllung der Aufgaben der Einrichtung bei. Die Mitarbeiter haben den ihnen anvertrauten Dienst in Treue und in Erfüllung der allgemeinen und besonderen Dienstpflichten zu leisten.

(2) Der Treue des Mitarbeiters muss von seiten des Dienstgebers die Treue und Fürsorge gegenüber dem Mitarbeiter entsprechen.

(3) Auf dieser Grundlage regeln sich alle Beziehungen zwischen Dienstgeber und Mitarbeiter."[14]

„(1) Die Arbeitsvertragsrichtlinien finden Anwendung in allen in der Bundesrepublik Deutschland gelegenen Einrichtungen und Dienststellen, die dem Deutschen Caritasverband angeschlossen sind."[15]

---

11 § 5 Mitglieder. Satzung CV Erzdiözese München und Freising. A.a.O.
12 Vgl.: §§ 11, 12, 13, 14, 15, 16 und 18. Satzung CV Erzdiözese München und Freising. A.a.O.
13 Vgl.: Satzung § 22. Satzung CV Erzdiözese München und Freising. A.a.O.
14 Richtlinien für Arbeitsverträge in den Einrichtungen des Deutschen Caritasverbandes (AVR). Stand: Oktober 1995. § 1 Wesen der Caritas, Dienstgemeinschaft.

„(1) Der Dienst in der Katholischen Kirche fordert vom Dienstgeber und vom Mitarbeiter die Bereitschaft zu gemeinsam getragener Verantwortung und vertrauensvoller Zusammenarbeit unter Beachtung der Eigenart, die sich aus dem Auftrag der Kirche und ihrer besonderen Verfasstheit ergibt.

(2) Bei der Erfüllung der dienstlichen Aufgaben sind die allgemeinen und für einzelne Berufsgruppen erlassenen kirchlichen Gesetze und Vorschriften zu beachten.

(3) Der Dienst in der Katholischen Kirche erfordert vom katholischen Mitarbeiter, dass er seine persönliche Lebensführung nach der Glaubens- und Sittenlehre sowie den übrigen Normen der Katholischen Kirche einrichtet. Die persönliche Lebensführung des nichtkatholischen Mitarbeiters darf dem kirchlichen Charakter der Einrichtung, in der er tätig ist, nicht widersprechen. ..."[16]

„(1) Der Mitarbeiter wird durch den Rechtsträger der Einrichtung (Dienstgeber) oder den von diesem Bevollmächtigten eingestellt. Der Dienstvertrag wird vor Dienstbeginn schriftlich unter Verwendung eines Musterdienstvertrages des Deutschen Caritasverbandes abgeschlossen. .."[17]

Die arbeitsvertraglichen Richtlinien des DCV sind nun ihrerseits Ausdruck des kanonischen Rechts, das gemäß Canon 305 den Caritasverband und seine Organisationen der kirchenamtlichen Aufsicht der Bischöfe unterstellt. Danach „hat die aufsichtsführende kirchliche Autorität dafür zu sorgen, dass in diesen Vereinen die Unversehrtheit von Glaube und Sitte bewahrt wird und sich keine Missbräuche in die kirchliche Disziplin einschleichen."[18] Allerdings gilt diese im kirchlichen Arbeitsrecht den einzelnen Bischöfen obliegende Gesetzgebungsgewalt nicht für die Ordensgemeinschaften und die von ihnen getragenen Einrichtungen. Im Gegensatz zu den diözesaneingebundenen Caritasorganisationen unterliegen die Ordensgemeinschaften nämlich einer kirchenrechtlich zwingend einzuhaltenden Ordensautonomie, in die ausschließlich durch die römische Kurie selbst eingegriffen werden kann.[19] Die von Orden unterhaltenen sozialen Dienste und Einrichtungen sind damit nur summenmäßig Teil der verbandlichen Caritas. Entscheidungspolitisch handeln sie innerhalb eigener und autonomer Zuständigkeiten; die für den CV geltenden amtskirchlichen Regelungen betreffen diese Einrichtungen, wenn überhaupt, so nur mittelbar.

Zu sehen sind durchaus differenzierte Ausgangslagen, die gleichwohl eingebunden bleiben in den Organisationskosmos der katholischen Kirche. Und wenn auch zu beobachten ist, dass die mit diesen Regelungen verbundenen besonderen kirchlichen Loyalitätserfordernisse in ihrer praktischen Handhabung erodieren und bei der Besetzung von hierarchieniedrigen Arbeitsplätzen weniger streng umgesetzt werden, so darf dies nicht darüber hinwegtäuschen, dass solche „laizistischen" Haltungen

---

15 Ebd.: § 2 Geltungsbereich.
16 Ebd. § 4 Allgemeine Dienstpflichten.
17 Ebd. § 7 Einstellung.
18 Vgl.: Reiner Sans: Kirchliche Aufsicht oder: Wie glaubwürdig sind Caritas und Kirche? In: neue caritas. Heft 2/2004. 29. Januar 2004. S. 8 ff.
19 Vgl.: Unabhängigkeit der Orden. In: neue caritas. Heft 12/2004. 1. Juli 2004. S. 27.

ausdrücklich nicht für den erzieherischen Dienst sowie für leitende Mitarbeiter/innen gelten.[20] Gerade hier zeigt sich das Selbstverständnis von verbandlicher Caritasarbeit als kirchliche Tätigkeit, die zwar außertheologisch basierende fachliche Prinzipien mit aufnimmt und von diesen durchaus angereichert wird, ohne jedoch von diesen überlagert oder gar verdrängt zu werden. Die Prioritäten bleiben klar! Zwischen sozialarbeiterischer Fachlichkeit einerseits und theologischen Fundamentalaussagen andererseits konstituieren sich damit stellenweise durchaus unvereinbare Legitimationsanforderungen, die - wie die Auseinandersetzungen um das Schwangerschaftskonfliktgesetz zeigen - innerhalb des Verbandes letztlich amtskirchlich gelöst werden.[21]

Der DCV ist damit sowohl von seiner formalen Konstituierung als auch hinsichtlich seines Selbstverständnisses in der Rolle eines Transmissionsriemens der katholischen Kirche. Es gilt, den christlichen Verkündigungs- und Missionsauftrag in der Form von Sozialer Arbeit zu realisieren. Aus dieser Perspektive begründen sich die Entscheidungen über das Aktivitäts- und Aufgabenspektrum im Bereich der Wohlfahrtspflege sowie über die damit verbundenen Organisationsformen. Dass es hierbei zwischen dem durch die Amtskirche beanspruchten Primat der Theologie einerseits und den sozialpolitisch agierenden Caritasorganisationen andererseits stellenweise zu heftigen Konflikten kommt, liegt nicht nur in dieser gegebenen Grundstruktur sondern ebenfalls in der damit verbundenen unterschiedlichen Wahrnehmung sozialer Probleme und den sich hierauf beziehenden Antworten. Diese Differenzen verlassen gleichwohl nicht die gemeinsame Basis, an den bisherigen subsidiären Beziehungen zwischen dem Caritasverband und staatlichen Zuständigkeiten unverändert festhalten zu müssen und einen weitergehenden öffentlichen Einfluss bei der Ausgestaltung sozialer Dienste vehement abzuweisen.[22]

Ausgehend von diesen Grundpositionen wird innerhalb des CV keinesfalls erst in jüngster Zeit durchaus um ein zeitgemäßes Selbstverständnis sowie angemessene Organisations- und Entscheidungsstrukturen gerungen. Diese Debatten begleiten den CV seit seinen Anfängen und bringen u.a. das zeitweilig durchaus angespannte

---

20 Vgl. u.a.: Norbert Feldhoff: Was erwartet die Kirche von den Caritasmitarbeitern? In: Diözesan-Caritasverband für das Erzbistum Köln e.V. (Hrsg.): Schriftenreihe des Diözesan-Caritasverbandes Heft Nr. 31: Caritas als Dienstgeber. Köln 1996. S. 5 ff.; Norbert Feldhoff: Aufstieg für Unbefugte verboten! Grundordnung fordert Loyalität. In. Neue caritas. Heft 22/2003. S. 18 ff.

21 Vgl. u.a.: Stellungnahmen der Kath. Bischöfe zum Urteil des Bundesverfassungsgerichtes zur Verfassungsmäßigkeit von Vorschriften des Schwangeren- und Familienhilfegesetzes vom 27. Juli 1992. Urteil des BVerfG vom 28. Mai 1993. Otto Jörg Weis: „Potsdam setzt Bischöfen Frist. Konflikt um katholische Schwangerschaftsberatung". Frankfurter Rundschau vom 5.7.1996. Caritasverband für den Bezirk Limburg e.V.: Vorstandsbeschluss vom 11.4.02 - Schwangerschaftskonfliktberatung -. Nach dem durch die katholische Amtskirche erzwungenen Ausstieg des CV sowie des Sozialdienst katholischer Frauen (SkF) aus dem staatlich anerkannten System der Schwangerschaftskonfliktberatung gründeten katholische Laien 1999 den Verein „Donum Vitae". Inzwischen bestehen 10 Landesverbände mit 102 Beratungsstellen. Unverändert ist der Konflikt mit der katholischen Amtskirche, die mehrheitlich darauf drängt, Mitglieder des Vereins Donum Vitae aus kirchlichen Gremien fernzuhalten.

22 Vgl. u.a. : Peter Ludemann : Zur (besonderen) Aufgabenstellung der Vertreter der Caritas im JHA. In: Jugendwohl. Zeitschrift für Kinder- und Jugendhilfe 3/1995. S. 110 ff.

Verhältnis zur katholischen Amtskirche zum Ausdruck. In der bisherigen Verbandsentwicklung führte dies nicht nur zu mehrfachen Satzungsänderungen, sondern ebenso auch zu innerverbandlichen Organisationsreformen und Neupositionierungen. Insbesondere im Kontext des 2. Vatikanums kommt es hierbei ab Mitte der 1960er Jahre zu Versuchen einer politisch-reformerischen Ausprägung des Caritasverbandes, die durchaus als Vorlaufphasen des Jahre später einsetzenden Leitbildprozesses zu sehen sind.

Eine neue sich zuspitzende dynamische Entwicklung zeigt sich ab den 1990er Jahren. Veränderte gesellschaftliche Rahmenbedingungen aber auch interne Konflikte erzwingen nämlich organisatorische Modernisierungen, wie sie zuvor kaum vorstellbar waren. Was hervorsticht sind zwei Ereignisse: Es ist zum einen die von 1993 - 1996 und mit Zentralratsbeschluss vom Mai 1997 vorläufig abgeschlossene Diskussion über ein neues Leitbild des Verbandes. Zum anderen ist es die ab dem Jahre 2000 erneut und verstärkt einsetzende Debatte um eine Struktur- und Satzungsreform des Verbandes. Mit der Leitbilddebatte wurde vor allem auf eine bedrohlich abnehmende Akzeptanz des Wohlfahrtsverbandes in der Öffentlichkeit sowie auf neue wettbewerbliche Herausforderungen an die Wohlfahrtsverbände reagiert. Hinzu kam das nach Identität suchende Bedürfnis, sich als katholische Wohlfahrtsorganisation programmatisch und inhaltlich von der Tätigkeit anderer Verbände abgrenzen zu wollen und zu müssen.[23] Hingegen zeigte sich die Struktur- und Satzungsdiskussion zunächst durch andere Probleme ausgelöst.[24] Wesentlich waren Konfliktzuspitzungen innerhalb verschiedener katholischer Träger, die sich aufgrund ihres autonomen Status dem Einfluss des DCV entzogen, gleichwohl aber in der Öffentlichkeit als integraler Teil des Verbandes wahrgenommen wurden. Die herausragenden Beispiele hierfür waren die drohende Insolvenz des Deutschen Ordens und der Finanzskandal um die Caritasträgergesellschaft Trier (CTT). Sie führten zu der Frage, wie innerhalb der bestehenden Strukturen verbandsschädigendes Verhalten verhindert und damit verbundene Risiken minimiert werden können. Wenn auch unterschiedlich motiviert, konzentrierten sich beide Diskussionsstränge dennoch auf gleiche Kernprobleme im verbandlichen Selbstverständnis. Zu finden war eine neue Balance zwischen organisatorischer Vielfalt und verbandlicher Einheit, zwischen Autonomieanspruch der Mitgliedsverbände und Führungsfunktion des Dachverbandes, zwischen nach mehr Eigenständigkeit strebendem Dachverband und aufsichtlicher Funktionen der Bischöfe, zwischen gemeinsamer Sinnorientierung und lokalem Handeln u.v.a.m.

Mit Beschluss eines gemeinsamen Leitbildes im Mai 1997 sowie der im Oktober 2003 durch die Vertreterversammlung beschlossenen neuen Satzung (nähere Ausführungen im nächsten Kapitel) hat der Caritasverband diese Modernisierungsphase zumindest proklamatorisch abgeschlossen und aus seiner Sicht zeitgemäße Grund-

---

23 Vgl. u.a.: Caritas-Leitbild. In : Zeitschrift Caritas 96 (1995). S. 100 ff.; DCV: Meinungsbild Caritas. A.a.O. 1997
24 Vgl. u.a.: Hellmut Puschmann: Kein Zentralismus - aber eine einheitsstiftende Struktur. In: neue Caritas. Heft 7/2002. S. 29 ff.; dgl.: Eckpunkte der Satzungsreform des DCV. Beratungsvorlage für die 15. Vertreterversammlung 2002 vom 21.-23. Oktober 2002 in Aachen. In: neue caritas. Heft 15/2002. S. 36 ff.

lagen für die weitere Organisationsentwicklung geschaffen. Dass hiermit noch keineswegs schon automatisch auch eine qualitativ andere Organisationskultur innerhalb der Einrichtungen und sozialen Dienste einhergeht, zeigen die Ergebnisse einer wissenschaftlichen Auswertung der Leitbilder von mehreren DiCV, Fachverbänden, Ordensgesellschaften und Einrichtungen. Als größte Gefahr wird hierbei die letztlich die letztlich doch ausbleibende Operationalisierung, Verbindlichkeit und Überprüfbarkeit eines mühsam erarbeiteten Selbstverständnisses gesehen.[25]

Organisationsaufbau und Gliederung

Der Caritasverband repräsentiert in seiner mitgliedschaftlichen Struktur eine Mischung aus Vereinsverband, Gliederungsverband mit vertikalem Aufbau (Diözesanverbände) und horizontal angeschlossenen Fachverbänden. Zurzeit gehören dem Gesamtverband 67 Fachverbände und Arbeitsgemeinschaften, 276 Ordensgemeinschaften und 27 Diözesan-Caritasverbände mit weit über 500 Orts- und Kreis-Caritasverbänden an.[26]

Überwiegend besteht der DCV aus Vereinsmitgliedschaften sowie aus geborenen Mitgliedschaften der Diözesan-Caritasverbände. Persönliche Mitgliedschaften sind auf der Ebene der Caritasorts- und Diözesanverbände als auch innerhalb der Fachverbände möglich. Solche persönliche Mitgliedschaften begründen allerdings keine Mitwirkungsrechte innerhalb der Organe des Caritasverbandes.[27] Geografisch basiert der Verband auf den Gebietsaufteilungen der katholischen Kirche, so dass sich innerhalb der bestehenden Diözesen (Amtsbezirk eines regierenden Bischofs) örtliche und regionale Caritasverbände bilden. Diese konstitutiven Mitglieder werden erweitert durch aufgenommene Vereine und anerkannte Fachverbände, die sich je nach ihrem Wirkungs- und Aktionsbereich entweder auf regionaler oder überregionaler Ebene einem Diözesanverband oder dem Gesamtverband anschließen.

Die innerverbandliche Willensbildung und Entscheidungsfindung mandatiert sich damit aus einem Interessenmix der vertretenen Diözesanverbände, der angeschlossenen Vereine und Fachverbände sowie der karitativen Ordensgemeinschaften. Die Rolle der DBK konzentriert sich hierbei weiterhin auf eine in Grundsatzfragen bestehende Aufsichts- und Genehmigungsfunktion.

Zum DCV mit seinen DiCV gehören ebenso zahlreiche Fachverbände und Arbeitsgemeinschaften, die entweder als Teil der örtlichen bzw. regionalen Caritasverbände bestehen oder diesen mitgliedschaftlich verbunden sind. Die Arbeit dieser 67 verschiedenen Organisationen bezieht sich auf sehr unterschiedliche Themen und Zielgruppen. Innerhalb der einzelnen Fach-/Arbeitsbereiche von Sozialer Arbeit ist die Existenz solcher Verbände unterschiedlich stark ausgeprägt; sie finden sich vor allem im Bereich der Jugendhilfe und Behindertenhilfe.

---

25 Siehe hierzu: Mark Achilles: Ansehen und Vertrauen in der Bevölkerung schaffen. In: neue caritas. Heft 15/2004. S. 24 ff.
26 Vgl.: Caritas Adressbuch 2004. In: Deutscher Caritasverband (Hrsg.): Caritas 2004. Jahrbuch des Deutschen Caritasverbandes. . Freiburg 2003.
27 Vgl.: Satzung, § 7

Tab. 14: Diözesan-Caritasverbände in Deutschland

CV für das Bistum Aachen e.V.
CV für die Diözese Augsburg e.V.
CV für die Erzdiözese Bamberg e.V.
CV für das Bistum Berlin e.V.
CV für das Bistum Dresden-Meißen e.V.
CV für die Diözese Eichstätt e.V.
CV für das Bistum Essen e.V.
CV für die Erzdiözese Freiburg e.V.
CV für die Diözese Fulda e.V.
CV für die Apostolische Administratur Görlitz e.V.
CV für die Diözese Hildesheim e.V.
Diözesan-CV für das Erzbistum Köln e.V.
CV für die Diözese Limburg e.V.
CV für das Bischöfliche Amt Magdeburg e.V.
CV für die Diözese Mainz e.V.
Caritas Mecklenburg e.V.
Katholischer CV der Erzdiözese München und Freising e.V.
CV für die Diözese Münster e.V.
CV für die Diözese Osnabrück e.V.
CV für das Erzbistum Paderborn e.V.
CV für die Diözese Passau e.V.
CV für die Diözese Regensburg e.V.
CV der Diözese Rottenburg-Stuttgart e.V.
CV für die Diözese Speyer e.V.
CV Thüringen
CV für die Diözese Trier e.V.
CV für die Diözese Würzburg e.V.

Tab. 15: Fachverbände im DCV

Bereich	Anzahl der Verbände
• Altenhilfe	1
• Familienhilfe	6
• Hilfe bei Wohnsitzverlegung ins Ausland	1
• Hilfe für ausländische Arbeitnehmer	1
• Hilfe für Behinderte	7
• Hilfe für Gefährdete	7
• Hilfen für Flüchtlinge und Aussiedler	2

• Jugendhilfe	16
• Krankenhilfe	7
• Seelsorge	2
• Hilfe für besondere Lebenslagen	8
• Sonstige	3
• Angeschlossene Vereinigungen	6

Zumindest mit einigen Beispielen soll das breite Spektrum dieser sehr unterschiedlichen Verbände und Arbeitsgemeinschaften illustriert werden.

Tab. 16: Karitative Fachverbände und Arbeitsgemeinschaften - Beispiele

- Verband katholischer Heime und Einrichtungen der Altenhilfe in Deutschland e.V.
- Caritas-Konferenzen Deutschlands - Verband ehrenamtlicher Mitarbeiter in den Gemeinden -
- Familien-Ferien-Werk e.V.
- Gemeinschaft der Vinzenz-Konferenzen Deutschlands e.V.
- Kath. Arbeitsgemeinschaft für Müttergenesung
- Raphaels-Werk - Dienst am Menschen unterwegs e.V.
- Ständige Konferenz der katholischen Ausbildungsstätten für Familienpflegerinnen und Dorfhelferinnen
- Arbeitsgemeinschaft der katholischen Gehörlosenseelsorger Deutschlands
- Arbeitsstelle Behindertenseelsorge der Deutschen Bischofskonferenz
- Bundesarbeitsgemeinschaft Katholischer Einrichtungen der Hilfe für psychisch kranke und psychisch behinderte Menschen
- Deutsches Katholisches Blindenwerk e.V.
- Katholische Arbeitsgemeinschaft Nichtsesshaftenhilfe
- Katholische Arbeitsgemeinschaft zur Abwehr der Suchtgefahren
- Kreuzbund e.V.
- Arbeitsgemeinschaft Katholischer Flüchtlings- und Aussiedlerhilfe (KLd)
- IN VIA Katholische Mädchensozialarbeit - Deutscher Verband e.V.
- Katholische Arbeitsgemeinschaft für Jugendsozialarbeit
- Seraphisches Liebeswerk e.V. - Katholischer Erziehungsverein
- Sozialdienst katholischer Frauen - Zentrale e.V.
- Verband katholischer Tageseinrichtungen für Kinder - Bundesverband e.V. (KTK)
- Verband katholischer Kurheime und Kurkliniken für Kinder und Jugendliche e.V.
- Arbeitsgemeinschaft Katholische Krankenhaus-Hilfe
- Katholischer Krankenhausverband Deutschlands e.V.
- Malteser Hilfsdienst e.V. - Generalsekretariat
- Christliche Arbeiterhilfe Süddeutschland e.V.

Das Muster „organisatorische Vielfalt" wird in noch stärkerem Maße bei den Ordensgemeinschaften erkennbar. Auch wenn es angesichts der Struktur der katholischen Kirche überrascht, so bestehen nur ungefähre Angaben über die Zahl der insgesamt existierenden Ordensgemeinschaften, die sich hinsichtlich ihrer Zielsetzung voneinander stark unterscheiden.[28] In Deutschland bestehen z.Zt. zumindest 297 Ordensgemeinschaften von denen 262 satzungsrechtlich (alte Satzung) dem DCV angehören und somit für die Wohlfahrtspflege von Bedeutung sind. Beispiele hierfür sind u.v.a.:

Tab. 17: Karitative Ordensgemeinschaften - Beispiele[29]

- Arme Dienstmägde Jesu Christi, Dernbach
- Barmherzige Brüder, Bayern
- Barmherzige Schwestern vom heiligen Kreuz, Allensbach
- Cellitinnen zur hl. Gertrud, Düren
- Dominikanerinnen, Augsburg
- Deutscher Orden
- Dominikanerinnen von Neusatzeck, ...
- Elisabetheinerinnen, Neuburg/Donau
- Franziskusschwestern Vierzehnheiligen, ..
- Franziskusschwestern der Familienpflege, Essen
- Franziskanerinnen vom hl. Herzen Jesu, Bonn
- Gemeinschaft der Elisabethschwestern, Freiburg
- Heilig-Geist-Schwestern, Königstein/Ts.
- Hildegardisschwestern, Neustadt/Weinstr.
- Johannes-Gemeinschaft, Mainaschaff
- Katholische Schwesternschaft Nievenheim, Dormagen
- Liebfrauenschwestern, Haus St. Marien, Belm
- Maria-Ward-Schwestern, Mainz
- Maristen-Schulbrüder, Furth
- Nazarethschwestern vom hl. Franziskus, Goppeln
- Ordensfrauen vom hl. Herzen Jesu, Hamburg
- Salesianer Don Boscos SDB, Köln

---

28 So bestehen Mönchsorden, kontemplative Gemeinschaften, Bettelorden, Apostolische Gemeinschaften, Missionsgemeinschaften, sozial-karitative Gemeinschaften und Säkularinstitute. Nach der Mitte Mai 2003 von der Vereinigung der Ordensoberinnen Deutschlands (VOD) und dem Verband der Ordensgemeinschaften (VDO) veröffentlichten Statistiken bestehen in Deutschland knapp 2.800 klösterliche Niederlassungen von Schwesterngemeinschaften. Von den rd. 29.000 Ordensfrauen sind 71 % über 65 Jahre alt, bei den Ordensmännern sind dies 49 %. Der Ordensnachwuchs zählt 120 Novizinnen und 67 Novizen in allen Gemeinschaften. In den Bereichen Bildung, Erziehung, Soziales und Seelsorge sind knapp übe 5.100 Ordensschwestern aktiv. Vgl.: htpp//www.orden.de
29 Zusammenstellung nach Angaben des DCV. April 2004

- Schwesternschaft der Krankenfürsorge des Dritten Ordens, ...
- St. Franziskus-Schwestern, Bad Staffelstein
- Steyler Missionsschwestern, Laupheim
- Vinzentinerinnen - Töchter der christlichen Liebe vom hl. Vinzenz, Köln
- Waldbreitbacher Franziskanerinnen BMVA, Waldbreitbach
- Cellitinnen (Augustinerinnen Kloster zur hl. Elisabeth), Köln

Wie zu sehen, ist die Zusammensetzung des Gesamtverbandes nicht nur durch sehr verschiedene Handlungsebenen, sondern ebenfalls durch unterschiedliche Gruppen und Akteure geprägt, was besondere Formen der Vertretung und Willensbildung erfordert. In der bis 2003/2004 gültigen Satzung wurde diesem Sachverhalt durch eine breite Repräsentanz dieser Mitgliedschaftsgruppen sowohl in der Vertreterversammlung, als auch im Zentralrat und Zentralvorstand Rechnung getragen. Die Wahl des Präsidenten und der Vizepräsidenten sowie die Berufung des Geschäftsführenden Vorstandes lagen hierbei in der Kompetenz des Zentralvorstandes.[30] Wenn auch die unterschiedlichen Mitgliedschaftsgruppen einen nicht geringen Einfluss auf die Wahl der Verbandsspitze und die Ausgestaltung der Verbandspolitik hatten, so bleibt der DCV steuerungspolitisch gleichwohl in der Hand der DBK. Gesichert wurde dies durch die zahlenmäßige Zusammensetzung des Zentralrats, die garantierte, dass keine Entscheidungen gegen die Mehrheit der unmittelbar von den Bischöfen berufenen Mitglieder getroffen werden konnte (siehe hierzu die Abb. 1 und 2). Auch in den neu geltenden Satzungsregelungen wurde an dieser personalen Steuerungslogik festgehalten.

Zur Leitung und Koordinierung der vielfältigen Aufgaben und Aktivitäten unterhält der DCV eine Verbandszentrale mit Sitz in Freiburg. Beschäftigt sind hier rd. 380 hauptamtliche Mitarbeiter/innen. Geleitet wird die Verbandszentrale durch den Präsidenten und den Generalsekretär. Ähnlich wie andere Verwaltungs- oder Verbandsbürokratien gliedert sich die Zentrale in verschiedene Ressorts bzw. Abteilungen, denen wiederum einzelne Referate zugeordnet sind (siehe Abb. 3).[31]

Das Organigramm verdeutlicht zwar die Aufbaustruktur der Verbandszentrale und der hier gegebenen Zuständigkeiten, ohne hierbei allerdings weitere wichtige Organisationsebenen abzubilden. Es sind dies die überregionalen Fachverbände, die zwar rechtlich selbständig neben dem Generalsekretariat bestehen, in ihrer Geschäftsführung jedoch nicht selten in Personalunion von hauptamtlichen Fachreferenten/innen der Zentrale mit betreut werden (siehe Abb. 4). Zahlreiche karitative Fach- und Mitgliedsverbände sind auf diese Weise zwar unmittelbar mit dem Generalsekretariat verbunden, verfügen allerdings als rechtlich selbständige eingetragene Vereine über eigene Vorstände und Entscheidungshierarchien. Gegenüber dem DCV und den jeweiligen Diözesanverbänden begründet dies eine gewisse Eigenständigkeit, die sich allerdings nur im Rahmen gegebener Satzungsbestimmungen und verbindlicher Richtlinien entfalten kann. Noch stärker gilt diese Parallelstruktur und Autonomie

---

30 Siehe hierzu im einzelnen: Satzung des Deutschen Caritasverbandes vom 9. November 1897 in der Fassung vom 4. Mai 1993
31 Zusammenstellung nach Angaben des DCV 2004.

für die karitativen Ordensgemeinschaften, den hier angeschlossenen Säkularinstituten sowie für die sozial-karitativen Gemeinschaften (siehe Abb. 5 und 6). Diese verbandliche Caritas operiert zwar unzweifelhaft ebenso als Teil der katholischen Kirche, bleibt jedoch von den engeren Entscheidungskompetenzen des DCV weitgehend unbeeinflusst.

Abb. 1: DCV - Organe - Satzung i. d. F. vom 4. Mai 1993

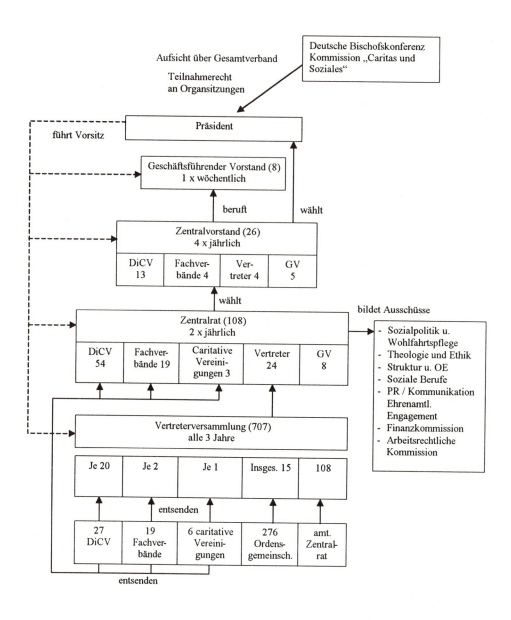

Abb. 2: DCV - Organe - Satzung i. d. F. vom 16. Oktober 2003 (wirksam ab Januar 2005)

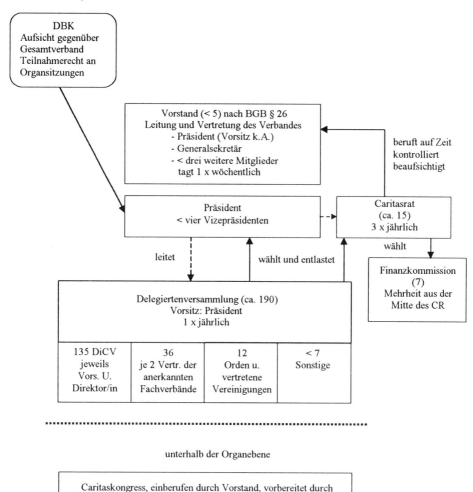

Gerade in diesen Mitgliedsverbänden haben in den vergangenen Jahren substanzielle Strukturreformen stattgefunden mit denen auf existenzielle Organisationsprobleme reagiert wurde. Drei Grundmuster sind hierbei zu erkennen. Zum einen finden Versuche statt, die Arbeit von in gleichen Handlungsfeldern tätigen, aber mit unterschiedlichen Traditionen versehenen Verbänden miteinander zu verzahnen und Fusionierungen anzustreben. Aufgrund der bisher eigenständigen Verbandsentwicklungen stößt diese Modernisierungsoption keineswegs auf ungeteilte Zustimmung und führt in einem ersten Schritt deshalb „nur" zu organisatorischen Synergieeffekten, bei Beibehaltung eigenständiger Rechtsträgerschaften (siehe Abb. 4). Zum Anderen zeigen sich insbesondere die sozial-karitativen Ordensgemeinschaften bestrebt, das Management für ihre Großeinrichtungen komplett in eigenständige

Abb. 3: DCV - Organigramm Verbandszentrale. Stand Januar 2004

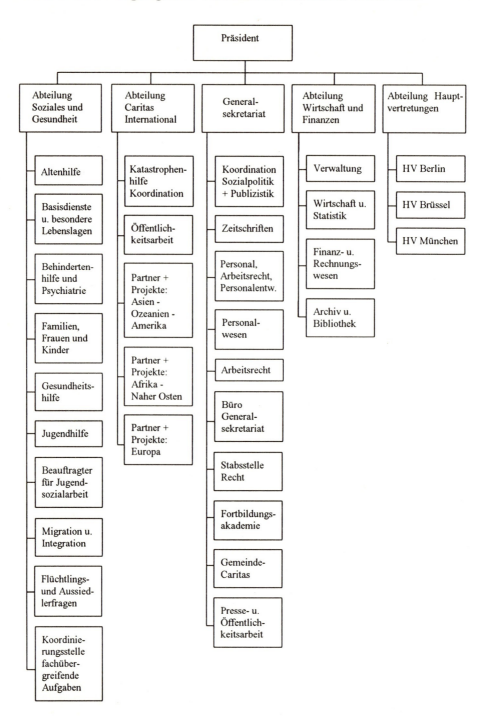

Abbildung 4: Option: Von der Eigenständigkeit zur Kooperation zur Fusion: Behindertenverbände im DCV

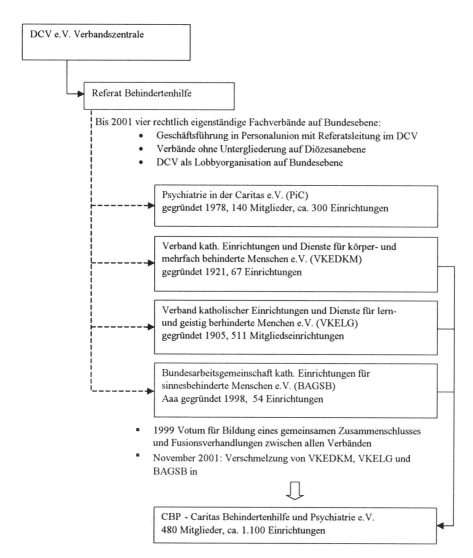

GmbH-Strukturen zu verlagern, um sich so - entlastet von fachlichen und personellen Überforderungen - auf die eigentliche Ordenstätigkeit neu besinnen zu können (siehe Abb. 5). Zum Dritten findet bei mitgliedschaftlich strukturierten Fachverbänden, die zugleich Rechtsträger von mehreren und ökonomisch bedeutsamen sozialen Einrichtungen sind, eine systematische Auslagerung der operativen Geschäftsbereiche statt. Das strategische Ziel ist hier die Trennung von vereinrechtlichem Mitgliederverband einerseits und dem Betreiben von sozialen Diensten andererseits (siehe Abb. 6). Die nachfolgenden Beispiele illustrieren diese Modernisierungsprozesse;

sie sind keineswegs Unikate, sondern könnten durch viele andere Organisationsentwicklungen ergänzt werden.

Abb. 5: Option: Auslagerung sozialer Dienstleistungen aus der direkten Ordensverantwortung

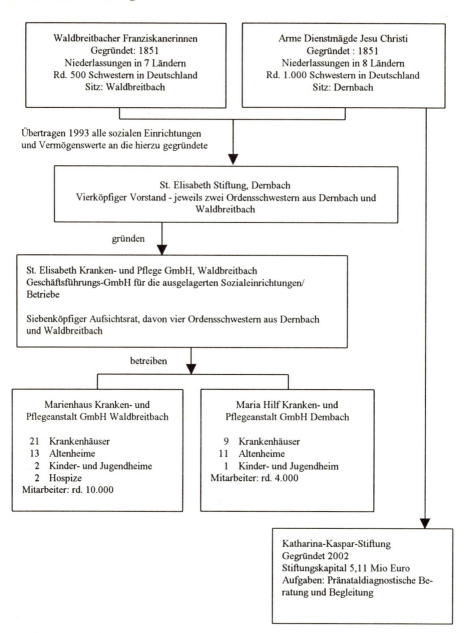

Abb. 6: Option: Trennung von Mitgliederverband und Betriebsorganisation

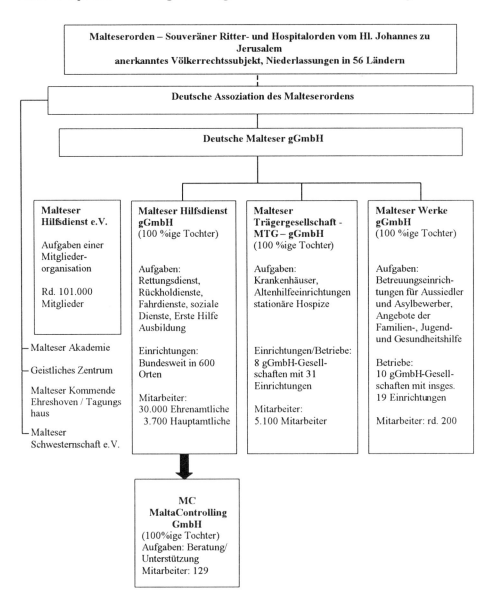

Aufgabenbereiche und Mitarbeiter

Nach aktuellen statistischen Angaben waren in den Einrichtungen und Mitgliedsverbänden des DCV im Jahre 2003 knapp über 499.000 hauptberufliche Mitarbeiter/innen, darunter rd. sowie rd. 6.300 Ordensangehörige beschäftigt. Gegenüber der Mitarbeiter- und Einrichtungsstatistik von 1996 hat die Zahl der hauptberuflichen Mitarbeiter leicht zugenommen und im Vergleich zum Erhebungsstand 1994 sind heute in den Caritaseinrichtungen rd. 60.000 Personen mehr beschäftigt. Dramatisch fortgesetzt hat sich der schon lange beobachtbare Rückgang von Ordensangehörigen, die im Bereich von Bildung, Erziehung und Soziales tätig sind.[32] Auch wenn die durch den Verband vorgelegten Daten mit jenen der BAGFW-Statistik nicht vollständig übereinstimmen und zudem offensichtlich verschiedene Erfassungssystematiken zugrunde liegen, lassen sich Zentren und Peripherien der durch den Caritasverband wahrgenommenen Aufgabenbereiche erkennen.

Tab. 18: Einrichtungen und Beschäftigte Deutscher Caritasverband - Stand 2001[33]

Fachbereiche und Art der Einrichtung	Beschäftigte			Zahl der Einrichtungen
	Vollzeit	Teilzeit	Insgesamt	
Gesundheitshilfe/Krankenhäuser (nur stationäre Einrichtungen)	127.700	63.713	191.413	638
Jugendhilfe	57.742	45.837	103.579	12.738
• stationär	12.277	5.410		727
• Tageseinrichtungen	42.215	37.436		10.567
• Beratungsstellen u.a.	2.498	2.670		1.343
• Jugendberufshilfe	752	321		101
Familienhilfe	12.001	16.942	28.943	2.662
• stationär	1.641	1.484		271
• Tageseinrichtungen	0	0		0
• Beratungsstellen	1.287	2.277		958
• ambulante u.a. Dienste	9.073	13.181		1.433
Altenhilfe	40.801	36.651	77.452	2.787
• stationär	40.147	35.928		1.933
• Tageseinrichtungen	142	214		436
• Beratungsstellen	85	76		107
• Mahlzeitendienste	388	393		251
• sonstige Dienste	39	40		60
Behindertenhilfe	27.779	17.993	45.772	1.708
• stationär	15.705	11.686		721
• Tageseinrichtungen	1.511	1.734		260
• Sonderschulen, Berufsförderung	3.502	1.924		169
• Werkstätten/Betriebe	5.493	1.368		185
• Beratungsstellen	297	344		135
• sonstige Dienste	1.271	937		238

---

32 Vgl.: Caritas Korrespondenz. Heft 4/April 1994 und Heft 10/Oktober 1996 sowie www.orden.de/ordgem/ostatsmkom.php.
33 Eigene Zusammenstellung nach: BAGFW-Statistik. Stand: 03.07.2001

Fachbereiche und Art der Einrichtung	Beschäftigte			Zahl der Einrichtungen
Weitere soziale Hilfen	12.118	8.536	20.654	4.521
• stationär	1.661	1.158		643
• Tageseinrichtungen	269	169		80
• Werkstätten/Beschäftigung	153	86		53
• Beratungs-/Betreuungsstellen	3.294	3.219		2.359
• Kleiderstuben/Möbellager	202	86		299
• Sonstige	0	0		0
• allgemeine Geschäftsstellen	4.105	2.535		664
• Rettungsdienste	2.434	1.283		423
Aus-, Fort-, Weiterbildung	4.676	3.281	7.957	726
I n s g e s a m t	282.817	192.953	475.770	25.780

Wie zu sehen ist, finden sich die meisten Beschäftigten des DCV in der Gesundheitshilfe, fast 44 % aller Caritasmitarbeiter sind in Krankenhäusern u.a. Kliniken hauptberuflich tätig. Die Jugendhilfe als zweitwichtigster Beschäftigungsbereich folgt erst mit weitem Abstand (20 % aller Arbeitnehmer), dicht gefolgt von der Altenhilfe mit 19 % aller Beschäftigten. Bei den Einrichtungsarten dominieren mit knapp über 47 % zwar die Tageseinrichtungen, wobei stationäre Einrichtungen mit einem Anteil von etwas über 20 % jedoch über 65 % aller Caritasmitarbeiter beschäftigen. Neben den Krankenhäusern sind hier vor allem stationäre Einrichtungen der Altenhilfe und Behindertenhilfe bedeutsam. Im Vergleich zu den Vorjahren hat die Zahl der teilzeitbeschäftigten Mitarbeiter weiter zugenommen. Auf alle Dienstleistungen bezogen beträgt dieser inzwischen rd. 49 %. Besonders stark geprägt bzw. durch teilzeitbeschäftigte Personen dominiert sind die Einrichtungen innerhalb der Familienhilfe sowie der Altenhilfe. Weiter vorliegende statistische Informationen zeigen zudem einen signifikant hohen Anteil weiblicher Arbeitskräfte. Im Durchschnitt aller sozialen karitativen Einrichtungen beträgt dieser 81,6 % und erreicht in den Arbeitsfeldern der Kinder- und Jugendhilfe, der Familienhilfe und der Altenhilfe nahezu 90 %. Die Mehrzahl der in Einrichtungen des CV beschäftigten Mitarbeiter sind damit teilzeitbeschäftigte Frauen.

Tab. 19: Deutscher Caritasverband: Einrichtungen und Beschäftigte - Stand 01.01.2003[34]

Fachbereiche und Art der Einrichtung	Beschäftigte				Zahl der Einrichtungen
	Vollzeit	Teilzeit	insgesamt	Frauen in %	
Gesundheitshilfe/Krankenhäuser	122.958	95.802	218.760	78,4	2.879
• stationäre Einrichtungen	112.452	70.590	183.042		681

---

34 Eigene Zusammenstellung nach: Die katholischen sozialen Einrichtungen und Dienste der Caritas in der BRD. Stand 1. Januar 2003.

Fachbereiche und Art der Einrichtung	Beschäftigte				Zahl der Einrichtungen
• Tageseinrichtungen	184	185	369		52
• Einr. der offenen Hilfen	10.322	25.027	35.349		2.146
Jugendhilfe	52.711	47.081	99.791	89,7	12.602
• Heime u.a. stationäre Einrichtungen	9.754	6.316	16.070		622
• Tageseinrichtungen	40.470	36.182	76.652		10.521
• Einr. der offenen Hilfen	2.487	4.582	7.069		1.459
Familienhilfe	1.422	3.086	4.508	87,5	964
• Heime u.a. stationäre Einrichtungen	377	605	982		107
• Einr. der offenen Hilfen	1.045	2.481	3.526		857
Altenhilfe	37.643	57.275	94.918	88,6	2.860
• Heime u.a. stationäre Einrichtungen	36.934	54.583	91.517		1.779
• Tageseinrichtungen	294	1.070	1.364		563
• Einr. der offenen Hilfen	415	1.622	2.037		518
Behindertenhilfe	28.564	26.560	55.124	73,1	1.926
• Heime u.a. stationäre Einrichtungen	14.867	16.153	31.020		775
• Tageseinrichtungen	12.913	8.311	21.224		728
• Einr. d. offenen Hilfen	784	2.096	2.880		423
Weitere soziale Hilfen	8.366	8.863	17.229	66,3	3.526
• Heime u.a. stationäre Einrichtungen	1.370	1.422	2.792		510
• Tageseinrichtungen	963	639	1.602		159
• Einr. d. offenen Hilfen	6.033	6.802	12.835		2.857
Aus- und Fortbildungsstätten	1.521	1.356	2.877		162
Selbsthilfe- und Helfergruppen					(5.735)
I n s g e s a m t	256.250	243.063	499.313	81,6	25.460

Wenn auch soziale Dienstleistungseinrichtungen des Caritasverbandes und seiner Mitgliedsorganisationen in der ganzen Bundesrepublik vorzufinden sind, so bestehen hinsichtlich der Repräsentanz der Caritas gleichwohl deutliche regionale Unterschiede. Die hierzu vom Verband mitgeteilten Daten weichen wegen verschiedener Rücklaufprobleme mit den Untergliederungen und Einrichtungen zwar etwas von der publizierten Verbandsstatistik ab, ermöglichen aber dennoch eine zumindest quantitative regionalspezifische Lokalisierung der Caritaseinrichtungen und der hierin beschäftigten Mitarbeiter.

Tab. 20: Caritaseinrichtungen und Mitarbeiter nach Bundesländern[35]

Bundesland	Einrichtungen	Arbeitnehmer
Schleswig-Holstein	105	2.864
Hamburg	86	3.523
Niedersachsen	1.384	34.496
Bremen	46	1.869
Nordrhein-Westfalen	8.197	192.828
Hessen	1.187	21.909
Rheinland-Pfalz	1.788	48.106
Baden-Württemberg	3.930	60.477
Bayern	6.180	88.110
Saarland	475	11.568
Berlin	278	9.013
Gesamt alte Bundesländer	23.656	474.763
Brandenburg	171	1.941
Mecklenburg-Vorpommern	163	1.227
Sachsen	269	4.726
Sachsen-Anhalt	207	3.680
Thüringen	255	5.044
Gesamt neue Bundesländer	1.065	16.618
Insgesamt	24.721	491.381

Da die Caritaseinrichtungen i.d.R. innerhalb der kirchlichen Gebietszuständigkeiten verankert sind und verantwortet werden, diese jedoch nicht identisch sind mit den politischen Gebietskörperschaften, greift eine ausschließlich auf die Bundesländer gerichtete Einschätzung zu kurz. Die reale Bedeutung der Caritaseinrichtungen lässt sich deshalb wesentlich genauer an der jeweiligen Repräsentanz der DiCV ablesen. Hier nun zeigen sich ausgesprochen starke und weniger starke Caritasverbände.

Tab. 21: Caritaseinrichtungen und Mitarbeiter nach Diözesenverbänden[36]

Diözesanverband - DiCV/Landesverband	Einrichtungen	Arbeitnehmer
Aachen	1.076	27.620
Augsburg	1.072	18.089
Bamberg	840	9.468

---

35 Eigene Zusammenstellung nach: schriftliche Mitteilung DCV, Generalsekretariat, Abt. Statistik vom 14. April 2004
36 dgl.

Diözesanverband - DiCV/Landesverband	Einrichtungen	Arbeitnehmer
Berlin	426	10.726
Dresden-Meißen	230	4.154
Eichstätt	379	4.929
Erfurt	226	4.648
Essen	1.085	28.320
Freiburg	2.049	31.133
Fulda	313	5.320
Görlitz	103	1.168
Hamburg	314	7.355
Hildesheim	468	8.990
Köln	2.158	55.473
Limburg	670	13.819
Magdeburg	228	3.873
Mainz	521	9.494
München	1.685	23.335
Münster	2.325	35.828
Osnabrück	615	16.937
Paderborn	1.596	46.943
Passau	444	6.139
Regensburg	859	15.316
Rottenburg-Stuttgart	1.899	29.385
Speyer	542	14.071
Trier	1.378	38.003
Würzburg	901	10.833
Oldenburg (Landesverband)	339	10.097
Insgesamt	*24.741*	*491.466*

Wie die Tabelle zeigt, bestehen regelrechte Zentren und Peripherien in der Ausprägung katholischer Sozialarbeit. Hinsichtlich der politischen Gebietskörperschaften der BRD zeigen sich die Bundesländer Nordrheinwestfalen, Bayern, Baden-Württemberg, Rheinland-Pfalz und Niedersachsen in der genannten Reihenfolge als die wichtigsten und dominierenden Aktionsgebiete. Regelrechte Diasporasituationen bestehen in traditionell protestantisch geprägten Regionen sowie in den ostdeutschen Bundesländern. Und auch nach fast 1 ½ Dekaden deutsch-deutschem Einigungsprozess hat sich an der randständigen Ausgangslage katholischer Einrichtungen in den Beitrittsländern nichts Wesentliches verändert. Gemessen an der Zahl der beschäftigten Mitarbeiter belegen Rang 1 bis 10 in folgender Rangfolge die DV:

Köln, Paderborn, Trier, Münster, Freiburg, Rottenburg-Stuttgart, Essen, Aachen, München und Augsburg.

Die meisten karitativen Einrichtungen befinden sich in der Trägerschaft der DiCV bzw. in den jeweils bestehenden Untergliederungen. Örtliche CV mit einer eigenen Geschäftsführung sind i.d.R. für das operative Geschäft, also den Betrieb sozialer Dienste verantwortlich. Und wie schon an anderer Stelle betont, zeigt sich auch hier unter dem Dach äußerer Geschlossenheit die Heterogenität sehr unterschiedlicher Organisationsverfassungen. Denn die örtlichen Caritasverbände bestehen je nach Diözesanregelung als rechtlich selbstständige Organisationsteile oder als rechtlich unselbstständige Untergliederung des DiCV, z.T. bestehen auch Mischformen. Je nach gegebenen Regelungen gestalten sich Finanzautonomie und Entscheidungsfreiheiten dieser örtlichen Verbände sehr unterschiedlich aus. Das (Abhängigkeits-) Verhältnis zu den Bistümern ist hierbei entscheidend durch die Form und das Ausmaß der mittelbaren oder unmittelbaren Finanzzuweisungen und der damit verbundenen Haushaltsaufsicht bestimmt. Hinsichtlich der Betriebs- und Leistungsdaten sowie der Managementstrukturen sind diese örtlichen Caritasunternehmen durchaus mit Mittel- und Großunternehmen vergleichbar. Die Beispiele Düsseldorf sowie München-Freising sollen dies veranschaulichen.

Tab. 22: Leistungsdaten CV Düsseldorf 2003[37]

Bilanzvolumen	• 76, 5 Mio. Euro
Einrichtungsbereiche	• Ferien und Erholung
	• Migrationsdienst
	• Beratung für Wohnungslose
	• Freiwilligenagentur „Impuls"
	• Fachstelle für Beratung, Therapie und Suchtprävention
	• Häusliche Dienste
	• Schulsozialarbeit
	• Stationäre Altenhilfe/Service Center
	• Berufliche Integration
	• Geistliche Begleitung/Seelsorge
	• Hospizarbeit
	• Betreutes Wohnen
	• Insgesamt 104 Einrichtungen und Projekte
Mitarbeiter	• 1.097, davon 484 VZ-Beschäftigte
	• Konfessionszugehörigkeit der Mitarbeiter: rd. 68 % kath., 20,5 % evang., andere 7,5 %, ohne 3,7 %.

---

37 Caritasverband für die Stadt Düsseldorf e.V.: 1904 - 2004. Von Mensch zu Mensch. Düsseldorf 2004.

Mitarbeiter nach Arbeitsbereichen in %	• Leitung 3,9 % • Verwaltung 7,8 % • Pflege 34,4 % • Soziale Dienste 14,1 % • Hauswirtschaft 8,3 % • Haustechnik 2,0 % • Arbeitsprojekte 17,2 % • Andere 12,2 %
Kontaktvermittlungen	• 14.367

Tab. 23: Leistungsdaten CV München und Freising 2003[38]

Bilanzvolumen • Einrichtungsbereiche	• 263 Mio. Euro • Gemeindeorientierte Soziale Arbeit • Migrationsdienste • Sozialpsychiatrische Dienste • Sozialstationen • Kindertagesstätten • Altenheime • Behindertenhilfe, Werkstätten für Behinderte • Alten- und Servicezentren, Offene Altenarbeit • Suchtkrankenhilfe • Erziehungsberatungsstellen • Heime und weitere Einrichtungen der Jugendhilfe • Schuldnerfachberatungsstellen • Berufliche Schulen • Essen auf Rädern • Sozialwohnungsprojekte • GWA-Projekte im Obdachlosenbereich • Arbeitslosenprojekte • Kurzzeitpflegestationen • Betreuungsvereine

---

38 Zusammengestellt nach: Caritasverband der Erzdiözese München und Freising e.V.: Zukunft gestalten statt verwalten. Jahresbericht 2003/04.

	• Müttergenesungsheim, Familienzentrum
	• Freizeitheim
	• Ambulante Hospizarbeit
	• Aids-Beratungsstelle
	• Flughafensozialdienst
	• Insgesamt 353 Einrichtungen und Projekte
Mitarbeiter	• 6.640, davon 2.922 VZ-Beschäftigte
	• Konfessionszugehörigkeit der Mitarbeiter: rd. 63,2 % kath., 15,7 % evang., andere 0,03 %, ohne rd. 21,1 %.
Mitarbeiter nach Arbeitsbereichen in %	• Verwaltung 11,8 %
	• Pflege 39,9 %
	• Erziehung 8,5 %
	• Beratung 14,2 %
	• Hauswirtschaft 18,4 %
	• Sonstige 7,8 %

Und neben diesen Organisationsvarianten, soziale Dienste in der unmittelbaren Trägerschaft des örtlichen Caritasverbandes oder des DiCV zu realisieren (siehe Abb. 7 und 8), besteht ebenso die Praxis, hierfür eigenständige und rechtsfähige Caritasbetriebsträgerschaften (CBT) zu bilden, deren Gesellschafter die jeweilige Diözese mit ihrem Caritasverband sind. Der Prototyp für die Strategie, neben dem Diözesan-Caritasverband eine eigenständige katholische Betriebsträgerschaft zu gründen, bildete die im November 1978 ins Leben gerufene CBT im Erzbistum Köln (siehe Abb. 9). Verfasst in der Rechtsform einer gGmbH wurden hierbei zahlreiche Einrichtungen, vor allem im Bereich der Altenhilfe unter einem neuen Unternehmensdach zusammengeführt und einer gemeinsamen GmbH-Geschäftsführung unterstellt.[39] Das Kölner Beispiel machte Schule; inzwischen bestehen in vielen Diözesan-Caritasverbänden ähnliche Betriebsträgergesellschaften. Wie zu sehen, realisieren sich die katholischen sozialen Dienste also keineswegs nur unter dem Dach der Caritasverbände, sondern beruhen auf sehr unterschiedlichen Organisationsverfassungen.

Insbesondere in den Bereichen der Behinderten-, Alten- und Gesundheitshilfe zeigt sich, dass hier große rechtlich eigenständige katholische Träger operieren, und dies weitgehend unabhängig voneinander. Die im Text präsentierten Organigramme können dieses Spektrum nur beispielhaft und unvollständig illustrieren (siehe Abb. 7 bis 10).

---

39 Vgl.: Caritas-Betriebsführungs- und Trägergesellschaft mbH (Hrsg.): Grundsätze unseres Dienstes. Der Weg der CBT ist der Mensch. Köln 1994.

Tab. 24: Kirchliche Trägerorganisationen in der kath. Wohlfahrtspflege - Beispiele

Träger	Geschäftsbereich	angeschlossene Betriebe/Plätze	Beschäftigte	Regionale Präsenz	Umsatz 2002
Stiftung Haus Lindenhof	Wohnen für Menschen mit Behinderung; Arbeit und Integration; Schule für Geistigbehinderte; Wohnen und Pflege im Alter	17 Einrichtungen, 1.151 Plätze	1.162	Diözese Rottenburg - Stuttgart	430 Mio.
Caritas - Betriebsführungsgesellschaft CBT	Altenwohneinrichtungen, Menschen mit Behinderungen, Mütter-Kind-Kuren	36 Einrichtungen rd. 5.200 Plätze, 19 Standorte	1.830	Erzbistum Köln	68,7 Mio.
Gemeinnützige Gesellschaft der Franziskanerinnen zu Olpe mbH - GFO	Krankenhäuser, Altenhilfe, Kinder- und Jugendhilfe	25 Einrichtungen, 12 Standorte, im Khs-Bereich 1.365 Betten	Ca. 2.800	NRW und Rheinland-Pfalz	214 Mio.
Stiftung der Cellitinnen zur hl. Maria	Krankenhäuser, Senioreneinrichtungen	5 Krankenhäuser, 11 Seniorenhäuser in 2 GmbH-Geschäftsbereichen	k. A.	Köln und Rheinland	k. A.
Paul Wilhelm von Keppler Stiftung	Altenhilfe, betreutes Wohnen, Hospiz, ambulante Dienste	19 Einrichtungen 1.700 Plätze	1.600	Diözese Rottenburg - Stuttgart	Ca. 47 Mio.
Deutsch Ordens Werke	Altenhilfe, Behindertenhilfe, Suchthilfe	54 Einrichtungen	1.954	Überregional leichte Präsenz in Berlin	90 Mio.

Träger	Geschäftsbereich	angeschlossene Betriebe/Plätze	Beschäftigte	Regionale Präsenz	Umsatz 2002
Barmherzige Brüder Ordensprovinz Bayern KdöR	Krankenhäuser, Hospize, Altenheime, Behindertenhilfe, heilpäd. Kinderheim, Kurkliniken, Straßenambulanz für obdachlose Menschen	15 Einrichtungen in der BRD an 10 Standorten, > 3.000 Plätze. Weltweit über > 390 Einrichtungen	> 4.300	Bayern	k. A.
Kongregation der St. Franziskusschwestern Vierzehnheiligen	Kranken- u. Gesundheitshilfe, Altenpflege, Jugendhilfe	4 Standorte in der BRD	> 530	Bayern	k. A.
Sozialwerk St. Georg e.V.	Behindertenhilfe, WfB, ambulante psych. Pflege	7 GmbH Tochtergesellschaften, 1 Förderstiftung, ca. 2.600 Plätze an 33 Standorten	1.700	NRW	86,2 Mio.

Zusammenfassend und unabhängig von der jeweils gewählten Organisationsstruktur ist damit zu sehen, dass verglichen mit den anderen Spitzenverbänden der DCV die größte Wohlfahrtsorganisation und damit der Hauptarbeitgeber in der Sozialen Arbeit ist. Mehr als 40% aller Berufstätigen in der Freien Wohlfahrt arbeiten in Einrichtungen des DCV und seiner Mitgliedsverbände.

Diese dominierende Stellung des DCV zeigt sich auch an dessen fachpublizistischen Aktivitäten, die vor allem durch den Lambertus Verlag sowie den Freiburger Bücherdienst, beides GmbH-Gesellschaften des DCV, vertrieben werden.

Tab. 25: Zeitschriften im DCV[40]

Zeitschriften/Periodika	erscheint	Herausgeber
Begegnen und Helfen. Zeitschrift für ehrenamtliche Caritasarbeit	viermal jährlich	Verband der Caritas-Konferenzen Deutschlands
Rundbrief: Arbeitsgemeinschaft katholischer Fachkrankenhäuser für Suchtkranke	viermal jährlich	Arbeitsgemeinschaft katholischer Fachkrankenhäuser für Suchtkranke
Berufliche Rehabilitation	zweimonatlich	BAG der Berufsbildungswerke

---

40 Zusammenstellung nach: Caritas 2004. Jahrbuch des Deutschen Caritasverbandes. A.a.O. S. 374 ff.

Titel	Erscheinungsweise	Herausgeber
BM-online	monatlich	Konferenz für kirchliche Bahnhofsmission in Deutschland
Caritas-Jahrbuch	jährlich	DCV - Generalsekretariat
Caritas-Kalender. Buchkalender	jährlich	DCV - Generalsekretariat
Caritas-Tages-Abreißkalender	jährlich	DCV - Generalsekretariat
CBP-Info Mitgliederinformation	Mehrmals jährlic	Caritas Behindertenhilfe und Psychiatrie
CKD-Info	jährlich	Caritas-Konferenzen Deutschlands
Freiburger Sucht-Info	Fünfmal jährlich	DCV, Referat Basisdienste
IN VIA-Fax-Nachrichten	Zweimal monatlich	IN VIA Katholische Mädchensozialarbeit - Deutscher Verband
Korrespondenzblatt	Viermal jährlich	Sozialdienst katholischer Frauen
Krankendienst	Elfmal jährlich	Katholischer Krankenhausverband Deutschlands
KTK-Aktuell Infoservice	Viermal jährlich	Verband Katholischer Tageseinrichtungen für Kinder (KTK)
Malteser Magazin	Fünfmal jährlich	Malteser Hilfsdienst - Generalsekretariat
Mitteilungen	Viermal jährlich	Katholischer Krankenhausverband Deutschlands
neue caritas und neue caritas special	14-tägig	DCV - Generalsekretariat
Neucs vom VABS	Viermal jährlich	Verband ambulanter Behandlungsstellen für Suchtkranke/Drogenabhängige
Newsletter KAM-Info-Migration	monatlich	Katholische Arbeitsgemeinschaft Migration
Rundbrief Katholische Arbeitsgemeinschaft Wohnungslosenhilfe	Viermal jährlich	Katholische Arbeitsgemeinschaft Wohnungslosenhilfe
Seraphischer Kinderfreund	Sechsmal jährlich	Seraphisches Liebeswerk
Sozialcourage	vierteljährlich	DCV - Generalsekretariat
Sozialcourage Spezial	jährlich	DCV - Generalsekretariat
Unser sozialer Dienst	vierteljährlich	SKM-Zentrale
Weggefährte	Sechsmal jährlich	Kreuzbund - Selbsthilfe- und Helfergemeinschaft für Suchtkranke
Welt des Kindes	Sechsmal jährlich	Verband Katholischer Tageseinrichtungen für Kinder (KTK)
Zhwinfos	Viermal jährlich	Zentralverband Sozialer Heim- und Werkstätten

Abb. 7: Organigramm DiCV Paderborn Stand 04/2004

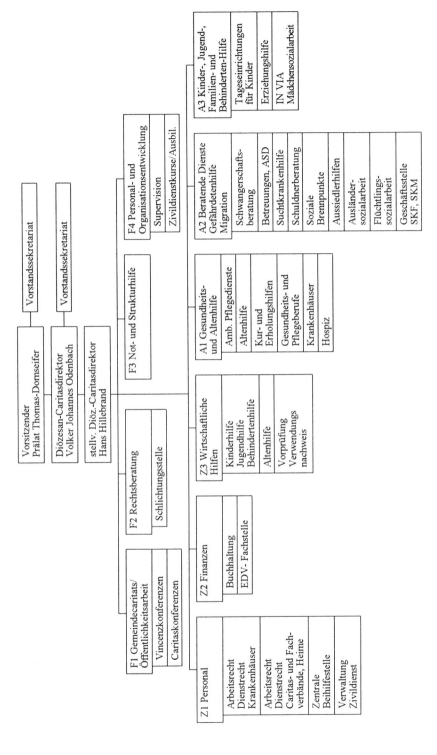

Abb. 8: Organigramm DiCV München - Freising 2004

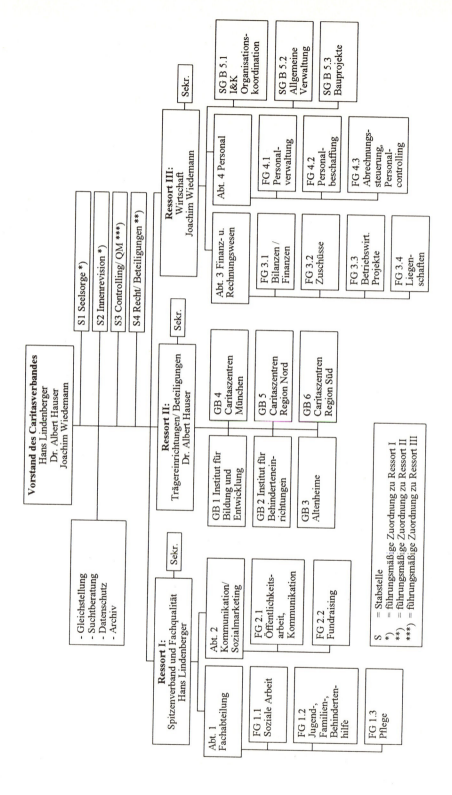

Abb. 9: Unternehmensstruktur CBT Köln

Wohnhäuser für alte Menschen	Wohnhäuser für Erwachsene mit geistiger Behinderung	ZENTRALE DIENSTE	Haus für Prävention & Rehabilitation für Mutter und Kind

Wohnhäuser für alte Menschen / Wohnhäuser für Erwachsene mit geistiger Behinderung:

- **Begleitende Dienste**
  - Pflegedienst
  - Einzugsberatung
  - Wohnen mit Service
  - Psychosozialer Dienst
  - Psychologischer Dienst
  - Pflegedienst

- **Hauswirtschaftliche Dienste**
  - Küche, Service
  - Hauswirtschaft: Hausgestaltung, Reinigung, Wäsche
  - Haustechnik

- **Verwaltungsdienste**
  - Leistungsabrechnung
  - Allgemeine Verwaltung
  - Rezeption

ZENTRALE DIENSTE:

- **Personal- u. Qualitätsmanagement**
  - Personal- und Qualitätsentwicklung
  - Personalverwaltung

- **Finanzmanagement**
  - Finanzbuchhaltung
  - Controlling
  - Immobilienmanagement
  - EDV
  - Gebäude-Energie-Raum-Design-Management
  - Verwaltung

- **Innovationsmanagement**
  - Ehrenamtliches Engagement
  - Wohnkonzepte der Zukunft
  - Fundraising, Marketing
  - Kommunikation

Haus für Prävention & Rehabilitation für Mutter und Kind:

- **Begleitende Dienste**
  - Psychosozialer Dienst
  - Medizinischer Dienst
  - Pädagogischer Dienst

- **Hauswirtschaftliche Dienste**
  - Küche, Service
  - Hauswirtschaft: Hausgestaltung, Reinigung, Wäsche
  - Haustechnik

- **Verwaltungsdienste**
  - Leistungsabrechnung
  - Allgemeine Verwaltung
  - Rezeption

Management: Wohnhausleitungen ⟶ Bereichsleitungen ⟶ Kurhausleitung

Gremien: Gesellschafter · Geschäftsführung · Verwaltungsrat

Abb. 10: Stiftung Haus Lindenhof

STIFTUNG HAUS LINDENHOF

Stiftungsrat
Vorstand

- Revision
- Öffentlichkeitsarbeit

Geschäftsbereich 1 | **Geschäftsbereich 2**

Dienstleistungszentrum
Personal, Rechnungswesen, QMB, Zentraleinkauf, Küche, Bauwesen/Technik

Wohnen für Menschen mit Behinderung

Schülerbereich
- Haus Raphael
- Wohngemeinschaften

Erwachsenenbereich
- Haus Michael
- Haus Gabriel
- Wohngemeinschaften und Tagesbetreuung für Senioren

Bischof Ketteler-Haus, Schwäbisch Gmünd
- Förder- und Betreuungsgruppe
- Tagesbetreuung für Senioren

Bischof Sproll-Haus, Heubach
- Ambulant Betreutes Wohnen

Haus Kamillius, Ellwangen
- Ambulant Betreutes Wohnen
- Tagesbetreuung für Senioren
- Wohngemeinschaft Rainau-Buch

ZABB
Zentrum für Ambulante Dienste, Beratung und Bildung

Stabsstellen
- Assistentin BL und QMB
- ZAC

Med. Dienst

Arbeit und Integration

Vinzenz von Paul-Werkstätten für behinderte Menschen, Schwäbisch Gmünd
- Außenstelle Lindenfeld
- Außenstelle Oberer Haldenhof
- Bioland-Bauernhof
- PRODI Waldstetten
- Außenstelle St. Vinzenz, Waldstetten
- Außenarbeitsgruppen

Christophorus-Werkstatt für behinderte Menschen, Ellwangen
- Außenstelle Lindenstraße
- Außenarbeitsgruppe

Förder- und Betreuungsbereich Luise von Marillac
Schwäbisch Gmünd/ Ellwangen

Stabsstelle Qualitätsmanagement

Kompetenzzentrum Arbeit

Integrationsfirmen

Martinus Schule

- Unter- und Mittelstufe
- Oberstufe
- Werkstufe
- Außenklassen

Wohnen und Pflege im Alter

Zentrale Dienste
- Qualitätsmanagement
- Fortbildung und Projektmanagement
- Mosaik Beratungsstelle für Senioren

Betreutes Wohnen in

Schwäbisch Gmünd
- Spital zum Hl. Geist
- St. Ludwig
- Am Prediger

Mutlangen
- St. Markus

Waldstetten
- St. Johannes

Abtsgmünd
- St. Lukas

Herlikofen

- Spital z. Hl. Geist, Schwäb. Gmünd
- St. Ludwig, Schwäb. Gmünd
- St. Markus, Mutlangen
- St. Johannes, Waldstetten
- St. Lukas, Abtsgmünd
- Marienhöhe, Wasseralfingen
- St. Elisabeth, Aalen
- St. Franziskus, Heidenheim

116

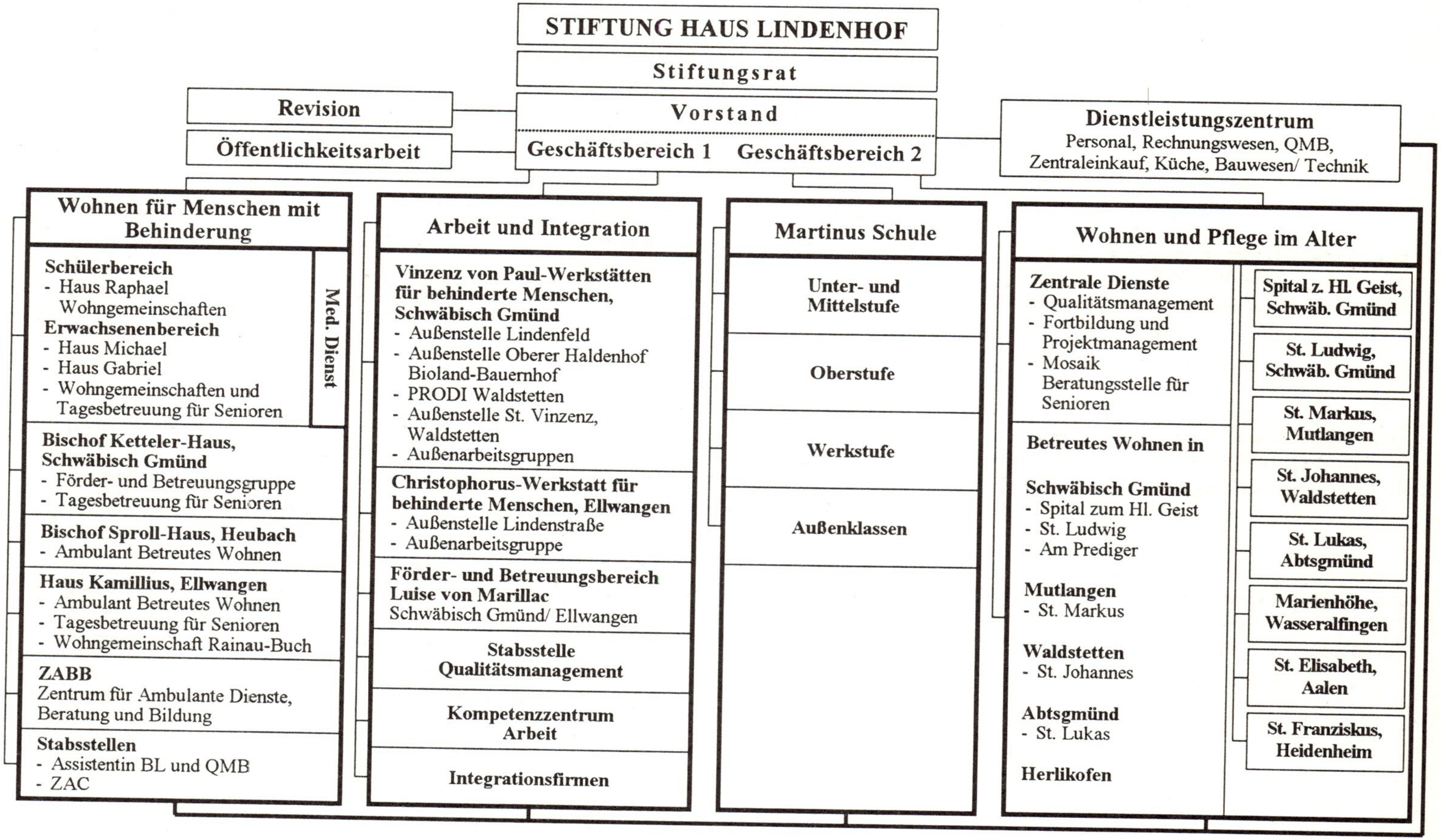

Resümee und Ausblick

Die Organisationsmerkmale des DCV vermitteln trotz hochgradig differenzierter Binnenstrukturen durchaus das Bild eines Sozialkonzerns, dessen operativen Geschäftsaktivitäten sich innerhalb vieler Zweigestellen und Dependancen nach einheitlichen Vorgaben vollziehen.[41] Ausgehend von gemeinsamen Leit- und Richtlinien mit hohem Verbindlichkeitsgrad für die Untergliederungen, angeschlossenen Verbände und Mitglieder zeigen sich nur eingeschränkte subsidiäre Entscheidungs- und Handlungsmöglichkeiten, die dem theologischen Primat der Amtskirche entgegenstehen könnten. Gestaltungsspielräume für sozialpolitische, wohlfahrtliche Aktivitäten, seien sie traditioneller oder innovativer Natur, bleiben damit im Rahmen einer amtskirchlich definierten Politik und Interessensausrichtung. Sich immer stärker durchsetzende fachliche wie ökonomisch-betriebswirtschaftliche Anforderungen an Qualität und Controlling Sozialer Arbeit bringen hierbei den DCV zunehmend in eine prekäre Lage. Theologisch hergeleitete Sinnstiftung einerseits und wettbewerbliche Ausrichtung der Einrichtungen bei zu gewährleistender Fachlichkeit andererseits führen nämlich zu gleichzeitigen und sich widersprechenden Legitimationserfordernissen. Diesen mehrfachen Loyalitäten zu entsprechen, gleicht einer Quadratur des Kreises und es ist fraglich, ob die damit verbundenen Intrarollenkonflikte durch die geführte Leitbilddiskussion und die beschlossene Satzungs- und Strukturreform wirklich gelöst werden können. Es fehlt nicht an Versuchen, diesen sich miteinander im Widerstreit befindlichen Optionen Rechnung zu tragen. Programmatisch soll dies u.a. dadurch gelingen, in dem verstärkt anwaltschaftliche Funktionen proklamiert werden und in der Öffentlichkeit das Bild eines engagierten Fürsprechers für benachteiligte Menschen präsentiert wird. Strategisch konzentriert sich dies auf die öffentliche Thematisierung von Armut und Benachteiligung[42] sowie auf die Aktivierung freiwilligen Engagements durch die Gründung von Freiwilligen-Zentren.[43] Auch die 1996 in veränderter Form neu herausgegebene Zeitschrift „Sozialcourage - Das neue Magazin für soziales Handeln"[44] ist ein Beispiel für die-

---

41 Unter einem Konzern wird der Zusammenschluss und die Unterordnung mehrerer rechtlich selbständiger Betriebe unter die gemeinsame Leitung und Verwaltung des herrschenden Unternehmens verstanden. Von einer Unterordnung wird bereits dann gesprochen, wenn die Konzernleitung die Geschäftspolitik der einzelnen Unternehmen aufeinander abstimmt und verbindlich bestimmen kann. Vgl. auch: Stefan Willecke: Der barmherzige Konzern. In: Die Zeit. Nr. 1. 28. Dezember 1996. 51. Jahrgang. S. 9 ff.

42 Deutscher Caritasverband (Hg.): R. Hauser; W. Hübinger: Arme unter uns. Teil 1: Ergebnisse und Konsequenzen der Caritas-Armutsuntersuchung. Teil 2: Dokumentation der Erhebungsmethoden und der Instrumente der Caritas-Armutsuntersuchung. Lambertus Verlag. Freiburg i.Br. 1993.

43 Orientiert an dem Vorbild der in verschiedenen europäischen Nachbarländern bestehenden „voluntary center" startete der DCV am 5.12.96 den „Modellversuch Freiwilligen-Zentren im DCV". Vgl. Presseinformation des DCV vom 20.11.1996. Zu den Ergebnissen des Modellversuchs siehe: Bundesministerium für Familie, Senioren, Frauen und Jugend 2001.

44 „Der Titel ist Programm. Wir machen soziale Themen. Und zwar mit Courage. Das heißt mutig, engagiert und immer auf der Seite der Menschen in Not." So die Selbstcharakterisierung in Heft 1/1996. „Sozialcourage" startete erstmals 1996 mit einer Auflage von 300.000 Exemplaren und löste die bis dahin erschiene „Caritas aktuell" ab. Die anfänglich aus 100 % Gebrauchtfasern gefertigte Hochglanzbrochüre erscheint vierteljährlich in 30 verschiedenen Regional- und Zielgruppenausgaben. Innerverbandlich stieß das Hochglanzlayout auf heftige Kritik und

sen sozialpolitischen Profilierungsversuch des Gesamtverbandes. Es bleibt dennoch fraglich, ob diese sozialpolitischen Optionen über eine rhetorische Bedeutung hinauskommen und zu einem engeren Verhältnis zwischen dem Gesamtverband und seinen Untergliederungen sowie den angeschlossenen Trägern und Ordensgemeinschaften führen. Vieles spricht stattdessen dafür, dass sich die Perspektive einer unternehmerischen Caritas weiter durchsetzen wird und die Integrations- und Steuerungsfähigkeit des Gesamtverbandes weiter erodiert. Diesbezügliche Entwicklungen lassen sich insbesondere in Arbeitsfeldern beobachten, die bislang vor allem durch die Tätigkeit von Ordensgemeinschaften geprägt waren. Hier bestehende existenzbedrohende Nachwuchsprobleme, aber auch fachliche Überforderungen im Management von Großeinrichtungen haben in einzelnen Ordensgemeinschaften inzwischen zu substanziellen Organisationsveränderungen und einer damit einhergehenden Trennung von Ordensgemeinschaft einerseits und Sozialunternehmen andererseits geführt. Wegweisend für eine solche Entwicklung waren zunächst die Ordensgemeinschaften der Franziskanerinnen von Waldbreitbach und der Armen Dienstmägde Jesu Christi aus Dernbach, die schon Anfang der 90er Jahre ihre sozialen Einrichtungen in eine eigens hierfür gegründete Stiftung auslagerten und betriebswirtschaftlich neu organisierten.[45] Die Umwandlung von Ordenseinrichtungen in Unternehmen des Gesellschaftsrechtes sowie die Anwendung neuer Managementphilosophien innerhalb des Gesamtverbandes sind inzwischen weit verbreitet und keineswegs mehr nur auf Einzelfälle begrenzt.[46] Und ebenso gilt dies für die DiCV selbst. Die Strategie, eine amtskirchlich kontrollierte Auslagerung sozialer Dienstleistungen in eigens hierfür gegründete Betriebsträgergesellschaften zu betreiben, spiegelt wie am Beispiel Köln zu sehen, eine durchaus schon längere Tradition wieder. Daneben zeigen sich auf der Ebene der örtlichen Caritasverbände durchaus aber auch Entwicklungen einer größeren Autonomie gegenüber den amtskirchlichen Entscheidungsinstanzen. Ein schon älteres, gleichwohl ungewöhnliches Beispiel hierfür, aber durchaus in diesen Kontext passend, ist die Gründung einer eigenen Bestattungs-GmbH durch den CV Herne Mitte der 1990er Jahre.[47] In anderer, gleichwohl innovativer Weise gilt dies für die Entwicklungen im CV Frankfurt a.M., dessen Dienstleistungspalette betriebswirtschaftlich ausgerichtet und mit neuem Profil versehen wurde. U.a. kam es hier zu einer Neuorganisation und Zusammenfassung der

---

erwies sich als nicht akzeptanzfähig; inzwischen wird die Zeitschrift auf „normalem" Umweltpapier gedruckt.
45 Vgl.: Neue Organisationsstruktur für die Marienhaus GmbH. In: Marienhaus Echo. Zeitung für Schwestern, Mitarbeiter und Freunde der Franziskanerinnen von Waldbreitbach. Nr. 1. März 1992. Schwester M. Irmgard Schmitt, Norbert Hinkel (Hg.): Betroffene beteiligen - Prozesse der Organisations- und Kulturentwicklung in den Krankenhäusern der Franziskanerinnen von Waldbreitbach. Teil 1 (Herbst 1993). Ebd.: Teil 2. März 1995. Schwester M. Engeltraud Bergmann, Walter Müller-Horbach (Hg.): Betroffene beteiligen - Prozesse der Organisations- und Kulturentwicklung im Heilpädagogischen Zentrum Haus Mutter Rosa in Wadgassen. Teil 3. Februar 1996. Die Elisabeth Stiftung umfasst 29 Krankenhäuser, 22 Alten- und 3 Kinderheime; beschäftigt werden rd. 13.000 Personen.
46 Vgl.: Helmut Schillinger: Kirchliche Krankenhäuser machen sich stark. In: neue caritas. Heft 12. 1. Juli 2004. S. 9 ff.
47 Interview am 13. Dezember 1995 mit dem Geschäftsführer des CV Herne. Aufzufinden in: Forschungsstelle Wohlfahrtsverbände/3. Sektor-Organisationen. Prof. Dr. Boeßenecker. FH Düsseldorf.

sozial orientierten Beschäftigungsmaßnahmen durch die Bildung des Betriebsteils „cariteam".[48] Auch der im Krefelder Josefs-Krankenhaus unternommene Versuch, neue Finanzierungspotentiale nicht durch die Auslagerung von Funktionen (outsourcing), sondern durch die Rückverlagerung und Ausweitung von Dienstleistungen, z.B. die Einrichtung eines Partyservices, zu erschließen, ist in diesem Zusammenhang zu nennen.[49] Es sind dies alles Beispiele der 90er Jahre, die zeigen, wie durch ein Zusammenwirken von spezifischen infrastrukturellen Voraussetzungen, durch Kostendruck ausgelöste Neuüberlegungen sowie persönlichen Einbindungen, auch Zufällen und weiteren Faktoren, Entwicklungen auf lokaler Ebene begünstigt wurden und die Dienstleistungspalette bisheriger Caritasarbeit veränderten. Aus diesen frühen und zunächst wenig geplanten Organisationsentwicklungen ist inzwischen ein strategisches Konzept geworden, das fast alle DiCV in ihrer wettbewerblichen Ausrichtung prägt und zur Ausbildung einer unternehmerischen Caritas führt, bei der zunehmend auch die Frage innerverbandlicher Fusionierungen bedeutsam wird.[50] Angesichts zurückgehender Kirchensteuereinnahmen sowie wegbrechender öffentlicher Zuschüsse bahnt sich seitens der Amtskirche eine Entwicklung an, sich auf das eigentliche Kerngeschäft „katholischer Dienstleistungen" zurückziehen zu wollen, wobei gleichzeitig die Option der GmbH-isierung als betriebswirtschaftliches Rationalisierungs- und Steuerungskonzept immer stärker in den Blick gerät.[51] Im Rahmen solcher Modernisierungsprozesse lösen sich die Caritasverbände als Sozialunternehmen zwar einerseits immer stärker von der „kurzen Leine" einer traditionell kirchlich-klerikal begründeten Steuerungsphilosophie, unterliegen jedoch andererseits gerade um so stärker Anforderungen, soziale Dienstleistungen konzentriert auf den eigentlichen katholischen Gehalt betriebswirtschaftlich und wettbewerblich ausgerichtet zu erbringen. Was sich als neue strategische Unternehmensphilosophie andeutet, ist das Konzept eines „erfolgsorientierten Pragmatismus", der sich moderner Managementmethoden bedient und gleichwohl keinen Zweifel an der katholischen Ausrichtung der betriebenen sozialen Einrichtungen zulässt. Am Gän-

---

48 Vgl. Caritasverband Frankfurt a.M.: Einrichtung cariteam - Beschäftigungs- und Qualifizierungsmaßnahmen. Jahresbericht 1994 (Kurzform) vom 17.8.1995. Ebd. Faltblatt „cariteam. Beschäftigungsbetriebe des Caritasverbandes Frankfurt e.V." vom Februar 1996. Sowie: Bericht der Frankfurter Rundschau vom 22.7.1996 „Caritas: Erstmals wieder eine positive Bilanz. Erfolgreicher Weg der „inneren Reform".
49 Siehe hierzu: Jobst Rüthers: Patient und Kund. Krefelder Klinik entwickelt unter Spardruck neue Einnahmequellen. In: Caritas in NRW. Zeitschrift der Diözesan-Caritas-Verbände Aachen, Essen, Köln, Münster, Paderborn. Heft 2/96. Mai 1996. S. 6 ff.
50 Vgl. beispielhaft: Themenschwerpunkt Fusionen. Neue caritas. Heft 12. 1. Juli 2004. Newsletter zur Fusion der verbandlichen Caritas im Erzbistum Berlin. Ausgabe 1/04.
51 Beispielhaft hierzu ist das Projekt „Zukunft heute" der Erzdiözese Köln. Weltweit zu den reichsten Bistümer zählend, verfügt das Bistum über ein jährliches Haushaltsvolumen von ca. 680 Mio. Euro. Vor allem auf Grund demografischer Veränderungen wird ein Finanzierungskollaps prognostiziert, der nur durch radikale Sparbeschlüsse verhindert werden könne. Beschlossen wurde deshalb, die jährlichen Bistumsausgaben um 90 Mio. Euro zu reduzieren. Neben den seelsorgerischen Bereichen sind vor allem auch die Bildungs- und Sozialeinrichtungen des Bistums teilweise existenziell betroffen. Vgl.: Hirtenschreiben des Erzbischofs von Köln zum Projekt „Zukunft heute" vom 1. Oktober 2004. Vergleichbare, ähnlich dramatische Entwicklungen prägen ebenso die Organisationsentwicklungen in den Diözesen Berlin und Aachen.

gelband dieser anders gefaserten Leine sind durchaus weitere Ausdifferenzierungen karitativer Dienstleistungen zu erwarten, die sich je nach Finanzierung und Klientel im Spektrum zwischen nachfrageorientierten Angeboten (z.B. Wellnesswochen im Kloster) und auf katholischen Glaubensüberzeugungen basierenden Dienstleistungen (Schwangerschaftsberatung, Kindergärten) neu justieren. Auch wenn hierbei eine allmähliche interkulturelle Öffnung der Dienste und Einrichtungen der verbandlichen Caritas zu beobachten ist[52], so werden der DCV und seine Mitglieder hierbei auch weiterhin als Glied der Kirche agieren und sozialpolitische Reformprozesse nur in dem Maße unterstützen, sofern diese den organischen Zusammenhang zur Amtskirche nicht gefährden oder in Frage stellen. Und angesichts der auf kommunaler Ebene beobachtbaren, aus der Interessenssicht des CV erfolgreichen Strategie, bei der Gewährleistung des Rechtsanspruches auf einen Kindergartenplatz ausfallende Finanzierungsleistungen des kirchlichen Trägers durch weitere öffentliche Zuschüsse zu kompensieren, stellt sich durchaus die Frage, ob die genannten Modernisierungsprozesse auch mit einer lobbyistischen Strategie einhergehen, den christlichen Missionsauftrag sozialer Dienste im Bereich der öffentlichen Erziehung zu revitalisieren.

Literatur

Achilles; Mark: Ansehen und Vertrauen in der Bevölkerung schaffen. In: neue caritas. Heft 15. 9. September 2004. S. 24 ff.
Amtsblatt des Erzbistums Köln. 1. Juni 2000. Erlasse des Herrn Erzbischofs Nr. 138: Satzung des Diözesan-Caritasverbandes für das Erzbistum Köln e.V. i.d.F. vom 3.2.2000
Bericht über das Jahr 1994. 16. Berichtsjahr. Köln (1995)
Bundesministerium für Familie, Senioren, Frauen und Jugend (Hrsg.): Schriftenreihe Band 203: Modellverbund Freiwilligen-Zentren. Bürgerengagement für eine freiheitliche und solidarische Gesellschaft Ergebnisse und Reflexionen. Kohlhammer Verlag. Stuttgart 2001
Caritas in NRW. Zeitschrift der Diözesan-Caritasverbände Aachen, Essen, Köln, Münster, Paderborn. Heft 2/96. Mai 1996
Caritas Korrespondenz. Heft 10. Oktober 1996
Caritas Korrespondenz. Heft 4. April 1994
Caritas-Betriebsführungs- und Trägergesellschaft mbH (Hrsg.): Bericht über das Jahr 1994. 16. Berichtsjahr. Köln (1995)
Caritas-Betriebsführungs- und Trägergesellschaft mbH (Hrsg.): Grundsätze unseres Dienstes. Der Weg der CBT ist der Mensch. Köln 1994
Caritasverband der Erzdiözese München und Freising e.V.: Jahresbericht 2002. Nah. Am Nächsten
Caritasverband der Erzdiözese München und Freising e.V.: Satzung i.d.F. vom 20. Juli 2001
Caritasverband der Erzdiözese München und Freising e.V.: Zukunft gestalten statt verwalten. Jahresbericht 2003/04

---

52 Vgl. u.a.: Antonelle Serio: Vielfalt - unser Alltagsgeschäft. In: neue caritas. Heft 8. 6. Mai 2004. S. 9 ff.

Caritasverband Frankfurt am Main (Hrsg.): Einrichtung cariteam - Beschäftigungs- und Qualifizierungsmaßnahmen. Jahresbericht 1994 vom 17.8.1995
Caritasverband für das Erzbistum Berlin e.V.: aktuell. Newsletter zur Fusion der verbandlichen Caritas im Erzbistum Berlin. Ausgabe 1/04
Caritasverband für die Stadt Düsseldorf e.V.: 1904 - 2004. Von Mensch zu Mensch. Düsseldorf 2004
Deutscher Caritasverband (Hrsg.): Caritas 2004. Jahrbuch des Deutschen Caritasverbandes. Freiburg 2003
Deutscher Caritasverband (Hrsg.): Caritas Jahrbuch 1971
Deutscher Caritasverband (Hrsg.): Caritas-Adreßbuch. 15. Auflage 1992.
Deutscher Caritasverband (Hrsg.): Meinungsbild Caritas. Die Allensbacher Studien zum Leitbildprozeß: Perspektiven. Band 2. Lambertus Verlag. Freiburg i.Br. 1997
Deutscher Caritasverband (Hrsg.): Meinungsbild Caritas. Die Allensbacher Studien zum Leitbildprozeß: Ergebnisse. Band 1. Lambertus Verlag. Freiburg i.Br. 1997
Deutscher Caritasverband (Hsg.): R. Hauser; W. Hübinger: Arme unter uns. Teil 1: Ergebnisse und Konsequenzen der Caritas-Armutsuntersuchung. Teil 2: Dokumentation der Erhebungsmethoden und der Instrumente der Caritas-Armutsuntersuchung. Lambertus Verlag. Freiburg i.Br. 1993
Diözesan-Caritasverband für das Erzbistum Köln e.V. (Hrsg.): Schriftenreihe des Diözesan-Caritasverbandes Heft Nr. 31: Caritas als Dienstgeber. Köln 1996
Ludemann, Peter: Zur (besonderen) Aufgabenstellung der Vertreter der Caritas im JHA. In: Jugendwohl. Zeitschrift für Kinder- und Jugendhilfe 3/1995. S. 110 ff.
Manderscheid, Michael/Wollasch, Hans-Josef (Hrsg.): Lorenz Werthmann und die Caritas. Aufgegriffenes und Liegengelassenes der Verbandsgründung im Jahr 1897. Lambertus Verlag. Freiburg i.Br. 1989
Satzung des Deutschen Caritasverbandes e.V. in der Fassung vom 16. Oktober 2003
Satzung des Deutschen Caritasverbandes e.V. vom 9. November 1897 in der Fassung vom 4. Mai 1993
Schillinger, Helmut: Kirchliche Krankenhäuser machen sich stark. In: neue caritas. Heft 12. 1. Juli 2004. S. 9 ff.
Schreiner, Claus (Hrsg.): Frauenorden in Deutschland. Bonifatius Verlag. Paderborn 1993
Sekretariat der Deutschen Bischofskonferenz: Katholische Verbände. Studientag der Vollversammlung der Deutschen Bischofskonferenz. 21. September 1988. Arbeitshilfen Nr. 61.
Serio, Antonelle: Vielfalt - unser Alltagsgeschäft. In: neue caritas. Heft 8. 6. Mai 2004. S. 9 ff.
Wollasch, Hans-Josef: Werthmann, Kreutz und die Anfänge der Hauptvertretung des Deutschen Caritasverbandes. In: Caritas Jahrbuch 1971

3.2 Das Diakonische Werk der Evangelischen Kirche in Deutschland e.V. (DW der EKD)

Entstehung des Verbandes

Im Vergleich zur katholischen Caritas sind die verbandlichen Organisierungsbestrebungen innerhalb der sozial-diakonischen Arbeit älteren Datums. Erste erfolgreiche Initiativen werden schon Anfang des 19. Jahrhunderts ergriffen. Besondere Bedeutung hatten hierbei die Theologen Johannes Hinrich Wichern und Theodor Fliedner.

Deren praktischen Arbeitsansätze und Zielgruppen waren durchaus unterschiedlich. Das von Wichern 1833 gegründete „Rauhe Haus" in Hamburg verstand sich als Rettungsanstalt für verwahrloste Kinder und wollte einen praktisch-christlichen Beitrag zur Bekämpfung des Kinderelends der damaligen Zeit leisten.[1] Fliedner hingegen konzentrierte sich mit seinem 1836 gegründeten Diakonissenhaus Kaiserswerth bei Düsseldorf zunächst auf die Arbeit mit weiblichen Strafgefangenen; die Arbeit in der Krankenpflege und kirchlichen Gemeindearbeit erweiterten erst später das ursprüngliche Aufgabenfeld. Zugleich verfolgte Fliedner das Ziel, für nicht verheiratete evangelische Frauen eine sinnstiftende und durch die Einbindung in eine religiöse Gemeinschaft sozial abgesicherte Berufstätigkeit zu schaffen. Die Idee des Mutterhauses nahm praktische Gestalt an.[2] Die von Wichern und Fliedner - beide Personen stehen wegen ihrer herausragenden Bedeutung beispielhaft für viele andere diakonische Initiativen - ergriffenen Aktivitäten erforderten schon nach kurzer Zeit besondere Qualifizierungsmaßnahmen. Bezogen auf das „Rauhe Haus" bedeutete dies den Aufbau einer männlichen Diakonenanstalt, die gleichermaßen ein handwerklich-praktisches und theologisch-pädagogisches Anliegen verfolgte. Die Kaiserswerther Diakonie konzentrierte sich ebenso gleichermaßen lebenspraktisch und religiös orientiert auf die Professionalisierung von Diakonissinnen. Darüber hinaus zielten die von Wichern und Fliedner gesetzten Impulse auf eine stärkere Koordination und Bündelung missionarisch-helfender Aktivitäten, die sich bislang verinselt und unabhängig voneinander innerhalb der einzelnen und selbstständig agierenden evangelischen Kirchen und ihren angeschlossenen Gemeinden vollzogen. Mit der Bildung des „Centralausschuss für die Innere Mission" entstand 1848 erstmals ein solcher organisatorischer Zusammenschluss für die evangelischen Kirchen. Ziel war es gleichermaßen, durch christliche Fürsorgearbeit und volksmissionarische Tätigkeit das soziale Elend des 19. Jahrhunderts zu mildern und im christlichen Sinne zu lösen. Die Orte des Handelns bildeten die Kirchengemeinden sowie eigens gegründete Anstalten und Einrichtungen für besondere Zielgruppen. So zum Beispiel entstand schon 1867 die Anstalt für Epileptiker, deren Leitung 1872 von Pastor Friedrich von Bodelschwingh übernommen, ausgebaut und unter dem Namen „Bethel" zum größten Hilfswerk der Inneren Mission ausgestaltet wurde.[3]

Vielfältige diakonische Aktivitäten entwickelten sich im Laufe der Zeit, wobei deren organisatorische und programmatische Ausgestaltung sich innerhalb der jeweiligen Landes- bzw. Ortskirchen autonom vollzog. Ein weiterer evangelischer Wohlfahrtsverband entstand mit dem 1945 gegründeten „Hilfswerk der Evangelischen Kirche in Deutschland".[4] Gründungsanlass waren die durch den Zweiten Weltkrieg ausgelösten existenziellen Probleme. Die Bewältigung einer massenhaften Hungers- und Wohnungsnot, von Flucht und Vertreibung, die Zusammenführung von zerrissenen Familien und die Eindämmung einer drohenden Jugendverwahrlosung usw. waren mit den bisherigen lose miteinander verbundenen Koordinationsstrukturen

---

1 Vgl: Gerhardt/Herrmann 2002; Grolle 1998; Lemke 1964
2 Vgl.: Hildemann u.a. 1994; Kruczek 1999
3 Vgl.: Benad/Althöfer 1997
4 Vgl.: Hilfswerk der Evangelischen Kirche in Deutschland (Hrsg.): Dank und Verpflichtung. 10 Jahre Hilfswerk der Evangelischen Kirche in Deutschland. Evangelisches Verlagswerk. Stuttgart 1955.

einer Inneren Mission nicht mehr zu bewältigen. Hierzu bedurfte es einer neuen, überregional operierenden Organisation, die ihre Aktivitäten eindeutiger und zielgerichteter fokussierte. „Innere Mission" und „Hilfswerk" bestanden zunächst parallel nebeneinander.[5] Erst 1975 wurden beide Organisationen in landeskirchlichen Werken zusammengeschlossen und das ‚Diakonische Werk der Evangelischen Kirche in Deutschland e.V.' mit Sitz in Stuttgart gegründet. Gründungen und Entwicklungen der evangelischen Wohlfahrtsverbände sind damit von Beginn an durch ein gesellschaftlich intervenierendes Missionsverständnis geprägt, das sich innerhalb weitgehend autonomer und dezentraler Organisationsstrukturen ausbildet. Dieses Muster prägt die generelle Organisationsentwicklung der Diakonie bis zum heutigen Tage. In der Phase nach dem Zweiten Weltkrieg und mit Beginn der deutschen Teilung kommt es hierbei unter den Dächern der jeweiligen ostdeutschen bzw. westdeutschen Landeskirchen zu einer sehr unterschiedlichen Entfaltung der diakonischen Wohlfahrtspflege. Innerhalb der früheren Bundesrepublik entwickelt sich dabei das DW der EKD zu einem der zwei führenden Wohlfahrtsverbände. In der ehemaligen säkularisierten DDR hingegen kommen diakonische Aktivitäten nicht über eine randständige Bedeutung hinaus. Auch die Diakonie trägt hierbei - wenn auch weniger stark ausgeprägt wie bei der katholischen Caritas - alle Merkmale einer Diasporasituation. Nach dem deutschen Einigungsprozess 1990 sind die früheren in der DDR bestehenden Diakonischen Werke dem Diakonischen Werk der EKD beigetreten. Dessen zentrale Aufgabe, die zahlreichen und in hoher Autonomie sich vollziehenden Aktivitäten innerhalb eines lockeren Gesamtverbandes einerseits zu koordinieren und andererseits auf eine gesellschaftspolitische Interessenvertretung gegenüber politischen Instanzen hin zu aggregieren, ist damit keineswegs einfacher geworden.

Selbstverständnis des Verbandes

Die Bezeichnung „Diakon, Diakonus" ist griechisch-lateinischen Ursprungs und bezieht sich in den christlichen Kirchen auf einen Geistlichen, der ein Weihegrad unter dem ordinierten Priester steht. In der frühen christlichen Kirche war mit „Diakon" die Tätigkeit des Armen- und Krankenpflegers in der Gemeinde benannt. Heute gilt der Begriff als Berufsbezeichnung für die Tätigkeit eines kirchlichen, theologisch ausgebildeten Angestellten, der in der Wahrnehmung seelsorgerischer Aufgaben den ordinierten Pfarrer unterstützt. Hingegen ist die Bezeichnung „Diakonie" weiter gefasst. Gemeint sind hiermit die von den Evangelischen Kirchen und ihren Einrichtungen in organisierter Form durchgeführten Aktivitäten auf dem Gebiet der Wohlfahrtspflege.

Was den legitimatorischen Kern der diakonischen Arbeit angeht, so gibt es zunächst keinen prinzipiellen Unterschied zur katholischen Caritas. Auch „Diakonie" zeigt

---

[5] Vgl.: Friedrich Merzyn: Die Ordnung von Hilfswerk und Innerer Mission im Bereich der Evangelischen Kirche in Deutschland und ihrer Gliedkirchen. Verlag Amtblatt der Evangelischen Kirche in Deutschland. Hannover 1954.

sich als eine Äußerungsform eines kirchlichen Verkündigungs- und Evangelisierungsauftrages.[6] So heißt es in der Präambel zur Satzung:

„Die Kirche hat den Auftrag, Gottes Liebe zur Welt in Jesus Christus allen Menschen zu bezeugen. Diakonie ist eine Gestalt dieses Zeugnisses und nimmt sich besonders der Menschen in leiblicher Not, in seelischer Bedrängnis und in sozial ungerechten Verhältnissen an. Sie sucht auch die Ursachen dieser Nöte zu beheben. Sie richtet sich in ökumenischer Weite an einzelne und Gruppen, an Nahe und Ferne, an Christen und Nichtchristen. Da die Entfremdung von Gott die tiefste Not des Menschen ist und sein Heil und Wohl untrennbar zusammengehören, vollzieht sich Diakonie in Wort und Tat als ganzheitlicher Dienst am Menschen."[7]

Obgleich die diakonische Arbeit ebenso wie die Arbeit des Caritasverbandes theologisch begründet und inspiriert ist, bestehen dennoch gewichtige und folgenreiche Unterschiede zwischen beiden konfessionellen Verbänden. Zurückzuführen sind diese Differenzen auf prinzipiell andere theologische Ausgangsprämissen. Während die katholische Schwesterorganisation nämlich unmittelbarer Teil einer sich universalistisch verstehenden und zentralistisch verfassten Weltkirche ist, realisiert sich Diakonie innerhalb selbständiger Landes- und Gliedkirchen der Evangelischen Kirche in Deutschland (EKD), der ein theologisches Entscheidungszentrum wesensfremd ist. Diese föderative Struktur mit ihren dezentral operierenden diakonischen Organisationen entspricht damit einer spezifisch protestantischen Philosophie. Was zum Ausdruck kommt ist die organisationsstrukturelle Transformation einer evangelischen Theologie, die in Abgrenzung zur katholischen Glaubenslehre kein Papsttum anerkennt und deshalb eine wie auch immer sich legitimierende theologische Zentralinstanz ablehnt. Entwickelt und ausgeformt wurde dieses protestantische Kirchenverständnis in reformatorischer Auseinandersetzung mit dem zentralen Deutungs- und Machtanspruch der katholischen Kirche während der ersten Hälfte des 16. Jahrhunderts. Das wesentliche hieran ist, dass sich protestantischer Glaube als eine unmittelbare Beziehung zwischen dem Menschen und Gott konstituiert und damit prinzipiell gesehen keiner Vermittelbarkeit mehr bedarf. Exegese, also Deutung und Auslegung der Schrift, sind damit nicht mehr eine prinzipielle Vorherrschaft der Theologie und einer sich hierauf gründenden amtskirchlichen Autorität, sondern realisieren sich in der egalitären Gemeinschaft der Gläubigen und innerhalb der von ihnen gesetzten Regeln. Theologisch hergeleitete Zentralinstanzen als auch eine hierarchische Trennung zwischen Laien einerseits und ordinierten Priestern andererseits haben in einem solchen Glaubensverständnis keinen Platz. In der nachreformatorischen Entwicklung der protestantischen Abspaltungen aus einer ehemals gemeinsamen (katholischen) Kirche bildeten sich deshalb konsequenterweise andere Ordnungsprinzipien heraus, die schließlich auf der Emdener Synode von 1571 be-

---

6 Vgl. hierzu u.a.: Tobias Brenner: Diakonie im Sozialstaat. A.a.O.
7 Präambel der Satzung des DW der EKD vom 6. Juni 1975 (i.d.F. vom 29. Nov. 1978); in: Hauptgeschäftsstelle des DW der EKD (Hg.): Satzung und andere Rechtsgrundlagen. 4. Auflage 1989. S. 9.

schlossen und kirchenrechtlich verankert wurden.[8] Gemeindedemokratie innerhalb eigenständiger gliedkirchlicher Zusammenschlüsse sind seit dem die den Protestantismus tragenden Säulen. Und verstünde man unter Kirche ausschließlich etwas Geschlossenes, Homogenes, Einheitliches, eben etwas katholisches, so wäre die EKD keine Kirche, sondern eine organisierte Ansammlung von unterschiedlichen „Sekten". Als Bund, Föderation repräsentiert die EKD nämlich sehr verschiedene, rechtlich eigenständige Kirchen und Bekenntnisse. Nach der Neufassung ihrer Grundordnung sind dies seit dem 1. Januar 2004 insgesamt 23 lutherische, reformierte und unierte Landeskirchen sowie die Evangelische Kirche der Union (EKU), ein besonderer Zusammenschluss von unierten Gliedkirchen.[9] Auf deren Politik sowie die sich jeweils stellenden Fragen nach der theologischen Lehre, Liturgie und Ausgestaltung des jeweiligen innerkirchlichen Lebens hat die EKD keinen wirklichen Einfluss. Über hierzu notwendige Interventionsrechte, Machtmittel oder Drohinstrumente verfügt sie nicht, was im Übrigen auch ihrem Grundverständnis widersprechen würde.

Tab. 26: Landes- und Gliedkirchen der EKD seit dem 1.1.2004

Nordelbien, Mecklenburg, Pommern, Oldenburg, Bremen, Hannover, Berlin-Brandenburg, Schaumburg-Lippe, Lippe, Braunschweig, Westfalen, Anhalt, Sachsen, schlesische Oberlausitz, Kurhessen-Waldeck, Kirchenprovinz Sachsen, Rheinland, Thüringen, Hessen und Nassau, Pfalz, Bayern, Württemberg, Baden, Evang. reformierte Kirche, Evang. Kirche der Union

Das protestantische Glaubensverständnis hat also unmittelbare Konsequenzen für die innere Kirchenverfassung der EKD.[10] Nicht nur sind die einzelnen Gemeinden autonom und rechtlich selbstständige Gebilde, auch werden diese von einem gewählten Kirchenvorstand (Presbyterium) geleitet, in dem Pfarrer Gleicher unter Gleichen ist, ohne hierbei über formal höhere Entscheidungs- oder Interventionsrechte zu verfügen.[11]

Subsidiäre und föderative Prinzipien prägen aber nicht nur die EKD als gliedkirchliche Gesamtorganisation, sondern ebenso auch ihr Diakonisches Werk.

„Das Diakonische Werk nimmt als Werk der Evangelischen Kirche in Deutschland (EKD) diakonische und volksmissionarische Aufgaben im Sinne der Grund-

---

8 Norddeutsche Protestanten beschlossen 1571 auf der Synode von Emden, dass Fragen, die auf der Ebene der Kirchengemeinde entschieden sind, nicht mehr der Synode unterbreitet werden sollen. Damit wurde nicht nur eine programmatische und entscheidungsstrukturelle Abgrenzung gegenüber dem katholischen Zentralismus und dem damit verbundenen Primat der Priesterschaft vorgenommen, sondern ebenfalls eine gemeindedemokratische Position in der Kirchenverfassung verankert.
9 Vgl.: Neufassung der Grundordnung vom 20. November 2003 (Abl.EKD 2004 S. 1 ff) i.d. geänderten Fassung vom 6. November 2003.
10 Grundordnung der Evangelischen Kirche in Deutschland vom 13. Juli 1948 in der Fassung vom 24. Februar 1991. Artikel 1 ff. und 6 ff.
11 Beispielhaft hierzu: Kirchenordnung der Evangelischen Kirche im Rheinland vom 2. Mai 1952 in der Fassung der Bekanntmachung vom 20. Januar 1979. Dritter Abschnitt: Die Dienste der Kirchengemeinde. A. Der Dienst des Pfarrers. Artikel 68 ff. C. Andere Dienste. Artikel 90 sowie Vierter Abschnitt: Die Leitung der Kirchengemeinde. Artikel 104 ff.

ordnung der Evangelischen Kirche in Deutschland wahr. Es erfüllt zugleich diakonische Aufgaben für die ihm verbundenen Freikirchen und kirchlichen Gemeinschaften. Es sorgt für die Ausrichtung kirchlicher Arbeit in diakonischer und volksmissionarischer Verantwortung.

Das Diakonische Werk fördert die ihm angeschlossenen Werke, Verbände und Einrichtungen. Es dient der Zusammenarbeit der gliedkirchlichen diakonischen Werke, der Fachverbände sowie der Diakonie der Freikirchen und unterstützt die gemeinsame Planung von Aufgaben, die in ihrer Bedeutung über den Bereich eines gliedkirchlichen Diakonischen Werkes hinausgehen. ...

Im Verhältnis zu den angeschlossenen Werken, Verbänden und Einrichtungen erfüllt das Werk die Aufgaben, die einer einheitlichen Wahrnehmung und Vertretung bedürfen, wie Aufgaben der ökumenischen Diakonie, der überregionalen Not- und Katastrophenhilfe, der zentralen Fort- und Weiterbildung der Mitarbeiter, der für die Gesamtarbeit des Werkes erforderlichen Grundlagenforschung und der Mitwirkung bei der staatlichen Gesetzgebung. ..."[12]

„Alle angeschlossenen Werke, Verbände und Einrichtungen können ihre Arbeit selbständig gestalten. Das Werk ist nicht befugt, Weisungen zu geben oder in die Arbeit einzugreifen. Die unmittelbar angeschlossenen Diakonischen Werke und Fachverbände sind jedoch verpflichtet, die nach Abs. 1 und 2 beschlossenen Rahmenbestimmungen zu beachten und in ihrem Bereich auf die Beachtung durch die mittelbar angeschlossenen Werke, Verbände und Einrichtungen hinzuwirken."[13]

Und in gleicher Weise sind diese subsidiären Prinzipien auf der gliedkirchlichen Ebene für die hier bestehenden Diakonischen Werke konstitutiv.

„Das Werk soll in der Evangelischen Kirche im Rheinland zum Dienst der Liebe in der Nachfolge Christi aufrufen und den Kirchengemeinden, Kirchenkreisen, Anstalten und Werken bei der Gestaltung dieses Dienstes helfen. ...

Das Werk unterstützt und fördert seine Mitglieder bei der Wahrnehmung ihrer Aufgaben, insbesondere in der Diakonie der Gemeinde, in der Pflege und Fürsorge für Kinder und Jugendliche, für Kranke, Gebrechliche und Alte, für Gefährdete und Heimatlose, auf allen Gebieten der Jugend- und Sozialhilfe, in der Ausbildung und Zurüstung der Mitarbeiter, in der Gesellschaftlichen Diakonie und Sozialpolitik, in der diakonischen Öffentlichkeitsarbeit sowie in der Ökumenischen Diakonie. Es dient der fachlichen, rechtlichen und wirtschaftlichen Beratung seiner Mitglieder."[14]

„Der Verein wird in praktischer Ausübung christlicher Nächstenliebe im Sinne der Diakonie als Wesens- und Lebensäußerung der Evangelischen Kirche tätig. Der Verein steht den Gemeinden im Kirchenkreisverband Düsseldorf für alle di-

---

12 Ebd. S. 10.
13 Vgl. Satzung des DW der Evangelischen Kirche in Deutschland vom 6. Juni 1975 (i.d.F. vom 29. Nov. 1978), § 7 Befugnisse.
14 Diakonisches Werk der Evangelischen Kirche im Rheinland e.V. Satzung in der Fassung vom 10. Februar 1988. § 2 Zweck und Aufgaben.

akonischen Aufgaben zur Verfügung, deren zentrale Bearbeitung durch e i n e Stelle zweckmäßig oder notwendig ist. ...

Mitglieder des Vereins sind in erster Linie die im Gesamtverband der evangelischen Kirchengemeinden in Düsseldorf zusammengeschlossenen Kirchengemeinden"[15]

Wie deutlich wird, ist die Diakonie keinesfalls weniger christlich als die Caritas, sondern eben nur anders christlich. Und so bestehen hinsichtlich der arbeitsvertraglichen Regelungen durchaus Parallelen zum Arbeitsvertragsrecht der katholischen Kirche. Auch die Diakonie negiert in ihrem Organisationsbereich die Existenz unterschiedlicher Arbeiternehmer- und Arbeitgeberfunktionen und damit verbundener Interessen. Die aus einem solchen Spannungsverhältnis resultierenden Konfliktregelungen eines allgemeinen gültigen Arbeitsrechts werden deshalb abgelehnt. Unter Berufung auf die verfassungsrechtlich verbriefte Selbstständigkeit und Selbstverwaltung kirchlicher Organisationen[16] und dem damit verbundenen Eigensinn wird stattdessen das theologisch begründete Konzept der „Dienstgemeinschaft" praktiziert.[17] Dieser normative Ausgangspunkt begründet auch in der evangelischen Wohlfahrtspflege ein eigenes kirchliches Arbeitsrecht, das in entsprechenden Richtlinien des Rates der EKD zur Regelung der Arbeitsverhältnisse der Mitarbeiter im kirchlichen Dienst (Arbeitsrechtsregelungsgesetz der EKD - ARRG - vom 10. November 1988) gefasst ist und für alle Einrichtungen der Diakonie gilt.

„Kirchlicher Dienst ist durch den Auftrag der Verkündigung des Evangeliums in Wort und Tat bestimmt. Dieser Auftrag erfordert in der Gestaltung des kirchlichen Arbeitsrechts eine partnerschaftliche, vertrauensvolle Zusammenarbeit von Leitungsorganen und Mitarbeitern."[18]

„Die Beschlüsse der Arbeitsrechtlichen Kommission nach § 2, Absatz 2 sind verbindlich. Es dürfen nur Arbeitsverträge abgeschlossen werden, die den auf diesen Beschlüssen und Entscheidungen beruhenden Regelungen entsprechen."[19]

Verlauf und Ergebnisse der Diakonischen Konferenz 1993 zeigen, dass dieses normative Konzept der „Dienstgemeinschaft" als das „Miteinanderarbeiten im Dienste Gottes" nach wie vor ein unveränderliches Charakteristikum diakonischer Arbeit darstellt. Alle Versuche, dem öffentlichen Arbeits- und Arbeitsvertragsrecht innerhalb der Diakonie größere Geltung zu verschaffen, blieben bislang ohne durchschlagenden Erfolg.[20] Gleichwohl wird die Umsetzung dieser „Dienstgemeinschaft" wesentlich flexibler und „offener" praktiziert, als dies bei der katholischen Kirche

---

15 Vgl.: Satzung der Diakonie in Düsseldorf - Evangelischer Gemeindedienst im Kirchenkreisverband e.V. (i.d.F.v. Mai 1989), §§ 2 und 4.
16 Vgl.: Tobias Brenner: Diakonie im Sozialstaat. Staatskirchenrecht und Evangelische Kirche. Universitas Verlag. Tübingen 1995.
17 Vgl.: Heinrich Beyer, Hans G. Nutzinger: Erwerbsarbeit und Dienstgemeinschaft. Arbeitsbeziehungen in kirchlichen Einrichtungen. Eine empirische Untersuchung. SWI-Verlag. Bochum 1991.
18 Arbeitsrechtsregelungsgesetz der Evangelischen Kirche in Deutschland (ARRG - EKD) vom 10. Nov. 1988. § 1 Grundsatz.
19 Ebd.. § 3 Verbindlichkeit der arbeitsrechtlichen Regelungen.
20 Vgl.: Diakonie Report Nr. 6/93. Dezember 1993.

der Fall ist. Die Beschäftigungsverhältnisse in den stationären und teilstationären Einrichtungen zeigen nämlich, dass eine berufliche Tätigkeit innerhalb der Diakonie keinesfalls immer und in jedem Fall ein protestantisches oder anderes christliches Bekenntnis bedingen muss. Wie eine zum Stichtag 1.1.1994 vorgenommene Repräsentativstudie des DW zeigt, sind 59,2 % aller beschäftigten Mitarbeiter evangelisch, 22,7 % gehören der Katholischen Kirche an und 17,1 % sind konfessionslos.[21] Besonders die prekären Ausgangsbedingungen in den neuen Bundesländern führen hier zur Erosion einer Entscheidungspraxis, die die formale Kirchenzugehörigkeit als dogmatische Anstellungsbedingung immer weniger voraussetzt.[22] Der Vergleich zwischen den alten und neuen Bundesländern macht dies deutlich: beträgt der Anteil konfessionsloser Mitarbeiter in Westdeutschland 12,7 %, so sind dies in Ostdeutschland 41,5 %. Innerhalb der neuen Bundesländer sind die konfessionslosen Mitarbeiter am stärksten in Mecklenburg-Vorpommern mit 63 % und Brandenburg mit 43 % aller Beschäftigten vertreten.[23]

Ähnlich wie andere Wohlfahrtsverbände ringt auch die Diakonie um ein zeitgemäßes Selbstverständnis. Die hierzu in den Jahren von 1994 bis 1997 geführte Leitbilddiskussion war sowohl durch organisationsinterne als auch organisationsexterne Faktoren ausgelöst. Als externer Faktor wirkte die öffentliche und medienwirksame Kritik an der Arbeit der Wohlfahrtsverbände, denen insgesamt der Vorwurf struktureller Intransparenz, Ineffizienz und Misswirtschaft gemacht wurde. Intern erforderten die sich neu abzeichnenden wettbewerblichen Rahmenbedingungen einen Prozess der Selbstvergewisserung über den unterscheidbaren Sinn des eigenen Tuns. Die innerverbandlich breit angelegte Debatte konzentrierte sich wesentlich auf die Frage nach dem diakonischen Gehalt sozialer Dienste und eines hierfür zu entwickelnden gemeinsamen Leitbildes. Auf dieser Basis beschloss die Diakonische Konferenz im Oktober 1997, den Gesamtverband zukünftig in Richtung einer unternehmerischen Diakonie auszurichten.[24] Und die Debatten führten sehr schnell ebenso zu der Frage nach der Operationalisierung und Prüfbarkeit solcher Profile mittels eines gemeinsamen Qualitätsmanagements. Eigens hierfür gegründet wurde das Diakonische Institut für Qualitätsmanagement und Forschung gGmbH (DQF), das seit seiner 1999 erfolgten Gründung inzwischen mehrere Qualitätshandbücher sowie ein eigenes Diakonie-Siegel Pflege entwickelt hat.[25] Der 1997 erfolgte Leitbildbeschluss markiert hierbei für die Diakonie eine neue verbandspolitische Aufbruchstimmung,

---

21 Diakonisches Werk der EKD: Statistik der Mitarbeiter/innen im diakonischen Dienst. Stand: 31.10.1996. Stuttgart, im November 1996. S. 14 ff.
22 Vgl.: Wolfgang Helbig: Trägerwechsel und Zielleitlinien. Wie kann „Unternehmensphilosophie" diakonischen Einrichtungen helfen, die bislang nichtkirchliche Trägerschaften hatten?. In: Diakonie-Jahrbuch '94. S. 58 ff.
23 Diakonisches Werk der EKD: Statistik der Mitarbeiter/innen im diakonischen Dienst. Stand: 31.10.96. Ebd. S. 17.
24 Diakonisches Werk der EKD: Diakonische Dokumentation 01/01: Diakonische Profile in der sozialen Arbeit. Stuttgart 2001.
25 Die Umsetzung des Diakonie-Siegel Pflege erfolgt inzwischen in über 500 Einrichtungen sowie in über 50 Netzwerken. Über 60 Einrichtungen befinden sich in Zertifizierungsverfahren oder haben diese mittlerweile abgeschlossen. Vgl.: Diakonisches Werk der EKD: Rechenschaftsbericht 2003. Diakonische Konferenz 14. bis 16. Oktober 2003. Speyer. Stuttgart September 2003. S. 141.

die sich risikobereit auf veränderte wettbewerbliche Rahmenbedingungen einlässt und hierbei gleichzeitig fest in den diakonischen Auftrag eingebunden bleibt. Wie existenzwichtig dieses insbesondere nach außen zu vermittelnde Leitbild für den Verband ist, zeigte das für die Diakonie ernüchternde und wenig erfreuliche Ergebnis einer im Jahre 2001 durchgeführten Imagestudie, nach der nur 8 % der Deutschen den zweitgrößten Wohlfahrtsverband in der Bundesrepublik überhaupt kannten.[26] Aus dieser Defizitanalyse wurde eine besondere Imagekampagne mit dem Titel „Wertelinie" entwickelt, die Mitte 2003 begonnen wurde und bis zum Dezember 2004 andauert.

„Die Werte-Linie ist ein dynamisches Konzept für soziales Marketing. Sie ist als eine offene Plattform angelegt, die Elemente von einer Imagekampagne hat, sich aber nicht auf ein lineares Verfahren festlegt und somit ein Höchstmaß an Flexibilität gewährleistet. Planerisch setzt die Werte-Linie auf so viel Kommunikationskonzept wie nötig und so viel Kreativität und Flexibilität wie möglich; schließlich geht es darum, ein hochkomplexe Bundesorganisation in dieses Konzept einzubinden und allseitige eigenverantwortliche Handlungsmöglichkeiten zu eröffnen. ... Dennoch steht im Kern des Projektes eine klar ausgearbeitete Projektbeschreibung mit einer durchsetzungsfähigen Kernaussage: Die Werte-Linie versinnbildlicht das Engagement der Diakonie vor dem Hintergrund des christlichen Glaubens; sie sendet ein Imageprofil, das die Kernidentität der Diakonie wie ein Paradigma einschließt. Nachhaltiger lässt sich keine These aufstellen. Mit dieser Botschaft soll die Bekanntheit der Diakonie verbessert und das Außenbild gestärkt werden. Gezeigt werden auf insgesamt sechs Motiven hilfebedürftige Menschen aus typischen Arbeitsfeldern der Diakonie. Die damit verbundenen Slogans vermitteln positive Werte der Menschlichkeit und der Teilhabe: Nähe, Zuflucht, Vertrauen, Hoffnung, Heimat und Geborgenheit. Hervorgehoben wird dabei ebenfalls die Rolle der Diakonie als Anwältin für Schwache."[27]

Leitbilddiskussionen, Qualitätsmanagementkonzepte und wettbewerbliche Neuorientierungen sind damit unterschiedliche Facetten eines Modernisierungsprozesses, dem auch die verbandliche Diakonie seit mehreren Jahren ausgesetzt ist. Substanziell betroffen sind keinesfalls nur das DW der EKD und die gliedkirchlichen diakonischen Werke, sondern ebenfalls die rechtlich selbstständig operierenden evangelischen Stiftungen und Anstalten sowie die bundesweit tätigen Fachverbände. Im Kern zielt dieser Veränderungsprozess auf eine Neujustierung des Verhältnisses zwischen dem Gesamtverband und seinen einzelnen Organisationsteilen. Mit den Beschlüssen der im Oktober 2004 in Hannover stattgefundenen Diakonischen Konferenz wurde eine neue Ausgangsbasis für die weitere Entwicklung und Profilbildung des Verbandes gelegt, mit der eine nachhaltige Organisationsentwicklung und Profilbildung des Gesamtverbandes möglich werden soll. Als zentrale programmatische Frage ist hierbei die Frage nach der gesellschaftlichen Gerechtigkeit und Armutsbewältigung aufgeworfen, und mit dem einstimmig verabschiedeten Wort „Ge-

---

26 Vgl.: Michael Handrick: Flexibel dank Planung. Die Kommunikationslinie Werte und die Vision der Nachhaltigkeit. In: Jürgen Gohde (Hrsg.): Das Diakonie Jahrbuch 2003. Stuttgart 2003. S. 207.
27 Dgl.: S. 209.

rechtigkeit erhöht ein Volk" erfolgte eine entsprechende Akzentuierung.[28] Strategisch-operativ wurde mit der neu beschlossenen Satzung eine neue Phase der Organisationsentwicklung eingeleitet.[29] Diese zielt auf eine erhebliche Veränderung und Verkleinerung bisheriger Entscheidungsorgane und soll die bisherigen verbandsintern bestehenden Kooperations- und Kommunikationsprobleme überwinden.

Zusammenfassend lässt sich feststellen. Ungeachtet dieser stattfindenden Modernisierungsprozesse innerhalb des DW ist auch die verbandliche Diakonie ein kirchliches Werk und wesentlich in dieser Funktion zu verstehen. Das Werk und seine Einrichtungen nimmt seine Aufgaben wahr im Kontext jeweiliger evangelischer Überzeugungen und Sichtweisen, die den eigentlichen Sinnbezug diakonischen Handelns ausmachen (sollen). Dass es an einer amtskirchlichen Autorität und damit verbundenen Eingriffsrechten gegenüber den gliedkirchlichen Werken sowie den angeschlossenen Verbänden und Einrichtungen fehlt, sollte nicht über diese eigentliche Basis diakonischen Handelns hinwegtäuschen. Protestantische Wohlfahrtspflege ist damit zwar nicht amtskirchlich präjudiziert, formt sich gleichwohl in den jeweils bestehenden theologischen Diskussionskulturen innerhalb der Verbandes durchaus unterschiedlich aus. Dies ist der eigentliche Grund dafür, dass die Praxis von Sozialer Arbeit mit größeren Gestaltungsräumen und vielfältigeren Entwicklungen verbunden ist, als dies innerhalb der katholischen Caritas der Fall sein kann. Wie schon an anderer Stelle betont, versteht sich hierbei das DW zunehmend auch als Mahner und Verteidiger eines Sozialstaatskonzeptes, wie es sich in der Geschichte der Bundesrepublik konflikthaft herausgebildet hat.[30] Als ʹOption für die Schwachenʹ wird hierbei ein theologisch begründeter Einmischungsauftrag formuliert, der sich gleichermaßen mit sozialpolitischen Gestaltungsfunktionen verbindet und sich in sehr unterschiedlichen, zum Teil auch gegensätzlichen Handlungsansätzen realisiert, die dem jeweiligen Eigensinn der Gemeinde, der Landeskirche und ihrer angeschlossenen Werke bzw. Einrichtungen entsprechen.

Organisationsaufbau und Verbandsgliederung

Dem Diakonischen Werk der EKD gehören im Jahr 2004 insgesamt 27 Landesverbände unterschiedlicher Größe, nahezu 100 Fachverbände sowie die Diakonische

---

28 Vgl.: Wort der Diakonisches Konferenz Hannover, 14. Oktober 2004 „Gerechtigkeit erhöht ein Volk"
29 Vgl.: Satzung des Diakonisches Werkes der Evangelischen Kirche in Deutschland in der Neufassung vom 13. Oktober 2004. Nach Eintragung beim Registergericht soll die Satzung mit Beginn des Jahres 2005 in Kraft treten. Im Juni 2005 soll eine Wahlkonferenz durchgeführt werden, auf der die Bildung der neuen Organe erfolgt.
30 Vgl. hierzu die Grundsatzbeiträge in: danken & dienen. Arbeitshilfen für Verkündigung, Gemeindearbeit und Unterricht 1995. Thema: Reform und Konsolidierung des Sozialstaats. Hrsg.: Diakonisches Werk der EKD. Stuttgart 1995. S. 7 - 112. Kapitel „Zur Anwaltschaft herausgefordert - die diakonische Positionen zu sozialpolitischen Veränderungen in Deutschland und Europa. In: Rechenschaftsbericht des Diakonischen Werkes der EKD 1996. In: Diakonie Korrespondenz 10/96. S. 1 ff.; Diakonie Korrespondenz 04/03: Pflicht zum Risiko? Bericht des Präsidenten vor der Diakonisches Konferenz vom 14. bis 16. Oktober 2003 in Speyer. Stuttgart Oktober 2003

Arbeitsgemeinschaft an.[31] Die Landesverbände sind wie das Diakonische Werk selbst ausnahmslos in der Rechtsform des „eingetragenen Vereins" verfasst und lassen nur juristische Mitgliedschaften zu.

„Mitglieder des Vereins können die Evangelische Kirche in Deutschland, die im Werk mitarbeitenden Freikirchen, die gliedkirchlichen und freikirchlichen Diakonischen Werke und solche juristischen Personen werden, die überregionale Aufgaben im Sinne des § 1 der Satzung wahrnehmen."[32]

In der neu beschlossenen Satzung des DW wirken diese generellen Mitgliedschaftsregelung im Wesentlichen unverändert fort. Neu unterschieden wird hierbei jedoch zwischen einer unmittelbaren Mitgliedschaft der EKD, der Freikirchen und freikirchlichen Diakonischen Werke, der diakonischen Landesverbände und auf Bundesebene tätige Fachverbände einerseits und mittelbaren Mitgliedschaft der den Landesverbänden und den Fachverbänden angehörenden Werke und Einrichtungen andererseits

Die geografischen Handlungsräume der Diakonischen Werke entsprechen den jeweiligen gliedkirchlichen Gebietskörperschaften, wie sie sich kirchengeschichtlich herausgebildet haben. Mit der staatlichen Ländergliederung der Bundesrepublik stimmen diese Bezirke nur zum Teil überein. Zurzeit bestehen folgende eigenständige Diakonische Werke:

- Diakonische Werke in Deutschland
- DW der Ev. Landeskirche Anhalts
- DW der Ev. Landeskirche Baden
- DW der Ev.-Luth. Kirche in Bayern
- DW Berlin-Brandenburg
- DW - Innere Mission und Hilfswerk - der Ev.-Luth. Landeskirche in Braunschweig
- DW Bremen
- DW Hamburg
- DW der Ev.-Luth. Landeskirche Hannover
- DW in Hessen und Nassau
- DW in Kurhessen-Waldeck
- DW der Lippischen Landeskirche
- DW der Ev.-Luth. Landeskirche Mecklenburgs
- DW der Ev.-ref. Kirche (ev.-ref. Kirchen in Bayern und Nordwestdeutschland)
- DW der Ev.-Luth. Kirche in Oldenburg
- DW der Ev. Kirche der Pfalz

---

31 Ausgelöst durch eine umfassende Organisationsreform finden derzeit in mehreren Landesverbänden Fusionsprozesse statt, die voraussichtlich im Jahre 2005 wirksam werden. So fusionieren die DW Thüringen, Anhalt und die Kirchenprovinz Sachsen zum DW Mitteldeutschland, das DW schlesische Oberlausitz geht mit dem DW Berlin-Brandenburg zusammen und die DW Mecklenburg und Pommern planen ebenfalls ein Fusion zum 1.1.2005. Ähnliche Planungen vollziehen sich in den DW Westfalen, Lippe und Rheinland.
32 Satzung des Diakonisches Werkes der EKD vom 6. Juni 1975 (in der Fassung vom 29. Nov. 1978). § 3.

- DW - Landesverband - in der Pommerschen Evangelischen Kirche
- DW der Ev. Kirche im Rheinland
- Verbindungsstelle Rheinland-Pfalz
- Verbindungsstelle Saarland
- DW in der Kirchenprovinz Sachsen
- DW der Ev.-Luth. Landeskirche Sachsens
- DW der Ev.-Luth. Landeskirche Schaumburg-Lippe
- DW der Ev. Kirche der schlesischen Oberlausitz
- DW Schleswig-Holstein
- DW der Ev.-Luth. Kirche in Thüringen
- DW der Ev. von Westfalen
- DW der evangelischen Kirche in Württemberg

Neben dem gliedkirchlichen Aufbau des DW bestehen fast 90 überregional agierende rechtlich selbständige Fachverbände, deren Tätigkeiten sich auf unterschiedliche sozialpolitische Bereiche, zum Teil auch mit berufspolitischem Bezug erstrecken.

Tab. 27: Fachverbände im DW der EKD

Bereich	Anzahl der Verbände
Schwesternschaften und Brüderschaften	13
Mitarbeiterverbände	2
Ausbildungsstätten	1
Ehrenamtliche Dienste in der Kirche	4
Jugend und Erziehung	17
Hilfe für Alte, Kranke und Behinderte	8
Gefährdete und Menschen unterwegs	11
Missionarische Dienste, Publizistik	20
Ökumene, Gesellschafts- und Sozialpolitik	11

Das Spektrum dieser Fachverbände ist breit und soll durch nachfolgende Beispiele illustriert werden:

Diakonische Fachverbände - Beispiele

- Verband Ev. Diakonen- und Diakoninnengemeinschaften in Deutschland e.V.
- Bund Deutscher Gemeinschafts-Diakonissen-Mutterhäuser
- Evangelischer Diakonieverein Berlin-Zehlendorf e.V.
- Der Johanniterorden Herrenmeister S.K.H.
- Johanniter-Schwesternschaft e.V.
- Kaiserswerther Verband deutscher Diakonissen-Mutterhäuser e.V.
- Verband freikirchlicher Diakoniewerke
- Arbeitsgemeinschaft Christlicher Ärzte des DW der EKD e.V.
- Internationale Konferenz theologischer Mitarbeiter in der Diakonie
- Konferenz der Rektoren und Präsidenten eV. Fachhochschulen in der BRD

- Deutscher Evangelischer Frauenbund e.V.
- Johanniter-Unfall-Hilfe e.V.
- Arbeitsgemeinschaft Evangelischer Krankenhaus-Hilfe
- Evangelische Frauenhilfe in Deutschland e.V.
- Ev. Bundesarbeitsgemeinschaft für Sozialpädagogik im Kindesalter (EBASKA) e.V.
- Bundesverband Ev. Erzieherinnen und Sozialpädagoginnen e.V.
- Deutscher Jugendverband „Entschieden für Christus" (EC) e.V.
- CVJM-Gesamtverband in Deutschland e.V.
- Arbeitsgemeinschaft Evangelischer Schulbünde e.V.
- Internationale Gesellschaft für Mobile Jugendarbeit e.V.
- Deutscher Evang. Krankenhausverband e.V.
- Evang. Arbeitsgemeinschaft für Müttergenesung e.V.
- Bundesverband Evang. Behindertenhilfe e.V.
- Stiftung Deutsche Hochgebirgsklinik Davos
- Christoffel-Blindenmission e.V.
- Verband der Evang. Binnenschiffergemeinden in Deutschland
- Blaues Kreuz in Deutschland e.V.
- Ev. Obdachlosenhilfe e.V.
- Ev. Konferenz für Straffälligenhilfe
- Deutsche Seemannsmission e.V.
- Verband der Deutschen Ev. Bahnhofsmission e.V.
- Deutsche Arbeitsgemeinschaft für Evang. Gehörlosenseelsorge e.V.
- Arbeitsgemeinschaft Evang. Stadtmissionen in Deutschland
- Christlicher Zeitschriftenverein
- Deutsche Bibelgesellschaft
- Kirchliche Dienste im Gaststättengewerbe e.V.
- Aktion Sühnezeichen e.V.
- Bundesverband Evang. Arbeitnehmerorganisationen e.V.
- Christen in der Offensive e.V.
- Evang. Arbeitsgemeinschaft für Soldatenbetreuung in der BRD e.V.

Neben den Landesverbänden und Fachorganisationen besteht mit der „Diakonische Arbeitsgemeinschaft" eine dritte Mitgliedergruppe. Sie stellt das Verbindungsgremium zwischen dem Diakonischen Werk und der EKD und den Freikirchen dar. Ihre Aufgabe ist es, bei gemeinsamen Aufgaben eine Abstimmung und Koordination zu ermöglichen. Neben der zentralen, in der Hauptverwaltung des DW angesiedelten Geschäftsstelle besteht die Diakonische Arbeitsgemeinschaft aus folgenden Mitgliedern, die alle den Status als Körperschaften des öffentlichen Rechts (K.d.ö.R.) besitzen:

Diakonische Arbeitsgemeinschaft - Mitglieder

- Arbeitsgemeinschaft Mennonitischer Gemeinden
- Bund Evangelisch-Freikirchlicher Gemeinden in Deutschland
- Bund Freier evangelischer Gemeinden

- Die Heilsarmee in Deutschland - Religionsgemeinschaft
- Evangelische Brüder-Unität Herrenhuter Brüdergemeinde
- Evangelisch-methodistische Kirche in Deutschland
- Katholisches Bistum der Alt-Katholiken in Deutschland
- Selbstständige Evangelisch-Lutherische Kirche
- Verband freikirchlicher Diakoniewerke

Wie seine Landesverbände ist auch das Diakonische Werk der EKD als „eingetragener Verein" konstituiert. Die nach dem BGB notwendigen Vereinsorgane sind hinsichtlich ihrer Zusammensetzung und Aufgabenbeschreibung satzungsrechtlich so beschrieben, dass sie den Prinzipien eines föderativen Zusammenschlusses rechtlich eigenständiger Mitgliedsverbände entsprechen.

Entscheidungsorgane sind die ‚Diakonische Konferenz', der ‚Diakonische Rat' und dessen „Geschäftsführender Ausschuss", der nach der inzwischen vorgenommenen Satzungsreform entfällt.

Die Diakonische Konferenz hat den Charakter einer Mitgliedervollversammlung und setzt sich zusammen aus Vertretern der EKD, der Freikirchen, der DW der Gliedkirchen, der dem DW angehörenden Fachverbände sowie de vom Diakonischen Rat berufenen Personen. Es sind insgesamt 87 stimmberechtigte Mitglieder, die über die Grundsätze der Arbeit beschließen, über Mitgliedschaften entscheiden, den Wirtschafts- und Stellenplan der Hauptgeschäftsstelle beschließen und den Vorsitzenden, den Präsidenten sowie die Mitglieder des Diakonischen Rates wählen.[33]

Diakonischer Rat und Geschäftsführender Ausschuss waren bisher zwischen den jährlichen Sitzungen der Diakonischen Konferenz für die laufenden Geschäfte des DW der EKD verantwortlich. Das Gremium setzte sich aus 18 stimmberechtigten und 10 beratenden Mitgliedern zusammen. Neben der laufenden Geschäftsführung bestanden die Aufgaben des DR und des GA im Einzelnen in der

- Überwachung der Durchführung der Beschlüsse der Diakonischen Konferenz
- Beratung, Beaufsichtigung und Weisungsbefugnis gegenüber der Hauptgeschäftsstelle
- Verabschiedung einer Geschäftsordnung für die Hauptgeschäftsstelle
- Repräsentation des DW gegenüber Staat, Gesellschaft in grundsätzlichen Fragen
- Berufung der leitenden Mitarbeiter des DW
- Vorlage eines von der Diakonischen Konferenz zu beschließenden Wirtschaftsplanes.[34]

---

33 Vgl.: §§ 8, 9, 10 der Satzung.
34 Vgl.: §§ 11, 12, 13 der Satzung.

Abb. 11: Diakonisches Werk - Organe Gesamtverband (alte Satzung)

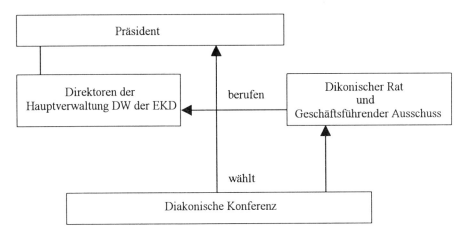

Mit der im Oktober 2004 neu beschlossenen Satzung sind die Kompetenzen innerhalb des DW der EKD neu geregelt. Wesentliche Erneuerung ist hierbei die Einführung eines hauptamtlichen Vorstandes, der für die laufenden Geschäfte des Werkes verantwortlich ist (siehe Abb. 12). Die Diakonische Konferenz wirkt weiterhin als oberstes Beschlussorgan, das einmal jährlich tagt und mit insgesamt 93 Mitgliedern die unterschiedlichen Mitglieder des DW repräsentiert. Als Generalvollversammlung fasst dieses Gremium nicht nur allgemeine Grundsätze für die diakonische und volksmissionarische Arbeit, sondern übt ebenfalls Wahlfunktionen aus. Der 18 Personen umfassende Diakonische Rat überwacht die Einhaltung der Grundsatzbeschlüsse, berät den Vorstand, beschließt dessen Geschäftsordnung und bestellt eine unabhängige Wirtschaftsprüfung. Darüber hinaus schlägt er den/die Präsidenten/in des Werkes vor und beruft die hauptamtlichen Vorstandsmitglieder.[35]

Um die Arbeit des Gesamtverbandes und seiner Mitgliedsorganisationen zu koordinieren, zu begleiten und zu beraten sowie eine Interessenvertretung gegenüber Staat und Gesellschaft zu ermöglichen, unterhält das Diakonische Werk der EKD eine Hauptgeschäftsstelle mit Sitz in Berlin und Stuttgart (siehe Abb. 13). In dieser bislang von einem Kollegialorgan geleiteten Verbands-'zentrale' sind rd. 356 hauptamtliche Mitarbeiter/innen beschäftigt, davon rd. 243 in Stuttgart. Untergliedert ist diese Hauptgeschäftsstelle in verschiedene Vorstandsbereiche sowie eine Außenstelle in Brüssel. Die vormals unmittelbar der Hauptgeschäftsstelle eingegliederte Diakonische Akademie ist in eine gGmbH umgewandelt, deren Hauptgesellschafter das DW der EKD ist.

Ähnlich wie andere Verwaltungs- und Verbandsbürokratien durchläuft auch die Hauptgeschäftsstelle des DW seit einigen Jahren einen Reformprozess, der die bisherigen Arbeits- und Zuständigkeitsstrukturen radikal verändern soll. Extern begleitet durch die Unternehmensberatungsagentur Roland Berger, wurden Konzepte einer

---

35 Vgl.: §§ 7, 8, 9, 10, 11, 12 und 13 der Satzung in der Neufassung vom 13. Oktober 2004.

Abb. 12: Diakonisches Werk - Organe Gesamtverband (neue Satzung)

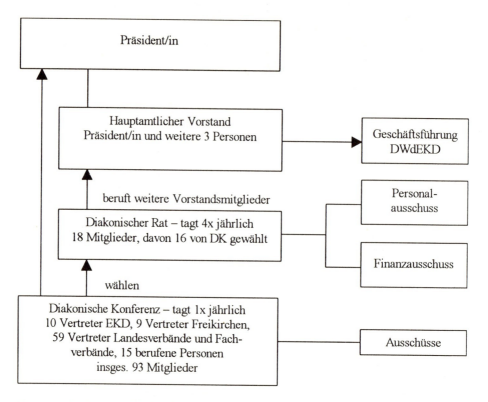

Neuorganisation der Verbandszentrale erarbeitet, die im Einzelnen folgende Veränderungen zur Folge haben sollen: Unterscheidung von permanenten Aufgaben/Regelaufgaben und Projektarbeit; Wahrnehmung der Regelaufgaben in der Hauptgeschäftsstelle, Verlagerung der Projektarbeit in flexible Strukturen neu zu bildende sozialpolitische Zentren; Leitung der Hauptgeschäftsstelle durch einen hauptamtlichen Vorstand; Koordination und Steuerung der Zentren durch jeweilige Lenkungsausschüsse; Verlagerung und Zusammenfassung der bisherigen Handlungsfelder „Integration und Seelsorge", „Frauen, Jugend und Familie", „Migration" in die Zentren „Gesundheit, Rehabilitation und Pflege" sowie „Familie, Integration, Bildung, Armut"; Integration bisheriger Querschnittsabteilungen in die Arbeit der jeweiligen Zentren. Innerhalb dieser neuen Organisationseinheiten sollen nicht nur die Aktivitäten der Hauptgeschäftsstelle sondern ebenfalls die entsprechenden Aktivitäten der Fachverbände, Landesverbände und diakonischen Unternehmen koordiniert und abgestimmt werden.[36] Nach einem einjährigen innerverbandlichen Diskussions- und Abstimmungsprozess sind mit den Beschlüssen der Diakonischen Konferenz vom Oktober 2004 die satzungsrechtlichen Grundlagen geschaffen, um diese präferierten

---

36 Vgl.: Jürgen Gohde: Verbandsentwicklung der Diakonie. Vortragsmanuskript. AWO Tagung 22. März 2004. Rolandseck.

Abb. 13: Organigramm Hauptgeschäftsstelle DW der EKD

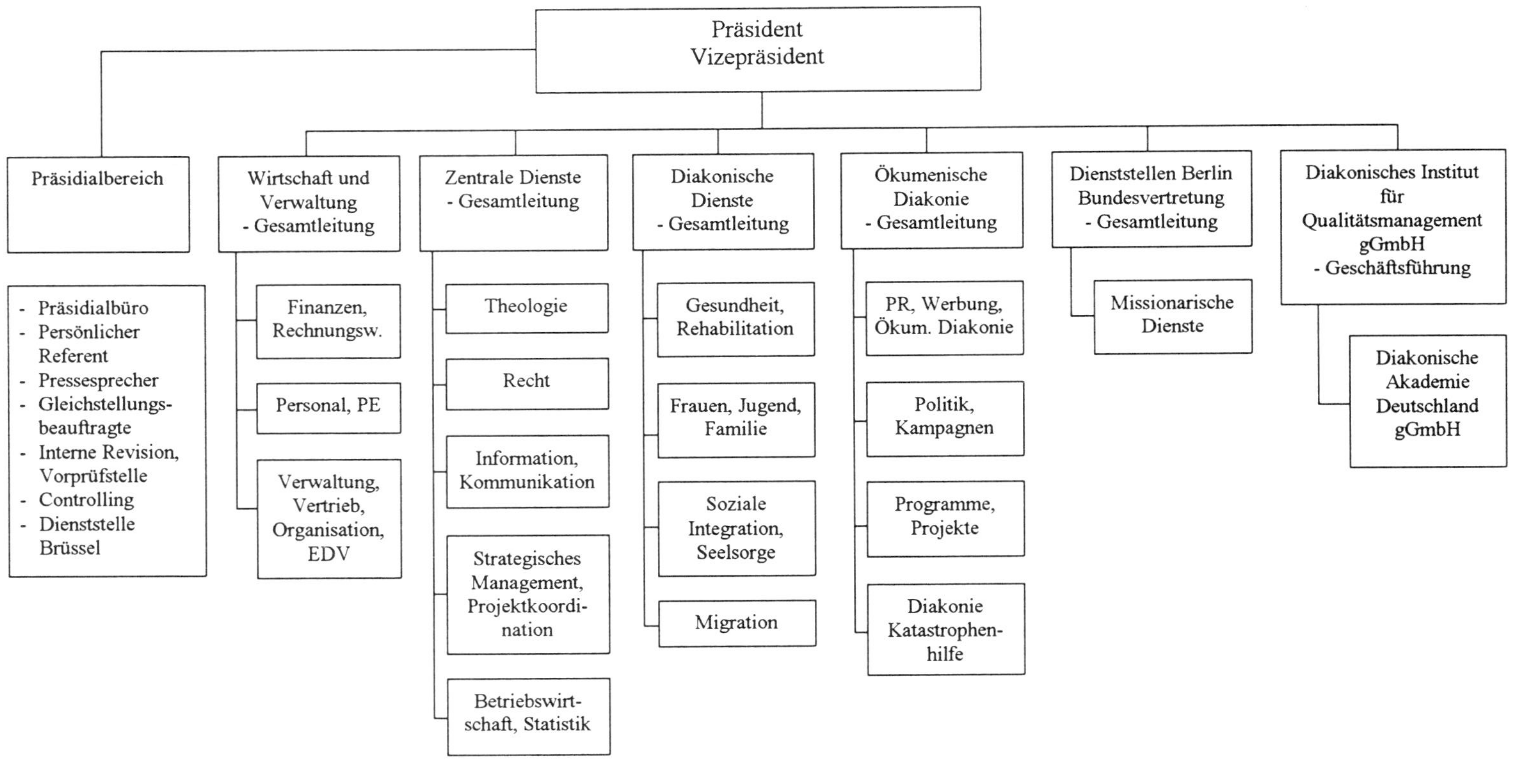

Präsident / Vizepräsident

- **Präsidialbereich**
  - Präsidialbüro
  - Persönlicher Referent
  - Pressesprecher
  - Gleichstellungsbeauftragte
  - Interne Revision, Vorprüfstelle
  - Controlling
  - Dienststelle Brüssel

- **Wirtschaft und Verwaltung - Gesamtleitung**
  - Finanzen, Rechnungsw.
  - Personal, PE
  - Verwaltung, Vertrieb, Organisation, EDV

- **Zentrale Dienste - Gesamtleitung**
  - Theologie
  - Recht
  - Information, Kommunikation
  - Strategisches Management, Projektkoordination
  - Betriebswirtschaft, Statistik

- **Diakonische Dienste - Gesamtleitung**
  - Gesundheit, Rehabilitation
  - Frauen, Jugend, Familie
  - Soziale Integration, Seelsorge
  - Migration

- **Ökumenische Diakonie - Gesamtleitung**
  - PR, Werbung, Ökum. Diakonie
  - Politik, Kampagnen
  - Programme, Projekte
  - Diakonie Katastrophenhilfe

- **Dienststellen Berlin Bundesvertretung - Gesamtleitung**
  - Missionarische Dienste

- **Diakonisches Institut für Qualitätsmanagement gGmbH - Geschäftsführung**
  - Diakonische Akademie Deutschland gGmbH

Abb. 14: Organigramm Hauptgeschäftsstelle DW der EKD (Struktur ab 2005)

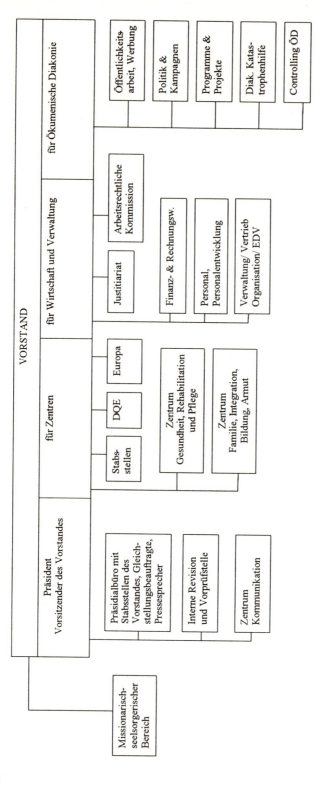

Veränderungen nunmehr auch organisationsstrukturell verankern zu können (siehe Abb. 14). Die Neustrukturierung der Verbandszentrale, die Bildung von sozialpolitischen Zentren und die Einrichtung von Lenkungsausschüssen zur fachlichen und kommunikativen Verflechtung der Verbandsmitglieder steht nunmehr auf der Agenda der weiteren Organisationsentwicklung.[37] Und ebenso erforderlich sind Neubesetzungen der Organe und Ausschüsse durch Neuwahlen, die durch eine eigens hierzu einberufende Diakonische Konferenz im ersten Halbjahr 2005 erfolgen sollen.

Für das Diakonische Werk der EKD und seine Verbandszentrale zeichnen sich damit zukünftig folgende Aufbaustrukturen ab.

Die bisher noch geltenden Kollegial- und Ressortprinzipien prägen sowohl die Aufbauorganisation als auch die Form der Geschäftsführung in den einzelnen Diakonischen Werken auf der gliedkirchlichen Ebene. Wenn nicht durch Satzungsrecht geregelt, so finden diese Strukturmerkmale ihren Niederschlag in den Geschäftsordnungen der jeweiligen Werke. Hierfür einige Beispiele:

„Der Direktor des Werkes, sein Stellvertreter und die Leiter der Abteilungen bilden die Geschäftsführung.

Die Geschäftsführung trägt die Gesamtverantwortung für die Arbeit der Geschäftsstelle des Werkes und fasst im Rahmen der laufenden Geschäfte die erforderlichen Beschlüsse. ...

Die Geschäftsführung ist beschlussfähig, wenn mehr als die Hälfte ihrer stimmberechtigten Mitglieder anwesend ist. Sie soll sich bemühen, ihre Beschlüsse einmütig zu fassen. Bei Abstimmungen entscheidet die einfache Mehrheit der anwesenden Stimmberechtigten; bei Stimmengleichheit ist ein Beschluss nicht zustandegekommen. ..."[38]

„Die Abteilungsleiter bilden gemeinsam mit dem Leiter der Diakonie unter dessen Vorsitz ein Kollegium, in dem alle grundsätzlichen und Angelegenheiten von besonderer Bedeutung der laufenden Geschäftsführung beraten und entschieden werden. Bei unauflöslichen Meinungsverschiedenheiten entscheidet der Vorsitzende der Leitungskonferenz. ..."[39]

Aufgabenbereiche und Mitarbeiter

Das Diakonische Werk der EKD nimmt neben seiner lobbyistischen Aufgabe auf der Bundesebene überwiegend koordinierende, beratende und unterstützende Aufgaben für seine Mitgliedsorganisationen wahr. Die operativen Geschäftsfelder werden hauptsächlich von den jeweiligen Landesverbänden und ihren Mitgliedseinrichtungen sowie von den kooperativ angeschlossenen Verbänden, Stiftungen und Wer-

---

37 Vgl.: Diakonische Konferenz Hannover 2004. TOP 4: Bericht über den Aufbau von Zentren im Diakonischen Werk der EKD.
38 Geschäftsordnung der Geschäftsstelle des Diakonischen Werkes der Evangelischen Kirche im Rheinland. § 5.
39 Geschäftsordnung der Diakonie in Düsseldorf. Stand 1989.

ken realisiert. Insgesamt gesehen beziehen diese diakonischen Aktivitäten auf folgende Handlungsfelder bzw. Aufgabenbereiche:

- Anstaltsdiakonie (Krankenhäuser, Behinderteneinrichtungen, Diakonissen- und Schwesternschaften sowie damit verbundene Ausbildungsstätten);
- Heimerziehung (z.B. für erziehungsschwierige oder straffällige Kinder und Jugendliche, ergänzt durch Elternarbeit und Nachbetreuung);
- Altenhilfe (Altenpflege-, Alten- und Wohnheime, Seniorenclubs, Essen auf Rädern, häusliche Krankenpflege)
- Kindertagesstätten (Kindergärten, -horte, -krippen);
- Gemeindediakonie (neben Kindergarten, Krankenpflege vor allem Hilfe für Problemfamilien und weitere besondere Problempersonen/-gruppen);
- Beratungsdienste (Ehe-, Familien-, Erziehungsberatung, Schuldnerberatung, Suchtgefährdete usw.);
- Seelsorge an Sondergruppen (Seemanns- und Binnenschiffer-, Gasthaus-, Schaustellermission, Kur- und Urlaubsseelsorge, Telefon-, Briefseelsorge, Bahnhofsmission);
- Ökumenische Diakonie (Brot für die Welt, Nothilfeprogramme, Katastrophenhilfe, Kooperation mit evang. Entwicklungshilfe).

Wahrgenommen werden diese Aufgaben in mehr als 27.000 Einrichtungen, in denen je nach statistischer Erfassung bis zu maximal 450.000 Mitarbeiter/innen hauptberuflich tätig sind.[40] Eingeschlossen sind hierbei die etwa 8.000 Schwestern, Schwesternschülerinnen und Anwärterinnen in den Mütterhäusern und Schwesternschaften des Diakonischen Werkes.[41] Allerdings ergibt sich aus den vorliegenden statistischen Daten kein wirklich übereinstimmendes Bild. Zwischen den verbandsintern veröffentlichten, den durch die BAGFW zusammengestellten und den der Berufsgenossenschaft gemeldeten Daten bestehen erhebliche Diskrepanzen, die auf offenkundige Mängel in der statistischen Erfassung verweisen. Nach der BAGFW-Statistik würden alle dem DW zugerechneten Organisationen rd. 387.000 hauptberufliche Mitarbeiter beschäftigen. Hingegen weisen die Diakonie internen Angaben rd. 451.000 Hauptamtliche aus und nach der BGW-Statistik wären rd. 732.000 Arbeitnehmer anzunehmen, was einer umgerechneten Vollbeschäftigtenzahl von rd. 548.000 entspricht.[42] Im Folgenden wird wegen der besseren Vergleichbarkeit zu früheren Angaben des DW auf die von der Diakonie veröffentlichten Daten Bezug genommen. Ungeachtet dieser statistisch etwas unklaren Ausgangslage wird den-

---

40 Vgl.: Wolfgang Schmitt/Ivonne Kellermann: Einrichtungsstatistik. Statistik des Diakonisches Werkes der EKD - Stand 1.1.2002. In: Jürgen Gohde (Hrsg.): Diakonie Jahrbuch 2003. A.a.O. S. 241 ff.
41 Vgl.: Ingrid Lukatis: Frauen in der Diakonie heute. In: Martin Cordes, Rolf Hüper, Siegrid Lorberg (Hrsg.): Diakonie und Diakonisse. Verlag Sozialwissenschaftliche Studiengesellschaft. Hannover 1995.
42 Vgl.: BAGFW Statistik - Stand 03.07.2001; Statistische Informationen der Diakonie 01/2003; BGW-Umlagestatistik 2002.

noch deutlich, dass die einzelnen Fachbereiche, Einrichtungsarten und die hierin beschäftigten Mitarbeiter im Gesamtspektrum der diakonischen Arbeit ein sehr unterschiedliches Gewicht haben.

**Tab. 28: Diakonisches Werk: Einrichtungen und Beschäftigte -
Stand 01.01.2002**[43]

Fachbereiche und Art der Einrichtung	Beschäftigte			Zahl der Einrichtungen
	Vollzeit	Teilzeit	insgesamt	
Gesundheitshilfe/Krankenhäuser	73.375	42.516	115.891	508
Jugendhilfe	56.851	40.817	98.110	11.174
• Heime u.a. stationäre Einr.	12.058	7.504	19.562	1.042
• Tageseinrichtungen	43.959	32.792	76.751	9.669
• Beratungsstellen, ambulante Dienste	834	963	1.797	463
Familienhilfe	9.053	26.480	35.537	2.787
• Heime u.a. stationäre Einr.	1.272	1.677	2.949	298
• Tageseinrichtungen	103	806	909	74
• Beratungsstellen, ambulante Dienste	7.678	24.001	31.679	2.415
Altenhilfe	44.666	53.786	98.452	2.716
• Heime u.a. stationäre Einr.	44.196	52.873	97.069	2.273
• teilstationäre Einr.	245	606	851	235
• Beratungsstellen, ambulante Dienste	225	307	532	208
Behindertenhilfe	45.073	33.478	78.551	2.577
• Heime u.a. stationäre Einr.	24.557	22.829	47.386	1.206
• teilstationäre Einr.	19.708	9.053	28.761	891
• Beratungsstellen	808	1.596	2.404	480
Hilfe für Personen in bes. sozialen Situationen	6.439	3.969	10.408	2.128
• Heime u.a. stationäre Einr.	2.343	1.404	3.747	427
• Tageseinrichtungen	2.158	684	2.842	260
• Beratungsstellen, ambulante Dienste	1.938	1.881	3.819	1.441
Sonstige Hilfen	5.684	4.046	9.730	1.369
Aus-, Fort-, Weiterbildung	1.940	2.558	4.498	519
Selbsthilfe- und Helfergruppen	453	615	1.068	3.623
I n s g e s a m t	243.534	208.710	452.244	27.301

---

43 Eigene Zusammenstellung nach: Diakonisches Werk - Hauptgeschäftsstelle: Statistische Informationen. Stand 01.01.2002.

Verglichen mit den statistischen Angaben für die Jahre 1990 und 1996 hat die Beschäftigtenzahl auch in der Diakonie weiter zugenommen.[44] Bei einer fast unveränderten Zahl von Einrichtungen sind heute in den diakonischen Einrichtungen insgesamt rd. 52.000 Mitarbeiter mehr beschäftigt, als dies zum Januar 1996 der Fall gewesen war. Und gleichzeitig vollziehen sich mit diesem Wachstumsprozess mehrere binnenstrukturelle Veränderungen bei der Erbringung sozialer Dienstleistungen, die deshalb kurz skizziert werden sollen.

Ebenfalls wie bei der Caritas sind auch im DW die meisten Arbeitnehmer in Einrichtungen der Gesundheitshilfe beschäftigt. Ihr Anteil an allen Hauptberuflichen beträgt knapp 26 %. Weitere wichtige Beschäftigungsbereiche sind die Altenhilfe mit 21,8 %, die Jugendhilfe mit 21,7 % und die Behindertenhilfe mit 17,4 %. Die Familienhilfe nimmt mit 7,8 % der in der Diakonie Beschäftigten einen unverändert bescheidenen Rang ein. Im Vergleich zu den 1996 erhobenen Daten fällt die gewachsene Bedeutung der Altenhilfe als diakonischer Beschäftigungsbereich auf. Dieser hat inzwischen die Jugendhilfe nicht nur eingeholt, sondern leicht überholt. Und auf Grund der demografischen Veränderungen wird dieses Beschäftigungsfeld wahrscheinlich weiter zunehmen. Eine andere signifikante Änderung ist hinsichtlich der Beschäftigungsverhältnisse zu erkennen. Waren noch 1996 knapp 63 % aller diakonischen Arbeitnehmer vollzeitbeschäftigt, so sind dies inzwischen nur noch rd. 54 %. In besonderer Wiese zeigen sich die Arbeitsfelder Altenhilfe und Familienhilfe durch Teilzeitbeschäftigte geprägt. Weitere Binnendifferenzierungen werden bei der Frage erkennbar, welche Einrichtungsarten die diakonischen Dienstleistungen prägen. Hier wird in besonderer Weise ein stattgefundener Wandel der sozialen Infrastruktur deutlich. Lässt man die Aus- und Fortbildungseinrichtungen sowie der Selbsthilfe- und Helfergruppen unberücksichtigt, so überwiegen mit 43,5 % Tageseinrichtungen und nimmt man die ambulanten Dienste hinzu, so sind sie zusammen mit knapp über 70 % die in der Diakonie dominierenden Einrichtungstypen. Hingegen beträgt der Anteil der stationären und teilstationären Dienste nur noch knapp 30 %. Im Vergleich zu 1996 zeigt sich damit eine signifikante Veränderung in der Angebotsstruktur diakonischer Dienstleistungen, die in der Umkehrung früherer Gewichtungen besteht.

Diakonische Dienstleistungen sind jedoch nicht nur hinsichtlich der Aufgabenfelder und Einrichtungsarten unterschiedlich relevant, sondern zeigen auch eine durchaus verschieden stark ausgeprägte regionale Präsenz. Die hierzu vom Diakonischen Werk der EKD vorgelegten Daten erfassen die diakonischen Einrichtungen sowohl nach politischen Gebietskörperschaften, als nach Bundesländern als auch nach landeskirchlichen Zuständigkeiten.[45] Hinsichtlich der regionalen Verankerung diakonischer Sozialdienste wird erkennbar, dass die Diakonie in den Bundesländern Nordrhein-Westfalen, Baden-Württemberg, Niedersachsen und in Bayern als Dienstleister sehr viel stärker als in den übrigen Bundesländern vertreten ist.

---

44 Vgl.: W. Schmitt: Statistik des DW der EKD. In: K.H. Neukamm (Hg.): Diakonie-Jahrbuch '91. Stuttgart 1991; Boeßenecker 1998, S. 92.
45 Vgl.: Diakonisches Werk der EKD: Einrichtungsstatistik - Regional Stand 01.101.2002. Stuttgart 2003. S. 47 und 107

Tab. 29: Einrichtungen und Arbeitnehmer nach Bundesländern[46]

Bundesland	Einrichtungen	Arbeit-Nehmer	davon Teilzeit
Schleswig-Holstein	507	13.423	6.092
Hamburg	416	14.164	7.616
Niedersachsen	1.388	34.064	15.527
Bremen	106	3.473	2.053
Nordrhein-Westfalen	3.065	99.288	46.250
Hessen	648	24.206	12.089
Rheinland-Pfalz	467	17.446	8.560
Baden-Württemberg	2.506	48.152	23.028
Bayern	1.458	31.777	17.437
Saarland	78	1.308	427
Berlin	368	16.242	5.579
Gesamt alte Bundesländer	24.240	403.672	185.966
Brandenburg	217	7.160	1.708
Mecklenburg-Vorpommern	526	8.486	3.504
Sachsen	1.370	14.884	8.911
Sachsen-Anhalt	422	9.798	4.052
Thüringen	526	8.244	3.569
Gesamt neue Bundesländer	3.061	48.572	21.744
Kumulierte Zahlen aus Fachverbänden	13.220	70.265	28.732
Darunter			
• Kindertagesstätten	8.953	61.893	26.832
• Beschäftigungs-/Qualifizierungseinr. für AL	224	3.177	667
• Rettungsdienste MHD	598	4.486	965
• Einrichtungsübergreifend tätige Mitarbeiter		29.736	13.544
Insgesamt	27.301	452.244	207.710

---

46 Eigene Zusammenstellung nach Angaben BAGFW Gesamtstatistik Juli 2001. A.a.O.

Tab. 30: Einrichtungen und Arbeitnehmer nach Landeskirchen[47]

DW der Landeskirchen	Einrichtungen	Arbeitnehmer	davon Teilzeit
Anhalt	91	1.097	567
Baden	693	18.439	9.518
Bayern	1.438	31.547	17.309
Berlin-Brandenburg	577	23.309	7.222
Braunschweig	48	3.595	1.680
Bremen	81	2.949	1.704
Schlesische Oberlausitz	127	1.403	866
Hamburg	426	14.876	7.987
Hannover	1.209	25.967	11.544
Hessen und Nassau	268	14.535	6.823
Kurhessen-Waldeck	400	11.690	6.291
Lippe	56	2.068	1.097
Mecklenburg	384	5.871	2.360
Oldenburg	62	2.767	1.281
Pfalz	211	8.203	4.275
Pommern	139	2.595	1.136
Ev.-reformierte Kirche	77	1.464	999
Rheinland	1.937	56.036	23.564
Kirchenprovinz Sachsen	437	10.284	4.159
Landeskirche Sachsen	1.208	13.286	7.989
Schaumburg-Lippe	7	594	317
Schleswig-Holstein	492	12.551	5.597
Thüringen	415	6.641	2.920
Westfalen	1.427	50.066	25.524
Württemberg	1.806	29.640	13.470
Keine Angabe	65	770	235
Kumulierte Zahlen aus Fachverbänden Darunter	13.220	70.265	28.732
• Kindertagesstätten	8.953	61.893	26.832
• Beschäftigungs-/Qualifizierungseinr. für AL	224	3.177	667
• Rettungsdienste MHD	598	4.486	965
• Einrichtungsübergreifend tätige Mitarbeiter		29.736	13.544
Insgesamt	27.301	452.244	207.710

---

47 Dgl.

Darüber hinaus belegen die Daten die große Relevanz von rechtlich eigenständigen Mitgliedsorganisationen und Fachverbänden bei der Erbringung sozialer Dienstleistungen. Fast 48,4 % aller diakonischen Einrichtungen befinden sich nämlich nicht in der unmittelbaren Trägerschaft der DW, sondern werden von selbstständigen Mitgliedsorganisationen verantwortet. Neben großen Stiftungen und kirchlichen Anstalten, viele von ihnen haben sich dem Verband diakonischer Dienstgeber (VdDD) angeschlossen, sind hierbei vor allem die Kirchengemeinden als Träger von Kindertagesstätten bedeutsam. Bezogen allerdings auf die Zahl der beschäftigten Arbeitnehmer haben diese Träger allerdings eine geringere Bedeutung, ihr Anteil an den in der Diakonie insgesamt Beschäftigten beträgt nicht mehr als 15,5 %.

Einschließlich seiner Mitgliedsorganisationen beschäftigt das DW 39 % aller Berufstätigen in der Freien Wohlfahrtspflege. Nach dem DCV ist das DW damit der zweitgrößte Arbeitgeber im Sozial- und Gesundheitswesen.

Wie schon erläutert, realisiert sich Diakonie vor allem innerhalb der regional und lokal ausgerichteten Landesverbände und Kirchenkreise. Hier zeigen sich in den vergangenen Jahren immer stärker Tendenzen einer betriebswirtschaftlichen Ausrichtung und Neuformierung der sozialen Dienstleistungsbereiche, die zwar Ähnlichkeiten zu OE-Prozessen der nicht-konfessionellen Wohlfahrtsverbände aufweisen, ohne jedoch mit diesen gänzlich überein zu stimmen. Gemeinsam ist die Tendenz, soziale Dienste als Unternehmen zu managen und neben der Einführung entsprechender Entscheidungs- und Controllingverfahren zunehmend die Rechtsform de „gemeinnützigen GmbH" anzustreben.[48] Abweichend von diesem generellen Trend zeigen sich jedoch innerhalb der Diakonie verstärkt Bestrebungen, die bislang eigenständigen Werke zu vernetzen und in neuen Kooperationsformen miteinander zu verbinden. Diese neuen Organisierungsprozesse sollen an einem regionalen Beispiel näher illustriert werden.

So besteht in Schleswig-Holstein neben dem Diakonischen Werk das Diakonie-Hilfswerk Schleswig-Holstein (DHW) und die Norddeutsche Gesellschaft für Diakonie e.V. (NGD). Als diakonische Träger operieren sie jeweils eigenständig und betreiben insgesamt gesehen über 1.000 Einrichtungen, in denen ca. 31.500 Mitarbeiter beschäftigt sind. Mit rd. 28.000 Beschäftigten und etwa 962 Einrichtungen ist das Diakonische Werk SH der größte Diakonieträger. Wurde das DHW im unmittelbaren Zusammenhang mit dem 1945 gegründeten Hilfswerk der EKD als landeskirchliches und mit eigenem Sondervermögen ausgestattetes Hilfswerk gegründet, so entstand die NGD erst 1972. Die Arbeit mit Flüchtlingen und Vertriebenen waren der Ausgangspunkt des DHW. Inzwischen hat sich das Werk zu einem modernen sozialen Dienstleistungsunternehmen entwickelt, das landesweit über 40 Einrichtungen betreibt und hierbei ca. 2.500 Mitarbeiter beschäftigt. Die sozialen Dienstleistungen sind in drei Geschäftsbereichen konzentriert und umfassen die Bereiche

---

48 Beispielhaft hierfür ist „Die Unternehmensgruppe Dienste für Menschen" mit Sitz in Stuttgart. Schon 1962 gegründet umfasst sie heute die rechtlich selbständigen Unternehmen Verband Schwäbischer Feierabendheime e.V., AERPAH Krankenhausgesellschaft mbH, Diakonie mobil GmbH sowie die Paul-Lempp-Stiftung. Der Jahresumsatz der Unternehmensgruppe betrug 1994 rd. 100 Millionen DM. Vgl. Die Unternehmensgruppe Dienste für Menschen. Geschäftsbericht 1994. Sowie: Schreiben der Unternehmensgruppe vom 27.2.1996.

Jugendhilfe, Psychiatrie und Sucht, den Bereich Behinderten- und Altenhilfe sowie den Bereich Arbeitsmarkt, Berufsbildung und Rehabilitation.[49] Die NGD als der kleinere landesweit tätige diakonische Träger beschäftigt rund 1.000 Personen und ist gleichfalls in den genannten Arbeitsfeldern tätig. Gegründet wurde die NGD mit dem Ziel, ergänzend zu den Angeboten des Hilfswerkes und des DW ein schnelles, unbürokratisches Handeln zu ermöglichen sowie innovative Entwicklungen zu initiieren. Die bislang von allen drei diakonischen Trägern gewahrte Unabhängigkeit und Eigenständigkeit beeinträchtigen jedoch angesichts neuer wettbewerblicher und finanzieller Herausforderungen zunehmend deren weitere Zukunftsfähigkeit. Scheint das Diakonische Werk hiervon weniger tangiert zu sein, so sehen sich DHW und NGD als kleinere Träger umso mehr herausgefordert, diese Entwicklungen antizipierend für die weitere Organisationsentwicklung aufzugreifen und nach neuen Organisationslösungen zu suchen. In diesem Kontext haben sich DHW und NGD Anfang des Jahres 2004 zu einem Kooperationsverbund zusammengeschlossen, mit dem Kosten sparende Synergieeffekte erzielt werden sollen. Möglicherweise ist dies der erste Schritt zu einem Fusionierungsprozess, der mittelfristig zu einer Aufgabe bisheriger autonomer Handlungs- und Entscheidungsstrukturen führt und die Zusammenfassung diakonischer Dienstleistungen in einer gemeinsamen Holdinggesellschaft zur Folge hat.

Eine weitere und qualitativ andere Strategie zeigt sich dort, wo sich diakonische Arbeit innerhalb eines örtlichen Kirchenkreises realisiert. Es ist der Versuch, diakonische Dienstleistungen stärker mit der Arbeit der Kirchengemeinden zu verbinden und mit hier stattfindenden Aktivitäten zu verzahnen. Konzeptionell gesehen soll diese Gemeinde-diakonische Ausrichtung sozialer Dienste deren unternehmerische Ausrichtung relativeren und zu einer Renaissance gemeinwesenorientierter Arbeitsansätze führen.[50] Am Beispiel der Organisationsstruktur eines großstädtischen DW Werkes soll dieser Modernisierungsansatz illustriert werden (siehe Abb. 15).

Gleichwohl bleibt die Frage ungelöst, ob die beabsichtigte Verknüpfung der unternehmerischen Betriebsteile mit dem kirchlichen-diakonischen Gemeindeleben samt seiner induzierten Impulse in das soziale Gemeinwesen wirklich gelingen kann. Denn die von Kirchengemeinden angebotenen Dienstleistungen dürften aus der Nutzerperspektive vielerorts weniger aus religiösen Motiven gewählt werden, als vielmehr aus praktischen Erwägungen und fehlender sonstiger Angebote. Auch bleibt unklar, wie abseits konzeptioneller Wunschvorstellungen ausgelagerte Sozialbetriebe in ihrem operativen Geschäftsverhalten auf das in den Gemeinden tatsächliche oder vermeintlich vorhandene Handlungspotenzial zurückgreifen könnten.

Die vorgenommene Gesamtschau zur Diakonie bedarf einer weiteren Differenzierung. Denn wie schon erläutert, realisieren sich die von der Diakonie erbrachten Dienstleistungen keineswegs innerhalb einheitlicher Verbands- und Organisationsstrukturen. Ähnlich wie für die katholische Schwester gilt auch für die Diakonie, dass neben dem kirchlichen Spitzenverband zahlreiche rechtlich eigenständige Trä-

---

49 Vgl.: Imagebroschüre: Diakonie-Hilfswerk Schleswig-Holstein (Hrsg.): MitMenschen. Rendsburg 2002
50 Beispielhaft: Evangelische Impulse 4/97

Abb. 15: Diakonisches Werk in Düsseldorf - Stand Februar 2003

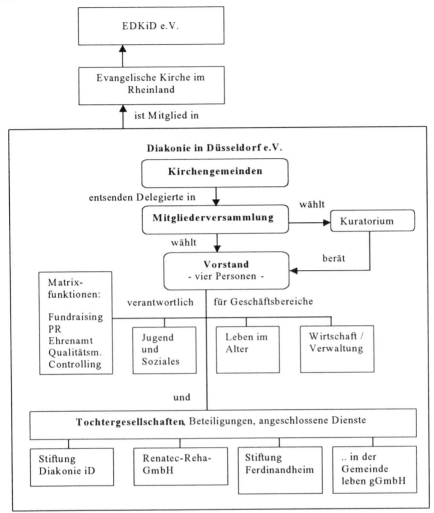

ger bestehen, die dem Diakonischen Werk zwar mitgliedschaftlich angehören, jedoch weitgehend unabhängig und autonom agieren. Als Stiftungen, Anstalten u.Ä. bezeichnete Einrichtungen reicht die Geschichte dieser Organisationen bis in das 19. Jahrhundert und früher zurück. So bestehen insgesamt über 200 selbstständige Stiftungen, die in unterschiedlicher Weise soziale Einrichtungen und Dienste unterhalten.[51] Innerhalb der Diakonie bildeten diese Werke lange Zeit einen eigenen Mikrokosmos und sinnbildlich gesprochen fand das Leben innerhalb geschützter Mauern statt. Ausgelöst durch existenzielle Finanzierungs- und Rekrutierungsprobleme haben jedoch in den vergangenen 20 Jahren in diesen Einrichtungen Modernisierungs-

---

51 Das Stiftungsregister der EKD e.V. führt 212 Stiftungen auf. Darunter sind 66 kirchliche Stiftungen, 3 Stiftungen bürgerlichen Rechts, 24 Stiftungen öffentlichen Rechts, 108 Stiftungen privaten Rechts und 11 sonstige Stiftungen oder Vereine.

prozesse stattgefunden und zu neuen Entwicklungen geführt, die als „unternehmerische Diakonie" beschreibbar sind. Wie Abb. 16 und 17 sowie Tab. 31 illustrieren, sind in diesem Kontext moderne Sozialunternehmen entstanden, die sich hinsichtlich ihrer Leistungsbilanzen und Geschäftsdaten kaum von anderen Großunternehmen im Sozialbereich unterscheiden. Und ebenso ähnlich ist das Muster der hier stattfindenden Organisationsentwicklungen, die in einer systematischen Trennung von Orden, Stiftung, Mitgliederverein einerseits und operativen Geschäftsbetrieben andererseits bestehen. Letztere Bereiche werden aus dem engeren kirchlichen Organisationsmilieu herausgelöst und in wirtschaftlich eigenständige, wettbewerblich operierende Unternehmen überführt, die freilich im Eigentum und unter Aufsicht des kirchlichen Trägers verbleiben. Auch dies soll an einigen Beispielen veranschaulicht werden:

Abb. 16: Organigramm: v. Bodelschwinghsche Anstalten Bethel - Stand März 2004

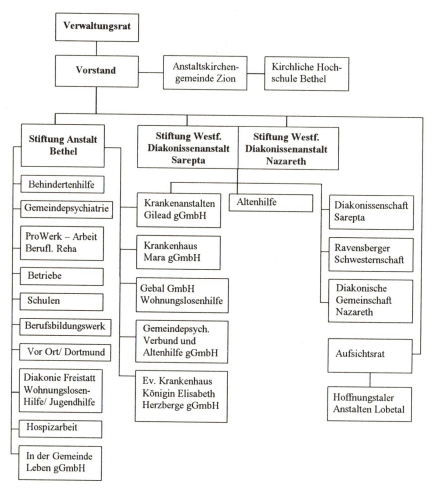

Abb. 17: Organigramm Theodor-Fliedner-Stiftung

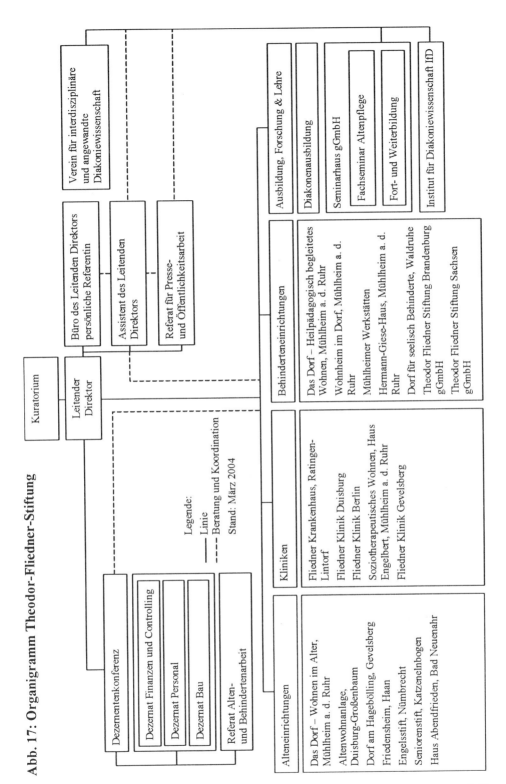

Tab. 31: Kirchliche Trägerorganisationen in der evang. Wohlfahrtspflege - Beispiele

Kirchliche Trägerorganisationen in der evang. Wohlfahrtspflege - Beispiele

Träger	Geschäftsbereich	angeschlossene Betriebe/Plätze	Beschäftigte	Regionale Präsenz	Umsatz 2002
Bodelschwinghsche Anstalten, Bethel	Behindertenhilfe, Epilepsie, Psych., Jugend-, Wohnungslosen-, Altenhilfe, Krankenhäuser, Ausbildungsstätten, Schulen	54 Einrichtungen, rd. 15.000 Plätze	12.800	9 Standorte in Westfalen, vertreten in 5 Bundesländern	746 Mio.
Rummelsberger Anstalten	Behindertenhilfe	112 Einrichtungen, über 4000 Plätze	5.112	Bayern	403 Mio.
Diakonie Anstalten Bad Kreuznach	Behindertenhilfe, Alten-, Jugend-, Familienhilfe, Wohnungslosenhilfe, Rehabilitation, Wohnungslosenhilfe, Diakonieausbildung	> 50	4.250	Rheinland-Pfalz, Saarland, Hessen	ca. 210 Mio.
Theodor Fliedner Stiftung	Altenhilfe, Behindertenhilfe, Krankenhäuser Fachschulen	24	1.800	NRW und in weiteren 5 BL	73 Mio.
Zieglersche Anstalten e.V.	Altenhilfe Behindertenhilfe Suchtkrankenhilfe Altenhilfe Schulen	Betreibt 6 GmbH-Gesellschaften, dezentral tätig 26 Standorte, ca. 37 Einrichtungen	2.300	Baden-Württemberg/ Oberschwaben	100 Mio.

Diakonie Neuendettelsau	Krankenhäuser Behindertenhilfe Altenhilfe Jugendhilfe Berufsfachschulen	ca. 120 Einrichtungen in 5 Trägergesellschaften und 6 Stiftungen und angeschlossene Vereine	5.700	Schwerpunkt in Bayern und Franken, Einrichtungen auch in Österreich und Osteuropa	k.A.
Diakonie Kaiserswerth	Fachkliniken, Alten-, Kinder-, Jugendhilfe, Behindertenhilfe, Fachschule	29	2000	Düsseldorf	k.A.
Evangelisches Johanneswerk e.V.	Altenhilfe Behindertenhilfe Hospizarbeit Gesundheitshilfe	72	6.300	31 Standorte in Nordrhein-Westfalen	245 Mio.

151

Die publizistischen Aktivitäten des DW umfassen die Herausgabe verschiedener Printmedien, in denen zu Fragen der kirchlichen Sozialarbeit Stellung genommen wird. Die föderative Struktur der EKD bedingt dabei, dass diese Aktivitäten vor allem auf der Ebene der gliedkirchlichen Zusammenschlüsse erfolgen und publizistischer Ausdruck der dort stattfindenden Aktivitäten sind. Die Publikationen des Diakonischen Werkes der EKD als Dachverband haben demgegenüber einen mehr allgemeinen, übergreifenden Charakter, der aber keinesfalls mit einer „Verlautbarungsfunktion" verbunden ist. Technisch werden die Druckerzeugnisse des DW der EKD im Eigenverlag oder über Verlagswerke von Brüderhäusern[52] realisiert. Bezogen auf die Wohlfahrtspflege handelt es sich um folgende Schriften:[53]

Tab. 32: Zeitschriften im DW der EKD

Zeitschriften/Periodika	erscheint	Herausgeber
Diakonie Korrespondenz	unregelmäßig	DW EKD
Diakonie	6x jährlich	DW EKD (wird Ende 2004 eingestellt)
diakonie report	6x jährlich	DW EKD
Diakonie aktuell	unregelmäßig	DW EKD
Diakonie Impulse	6x jährlich	DW EKD
Jahrbuch Diakonie	1x jährlich	DW EKD
Danken und Dienen	1x jährlich	DW EKD
Kerbe	4x jährlich	Verband Evang. Einrichtungen für Menschen mit geistiger und seelischer Behinderung
Zur Orientierung	4x jährlich	Verband Evang. Einrichtungen für Menschen mit geistiger und seelischer Behinderung
Evangelische Impulse	5x jährlich	Fachverband ev. Altenhilfe
Elternbrief	1x jährlich	Bundesvereinigung Evang. Kindertagesstätten/Evang. Bundesarbeitsgemeinschaft für Sozialpädagogik im Kindesalter (EBASKA)
Theorie und Praxis der Sozialarbeit	6x jährlich	EBASKA
Sozialpädagogik	6x jährlich	Schriftleitung: Prof. Müller-Schöll, Prof. Kraak. Herausgeberkreis besteht aus Repräsentanten des DW der EKD
Gefährdetenhilfe	3x jährlich	Bundesarbeitsgemeinschaft für Wohnungslose

---

52 So z.B. im Diakonie-Verlag der Gustav Werner Stiftung zum Bruderhaus Reutlingen.
53 Eigene Ergebnisse einer im Frühjahr 1994 durchgeführten Recherche.

Zeitschriften/Periodika	erscheint	Herausgeber
Information	unregelmäßig	Verband Evang. Einrichtungen für Rehabilitation Behinderter
EFAS-Info	4x jährlich	Evang. Fachverband Arbeit und soziale Integration
Partner-Magazin	6x jährlich	Gesamtverband für Suchtkrankenhilfe
Mitteilungen	4x jährlich	Evang. Fachverband für Kranken und Sozialpflege

Resümee und Ausblick

Die genannten Organisationsmerkmale des Diakonischen Werkes vermitteln das Bild einer Holdinggesellschaft[54] mit regional weitgehend eigenständig agierenden Zweigstellen, Einzelunternehmen und Betriebsteilen. Zusammengehalten wird das Unternehmen Diakonie nicht durch zentralistische Entscheidungsbefugnisse, sondern wesentlich durch den Bezug auf einen christlichen Verkündigungsauftrag, der sich auf der Basis gemeinsamer Leitziele, Richtlinien und Satzungsbestimmungen subsidiär sehr unterschiedlich ausformt. Da weder eine theologische Zentralinstanz besteht, noch eine Geschäftspolitik top-down beschlossen und in den sehr unterschiedlichen Mitgliedseinrichtungen implementiert werden kann, haben Beschlüsse einen „weichen" Verbindlichkeitsgrad. Ob und in welchem Ausmaße diese wirklich relevant sind, von den jeweiligen Beschlussgremien adaptiert und in den Organisationen umgesetzt werden, ist deshalb weniger vom formalen Charakter der vom Dachverband vorgenommenen Optionen abhängig, als vielmehr von der Umsetzungsbereitschaft der einzelnen gliedkirchlichen Werke, der Fachverbände und selbstständigen Trägerorganisationen. Hierbei dürfte nun entscheidend sein, wie stark oder schwach sich die Identifikation mit dem Gesamtverband samt seiner strategisch und operativ ergriffenen Maßnahmen überhaupt ausprägt. Und neben dieser corporate identity wird gleichfalls die Frage bedeutsam sein, welchen praktischen Nutzen der Dachverband für die einzelnen Mitglieder tatsächlich hat bzw. haben könnte. Hier nun zeigen sich sehr unterschiedliche Interessenlagen zwischen großen kirchlichen Anstalten einerseits und gliedkirchlichen Werken sowie kleineren angeschlossenen Trägerorganisationen andererseits. Wie zu sehen streben erstere ehe nach einer noch größeren Unabhängigkeit vom diakonischen Dachverband und entwickelt vermehr Formen einer eigenständigen Interessenvertretung. Demgegenüber formulieren insbesondere kleinere Trägerorganisationen aber auch die gliedkirchlichen Diakonischen Werke vermehrt Anforderungen an effizientere und effektivere Formen der innverbandlichen Koordinierung und politischen Interessenvertretung durch den Dachverband. Gerade aber in diesem Spannungsverhältnis liegt die Möglichkeit und Schwierigkeit zugleich, den übergreifenden und sich nicht auf einzelne

---

54 Eine Holdinggesellschaft (Dachgesellschaft) besteht aus mehreren selbständigen Unternehmen, wobei die Leistungserstellung und Leistungsabgabe bei den jeweiligen Unternehmen verbleibt. Lediglich die Verwaltung sowie koordinierende Aufgaben der angeschlossenen Unternehmen werden der Dachgesellschaft übertragen.

Einrichtungen oder Träger begrenzenden diakonischen Charakter Sozialer Arbeit nachvollziehbar zu machen und abseits aufgesetzter theologischer Legitimationen auszuweisen. Nicht von ungefähr ist innerhalb der Diakonie erneut die Frage nach dem evangelischen Profil sozialer Einrichtungen aufgeworfen worden. Die damit verbundenen Antworten sind recht unterschiedlich, im Kern jedoch darin einig, dass eine solche Profilierung weder nur über das Kriterium einer fachwissenschaftlich begründeten Leistungserbringung, noch über eine ausschließlich bzw. vorwiegend stärkere betriebswirtschaftliche Ausrichtung sozialer Dienstleistungen erfolgen kann.[55] Anders als in der katholischen Caritas vollzieht sich dieser Selbstverständnisprozess jedoch nicht in Form einer organisierten und auf verbindliche Beschlussfassungen zielenden Leitbilddiskussion, sondern im Rahmen eines offenen Diskurses.[56] Diese Auseinandersetzungen werden allerdings zunehmend überlagert durch ökonomische „Sachzwänge" bei der Ausgestaltung und Finanzierung sozialer Dienstleistungen. Auch die Diakonie ist diesen in der Sozialen Arbeit sich neu stellenden Anforderungen ausgesetzt. Auch sie ist genötigt, ihr spezifisches Dienstleistungsangebot zu überdenken und nach der unterscheidbaren Qualität gegenüber dem Leistungsspektrum anderer Wohlfahrtsverbände zu fragen. Die Folgen sind Organisationsveränderungen in Richtung auf eine „unternehmerische Diakonie", die aus christlicher Verantwortung mit betriebswirtschaftlichem „know how" Hilfe realisiert und auf gesellschaftliche Notstände reagiert.[57] Mit den Beschlüssen der Diakonischen Konferenz vom Oktober 2004 unternimmt zumindest der diakonische Dachverband den Versuch, auf neue Rahmenbedingungen nicht nur passiv zu reagieren, sondern neue organisatorische Handlungssouveränität zu gewinnen. Aufgeworfen ist hiermit zugleich aber ein neues Spannungsverhältnis. Denn für die bisher die Diakonie prägenden subsidiären Kompetenzen sowie die daraus resultierenden Handlungsmöglichkeiten sind diese Entwicklungen nämlich von durchaus ambivalenter Wirkung. Die Binnenmodernisierung diakonischer Gremien und Kompetenzen führt zwar einerseits zu effektiveren und effizienteren Formen der innerverbandlichen Kooperation, Koordination und (auch) Steuerung, untergräbt jedoch andererseits den selbstgewählten und in eigener Handlungssouveränität wahrgenommenen diakonischen Auftrag der bisher weitgehend autonom und sehr basisnah handelnden diakonischen Träger. So bleibt ungewiss, ob auch weiterhin in gleichem Maße sozi-

---

55 Vgl. hierzu: Gretel Wildt: Was ist das evangelische Profil eines Kindergartens? In: Diakonie-Jahrbuch '95. S. 41 ff. Horst Exner: Auf der Suche nach dem diakonischen Profil. Herausforderungen an die kirchliche Sozialarbeit. In: Diakonie-Jahrbuch '95. S. 15 ff. Wolfgang Helbig: Unternehmenstheologie: Neue Entwicklungen in der Diakonie - Überlegungen und Versuche. In: Ebd. S. 20 ff.

56 Vgl.: Otto Haußecker: Leitbildentwicklungen in diakonischen Einrichtungen. In: Diakonie-Jahrbuch '95. S. 26 ff. Rechenschaftsbericht des Diakonischen Werkes der EKD 1996. A.a.O. S. 34 f.

57 Vgl.: Markus Rückert: Standardsicherung in schwieriger Zeit. In: Diakonie-Jahrbuch '94. S. 22 ff. Herbert Wohlhüter: Diakonie soll unternehmerisch sein. In Diakonie-Jahrbuch '95. S. 79 ff. Sowie: Paul Lempp Stiftung (Hg.): Dokumentation des 2. Fachkongresses: Soziale Unternehmen im Umbruch. Kundenorientierung in sozialen Unternehmen. Perspektiven und Visionen. Dr. Josef Raabe Verlags-GmbH. Stuttgart 1996. Rechenschaftsbericht des Diakonischen Werkes der EKD. A.a.O. S. 60 ff. Abschied vom barmherzigen Samariter. Soziale Arbeit auf der Suche nach einem neuen Selbstverständnis. Eine Kooperationstagung von Augustinum und Diakonie Neuendettelsau. 20. und 21. September 2004. Evangelische Akademie Tutzing.

alpolitisch innovative Entwicklungen innerhalb der Diakonie ihren Platz haben, wie dies bei der vergleichsweise frühen infrastrukturellen Unterstützung von Arbeitsloseninitiativen schon in den 1970er Jahren und zwei Jahrzehnte später beim Aufgreifen ökologischer Themen der Fall gewesen war.[58] Der Aufbau einer ökumenischen Wohnhilfe in Form einer gemeinnützigen GmbH oder die Initiative „Diakonische Hausgemeinschaften e.V." wären durchaus aktuelle Beispiele für einen nach wir vor wirksamen Eigensinn protestantischer Sozialarbeit, die in veränderten Rahmenbedingungen innovativ handelt und dabei unverändert an ihrer organisatorischen Selbstständigkeit festhält.[59] Nur stehen Einzelbeispiele auch innerhalb der Diakonie nicht für sich andeutende generelle Trends.

Bei allen Modernisierungsprozesse repräsentiert das Diakonische Werk als evangelischer Wohlfahrtsverband sowohl in sozialpolitisch konzeptioneller Hinsicht als auch in handlungspraktischer Ausrichtung (noch) die breite Palette von Diskussionsströmungen und Initiativen, wie sie für den Protestantismus nun einmal prägend sind. Das relativ unverbundene Nebeneinander von Pietismus[60], engagierter Sozialpolitik, klerikaler Innerlichkeit und weltzugewandtem Engagement für demokratische Teilhaberechte dürfte für den Gesamtverband zumindest für die nächsten Jahre auch weiterhin charakteristisch bleiben. Die Austrocknung dieses sehr eigenen „evangelischen Biotops" könnte allerdings sehr schnell eintreten, sofern sich die Diakonie in ihrer weiteren Organisationsentwicklung eindeutig als wettbewerblich agierender und am Markt orientierter Dienstleister positioniert und sich den in diesem Kontext betriebswirtschaftlich stellenden Fusionierungserfordernissen unterwirft. Bisherige Eigenständigkeiten dürften hierbei ebenso verloren gehen, zumindest minimiert werden wie die Bedeutung des evangelischen Hintergrunds. Das Kronenkreuz für eine überregional organisierte und operierende Diakonieholding verkäme dann zu einem Markenzeichen, das sich von Angeboten anderer Dienstleister faktisch kaum noch abgrenzen könnte.

Ob ein solches Szenario wirklich eintritt, wird nicht unwesentlich davon abhängen, in welcher Weise die beschlossenen Strukturreformen innerverbandlich kommuniziert und umgesetzt werden. Über dieses Ergebnis eine Prognose zu wagen, wäre vermessen.

---

58 So entstanden entgegen des aktuellen mainstreams schon Anfang der 1970er Jahre innerhalb der Evang. Kirche, initiiert durch die KDA, erste Arbeitsloseninitiativen, die mit Beginn der 1980er Jahre in diakonische Trägerschaften überführt wurden. Auch wurde innerhalb der Evangelischen Akademien das Thema Ökologie frühzeitig und handlungspraktisch aufgegriffen. Vgl. u.a.: Energisch Energie Sparen. Perspektiven der CO2-Reduktion im Bereich der Evangelischen Kirche in Deutschland. Ein Projekt der Evangelischen Akademien in Deutschland e.V. (EAD). In: epd-Entwicklungspolitik 17/95 (September 95).
59 Vgl.: Ökumenische Wohnhilfe Darmstadt gGmbH: Lagebericht 1994/95; Diakonische Hausgemeinschaften e.V., www.hausgemeinschaften.de
60 Pietismus (lat. pietas: „Frömmigkeit"). Der Pietismus ist eine im 17. Jahrhundert entstandene religiöse Bewegung im Protestantismus, die auf eine Erneuerung des frommen Lebens und entsprechende Reform der Kirche zielt.

Literatur

Benad, Matthias/Althöfer, Ulrich: Friedrich v. Bodelschwingh d.J. und die Betheler Anstalten: Frömmigkeit und Weltgestaltung. Kohlhammer Verlag. Stuttgart-Berlin-Köln 1997

Beyer, Heinrich/Nutzinger, Hans G.: Erwerbsarbeit und Dienstgemeinschaft. Arbeitsbeziehungen in kirchlichen Einrichtungen. Eine empirische Untersuchung. SWI-Verlag. Bochum 1991

Brenner, Tobias: Diakonie im Sozialstaat

Brenner, Tobias: Diakonie im Sozialstaat. Staatskirchenrecht und Evangelische Kirche. Universitas Verlag. Tübingen 1995

Cordes, Martin/Hüper, Rolf/Lorberg, Siegrid (Hrsg.): Diakonie und Diakonisse. Verlag Sozialwissenschaftliche Studiengesellschaft. Hannover 1995

Diakonie Korrespondenz 04/03: Pflicht zum Risiko? Bericht des Präsidenten vor der Diakonischen Konferenz vom 14. bis 16. Oktober 2003 in Speyer. Stuttgart Oktober 2003

Diakonie Korrespondenz 10(96: Rechenschaftsbericht des Diakonisches Werkes er EKD 1996

Diakonie Report Nr. 6/93. Dezember 1993

Diakonisches Werk der EKD (Hg.): danken & dienen. Arbeitshilfen für Verkündigung, Gemeindearbeit und Unterricht. Stuttgart 1995

Diakonisches Werk der EKD (Hg.): Einrichtungsstatistik - Regional Stand 01.01.2002. Stuttgart, im Juni 2003

Diakonisches Werk der EKD e.V. (Hrsg.): Statistik der Mitarbeiter/innen im diakonischen Dienst. Stand: 31.10.1996. Stuttgart 1996

Diakonisches Werk der EKD e.V. (Hrsg.): Statistische Informationen des DW der EKD. Nr. 3/1995. Einrichtungsstatistik zum 1.1.1994. Ostdeutschland. Stuttgart 1995

Diakonisches Werk der EKD: Diakonische Dokumentation 01/01: Diakonische Profile in der sozialen Arbeit. Stuttgart 2001

Diakonisches Werk der EKD: Jürgen Gohde (Hrsg.): Diakonie-Jahrbuch '94. Stuttgart 1994

Diakonisches Werk der EKD: Jürgen Gohde (Hrsg.): Diakonie-Jahrbuch '95. Stuttgart 1995

Diakonisches Werk der EKD: Jürgen Gohde (Hrsg.): Diakonie-Jahrbuch 2003. Stuttgart 2003

Diakonisches Werk der EKD: Rechenschaftsbericht 2003. Diakonische Konferenz 14. bis 16. Oktober 2003. Speyer. Stuttgart September 2003

DW der EKD - Hauptgeschäftsstelle: Kurzübersicht. Stand Juli 2003

Evang. Verband für Altenarbeit: Initiativen für das Alter. In: Evangelische Impulse 4/97. Beilage S. 7

Gerhard, Martin/Herrmann, Volker: Johann Hinrich Wichern und die Innere Mission: Studien zur Diakoniegeschichte. Verlag Winter. Heidelberg 2002

Gohde, Jürgen - Präsident des Diakonisches Werkes der Evangelischen Kirche in Deutschland (Hrsg.): Das Diakonie Jahrbuch 2003. Stuttgart 2003

Gohde, Jürgen: Verbandsentwicklung der Diakonie. Vortragsmanuskript. AWO Tagung 22. Rolandseck. März 2004

Grolle, Ingeborg: Rettungsanstalt Rauhes Haus. Hrsg.: Freie und Hansestadt Hamburg, Amt für Schule. Hamburg 1998

Hauptgeschäftsstelle des DW der EKD (Hrsg.): Satzung und andere Rechtsgrundlagen. 4. Auflage 1989

Hauptgeschäftsstelle des DW der EKD (Hrsg.): Statistische Informationen der Diakonie 01/2003

Hildemann, Klaus D./Kaminsky, Uwe/Magen, Ferdinand: Pastoralgehilfenanstalt - Diakonissenanstalt - Theodor-Fliedner-Werk: 150 Jahre Diakoniegeschichte. Rheinland Verlag Habelt. Köln 1994

Hilfswerk der Evangelischen Kirche in Deutschland (Hrsg.): Dank und Verpflichtung. 10 Jahre Hilfswerk der Evangelischen Kirche in Deutschland. Evangelischer Verlagswerk. Stuttgart 1955

Kruczek, Dietmar: Theodor Fliedner: mein Leben - für das Leben. Aussaat-Verlag. Neukirchen-Vluyn 1999

Lemke, Helga: Wicherns Bedeutung für die Bekämpfung der Jugendverwahrlosung. Verlag Wittig. Hamburg 1964

Merzyn, Friedrich: Die Ordnung von Hilfswerk und Innerer Mission im Bereich der Evangelischen Kirche in Deutschland und ihrer Gliedkirchen. Verlag Amtsblatt der Evangelischen Kirche in Deutschland. Hannover 1954

Neukamm, Karl-Heinz (Hrsg.): Diakonie-Jahrbuch '91. Stuttgart 1991

3.3 Arbeiterwohlfahrt - Bundesverband e.V. (AWO)

Entstehung des Verbandes

Anders als die übrigen Spitzenverbände der freien Wohlfahrtspflege zielte die im Dezember 1919 gegründete AWO nicht auf den Aufbau eines eigenständigen Wohlfahrtsverbandes. Die Konstituierung des „Verbandes" erfolgte stattdessen als „Hauptausschuss für Arbeiterwohlfahrt" innerhalb der Sozialdemokratischen Partei Deutschland und damit als organischer Teil der Parteiorganisation.[1] Vorangetrieben wurde dieser Prozess vor allem durch die damals 40-jährige Marie Juchacz (1879 - 1956), die mit der Leitung des neu gebildeten Hauptausschusses beauftragt wurde. Juchaczs Biographie repräsentiert beispielhaft nicht nur die allgemeine Lebenslage der Arbeiterklasse, sondern in besonderer Weise jene der arbeitenden und allein erziehenden Frauen. Wie die Mehrheit ihrer Klasse begann ihr Arbeitsleben mit 14 Jahren. Sie arbeitete als Haushaltshilfe, später als Fabrikarbeiterin und Wärterin in einer Irrenanstalt; danach absolvierte sie eine Ausbildung zur Weißnäherin und Schneiderin. Eine sozialdemokratische Orientierung war ihr keinesfalls in die Wiege gelegt; ihre Herkunftsfamilie väterlicherseits war eingebunden in die Brüdergemeinde, der ihr Vater zeitweilig angehörte; die Mutter stammte aus Tagelöhnerkreisen vom Lande. Den Weg zur Sozialdemokratie fand Marie Juchacz erst allmählich und relativ spät; dies zusammen mit ihrer wesentlich jüngeren Schwester, mit der sie eine lebenslange Kameradschaft verband. Ihre allmähliche und stärker werdende Beteiligung an sozialdemokratischen Aktivitäten und Veranstaltungen wurden vor allem durch die Reichstagswahlen 1903 inspiriert. Um sich und ihrer Familie eine bessere wirtschaftliche Existenz zu ermöglichen, zieht sie 1906 mit ihren beiden Kindern und ihrer Schwester nach Berlin. Erst hier fanden beide Schwestern Anschluss an die Sozialdemokratische Partei und Frauenbewegung, wobei Marie J. po-

---

1 Vgl.: Marie Juchacz: Die Arbeiterwohlfahrt. Voraussetzungen und Entwicklung. Dietz Verlag. Berlin 1924; Arbeiterwohlfahrt Bundesverband e.V.: Helfen und Gestalten. Beiträge und Daten zur Geschichte der Arbeiterwohlfahrt. Bonn 1992.

litisches Engagement zu einer für die damalige Zeit beispielslosen Funktionärs-‚karriere' führte. Nach einer Tätigkeit als Frauensekretärin im katholischen Rheinland wurde sie1917 in die Parteizentrale nach Berlin beordert und mit der Leitung des Referates Frauenbewegung betraut. Es folgte die Wahl in den Parteivorstand und mit der Konstituierung der Weimarer Republik die Wahl als Abgeordnete in die Nationalversammlung.[2]

Die vergleichsweise späte Gründung der AWO reflektiert u.a. die innerparteipolitische Auseinandersetzung der SPD um die richtige Strategie zur Lösung der Arbeiterfrage. Die bipolaren Positionen „Reform versus Revolution" durchziehen als Revisionismusstreit die gesamte Parteigeschichte. Sie konzentrierten sich wesentlich auf die Frage, ob im Rahmen bestehender kapitalistischer Verhältnisse überhaupt Reformen möglich und anzustreben sind oder solche pragmatisch ausgerichteten Aktivitäten wegen ihrer konterrevolutionären Wirkung (Befriedung der Arbeiterklasse durch Systemintegration) abzulehnen seien.[3] Unter den politischen Rahmenbedingungen einer konstitutionellen Monarchie blieb dieser Streit weitgehend akademischer Natur. Erst der für Deutschland verlorene Erste Weltkrieg, die hierdurch ausgelöste Novemberrevolution 1918 und der damit einhergehende Zusammenbruch des Kaiserreichs machten den Weg frei für die Proklamation und den Aufbau eines demokratischen Verfassungsstaates. Mit der Bildung der Weimarer Nationalversammlung im Februar 1919 und der Verabschiedung der Weimarer Verfassung bestanden endlich die lang geforderten Grundlagen für den Aufbau eines demokratischen Gemeinwesens.

Die historische Erfahrung der Arbeiterbewegung, uneingelöste soziale Forderungen nach Gleichheit, Freiheit und sozialer Gerechtigkeit nicht nur programmatisch zu vertreten, sondern ebenso handlungsbezogen und beispielgebend bündeln zu müssen, fanden durch diesen politischen Systemwechsel erstmals einen gesetzlich auszugestaltenden Handlungsrahmen vor. Dieser sollte nunmehr durch den „Hauptausschuss für Arbeiterwohlfahrt" strategisch und praxisbezogen ausgefüllt werden und sich hierbei eben nicht mehr nur auf eine sozialdemokratische Armenfürsorge oder Feuerwehrfunktion reduzieren. Die schon vor 1919 existierenden Aktivitäten einer „Arbeiterwohlfahrt", wie sie sich in den örtlichen Hilfs- und Solidarvereinen in der Zeit des 19. Jahrhunderts, in den Kinderschutzkommissionen (ab 1903) oder in der Durchführung von Kindererholungen und Ferienmaßnahmen im Rahmen der Kriegswohlfahrtspflege während des Ersten Weltkrieges realisierten, bekamen damit eine neue politische Qualität.

Selbstverständnis des Verbandes

Präventive Sozialpolitik statt karitative Armenfürsorge, Befähigung zur Selbsthilfe und Selbstorganisation statt bevormundender, paternalistischer Betreuung, Demo-

---

[2] Zur Person von Marie Juchacz siehe u.a.: Marie Juchacz 1879-1956 - Leben und Werk der Gründerin der Arbeiterwohlfahrt. Hrsg. AWO-Bundesverband e.V. Bonn. Zweite Auflage 2004.; Lotte Lemke: Die Arbeiterwohlfahrt 1919 bis 1933, in: Heinz Niedrig u.a. 1987, S. 19 ff.; Fritzmichael Roehl 1961
[3] Vgl. u.a.: Wolfgang Abendroth 1978; Heinrich Potthoff 1974

kratisierung der Wohlfahrtspflege und die Durchsetzung und Verbreitung des demokratischen Sozialstaates sind die konzeptionellen Leitideen der Arbeiterwohlfahrt.

Geleitet waren diese Grundsätze von der Überzeugung, dass Wohlfahrtspflege grundsätzlich eine Aufgabe des Staates bzw. des Gemeinwesens zu sein habe. Als öffentliche Angelegenheit dürfe sie in Form und Inhalt keinesfalls privaten, karitativen Verbänden überlassen, sondern müsse in staatlicher Zuständigkeit wahrgenommen werden. Eine besondere Bedeutung wurde hierbei dem Prinzip einer solidarischen und unterstützenden Beziehung zwischen dem Einzelnen und der staatlichen Gemeinschaft beigemessen.

„Wohlfahrtspflege ist Aufgabe des Staates bzw. der Gemeinden, dessen Glieder die Menschen sind. Nach seinem Können soll ein jeder verpflichtet sein, zur Erfüllung der sozialen Staatsaufgaben beizutragen, sei es durch geldliche Leistungen oder dadurch, dass der einzelne sich mit seinem Können zur Durchführung der Wohlfahrtspflege zur Verfügung stellt. Diese Anschauung stützt sich auf den demokratischen Grundsatz der kameradschaftlichen Hilfe, die nicht niederdrückt, und setzt einen anderen Geist voraus, den Geist der Solidarität. .."[4]

„Der Hauptausschuss für Arbeiterwohlfahrt bezweckt die Mitwirkung der Arbeiterschaft bei der Wohlfahrtspflege, um hierbei die soziale Auffassung der Arbeiterschaft durchzusetzen. Insbesondere will er die gesetzliche Regelung der Wohlfahrtspflege und ihre sachgemäße Durchführung fördern."[5]

In ihrer Gründungsphase verfolgte der Hauptausschuss also eine doppelte Zielsetzung: Es galt, eine umfassende staatliche Wohlfahrts- und Sozialpolitik durchzusetzen und sicherzustellen. Konzeptionell und praxisbezogen sollte zugleich die Durchsetzung sozialdemokratischer Vorstellungen zur Sozialpolitik unterstützt und befördert werden. Gewissermaßen doppelstrategisch orientiert, stellten Parlament (Gesetzgebung) und Basisarbeit (Hilfe zur Selbsthilfe, Aktivierung der Arbeiterschaft durch ehrenamtliches Engagement) die Aktionsebenen dar.

Die ordnungspolitischen Optionen, Zielsetzungen und Handlungsprinzipien der Arbeiterwohlfahrt stehen damit in einem deutlichen Kontrast zu jenen der konfessionellen Verbände, aber auch zu den anderen bürgerlichen Wohlfahrtsorganisationen. Zumindest für die Entwicklungsphase der AWO während der Weimarer Republik gilt, dass sie diesen Verbänden keinesfalls nacheifern wollte. Beabsichtigt war gerade nicht der Aufbau einer weiteren, von staatlichem Einfluss unabhängigen Wohlfahrtsorganisation, sondern die Durchsetzung einer öffentlichen, demokratisch kontrollierten Wohlfahrtspflege. Eigene wohlfahrtliche Aktivitäten wurden deshalb nur solange als legitim und erforderlich angesehen, als die tatsächliche Ausgestaltung der für erforderlich gehaltenen sozialen Infrastruktur noch nicht erreicht war. Dass eine solche Zielsetzung bei den bestehenden Wohlfahrtsverbänden auf entschiedene Ablehnung stieß, zeigt beispielhaft die Reaktion des Deutschen Vereins für öffentliche und private Fürsorge. Schon 1919 beklagte dieser eine drohende Kommunalisie-

---

[4] Marie Juchacz zitiert nach A. Oel-Monat, Vorläufer der Arbeiterwohlfahrt, in: Heinz Niedrig, a.a.O., S. 18.
[5] Aus der Einleitung der „Vorläufigen Richtlinien der Arbeiterwohlfahrt von 1920". Zitiert nach H. Niedrig, a.a.O. S. 24.

rung („Munizipalsozialismus"), verbunden mit der Erklärung, auch unter den neuen politischen Bedingungen an dem bisherigen Konzept „tätiger Nächstenliebe" festhalten zu wollen.[6]

Es wundert daher nicht, dass die AWO der 1921 gegründeten „Reichsarbeitsgemeinschaft der Freien Wohlfahrtspflege" - ab 1924 „Liga der Spitzenverbände der Freien Wohlfahrtspflege" - weder angehörte noch dieser beizutreten gedachte. Selbstverständnis und Zielsetzungen der AWO standen einer solchen Mitwirkung entgegen. Dies änderte nichts an dem Sachverhalt, dass auch die AWO staatlicherseits als Spitzenverband der Wohlfahrtspflege anerkannt war.[7]

Neben dieser strategischen und organisatorischen Abgrenzung gegenüber den konfessionellen und bürgerlichen Wohlfahrtsverbänden hatte die sozialdemokratische AWO weiterhin mit kommunistischen Organisationen zu konkurrieren. Die sich während des Ersten Weltkrieges manifestierende Spaltung der Arbeiterbewegung in einen sozialdemokratischen und kommunistischen Flügel[8] bedeutete nämlich für den letzteren, neben dem geforderten revolutionären Systemsturz tagespolitisch auf die sich verbreitende Massenarmut und Arbeitslosigkeit reagieren zu müssen. In diesem Kontext entstanden ab Anfang der 20er Jahre zahlreiche kommunistische Hilfs- und Unterstützungsvereine, die einen außerparlamentarischen Kampf für eine proletarische Sozialpolitik führten.[9] 1927 schlossen sich diese Verbände, bei Wahrung ihrer Selbständigkeit, zur Arbeitsgemeinschaft Sozialpolitischer Organisationen (ARSO) zusammen. Die ARSO verstand sich hierbei ausdrücklich als Alternative zur sozialdemokratischen AWO, deren Aktivitäten als „verbürgerlicht" und systemstabilisierend abgelehnt wurden.[10]

Das Bestreben der AWO, die soziale Lage der Arbeiterschaft sowohl individuell als auch kollektiv zu verbessern und hierbei die praktische Mitwirkung der Arbeiterschaft durch Selbsthilfe und Selbstorganisation zu ermöglichen, führte während der Weimarer Republik zu einer ausgedehnten organisatorischen Infrastruktur. Anfang der 30er Jahre bestanden rd. 1.260 Orts- und Kreisvereine, in denen ca. 135.000 ehrenamtliche Helfer/innen tätig waren.[11] Für sich genommen scheint die Zahl der Ehrenamtlichen nicht gerade hoch. Deren wirkliche Bedeutung erschließt sich erst im Kontext des miteinander vernetzten Organisationsmilieus der Sozialdemokratischen Arbeiterbewegung. Deren Intention, im Schoße der bürgerlichen Gesellschaft proletarische Gegenstrukturen durchzusetzen, führte nämlich zur Gründung zahlreicher

---

6 Erklärung des Fachausschusses für private Fürsorge des Deutschen Vereins für öffentliche und private Fürsorge „Die Stellung der privaten Fürsorge im neuen Staat (1919)". In: Jürgen Scheffler (Hg.) 1987. S. 228 f.
7 Vgl. Reichsgesetzblatt 1926. Dritte Verordnung zur Durchführung des Gesetzes über die Ablösung öffentlicher Anleihen. A.a.O.
8 Siehe hierzu u.a.: Wolfgang Abendroth 1978, Arno Klönne 1980, Heinrich Potthoff 1974, Hartmann Wunderer 1980, Wilfried van der Will, Rob Burns 1982.
9 Die wichtigsten hiervon waren: Internationale Arbeiterhilfe (IAH), Internationaler Bund der Opfer von Krieg und Arbeit (IB), Rote Hilfe Deutschlands (RHD), Roter Frauen- und Mädchen-Bund (RFMB), Kommunistischer Jugendverband Deutschlands (KJVD).
10 Vgl.: Dieter Oehlschlägel: Arbeitsgemeinschaft Sozialpolitischer Organisationen (ARSO). In: Rudolph Bauer 1992. S. 150 ff.
11 Siehe: Arbeiterwohlfahrt Bundesverband e.V. (Hg.): Arbeiterwohlfahrt 1977 und 1987.

Organisationen, die lebensphasen- und problemspezifisch - gewissermaßen von der Wiege bis zur Bahre - eine eigene soziale Infrastruktur für die Arbeiterschaft bildeten. In diesem organisatorischen Netzwerk wirkte die AWO als Teilverband in Interdependenz mit anderen sozialdemokratischen Organisationen.[12] Als ein weiteres maßgebliches Aktionsfeld der sozialdemokratischen AWO und ihrer Funktionäre kam die parlamentarische Arbeit und die Beteiligung beim Aufbau einer öffentlichen Wohlfahrtspflege hinzu. Entsprechende prägende Einflüsse zeigen sich bei der Verabschiedung des RJWG 1922 und bei der Ausgestaltung einer demokratischen Jugendhilfe, die vor allem in Berlin zu beispielhaften Modellen führte.[13]

Die Machtergreifung des Nationalsozialismus und die Durchsetzung des NS-Staates ab 1933 beendeten und zerstörten diese Aktivitäten.[14] Die Zerschlagung der Arbeiterbewegung traf ebenso die AWO. Ihre Organisationen wurden verboten, die Funktionäre verfolgt und verhaftet, das noch vorhandene Vermögen konfisziert und der Deutschen Arbeitsfront einverleibt. Offiziell endete die Arbeit des Hauptausschusses für Arbeiterwohlfahrt. Faktisch wurde die Arbeit in der Illegalität und Emigration fortgesetzt, zunächst im französisch besetzten Saarland, nach der Wiedereingliederung des Saarlands in das Deutsche Reiche verlagerten sich die Aktivitäten nach Paris und nach der Besetzung Frankreichs emigrierten viele der noch aktiven Funktionäre in die USA.[15]

Erst der militärische Zusammenbruch des deutschen Faschismus ermöglichte ab 1945 neue Entwicklungen. Die überlebenden und aus der Emigration zurückkehrenden Funktionäre bemühten sich vorrangig um den Wiederaufbau der alten Organisationsstrukturen. Dies galt auch für den wohlfahrtlichen Zweig der SPD, der sich 1946 als „Hauptausschuss für Arbeiterwohlfahrt" in neuer Form konstituierte. Im Gegensatz zur Weimarer Republik wurde der Ausschuss allerdings nicht mehr als eine organische Gliederung der SPD, sondern als ein formal eigenständiger, gleichwohl der sozialdemokratischen Bewegung verpflichteter Verband gegründet.[16]

Auch das Verhältnis zu den bürgerlichen Wohlfahrtsverbänden veränderte sich. Maßgeblich hierfür waren nicht nur die Erfahrungen der Verbotszeit im Faschismus und die hierdurch begründete Skepsis gegenüber zentralistischen Strukturen. Auch mussten alltagsbezogen und pragmatisch orientiert die Folgen des Krieges bewältigt werden. Die unmittelbare materielle Existenz für Millionen von Menschen alltäglich neu herzustellen und zu sichern, bedeutete für die Wohlfahrtsverbände eine Herausforderung in bislang unbekanntem Ausmaß. Zu realisieren war diese Aufgabe zunächst innerhalb politisch sehr unterschiedlich verfasster Besatzungszonen, ab 1949

---

12 Vgl.: Hartmut Wunderer 1980
13 Vgl. hierzu: Joachim Wieler, Susanne Zeller (Hrsg) 1995. Ilse Reichel-Koß, Ursula Beu (Hrsg.) 1991. Walter A. Friedländer. In: Rudolph Bauer (Hrsg) 1992. S. 707 ff.
14 Siehe hierzu im einzelnen: Christoph Sachße; Florian Tennstedt 1992
15 Siehe hierzu: Heinz Niedrig: Die Arbeiterwohlfahrt in der Zeit von 1933 bis 1945. Spurensuche, Aufbau, Verfolgung, Verbot, Widerstand, Emigration. Schüren Verlag. Marburg 2003. Auch: Biografie Walter A. Friedländer. In: Hugo Maier (Hrsg.): Who is who der Sozialen Arbeit. Lambertus Verlag. Freiburg i.Br. 1998. S. 187f.
16 Vgl.: Richard Haar, Zur Entwicklung der Arbeiterwohlfahrt nach 1945: In: Heinz Niedrig, a.a.O., S. 37 ff.

dann im verfassungsrechtlichen Rahmen eines föderativen Bundesstaates. In ihrem Zusammenwirken förderten diese Voraussetzungen die Bereitschaft zu einer stärkeren Zusammenarbeit der sich reorganisierenden Wohlfahrtsverbände.

Für die AWO bedeutete dies, ihr bisheriges Selbstverständnis sowie ihr Verhältnis gegenüber den bürgerlichen Verbänden freier Wohlfahrtspflege neu definieren zu müssen. Im Ergebnis führte diese Neubesinnung zu einer aktiven Mitarbeit und Integration der AWO in die schon 1949 wiederbelebte „Liga der Freien Wohlfahrtspflege", die sich 1956 - nunmehr mit aktiver Beteiligung der AWO - als „Bundesarbeitsgemeinschaft der Freien Wohlfahrtspflege" (BAGFW) unter neuem Namen förmlich konstituiert.

Die Integration und Mitwirkung in einem lobbyistischen Dachverband mit durchaus gegensätzlichen Interessen hatten für das proklamierte gesellschaftspolitische Grundverständnis des Verbandes zunächst keine Auswirkungen. Verfasste Richtlinien und das beschlossene Grundsatzprogramm dokumentieren vielmehr eine weitgehend ungebrochene Kontinuitätslinie im Selbstverständnis des Verbandes. So heißt es in den AWO-Richtlinien von 1974:

„Sie (die AWO) ist dem demokratischen Sozialismus verpflichtet, das heißt u.a.:
- sie hält eine freiheitlich-demokratische Grundordnung für die unverzichtbare Voraussetzung ihrer Sozialen Arbeit;
- sie will dazu beitragen, eine Gesellschaft zu entwickeln, in der sich jeder Mensch in Verantwortung für sich und für das Gemeinwesen frei entfalten kann;
- sie tritt ein für mehr Freiheit, Gerechtigkeit und Solidarität;
- sie will dem Entstehen sozialen Unrechts entgegenwirken und sich aktiv an der Lösung sozialer Probleme beteiligen;
- sie achtet das religiöse Bekenntnis des einzelnen; ihre Arbeit wird getragen vom Gedanken der Toleranz und dient den Rat- und Hilfsuchenden aller Bevölkerungsschichten ohne Rücksicht auf deren politische, rassische, nationale und konfessionelle Zugehörigkeit;
- sie vertritt den Vorrang der kommunalen und staatlichen Verantwortung für die Erfüllung des Anspruchs auf soziale Hilfen, Erziehung und Bildung sowie für die Planung und Entwicklung eines zeitgerechten Systems sozialer Leistungen und Einrichtungen."[17]

Und das 1987 verabschiedete Grundsatzprogramm bestätigt erneut diese Positionen:

„Die Arbeiterwohlfahrt ist Teil der Arbeiterbewegung. Sie bekennt sich zu den Grundsätzen des freiheitlichen und demokratischen Sozialismus. Deshalb erstrebt sie eine Gesellschaftsordnung, die von Freiheit, Gerechtigkeit, Solidarität und Gleichheit geprägt ist. ...

---

17 Richtlinien der AWO. Beschlossen von der Bundeskonferenz 1974 in Wiesbaden, zuletzt geändert durch Beschluss der Bundeskonferenz 1991 in Nürnberg. Hrsg. AWO - Bundesverband, o.D.

Die Arbeiterwohlfahrt erstrebt die Ausgestaltung und Fortentwicklung des sozialen Rechtsstaates, in dem jeder in Verantwortung für sich und für das Gemeinwesen seine Persönlichkeit frei entfalten und mitverantwortlich für andere leben kann. Kritikfähigkeit, Verantwortungsbewusstsein, Sachkompetenz, Engagement und solidarisches Handeln bestimmen dabei das Menschenbild der Arbeiterwohlfahrt. ...

In ihrer Arbeit orientiert sich die Arbeiterwohlfahrt an den Bedürfnissen und Fähigkeiten der Betroffenen und Hilfebedürftigen. Sie ist bestimmt von einer ganzheitlichen Sichtweise, die Einzelne und Familien nicht ausschließlich in ihrer persönlichen und privaten Existenz sieht, sondern in ihren sozialen Beziehungen und innerhalb bestehender gesellschaftlicher Rahmenbedingungen. Ihre Soziale Arbeit begnügt sich nicht mit der Bekämpfung von Symptomen gesellschaftlicher Probleme, die Menschen hindern, ihren Bedürfnissen und Fähigkeiten entsprechend zu leben, sondern will ihre Ursachen aufdecken und wirksame Abhilfe schaffen. ...

Die Arbeiterwohlfahrt unterstützt Aktivitäten praktischer Solidarität, gegenseitiger Hilfe und Selbsthilfe. Sie fördert neue Formen gemeinsamen Lebens, Wohnens und Arbeitens, die helfen, gesellschaftliche Isolation zu überwinden. .."[18]

Zu substanziellen Veränderungen der verbandlichen „corporate identity" kommt es allerdings mit der Anfang der 1990er Jahre begonnenen und 1998 zunächst abgeschlossenen Leitbild- und Qualitätsdebatte. Dieser für die westdeutsche AWO wichtige Entwicklungsprozess führte nach langen Jahren erstmals wieder zu der Frage nach dem eigentlichen und unterscheidbaren Sinn des AWO-Verbandes und seiner Dienstleistungen. Die Ergebnisse dieser Debatten führten zur Konzeptionierung eines eigenen Qualitätskonzeptes mit der Bezeichnung „Tandem QM" und zur Bildung einer Interessengemeinschaft AWO-Qualitätsmanagement.[19] Und ebenso eine Folge war die strategische Neuausrichtung des Bundesverbandes als Service- und Dienstleistungsagentur für seine Mitgliedsorganisationen. Hingegen spielte der deutsche Einigungsprozess und der damit einhergehende Neuaufbau von AWO-Verbänden in den neuen Bundesländern weniger eine verbandsprägende Rolle. Zwar hinterließ die Diskreditierung real-sozialistischer Ideen und Organisationskonzepte auch innerhalb der Arbeiterwohlfahrt in so fern ihre Spuren, als hierdurch der Begriff des „demokratischen Sozialismus" zusätzlich problematisiert und stellenweise zur Disposition gestellt wurde. Aber unabhängig von diesem Aspekt zeigte die ideengeschichtliche Einbindung in eine sozialdemokratische, sich vom „realen Sozialismus" substanziell unterscheidende Bewegung schon seit längerem Risse. In der innerverbandlichen Selbstverständnisdebatte wurde so aus der einstmaligen zweifelsfreien Verankerung in die politisch-programmatische Vorstellung des „de-

---

18 Vgl.: Grundsatzprogramm der Arbeiterwohlfahrt, verabschiedet auf der Bundeskonferenz 1987. Hrsg. AWO - Bundesverband, o.D.
19 Siehe hierzu: Rainer Brückers (Hrsg.): Tandem QM. Das integrierte QM-Konzept in der sozialen Arbeit. Verlag Gesellschaft für Organisationsentwicklung und Sozialplanung mbH. Bonn 2003. Der Interessengemeinschaft AWO QM gehören z.Zt. rd 60 Mitglieder an, bis zum Ende des Jahres 2004 werden ca. 400 AWO Einrichtungen nach dem Tandem QM-Konzept zertifiziert sein.

mokratischen Sozialismus" immer mehr ein historisierender Bezug. Sozialstaatlich programmatische Aussagen relativierten sich formelhaft nur noch wenig unterscheidbar von den Aussagen anderer Wohlfahrtsverbände. Formal gelöst wurde dieses Spannungsverhältnis durch ein neues Verbandsstatut, das 1992 die bis dahin gültigen Richtlinien ersetzte.[20] Die hierbei vorgenommenen Positionierungen blieben jedoch noch im Rahmen der bisherigen programmatischen Aussagen, bedeuteten gleichwohl einen ersten Öffnungsschritt in ein sich neu abzeichnendes Selbstverständnis. Mit dem auf der Sonderkonferenz im November 1998 beschlossenen neuen Grundsatzprogramm wurde dieser Schritt statutenmäßig vollzogen. Das Programm markiert eine deutliche Zäsur gegenüber dem bisherigen verbandlichen Selbstverständnis und den Beginn einer neuen Entwicklungsetappe, mit der der Spagat zwischen präventiver Sozialpolitik und unternehmerischen Tätigkeiten nachhaltig gelingen soll.[21] So heißt es in den nunmehr geltenden Leitsätzen

„Die Arbeiterwohlfahrt kämpft mit ehrenamtlichem Engagement und professionellen Dienstleistungen für eine sozial gerechte Gesellschaft.

Wir bestimmen - vor unserem geschichtlichen Hintergrund als Teil der Arbeiterbewegung - unsere Handeln durch die Werte des freiheitlich-demokratischen Sozialismus: Solidarität, Toleranz, Freiheit, Gleichheit und Gerechtigkeit.

Wir sind ein Mitgliederverband, der für eine sozial gerechte Gesellschaft kämpft und politisch Einfluss nimmt. Dieses Ziel verfolgen wir mit ehrenamtlichem Engagement und professionellen Dienstleistungen.

Wir fördern demokratisches und soziales Denken und Handeln. Wir haben gesellschaftliche Visionen.

Wir unterstützen Menschen, ihr Leben eigenständig und verantwortlich zu gestalten und fördern alternative Lebenskonzepte.

Wir praktizieren Solidarität und stärken die Verantwortung der Menschen für die Gemeinschaft.

Wir bieten soziale Dienstleistungen mit hoher Qualität für alle an.

Wir handeln in sozialer, wirtschaftlicher, ökologischer und internationaler Verantwortung und setzen uns nachhaltig für einen sorgsamen Umgang mit vorhandenen Ressourcen ein.

Wir wahren die Unabhängigkeit und Eigenständigkeit unseres Verbandes; wir gewährleisten Transparenz und Kontrolle unserer Arbeit.

Wir sind fachlich kompetent, innovativ, verlässlich und sichern dies durch unsere ehren- und hauptamtlichen Mitarbeiterinnen und Mitarbeiter."[22]

Und an anderer Stelle:

---

20 Arbeiterwohlfahrt - Bundesverband: Verbandsstatut der Arbeiterwohlfahrt. Beschlossen auf der Bundeskonferenz vom 11.-13. Nov. 1992 in Berlin. Bonn 1992.
21 Vgl.: Arbeiterwohlfahrt Bundesverband e.V.: Grundsatzprogramm der Arbeiterwohlfahrt. Beschlossen auf der Sonderkonferenz Nov. 1998 in Düsseldorf. Bonn 1999.
22 Vgl.: Grundsatzprogramm. S. 7.

„Die Arbeiterwohlfahrt beteiligt sich in allen gesellschaftlichen Bereichen und auf allen politischen Ebenen an Entscheidungsprozessen. Als Spitzenverband der Freien Wohlfahrtspflege wirkt sie insbesondere an der Gestaltung der Sozialpolitik und bei der Lösung sozialer Probleme mit und nimmt Einfluss auf die Sozialgesetzgebung. Die Arbeiterwohlfahrt betont dabei den Vorrang der staatlichen und kommunalen Verantwortung für die Erfüllung des Anspruchs auf soziale Hilfen, auf Erziehung und Bildung sowie für die Planung und Entwicklung eines zeitgerechten Systems sozialer Dienste und Einrichtungen."[23]

Wenn es auch so scheint, als wäre die vorgenommene Neupositionierung eine analoge und nur wenig abweichende Entwicklung gegenüber ähnlichen Formulierungen in anderen Verbänden, so bestehen dennoch deutliche Unterschiede. In dem die AWO

- einen prinzipiellen Vorrang der öffentlichen Verantwortung für die Wohlfahrtspflege, für Bildung und Erziehung proklamiert,
- wohlfahrtliche Aktivitäten aus dem Spannungsverhältnis zwischen Verfassungsanspruch und Verfassungswirklich begründet und hierbei ein Konzept der präventiven Sozialpolitik verfolgt,
- und ihre organisatorische Notwendigkeit/Legitimation durch die defizitäre Ausgestaltung des Sozialstaats begründet,
- dezidiert ein sozialpolitisches Reformprogramm formuliert, das auf eine Überweindung der traditionellen Arbeitsgesellschaft zielt und eine Form der sozialen Grundsicherung favorisiert

bestehen durchaus programmatische Optionen, die sich in dieser Form bei anderen Verbänden nicht finden lassen. Gleichwohl spiegeln diese Positionierungen in erster Linie das aktuell proklamierte und historisch hergeleitete Selbstverständnis des Verbandes wider. Ob und in wie weit dieses auch als praktische Handlungsorientierung für die Weiterentwicklung der Organisation und die Ausgestaltung sozialer Dienste tatsächlich von Bedeutung ist, zeigt sich weniger auf der Ebene des Bundesverbandes als vielmehr innerhalb der Landes-, Bezirks- und Kreisverbände, in denen sich die sozialen Dienste der AWO realisieren. Hier nun wirken qualitative Faktoren und Anforderungen, die sich für die AWO nicht grundsätzlich anders stellen wie für die anderen Spitzenverbände. Verbunden hiermit ist ein Normalisierungsprozess, der - lässt man konfessionell begründete Missionsanliegen einmal außer Acht - zu einer faktischen Angleichung der von der AWO erbrachten Dienstleistungen und der hierbei präferierten Organisationsmodelle führt. Im nachfolgenden Kapitel wird dieser Aspekt konkreter beleuchtet.

Organisationsaufbau und Gliederung

Bis zu ihrem Verbot durch die Nationalsozialisten war die AWO in mehr als 2600 Städten, Kreisen und Gemeinden präsent. Nach 1945 bildeten sich erneut AWO-

---

23 Dgl.: S. 9

Organisationen auf lokaler Ebene, zunächst ohne eine zentrale Leitung und Koordination. Erst ab 1946 entstand in Hannover eine zentrale Vertretung der AWO aus der amerikanischen, britischen und französischen Besatzungszone. Heute besteht die AWO in allen Ländern und Kreisen der Bundesrepublik. In den meisten Gemeinden ist die AWO durch entsprechende Ortsverbände vertreten.

Tab. 33: Aufbau der AWO[24]

29	Landes- und Bezirksverbände
36	Unterbezirke
65	Stadtverbände
450	Kreisverbände
3.818	Ortsvereine

Der Verband ist als eingetragener Verein nach den Bestimmungen des BGB verfasst und lässt eine Mitgliedschaft von natürlichen und juristischen Personen zu. Unterschieden wird hierbei zwischen verschiedenen Verbandsebenen, wobei eine natürliche (persönliche) Mitgliedschaft ausschließlich auf der Ebene des Ortsvereins (OV) möglich ist. Stadtverbände, Kreisverbände, Bezirksverbände, Landesverbände sowie der Bundesverband fassen die jeweiligen Untergliederungen in ihrer Eigenschaft als juristische Personen zusammen. Auf diesen Ebenen können Verbände und Organisationen, die der Arbeiterwohlfahrt nahe stehen, als korporative Mitglieder aufgenommen werden, ohne dass hierbei ihre rechtliche Selbstständigkeit berührt wird.[25] Die nachfolgenden Beispiele illustrieren das breite Spektrum dieser Verbände mit ihren sehr unterschiedlichen Interessen und Facetten von Sozialer Arbeit.

Tab. 34: AWO Bundesverbandes - Korporative Mitglieder

Sozialverband (früher: Reichsbund der Kriegs- und Wehrdienstopfer, Behinderten, Sozialrentner und Hinterbliebenen e.V.)
Reichsbund Wohnungsbau
Förderverein der Gehörlosen der neuen Bundesländer e.V.
Initiative Selbsthilfe Multiple-Sklerose-Kranker M.S.K. e.V.
Marie-Schlei-Verein
Familienferien- und Häuserwerk der Deutschen Naturfreunde
Zusammenarbeit mit Osteuropa e.V.
Gesellschaft für Organisationsentwicklung und Sozialplanung, GOS
Institut für Sozialarbeit und Sozialpädagogik
Museum Kindertagesstätten in Deutschland - Kita-Museum e.V.

---

24 Siehe: AWO Bundesverband e.V. 2002, S. 40
25 Siehe: Arbeiterwohlfahrt Bundesverband e.V.: Korporative Mitgliedschaft bei der Arbeiterwohlfahrt. Oktober 1984. Sowie: Verbandsstatut und § 4 der Satzung des Bundesverbandes e.V., beschlossen von der Bundeskonferenz vom 11.-13. Nov. 1992 in Berlin. A.a.O.

Tab. 35: Korporative Mitglieder - Beispiel Bezirksverband Niederrhein

Jugendheimstätten Niederrhein e.V.
Düsseldorfer Drogenhilfe e.V.
ZWD - Zukunftswerkstatt Düsseldorf gGmbH
Jugendberufshilfe Düsseldorf e.V.
Gesellschaft für Therapie und Integration
Big Sister e.V.
esCor e.G.
Gesellschaft für Jugendheime mbH
Betreuung ausländischer Flüchtlinge e.V.
Stadtteil e.V.
Ärztl. Beratungsstelle Bergisch Land Remscheid e.V.
Jugendfreunde Velbert e.V.

Interessant hierbei ist, dass sich neuerdings der Kreis korporativer Mitglieder nicht mehr nur auf solche, der AWO nahe stehenden Organisationen begrenzt, sondern ebenso auch vorgenomene Ausgründungen von Einrichtungen aus dem unmittelbaren Mitgliederverband umfassen kann. Ein Beispiel hierfür ist der Bezirksverband Hannover.

Tab. 36: Korporative Mitglieder - Beispiel Bezirksverband Hannover

Zusammenarbeit mit Osteuropa e.V.. - ZMO Zentralverband Deutscher und Osteuropäer
Reichsbund Wohnungsbau und Siedlungsgesellschaft mbH
Sozialverband Deutschland e.V. Landesverband Niedersachsen
Stiemerling Senioren-Residenzen e.V.
Verein zur Betreuung von Schwerbehinderten e.V.
AWO Verwaltungs- und Sozialdienste gGmbH
AWO Jugendhilfe und Kindertagesstätten gGmbH
AWO vita gGmbH
AWO Wohnen & Pflegen gGmbH
AWO TRIALOG g GmbH
AWO Gesundheitsdienste gGmbH
AWO Werkstatt für Dienstleistung und Produktion gGmbH

Vielfalt und Heterogenität der korporativen Mitgliedschaften zeigen sich ebenso auf der Ebene der Kreisverbände, wobei die quantitative Bedeutung solcher Korporationen unterschiedlich stark ausgeprägt ist. So existieren Kreisverbände ohne korporative Mitglieder, Kreisverbände mit wenigen angeschlossenen Organisationen und örtliche Gliederungen, in denen über 30 korporative Mitgliedschaften bestehen. Beispielsweise gehören zum Kreisverband Essen 32 angeschlossene Verbände, beim Kreisverband Mönchengladbach sind es 9, im Kreisverband Solingen bestehen 7 und im Kreisverband Düsseldorf aber nur 2 solcher Mitglieder. Dies zeigt, dass aus jeweiligen großstädtischen, kleinstädtischen oder eher ländlich geprägten KV keineswegs automatisch eine hohe oder niedrige Zahl korporativer Mitgliedschaften gefolgert werden kann. Und ebenso hinsichtlich der jeweiligen Arbeitsschwerpunkte zeigt sich eine große Vielfalt der korporativen Mitglieder. Zum Ausdruck kommt ein breites Spektrum sozialer Aktivitäten, das sich nur schwerlich einer gemeinsamen inhaltlichen Ausrichtung nicht zuordnen lässt. Zur Illustration zwei Beispiele:

Tab. 37: Korporative Mitglieder - Beispiel Kreisverband Krefeld

Beschäftigungsinitiative Anstoß e.V.
Kindergarten Kinder u. Eltern e.V.
Emmaus Gemeinschaft Krefeld e.V.
Verein Nachbarschaftsladen Linn e.V.
Aktivkreis mit Behinderten e.V.

Tab. 38: Korporative Mitglieder - Beispiel Kreisverband Mülheim a.d. Ruhr

Hilfe für das autistische Kind Regionalverband Duisburg/Mülheim e.V.
Seniorenclub Mülheim Dümpten e.V.
Touristenverein „Die Naturfreunde" Ortsgruppe Mülheim a.d.R. e.V.
Kinderinitiative Wickrath e.V.
Altenverein am Folkenbornshof e.V.
Förderverein für Erwachsenenbetreuungen
Hilfe für Frauen e.V.
Verein für Bewegungsförderung und Gesundheitssport e.V.
Mülheimer Jugendwerk zur See e.V.
Verein zur Förderung der Jugendhilfe e.V.
Zeltverein Broich e.V.

In der räumlichen Abgrenzung gilt das Territorialprinzip. Die Gliederungen der AWO stimmen dabei in weiten Teilen mit den Grenzen der politischen Gebietskörperschaften überein. Grundsätzlich ist der Verband aufgeteilt in Ortsvereine, Kreisverbände, Landes- und Bezirks- sowie den Bundesverband und entspricht damit unverändert der territorialen Gliederung der früheren Mutterorganisation SPD.

Der Verbandsaufbau der AWO gestaltet sich streng nach föderativen Prinzipien. Dies hat zur Folge, dass

- die Orts- und Kreisverbände in ihrer überwiegenden Zahl finanziell und rechtlich selbständige Vereine sind;[26]
- Landes- und Bezirksverbände sich als organisatorische Zusammenfassung von Orts- und Kreisverbänden ergeben;
- die Wahl von Vertretungs- und Entscheidungsgremien von der kleineren zur größeren Einheit erfolgt;
- die jeweils höheren Gliederungen gegenüber den unteren Verbandsgliederungen Kontroll- und Einflussmöglichkeiten haben;
- Landes- und Bezirksverbände in ihrer organisatorischen Zusammenfassung den Bundesverband bilden, der den Gesamtverband repräsentiert und diesen auf nationaler und internationaler Ebene vertritt.

Um im Rahmen einer föderativen Struktur dennoch die Einheitlichkeit des Verbandes zu gewährleisten, gelten für die verschiedenen Verbandsgliederungen gleichlautende Regelungen und Satzungsbestimmungen (Mustersatzungen).[27]

Die formellen Willensbildungs- und Entscheidungsprozesse des Bundesverbandes vollziehen sich in den satzungsmäßig bestimmten Organen Bundeskonferenz, Bundesvorstand und Bundesausschuss (siehe Abb. 18).

Die Bundeskonferenz setzt sich zusammen aus Mitgliedern des Bundesvorstandes, Delegierten der Bezirks- und Landesverbände sowie den Beauftragten der korporativen Mitglieder. Die Bundeskonferenz tagt mindestens alle 4 Jahre und hat folgende Aufgaben: Beschlussfassung über das Verbandsstatut, Grundsätze der Arbeit, Mustersatzungen, Ordnungsverfahren, Festlegung der Mitgliederbeiträge, Satzungsänderungen, Entlastung des Vorstandes, Wahl des Bundesvorstandes und der Revisoren, Entgegennahme des Geschäftsberichtes, Auflösung des Verbandes.[28]

Der Bundesvorstand, gewählt von der Bundeskonferenz, setzt sich zusammen aus dem Vorsitzenden, drei Stellvertretern und dreizehn Beisitzern. Vorstand nach § 26 BGB sind der Vorsitzende und seine Stellvertreter.[29] Der Geschäftsführer nimmt mit beratender Stimme an den Sitzungen teil. Das Gremium tagt nach Bedarf und nimmt folgende Aufgaben wahr: Verantwortung für die Aufgaben des Bundesverbandes, Bestellung des Bundesgeschäftsführers, Berufung einer Gleichstellungsbeauftragten, Bildung von Fachausschüssen, Entgegennahme des Berichtes des Bundesjugendwerkvorstandes.

---

26 Dieses Prinzip gilt allerdings nicht für alle Orts- und Kreisverbände. Einzelne Bezirks- und Landessatzungen bestimmen nämlich diese Organisationsebenen entweder als rechtlich unselbständige Teile (nicht rechtsfähiger Verein) des jeweiligen Bezirks- oder Landesverbandes („Zentralisten") oder lassen beide Rechtsinstitute zu („zentralistische Föderalisten"). Zentralistische Organisationseinbindungen bestehen in den Bezirks- und Landesverbänden Schleswig-Holstein, Hannover, Westliches Westfalen, Rheinland/Hessen-Nassau, Niederbayern und Saarland. Zentralistisch-föderalistische Organisationsmuster finden sich in Berlin, Weser-Ems, Hessen-Nord, Pfalz, Ober- und Mittelfranken sowie Unterfranken.
27 Siehe: Verbandsstatut. Abschnitt „Aufbau". A.a.O.
28 Vgl.: § 7 der Satzung. A.a.O.
29 Vgl.: § 8 der Satzung. A.a.O.

Abb. 18: Organe und Aufbau des AWO Bundesverbandes

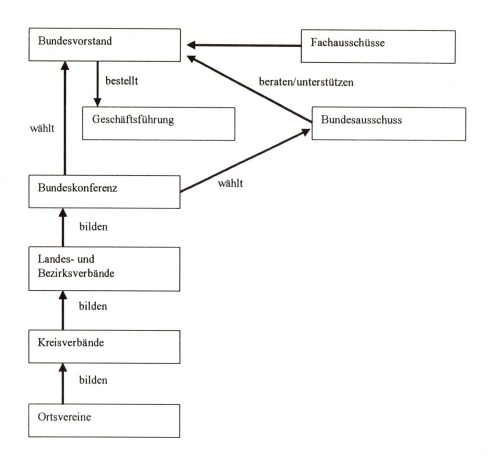

Der Bundesausschuss bildet sich aus dem Vorsitzenden des Bundesvorstandes und dessen Stellvertretern sowie Vertretern der Bezirks- und Landesverbände. Die Geschäftsführer des Bundesverbandes, der Bezirks- und Landesverbände und die Vorsitzenden der Fachausschüsse nehmen an den Sitzungen mit beratender Stimme teil, ebenso ein Vorstandsmitglied des Bundesjugendwerkes. Mindestens dreimal im Jahr tritt dieses Gremium zusammen, um folgende Aufgaben wahrzunehmen: Unterstützung der Vorstandsarbeit, Entgegennahme des jährlichen Finanz-, Rechnungs- und Prüfungsberichtes sowie des Berichtes der Gleichstellungsbeauftragten, Beschlussfassung über Angelegenheiten des Gesamtverbandes, soweit nicht die Bundeskonferenz zuständig ist, Maßnahmen zur Wahrung der Einheitlichkeit des Verbandes, Tariffragen, Aufnahme korporativer Mitglieder, Festlegung des Delegiertenschlüssels für die Bundeskonferenz.[30]

---

30 Vgl.: § 9 der Satzung. A.a.O.

Abb. 19: Bundesverband - Organigramm[31]

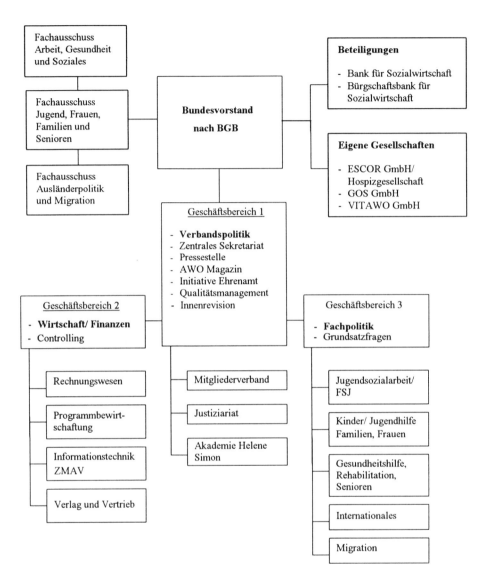

Durch das 1998 beschlossene neue Grundsatzprogramm hat sich auch die Rolle des Bundesverbandes erheblich verändert. Mit Ausnahme der Helene-Simon-Akademie sowie der Gesellschaft für Organisationsentwicklung (GOS) unterhält der Bundesverband keine eigenen Einrichtungen mehr, sondern konzentriert sich auf Beratungs-, Koordinations- und Servicefunktionen gegenüber seinen Mitgliedern sowie auf eine bundespolitische Interessenvertretung. Wenn auch der Aufbau des Verban-

---

31 Zusammengestellt nach: AWO Bundesverband 2003. Organigramm vom 25.07.03

des sich auf jeder Verbandsstufe in ganz ähnlicher Weise wiederholt und hierdurch ein Mindestmaß an Einheitlichkeit und Steuerbarkeit für den Gesamtverband hergestellt wird, bestehen für die auszugestaltenden Beziehungen zwischen der AWO als Mitgliederorganisation einerseits und Unternehmensorganisation durchaus unterschiedliche Optionsmöglichkeiten. Das Grundsatzprogramm sieht hierbei zwei Strukturmodelle vor, die in unterschiedlicher Weise geschäftsführende Funktionen und damit verbundene Verantwortlichkeiten regeln.[32] Beide Modelle gleichen sich darin, dass Einrichtungen und Dienste entweder unmittelbar als Teil des Mitgliedervereins AWO oder als ausgelagerte gGmbH-Gesellschaften geführt werden können (siehe die präsentierten Organisationsmodelle Seite 176 ff.). Der Unterschied besteht ausschließlich in einer jeweils qualitativ anderen Miteinbeziehung der Geschäftsführung in den Vorstand. Im Modell 1 ist der Geschäftsführer besonderer Vertreter des Vorstandes nach § 30 BGB und gehört diesem mit beratender Stimme an. Verantwortlich für den Mitgliederverband als auch für die sozialen Betriebe bleibt in diesem Modell der Gesamtvorstand. Modell 2 kooptiert den Geschäftsführer als hauptamtliches und stimmberechtigtes Mitglied des Vorstandes nach § 26 BGB. Hierbei ist der ehrenamtliche Vorstand für die Verbandsführung, insbesondere die ehrenamtlichen Aktivitäten zuständig, wohingegen der Geschäftsführer als hauptamtliches Vorstandsmitglied für die wirtschaftlichen Geschäftsbetriebe des Vereins verantwortlich ist. Ressortzuordnungen und Entscheidungsbefugnisse sind hierbei in einer Geschäftsordnung zu regeln. Innerverbandlich zeigen die bisherigen Erfahrungen, dass das Modell 2 nur ausnahmsweise favorisiert wird.

Da der Bundesverband mit Ausnahme der Akademie und der Beratungsgesellschaft GOS keine weiteren Dienste in eigener Rechtsträgerschaft unterhält, beziehen sich auf dieser Ebene die Aufgaben der Bundesgeschäftsstelle vornehmlich auf die koordinierende Ausgestaltung der Verbandspolitik und damit zusammenstehende Servicefunktionen für die Untergliederungen und Mitgliedsverbände. Als föderativ strukturierter Verband bei gleichzeitiger rechtlicher und finanzieller Autonomie der einzelnen Gliederungen verfügt der Bundesverband jedoch über keine wirkliche Macht. Es fehlt ihm an direkten Eingriffsrechten in die Arbeit der einzelnen Orts-, Kreis-, Bezirks-, Landesverbände bzw. der angeschlossenen korporativen Mitgliedsorganisationen. Auch ist es ihm nicht möglich, die konkreten Organisationsentwicklungen auf den regionalen und lokalen Ebenen direkt zu beeinflussen und gar zu steuern. „Macht" und „Einfluss" des Bundesverbandes kommen damit nur in dem Maße zustande, wie formulierte Strategien, Empfehlungen und sozialpolitische Positionen von den jeweiligen Untergliederungen mitgetragen und adaptiert werden. Und gleiches gilt ebenso für das Verhältnis zwischen den Landes- und Bezirksverbänden einerseits und den Kreisverbänden andererseits. Die Arbeiterwohlfahrt ist damit durch ein spezifisches Spannungsverhältnis zwischen zentraler, gesamtverbandlicher Steuerung und dezentraler Autonomie geprägt. Wie nämlich können Verstöße gegen das Statut, die Satzungen und Richtlinien wirksam geahndet werden, wenn jede Gliederung letztlich doch machen kann was sie will? Für den Gesamtzusammenhalt der Organisation werden damit besondere Regulierungs- und Interventionsmechanismen erforderlich. Hierzu verfügt der Verband über eine besondere Schiedsord-

---

32 Vgl.: Grundsatzprogramm 1998. S. 34 ff.

nung.³³ Demnach werden bei den Bezirks- bzw. Landesverbänden sowie dem Bundesverband unabhängige Schiedsgerichte gebildet, die mit dem Instrument „Ordnungsverfahren" entsprechend tätig werden können.

„Ein Ordnungsverfahren ist durchzuführen, wenn ein Mitglied
a) sich einer ehrlosen Handlung schuldig gemacht hat,
b) einen groben Verstoß gegen das Statut/Satzung der Arbeiterwohlfahrt begangen hat,
c) durch sein Verhalten die Arbeiterwohlfahrt schädigt bzw. geschädigt hat."³⁴

Das Ordnungsverfahren kennt hierbei verschiedene Interventionsstufen, die je nach Schwere des Konflikts aufeinander aufbauen, jedoch auch unmittelbar wirksam werden können. So kann das Schiedsgericht abschließende Entscheidungen treffen, die von der Erteilung einer Rüge, der Suspendierung der mitgliedschaftlichen Rechte und Pflichten, einem Hausverbot, der Funktionsenthebung bis hin zum Verbandsausschluss reichen, gleichwohl aber auch den Freispruch oder die Verfahrenseinstellung bedeuten können.³⁵

In diesem Spannungsverhältnis zwischen zentraler Leitung und dezentraler Autonomie vollziehen sich innerhalb der Gesamtorganisation sowohl gemeinsame, aber auch sehr unterschiedliche und zum Teil gegensätzliche Entwicklungen. Übereinstimmend ist die Option, innerhalb der Kreisverbände und höheren Organisationsebenen zwischen ehrenamtlichen Vorstandstätigkeiten einerseits und hauptamtlicher Geschäftsführung zu unterscheiden. Dem Vorstand werden hierbei stärkere verbandsstrategische Aufgaben zugewiesen, währenddessen die hiermit verbundenen operativen Aufgaben von einem hauptamtlichen Apparat wahrgenommen werden. Unterschiedliche Antworten finden allerdings die Auseinandersetzungen um die Frage, ob soziale Dienste weiterhin im vereinsrechtlichen Rahmen der Mitgliederorganisation oder als ausgelagerte, rechtlich eigenständige GmbH-Gesellschaften betrieben werden sollen. Hier werden von den einzelnen Landes-, Bezirks- und Kreisverbänden sehr unterschiedliche Organisationsmodelle favorisiert, die von der Variante „traditioneller Mitgliederverein mit eigenen Einrichtungen" bis hin zum Modell „landesweite Betriebsgesellschaft mit Spartenstruktur" reichen. Insbesondere auf der Ebene der Kreis- und Bezirksverbände werden diese Organisationsfragen stritig debattiert und führen zu heftigen Debatten zwischen einer ehrenamtlichen und in den bisherigen Traditionen verwurzelten Mitgliedergruppe einerseits und hauptamtlichen, z.T. auch „ehrenamtlichen" Managern und Funktionären andererseits. Ganz offensichtlich ist hierbei der Identitätskern der Arbeiterwohlfahrt berührt, die sich mit Blick auf die eigene Zukunftsfähigkeit immer stärker gezwungen sieht, sich als Dienstleister wettbewerblich zu positionieren, ohne hierbei schon einen gemeinsamen Weg gefunden zu haben. War die Frage einer radikalen Trennung

---

33 Vgl. im Einzelnen: Ordnungsverfahren, beschlossen durch die Bundeskonferenz 1971 in Hannover, zuletzt geändert durch Beschluss der Bundeskonferenz 1986 in Dortmund. § 10 der Satzung sowie Verbandsstatut, Abschnitt Aufsichtsrecht und -pflicht sowie Vereinsschiedsgericht. Schiedsordnung der Arbeiterwohlfahrt vom 27. April 1996.
34 Vgl.: Schiedsordnung § 2.
35 Vgl.: Schiedsordnung § 15.

zwischen Mitgliederverband und Betriebsorganisation noch vor wenigen Jahren ein sakrosanktes und bestenfalls informell zu diskutierendes Thema, so zeigt sich als Folge der veränderten sozialpolitischen Rahmenbedingungen immer stärker die Bereitschaft, sich diesen neuen Entwicklungen verbandsöffentlich zu stellen. Der im März 2004 vom AWO Bundesverband durchgeführte Kongress „Verbandsentwicklung braucht Strategie" kann in diesem Diskussionskontext geradezu als ein Akt der Enttabuisierung einer innerverbandlichen Debatte betrachtet werden.[36] Erstmals wurden hierbei in Auseinandersetzung mit Entwicklungen in anderen mitgliedschaftlich verfassten Verbänden Optionen diskutiert, die strategisch auf eine Auflösung bisheriger Zusammenhänge zwischen dem Mitgliederverband einerseits und den von der AWO betriebenen Sozialunternehmen andererseits zielen. Entsprechende Entscheidungen der Vereinsorgane vorausgesetzt, sollen die Varianten einer solchen Option im Rahmen von Pilotregionen erprobt werden und zu einer gesamtverbandlichen Lösung führen.

Die nachfolgenden Beispiele zeigen, wie im Rahmen der rechtlich selbstständigen Untergliederungen schon heute unterschiedliche Organisationsmodelle erprobt werden, die mit strategisch unterschiedlicher Option eine Neuformierung zwischen dem Mitgliederverein AWO und der Unternehmensorganisation AWO begründen. Und überall dort, wo die AWO in nennenswerter Weise als Anbieter sozialer Dienstleistungen agiert, steht der Verband vor der Herausforderung, dieses Beziehungsgeflecht neu ordnen zu müssen.

Abb. 20: Beispiel AWO westliches Westfalen

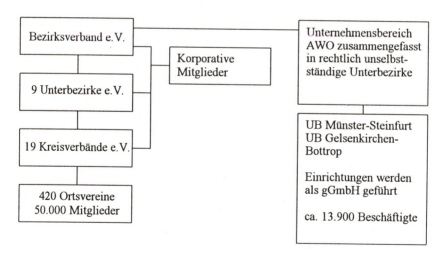

---

36 Vgl.: Arbeiterwohlfahrt Bundesverband e.V.: Verbandsentwicklung braucht Strategie. 2. AWO-Kongress für Verbands- und Unternehmensmanagement. 22./23. März 2004. Bonn 2004.

Abb. 21: Beispiel AWO KV Düsseldorf - Stand März 2004

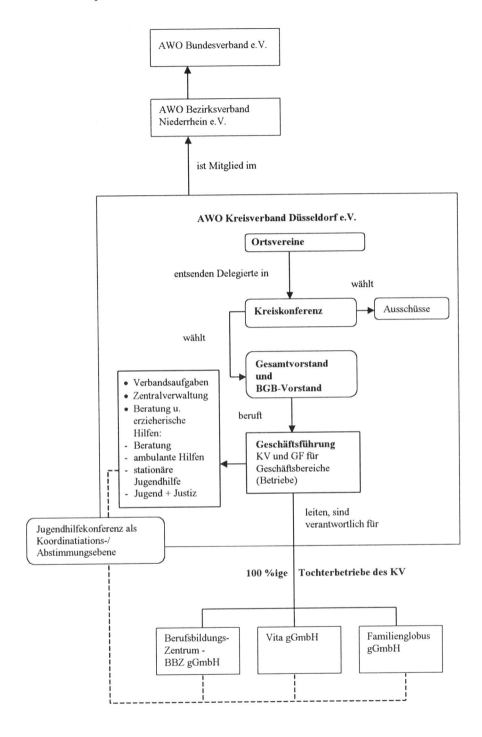

Tab. 39: Beispiel AWO Landesverband Schleswig-Holstein e.V. - Stand Januar 2004[37]

Ortsvereine mit 23.000 Mitgliedern														
KV NF	KV Sl-FL	Stadt FL	KV Kiel	KV Plön	KV NMS	KV Rd-Eck	KV Hl	KV Stor	KV Hrz.-Lau	KV OH	KV SE	KV Pi	LV Stbg	KV Dith

Nordverbund 1 % Beteiligung	Region Mittelhostein 16 % Beteiligung	Region Südholstein 16 % Beteiligung	Region Unterelbe 16 % Beteiligung

Landesverband Schleswig-Holstein e.V. - 51 % Beteiligung

Verlagerung des operativen Geschäfts in die ⬇

AWO Schleswig-Holstein gGmbH
Beschäftigte: 276
Umsatz p.a.: 13,2 Mio. Euro

Fachbeirat Nordverbund	AWO Mittelholstein gGmbH	AWO Südholstein gGmbH	AWO Unterelbe gGmbH	AWO-Pflege Schleswig-Holstein gGmbH
	Beschäftigte: 371	Beschäftigte: 468	Beschäftigte: 885	Beschäftigte: 1.162
	Umsatz p.a.: 9,3 Mio. Euro	Umsatz p.a.: 17,7 Mio. Euro	Umsatz p.a.: 27,9 Mio. Euro	Umsatz p.a.: 40,4 Mio. Euro

Beschäftigte insgesamt: 3.187
Umsatz: 108,5 Mio. Euro

---

37 Zusammenstellung nach: AWOcado. Sonderausgabe zur Strukturreform des AWO-Landesverbandes. Kiel. November 2003; Arbeiterwohlfahrt Landesverband Schleswig-Holstein e.V. (Hrsg.): Die AWO in Schleswig-Holstein: Im Norden ganz oben! Kiel 1999

Für den Bundesverband stellt sich als Folge dieser unterschiedlichen regionalen Entwicklungen umso dringender die Frage, mit welchen strategisch-strukturellen Weichenstellungen die Einheitlichkeit des Verbandes gewährleistet und den Gliederungen empfohlen werden kann. Zur Debatte stehen hierbei drei Strukturmodelle: a) das Vereinsmodell, b) das Franchise-System für AWO-Dienste und c) die Bildung von Unternehmensgruppen in der Rechtsform der GmbH. Die faktische Entwicklung zeigt, dass das Vereinsmodell als Rechtsrahmen für den Betrieb sozialer Dienste offensichtlich ausgedient hat. Ebenso nur rhetorisch zur Debatte steht das Franchise-System, mit dem eine Verbandsgeschlossenheit nur schwer erzielt werden kann und damit die Gefahr einer zunehmenden Entfremdung zwischen Mitgliederverband und Betriebsorganisation verstärkt. Was bleibt ist der Versuch, innerhalb des Verbandes eine Spartenbildung nach Unternehmensbereichen zu erzielen. Diese Option allerdings stößt auf unmittelbare Probleme, als die dezentral organisierten und verankerten Betriebseinheiten zentral ausgestaltet und neu formiert werden müssten. Ein Prozess also, der nicht gegen den Willen der jeweiligen Landes-, Bezirks- und Kreisverbände durchgesetzt werden kann.

Aufgabenbereiche und Mitarbeiter

Innerhalb der 29 Landes- und Bezirksverbände, der 36 Unterbezirke, der 512 Stadt- und Kreisverbände sowie der 3.818 Ortsvereine sind etwas über 112.000 hauptberufliche, 7.500 Zivildienstleistende und ca. 100.000 ehrenamtliche Mitarbeiter/innen tätig.

Die Aktivitäten des Verbandes beziehen sich auf den Gesamtbereich der Sozialen Arbeit und sind im Einzelnen durch folgende Aufgaben bestimmt:

„.. 1. Anregung und Förderung der Selbsthilfe;
2. Förderung ehrenamtlicher Betätigung;
3. Vorbeugende, helfende und heilende Tätigkeit auf allen Gebieten der Wohlfahrtspflege;
4. Entwicklung und Erprobung neuer Formen und Methoden der Sozialarbeit;
5. Angebot und Unterhaltung von Einrichtungen und Diensten, u.a. durch eigenständige Rechtsträger;
6. Frauenförderung und Frauenbildungsarbeit;
7. Aufbau und Förderung von Kinder- und Jugendarbeit, u.a. im Rahmen des Jugendwerkes der AWO;
8. Aus-, Fort- und Weiterbildung;
9. Information und Aufklärung über Fragen der Wohlfahrtspflege;
10. Mitwirkung an der Durchführung von Aufgaben der öffentlichen Sozial-, Jugend- und Gesundheitshilfe;
11. Stellungnahmen zu Fragen der Öffentlichen und Freien Wohlfahrtspflege;
12. Mitwirkung bei der Planung sozialer Leistungen und Einrichtungen, Förderung praxisnaher Forschung;

13. Förderung von Projekten im In- und Ausland, insbesondere der Entwicklungszusammenarbeit."[38]

Rechtsträger der sich aus diesem Aufgabenkatalog ergebenden Sozialen Dienste und Einrichtungen sind die einzelnen AWO-Gliederungen und korporativen Mitgliedsverbände.

Dem AWO Bundesverband korporativ verbunden sind das „Sozialpädagogische Institut Berlin - Walter May - (spi)" sowie das „Institut für Sozialarbeit und Sozialpädagogik (ISS)" in Frankfurt a.M. Diese Forschungsinstitute sollen die Arbeit der AWO wissenschaftlich unterstützen und durch ihre Infrastruktur innovative Entwicklungen im Verband, aber auch innerhalb der Wohlfahrtspflege allgemein befördern.

Das Ausmaß und die Gewichtungen der Verbandsaktivitäten zeigt die folgende Übersicht.

Tab. 40: Einrichtungen und Beschäftigte Arbeiterwohlfahrt e.V. Stand 03.07.2001[39]

Fachbereiche und Art der Einrichtung	Beschäftigte			Zahl der Einrichtungen
	Vollzeit	Teilzeit	insgesamt	
Gesundheitshilfe/Krankenhäuser	2.247	1.046	3.293	45
Jugendhilfe	12.697	11.237	23.934	2.792
• stationär	1.733	1.237		251
• Tageseinrichtungen	9.496	8.815		2.026
• Beratungsstellen u.a.	623	582		354
• Jugendberufshilfe	845	603		161
Familienhilfe	5.014	5.564	10.578	1.068
• stationär	1.813	1.675		189
• Tageseinrichtungen	178	180		130
• Beratungsstellen	306	362		153
• ambulante	2.498	3.248		480
• sonstige Dienste	219	99		116
Altenhilfe	24.624	19.283	43.907	4.076
• stationär	20.923	16.425		1.056
• Tageseinrichtungen	1.614	1.050		1.865
• Beratungsstellen	103	96		180
• Mahlzeitendienste	145	553		359

---

38 Vgl.: Verbandsstatut. Abschnitt „Aufgaben".
39 Eigene Zusammenstellung nach BAGFW Gesamtstatistik 2000 - Stand 03.07.2001.

Fachbereiche und Art der Einrichtung	Beschäftigte			Zahl der Einrichtungen
	Vollzeit	Teilzeit	insgesamt	
• sonstige Dienste	839	1.159		616
Behindertenhilfe	7.766	5.553	13.319	1.348
• stationär	2.779	1.681		342
• Tageseinrichtungen	657	552		527
• Sonderschulen	399	137		12
• Werkstätten/Betriebe	2.560	1.500		58
• Beratungsstellen	35	45		79
• sonstige Dienste	336	367		180
Weitere soziale Hilfen	7.852	7.378	15.230	3.046
• stationär	631	584		143
• Tageseinrichtungen	403	727		86
• Werkstätten	909	383		80
• Beratungs-/Betreuungsstellen	1.918	3.113		1.154
• Kleiderstuben/Möbellager	257	238		1.471
• Tafeln	51	45		26
• Allgem. Geschäftsstellen	3.507	2.192		1.362
• Rettungsdienste	122	1		8
• sonstige Gesundheitsdienste	54	95		14
Aus-, Fort-, Weiterbildung	926	1.059	1.985	87
Selbsthilfe- und Helfergruppen	0	0		3.490
Insgesamt	61.126	51.120	112.246	15.952
Ehrenamtliche				101.431

Erkennbar wird, dass die Beschäftigten der AWO zu einem großen Teil im Bereich der Altenhilfe tätig sind (39,7 %). Als zweitwichtigstes Arbeitsfeld folgt die Jugend- und Familienhilfe mit 30,7 % aller Hauptberuflichen. Das starke Gewicht der Altenhilfe zeigt sich ebenfalls bei den betriebenen Einrichtungen. Knapp über 25 % aller sozialen Dienste sind in diesem Arbeitsfeld angesiedelt. Gleichwohl lässt sich der Verband heute nicht mehr in weiten Bereichen als ein Fachverband für Altenarbeit charakterisieren.[40] Offensichtlich ist es der AWO in den vergangenen Jahren gelungen, die Palette der angebotenen Dienstleistungen auch in weiteren Handlungsfeldern der sozialen Arbeit stärker zu verankern.

Alle Spitzenverbände der freien Wohlfahrtspflege beanspruchen in ihrem Selbstverständnis eine flächendeckende soziale Infrastruktur vorzuhalten. In der operativen

---

40 Die 1996 durchgeführten Erhebungen führten zu dem Befund, dass knapp 53 % der Beschäftigten im Bereich der Altenhilfe tätig sind. Vgl. Boeßenecker 1998. S. 114

Ausgestaltung zeigt sich jedoch, dass alle Wohlfahrtsverbände regional sehr unterschiedlich verankert sind und hierbei die jeweiligen Traditionen und früher prägenden sozialen Milieubindungen zum Ausdruck kommen. Dies gilt ebenso für die AWO. Gleichwohl lassen sich aus den vorliegenden Daten nur ungefähre Kartografierungen vornehmen; die verbandsöffentlich publizierten Daten sind ungenau und erstmals mit den aktualisierten Angaben der berufsgenossenschaftlichen Umlagestatistik wird eine genauere Beschreibung möglich. Erkennbar wird, dass die von der AWO betriebenen sozialen Dienste bzw. Unternehmen in den einzelnen Bundesländern ein unterschiedliches Gewicht haben; Zentren und Peripherien der AWO-Aktivitäten lassen hierbei die ehemaligen Hochburgen aber auch die Diaspora einer sozialdemokratischen Arbeiterbewegung erkennen und in den Beitrittsländern scheint sich dieser Prozess ebenso wieder zu finden.

Tab. 41: AWO Gesamtverband: Einrichtungen und Beschäftigte nach Bundesländern 2002[41]

Landesverband	Betriebe	Arbeitnehmer	Vollbeschäftigte
Nordrhein-Westfalen	2.727	43.408	27.696
Bayern	1.457	19.460	12.168
Niedersachsen	569	11.374	8.216
Baden-Württemberg	590	8.303	4.473
Hessen	369	7.271	4.546
Schleswig-Holstein	488	5.994	3.114
Saarland	104	4.264	2.141
Rheinland-Pfalz	276	3.984	2.250
Berlin	186	3.853	2.742
Bremen	180	2.324	1.638
Hamburg	134	1.559	979
Sachsen	536	10.858	7.277
Brandenburg	393	6.719	5.435
Thüringen	448	6.392	5.030
Mecklenburg-Vorpommern	308	4.059	2.505
Sachsen-Anhalt	245	4.003	2.902
Gesamt	9.010	143.855	93.110

Wie schon an anderer Stelle benannt, erfolgt die Koordination und Leitung der Gesamtaktivitäten des Bundesverbandes durch die Geschäftsstelle in Bonn, in der 141 Mitarbeiter/innen beschäftigt sind.[42] Die hiermit verbundenen Aufgaben betreffen jedoch vorwiegend verbandspolitische und strategisch ausgerichtete sowie lobbyistische Funktionen, nicht aber das operative Geschäft beim Betrieb sozialer Einrich-

---

41 Eigene Zusammenstellung nach BGW-Umlagestatistik 2002.
42 Mitteilung des Bundesverbandes vom 16. März 2004

tungen. Dieses bleibt - von wenigen Ausnahmen abgesehen - den rechtlich selbstständigen Landes-, Bezirks- und Kreisverbänden überlassen. Gleichwohl sichert der AWO Bundesverband mittels seiner Aktivitäten den organischen Gesamtzusammenhalt der Organisation, wobei vor allem der Bereich der Aus-, Fort- und Weiterbildung sowie verschiedenste Verbandsperiodika beitragen.

Bezogen auf die Fort- und Weiterbildung hat die bundeszentrale AWO-Akademie Helene Simon eine zentrale Rolle. Ihre Aktivitäten umfassen inzwischen auch anerkannte Hochschulabschlüsse, die in Zusammenarbeit mit verschiedenen Hochschulen realisiert werden.[43]

Die publizistischen Aktivitäten des AWO Bundesverbandes konzentrieren sich auf die Herausgabe der regelmäßig erscheinenden Mitgliederzeitschrift „AWO Magazin" (Auflagenhöhe 56.000) und der alle zwei Monate, sechsmal jährlich erscheinenden Fachzeitschrift „Theorie und Praxis der sozialen Arbeit" (Auflagenhöhe 3.000). Darüber hinaus werden in unregelmäßiger Reihenfolge und in bedarfsorientierter Auflagenhöhe verschiedenste Arbeitsmaterialien veröffentlicht, die vor allem an die Verbandsgliederungen adressiert sind, aber ebenso auch von Interessierten außerhalb des Verbandes bezogen werden können. Der vom Verlag/Vertrieb des Bundesverbandes hierzu vorgelegte Katalog weist unter den Rubriken „Schriften, Bücher und Medien" sowie „Werbe- und Organisationsmaterial" insgesamt 174 Titel auf.[44] Die quantitative Bandbreite dieser Materialien zeigt die nachfolgende Übersicht.

Tab. 42: AWO Bundesverband: Informations- und Arbeitsmaterialien

Art/Gegenstandsbereich	Zahl der Einträge
Arbeitshilfen zur AWO-Verbandsarbeit	16
Kinder-, Jugend-, Familien- und Frauenpolitik	15
Sozial-, Gesundheits- und Seniorenpolitik	33
Internationales/Migration und Entwicklungszusammenarbeit	6
Rechtsfragen	4
Geschichte der Arbeiterwohlfahrt	5
Fachtagungen, Seminare und Fortbildung	2
Kalender der Arbeiterwohlfahrt (2003 eingestellt)	0
Zeitschriften/Periodika/kostenlose Schriften	2
Organisationsmaterial	6
Bürobedarf	12
Plakate & Flyer	11

---

[43] So wird in Zusammenarbeit mit der Johannes-Kepler-Universität Linz und der Marc Bloch Universität Strasbourg seit November 2002 das praxisorientierte Projektstudium „Quis - Qualifizierungsinitiative Europäisches Sozialmanagement und Sozialwirtschaft" durchgeführt. Ein weiterer postgradualer Masterstudiengang „Sozialmanagement" wird seit dem WS 2003 in Kooperation mit der FH Braunschweig/Wolfenbüttel, ab dem WS 2004 mit der Alice-Salomon-Fachhochschule Berlin realisiert.

[44] Vgl.: Arbeiterwohlfahrt Bundesverband e.V.: Verlag und Vertrieb. Ausgabe 10.2003

Aufkleber	8
Abzeichen und Urkunden	15
Beschriftungen	3
Dies und Das	24
Hissflaggen und Banner	3
Fotos	2
Videos	7

Das liebe Geld. Als Verband der „kleinen Leute" und eingebettet in eine sozialdemokratischen Entwicklungstradition zielten die AWO Aktivitäten ganz unmittelbar auf eine Ausgestaltung und Stärkung des Sozialstaates. In diesem Kontext sollte sich nicht nur die Entwicklung sozialer Dienste vollziehen, sondern ebenfalls auch die hierfür notwendige Infrastruktur der eigenen Organisation sichergestellt sein. Mit Blick auf die zurückliegenden Jahrzehnte war diese Option erfolgreich und bot der Organisation weit reichende Möglichkeiten, initiativ zu werden und eigene Akzente zu setzen. Die seit den 90er-Jahren beginnende Krise der öffentlichen Haushalte als auch die damit einhergehenden Veränderungen im Verständnis einer staatlichen Sozialpolitik[45] führen zunehmend für die AWO zu erheblichen Finanzierungsproblemen, die keineswegs durch ein verstärktes Beitragsaufkommen ihrer Mitglieder gelöst werden können. Ebenso fehlt es an einer Mutterorganisation - wie dies bei den kirchlichen Wohlfahrtsverbänden der Fall ist -, die sich an der Finanzierung sozialer Arbeit beteiligen könnte. Für die AWO stellen sich damit zusätzliche Herausforderungen, die neben vielen anderen Strategien der Finanzakquisition u.a. mit dem Konzept „Gemeinschaftsstiftung" gelöst, zumindest gemindert werden sollen. Die Idee besteht darin, durch die Zusammenführung kleinerer Finanzfonds, die mit der Möglichkeit eigener Namensgebungen und Zwecksetzungen verbunden sind, wegbrechende öffentliche Finanzmittel zu kompensieren und die Fortsetzung sozialer Aktivitäten weiter zu ermöglichen. In diesem Kontext haben sich seit Ende der 90er-Jahre mehrere AWO-Gemeinschaftsstiftungen gegründet.

Tab. 43: AWO Gemeinschaftsstiftungen - Stand März 2004[46]

Regionale Verankerung	Jahr der Gründung	Stiftungskapital	Sitz
AWO Marie-Juchacz-Stiftung - Bundesgemeinschaftsstiftung verwaltet treuhänderisch die Stiftungen: „Bürgerstiftung der Arbeiterwohlfahrt Kreuztal" „Stiftung Zukunft der AWO Ennepe-Ruhr" „Kinder sind unsere Zukunft"	1998	655.000	Bonn

---

45 Vgl. u.a.: Hans-Jürgen Dahme/Hans-Uwe Otto/Achim Trube/Norbert Wohlfahrt (Hrsg.) 2003.
46 Eigene Erhebung: Ergebnis der im Februar und März 2004 durchgeführten schriftlichen Befragung bei allen AWO Landes- und Bezirksverbänden.

Regionale Verankerung	Jahr der Gründung	Stiftungs-kapital	Sitz
AWO-Duisburg-Stiftung	2000	197.026	Duisburg
Sozialstiftung der AWO KV Düsseldorf	1999	187.259	Düsseldorf
„Soziale Partnerschaft" Gemeinschaftsstiftung AWO Rhein-Ruhr	2004	82.000	Essen
Gemeinschaftsstiftung AWO Essen	1996	153.387	Essen
AWO-mit-Herz-Stiftung. Gemeinschaftsstiftung Arbeiterwohlfahrt Bezirksverband Hannover	2004	80.000	Hannover
Soziale Zukunft - Bürgerstiftung der AWO in der Region Hannover	2004	60.000	Hannover
Sozialstiftung der AWO Baden	2004	250.000	Karlsruhe
AWO-Gemeinschaftsstiftung-Hessen, verwaltet treuhänderisch die Stiftung: „Fuldaer-Integrations-Stiftung (FIS)"	2002	56.241	Kassel
AWO Rheinlandstiftung	1998	150.000	Köln
AWO Gemeinschaftsstiftung Sachsen-Anhalt	1997	154.000	Magdeburg
Gemeinschaftsstiftung AWO am Niederrhein	1999	273.000	Moers
Hermann-und-Luise-Albertz-Stiftung	2004	25.000	Oberhausen
HORIZONTE Stiftung der AWO und der Wirtschaft für Mecklenburg-Vorpommern	2003	50.000	Schwerin

Wie zu sehen, vollziehen sich auch diese Gründungen auf lokaler und regionaler Ebene, ohne dass hierbei von einer gemeinsamen Strategie gesprochen werden kann. Die hierbei akquirierten Finanzmittel sind sicher für einzelne, hiervon nutznießende Projekte eine willkommene Unterstützung. Zu bezweifeln ist allerdings, ob die mit dem Stiftungskonzept verfolgte Strategie einer nachhaltigen Finanzsicherung verbandlicher Aktivitäten wirklich eingelöst werden kann. Denn das bisher eingeworbene Stiftungskapital ist weit davon entfernt, die hierfür erforderlichen Zinsmittel zu erwirtschaften.

Resümee und Ausblick

Im Vergleich zu den konfessionellen Spitzenverbänden und bundesweit gesehen, zeigt sich die Arbeiterwohlfahrt als der kleinere Verband unter den Spitzenverbänden. Als Arbeitgeber in der Sozialen Arbeit erreicht sie mit ihren rund 112.000 Mitarbeitern etwa 1/4 der Größe des CV und etwa 1/5 der Beschäftigtenzahlen des DW.

Selbst in früheren sozialdemokratisch geprägten Regionen bleibt die AWO gegenüber den konfessionellen Verbänden der kleinere Partner, auch wenn ihm hier - vor allem auf kommunaler Ebene teilweise ein durchaus stärkeres Gewicht zukommt.

Insgesamt gesehen vermitteln die Organisationsmerkmale der Arbeiterwohlfahrt weder das Bild eines Großbetriebes mit zentralen Führungsstrukturen, noch jenes einer Holdinggesellschaft mit vielen Zweigstellen und Dependancen. Auch die Kennzeichnung als Franchise-Unternehmen, in dem nach lizenzierter Namensvergabe scheinbar Einheitliches und Vergleichbares sich in einzelunternehmerischer Autonomie realisiert, ist unzutreffend. Auch wenn diese Konzepte teilweise in der innerverbandlichen Diskussion präferiert werden, haben diese kaum Prägungskraft für die tatsächliche Ausgestaltung der Gesamtorganisation. Demgegenüber stellt sich die AWO als ein in der sozialdemokratischen Tradition eingebundener Verband dar, der sich auf der örtlichen Ebene zunehmend in eine Mitgliederorganisation einerseits und in rechtlich selbstständige Betriebsorganisationen andererseits aufsplittet. Und in diesen beiden Verbandsbereichen sind die örtlichen AWO Verbände mit sehr unterschiedlichen Herausforderungen konfrontiert. Zeigt sich der e.V.-strukturierte Mitgliederverband durch Überalterungsprozesse und stagnierende Mitgliederzahlen geprägt,[47] so kommt es innerhalb der vereinseigenen GmbH-Unternehmen zu wettbewerblichen und betriebswirtschaftlichen Ausrichtung der sozialen Dienste. Durchaus eingebunden in bisherige Traditionen, aber eben nicht mehr in diesen dauerhaft verankert, entwickeln sich neue Geschäftsfelder, wobei das neue Portfolio weniger verbandsideologisch als vielmehr durch die Logik betriebswirtschaftlicher Erfordernisse, vermeintlicher Sachzwänge und der Suche nach Überlebensstrategien für den Verband begründet wird.[48] Insbesondere auf lokaler Ebene entstehen deshalb zwangsläufig Kompetenzkonflikte zwischen ehrenamtlichen Mitgliedern, Funktionären und hauptamtlichen Mitarbeitern. De jure zwar vorhandene, faktisch jedoch außer Kraft gesetzte Entscheidungs- und Kontrollfunktionen der ehrenamtlich wahrgenommenen Vereinsorgane gegenüber einer hauptamtlich geprägten Betriebsorganisation führen hier immer wieder zu faktischen Überforderungen des traditionellen Ehrenamts und damit verbundenen bedrohlichen Entwicklungen, die die wirt-

---

47 Nach der im Januar 2004 vorgelegten Studie zählt der Gesamtverband ca. 450.000 persönliche Mitglieder. Das Durchschnittsalter dieser Mitglieder beträgt 63 Jahre, jenes der Funktionäre (Vorstände) 60 Jahre. Fast die Hälfte der Mitglieder sind 65 Jahre und älter. Vgl.: AWO Bundesverbandes e.V.: Grundlagenstudie als empirische Basis für Verbandsentwicklung. Bonn 2004. Die Überalterung der Mitglieder besteht ebenso auch in den Bezirks- und Landesverbänden. So z.B. sind im AWO Bezirksverband Mittelrhein 65,9 % der Mitglieder über 60 Jahre alt. Vgl.: Tagungsunterlagen „2. AWO-Kongress für Verbands- und Unternehmensmanagement - Verbandsentwicklung braucht Strategie". Tagungsbeitrag Andreas Johnsen: AWO Mitgliederkampagne Bezirksverband Mittelrhein.
48 Siehe auch: Arnd Stoppe: Steuerung und Kontrolle im Nonprofit-Sektor am Beispiel der Arbeiterwohlfahrt. In: Theorie und Praxis der sozialen Arbeit. Heft 4/94. S. 150 ff. Hans Dieter Weger, Heinz Bucholz: Stiftung als weiterführender Weg im Fundraising. Privates Vermögen für soziales Engagement. Arbeiterwohlfahrt Essen gründet erste selbständige Gemeinschaftsstiftung in Deutschland. In: Forum Sozialstation. Das Magazin für ambulante Pflege. Nr. 81. August 1996. S. 20 ff.

schaftliche Existenz des Verbandes gefährden.⁴⁹ Die Folge hiervon ist eine stärkere Professionalisierung und betriebswirtschaftliche Ausrichtung in der hauptamtlichen Organisation. In diesem Entwicklungskontext verlieren gemeinsame Leitziele und sozialpolitische Programme für die Alltagspraxis der geleisteten Sozialarbeit ihre - bisher immer wirksam unterstellte - handlungsleitende und orientierende Bedeutung. Verstärkt wird damit ein Angleichungsprozess sozialer Dienstleistungen, die in der praktischen Ausgestaltung immer weniger qualitative Unterschiede zur Arbeit anderer Wohlfahrtsverbände markieren. Bei der föderativen Organisationsstruktur bleibt zudem der „harte" Verbindlichkeitsgrad von Beschlüssen des Gesamtverbandes für die einzelnen Untergliederungen und korporativen Mitgliedsverbände zwangsläufig gering. Gerade deshalb aber gewinnen verbandsnormierende Aussagen eine zunehmende Bedeutung für das Selbstverständnis der Organisation. Auch wenn diese eher symbolischen Charakter haben, so sind sie dennoch gewissermaßen der Kitt, der die Organisation sozial zusammenhält und eine identitätsstiftende Abgrenzung gegenüber den anderen ermöglichen könnte. Der Kern der Frage nach dem eigentlichen und unterscheidbaren Sinn der Arbeiterwohlfahrt wurde deshalb mit der 1993 initiierten Leitbilddebatte und dem 1998 beschlossenen neuen Grundsatzprogramm zwar strategisch aufgegriffen und in eine neue Richtung gelenkt.⁵⁰ Die bestehenden Strukturprobleme und Herausforderungen an die weitere und nachhaltige Verbandsentwicklung waren damit zwar enttabuisiert, ohne jedoch schon wirklich gelöst zu sein. Vom Bundesvorstand eingerichtet wurden deshalb die Arbeitsgruppen Unternehmensentwicklung und Verbandsentwicklung, die mit der Erarbeitung neuer Vorschläge für die weitere Verbands- und Organisationsentwicklung beauftragt wurden. Und ebenso durchgeführt kam es zu der schon an anderer Stelle genannten im März 2004 durchgeführten verbandsinternen Strategiekonferenz, die die Debatte zusätzlich forcierte. zusätzlich v der die Debatte zusätzlich forcierte. Die dem Bundesausschuss im Mai 2004 vorgelegten Analysen und Überlegungen⁵¹ zeigen nicht nur eine bemerkenswert selbstkritische und bisherige Tabuisierungen überwindende Analyse des Verbandes. Zugleich werden verschiedene Optionsmöglichkeiten für die AWO als Mitgliederorganisation einerseits und Unternehmensorganisation andererseits benannt, über die im innerverbandlichen Diskurs noch zu

---

49 Beispielhaft soll auf die schon länger zurückliegenden Auseinandersetzungen im Bezirksverband Hessen Süd während des Jahres 1989 verwiesen werden. Siehe hierzu insbesondere die Berichterstattung der Frankfurter Rundschau vom 29.9.1989 und 30.9.1989 „Rücktritt nach Streit über AW". Aktuelle Vorgänge, die in ähnlicher Weise auch andere Wohlfahrtsverbände betreffen, sind im Archiv Wohlfahrtsverbände des FSP Wohlfahrtsverbände/Sozialwirtschaft der FH Düsseldorf archiviert. Siehe hierzu: www.wohlfahrsverbaende.de
50 Vgl.: Leitsätze und Leitbild der Arbeiterwohlfahrt. Beschlossen auf der Sonderkonferenz 1998 in Düsseldorf. Zur Leitbilddiskussion siehe u.a.: Doris Wagner: Von Frauen gegründet - von Männern geführt. Klagelied einer alten AWO-Frau. In: Theorie und Praxis der sozialen Arbeit. Heft 4/94. S. 125ff.; Heinz Niedrig: Zur 75jährigen Geschichte der Arbeiterwohlfahrt. In: Ebd. S. 131; Harald Hottelet: Vom Glanz und Elend eines Wohlfahrtsverbandes - Zum Erscheinungsbild der Arbeiterwohlfahrt. In: Ebd. S. 138 ff. 7.; Ludwig Pott: Die Leitbilddiskussion in der Arbeiterwohlfahrt. In: Arbeiterwohlfahrt Bundesverband (Hrsg.): Sozialbericht 2001: Ehrenamt im Wandel. Bonn 2002.
51 Vgl.: Bundesausschuss 15.05.04. TOP 3 Verbandsentwicklung. Unveröffentlichtes Papier. Mai 2004.

entscheiden ist. Der verbandliche Diskurs über die unterschiedlichen Optionsmodelle ist mit dem im Oktober 2004 veröffentlichten Strategiepapier eröffnet worden.[52] Bezüglich der Mitgliederentwicklung wird die schon Anfang der 1980er Jahre formulierte Kritik an einer fehlenden Verknüpfung von haupt- und ehrenamtlichen Aktivitäten durch neue Befunde erneuert und zusätzlich untermauert. Die Lösungsperspektive wird neben der Aktivierung bestehender traditioneller Mitgliedschaften in einem offensiven Konzept des bürgerschaftlichen Engagements gesehen, das nicht notwendiger Weise eine AWO-Mitgliedschaft voraussetzt und so zu einer selbstgewählten Mitarbeit innerhalb der AWO motivieren will. In diesem neuen Verständnis von Ehrenamt reduzieren sich Bürgerrechte nicht auf sozialgesetzliche Rechtsansprüche sondern sollen vielmehr das Solidaritäts- und Selbsthilfepotential sowie die Selbstbestimmungskompetenz von Menschen stärken. Die Quadratur des Kreises besteht hierbei in der ungelösten Frage, wie eine Verzahnung solcher Aktivitäten mit den hauptamtlich geprägten und weitgehend ausgelagerten sozialen Diensten nicht nur proklamiert wird, sondern auch tatsächlich gelingen kann. Hinsichtlich der weiteren Unternehmensentwicklung wird der vielfach beschriebene Prozess der Ökonomisierung sozialer Dienste als nicht mehr umkehrbar eingeschätzt. Ebenso wird angenommen, dass die bestehende und weiter fortschreitende Autonomie der Einzel- und Trägerverbände die ehedem schwach ausgeprägte Steuerungsfähigkeit des Bundesverbandes weiter reduziert. Und gleichfalls wird von sich verschärfenden wettbewerblichen Bedingungen zwischen den Anbietern sozialer Dienstleistungen ausgegangen, die innerhalb der AWO Fusionierungen und Konzentrationsprozesse erfordert, die sich nicht mehr im Rahmen politischer Gebietskörperschaften vollziehen können. Ausgehend von diesen Grundeinschätzungen werden das „Vereinsmodell" und das „Spartenmodell" als zwei unterschiedliche Lösungsoptionen vorgeschlagen. Beide Modelle vollziehen eine unterschiedlich starke Trennung zwischen der Mitgliederorganisation und den sozialen Diensten bzw. Einrichtungen. Das „Vereinsmodell" zeichnet sich dadurch aus, dass die sozialen Dienste der einzelnen Mitgliederverbände (z.B. Kreisverbände) in einer neuen Organisationseinheit (z.B. Verein, Unterbezirk, Regionalverband) zusammengeführt werden und damit Teil der bisherigen verbandlichen Rahmenstrukturen bleiben. Das „Spartenmodell" unterstellt die Betriebsführung für soziale Dienste/Einrichtungen einer neu zu bildenden Unternehmensgruppe, die Einrichtungen einer gleichen Sparte (z.B. Pflege, Kindertagesstätten, Beratungsstellen etc.) zusammenfasst und auf der Grundlage eines Geschäftsbesorgungsvertrages eigenständig führt. Eine solche Option würde zu einer massiven Änderung der bisherigen AWO-Verbandsstrukturen führen und eine weitere Trennung von der bisherigen Mitgliederorganisation zur Folge haben.

Welche dieser Lösungsvarianten sich innerhalb der AWO letztlich durchsetzen, ist noch ungewiss. Interessant ist jedoch zu sehen, dass eine weitere Option bei den verbandsstrategischen Diskussionen keine Rolle (mehr) spielt. Es war der Versuch, an die ehemals wahrgenommene sozialpolitische Vorreiterrolle des Verbandes anzuknüpfen und diese erneut mit tagespolitischer Relevanz zu versehen. Denn dieses hätte bedeutet, sich aus der Angebotspalette „normaler" personenbezogener Dienst-

---

52 Vgl.: Zukunftssicherung durch Strukturreform - Diskussionspapier zur AWO-Verbandsentwicklung. In: Theorie und Praxis der sozialen Arbeit. Heft 5/2004. S. 48 ff.

leistungen weitgehend zurück zu ziehen und sich auf innovative, noch nicht abgesicherte Handlungs- und Problemfelder zu konzentrieren. Für eine solche Option fehlt es dem Verband an einer hierzu notwendigen und Unabhängigkeit sichernden materiellen Basis.

Die Arbeiterwohlfahrt bewegt sich damit in einem Spannungsverhältnis zwischen sozialdemokratischem Traditionsverband und sich unternehmerisch positionierenden Spitzenverband, der seine Dienstleistungen noch im Rahmen von föderativen Zuständigkeiten vor allem auf lokaler Ebene erbringt. Die neuen Rahmenbedingungen für die Ausgestaltung sozialer Dienste als auch die vorliegenden verbandsinternen Befunde sprechen wenig dafür, dass die AWO in ihrer weiteren Organisationsentwicklung an der ehemals wahrgenommenen Vorreiterrolle für eine demokratische und dem Sozialstaatsprinzip verpflichtete Wohlfahrtspflege wieder anknüpfen und diese revitalisieren kann. Zu erwarten ist vielmehr, dass die zunehmenden wettbewerblichen Anforderungen als auch eine rückläufige öffentliche Refinanzierung beim Betrieb sozialer Einrichtungen in ihrem Zusammenwirken den Trend zu einer Dienstleistungsorganisation verstärken. Ob und inwieweit es der AWO hierbei gelingt, sich als Mitgliederorganisation neu zu stabilisieren und die hiermit verbundenen Ressourcen synergetisch mit dem sich abzeichnenden Dienstleistungsverband zu verbinden, lässt sich schwerlich prognostizieren. Die Frage ist Herausforderung zugleich und verweist auf die noch zu findende gesamtverbandliche Strategie für die stattfindenden Organisationsentwicklungen auf der Großbaustelle AWO.

Literatur

Abendroth, Wolfgang: Aufstieg und Krise der deutschen Sozialdemokratie. Pahl-Rugenstein Verlag. Köln 1978

Arbeiterwohlfahrt - Bundesverband: Verbandsstatut der Arbeiterwohlfahrt. Beschlossen auf der Bundeskonferenz vom 11.-13. Nov. 1992 in Berlin. Bonn 1992

Arbeiterwohlfahrt Bundesverband e.V. (Hrsg.): Die Nationalsozialistische Volkswohlfahrt. Bonn 1988

Arbeiterwohlfahrt Bundesverband e.V. (Hrsg.): Helfen und Gestalten. Beiträge und Daten zur Geschichte der Arbeiterwohlfahrt. Bonn 1992

Arbeiterwohlfahrt Bundesverband e.V. (Hrsg.): Marie Juchacz 1879-1956 - Leben und Werk der Gründerin der Arbeiterwohlfahrt. Zweite Auflage. Bonn 2004

Arbeiterwohlfahrt Bundesverband e.V.: Grundsatzprogramm der Arbeiterwohlfahrt. Verabschiedet auf der Bundeskonferenz 1987. o.D.

Arbeiterwohlfahrt Bundesverband e.V.: Grundsatzprogramm der Arbeiterwohlfahrt. Beschlossen auf der Sonderkonferenz November 1998 in Düsseldorf

Arbeiterwohlfahrt Bundesverband e.V.: Grundsatzprogramm der Arbeiterwohlfahrt. Beschlossen auf der Sonderkonferenz Nov. 1998 in Düsseldorf. Bonn 1999

Arbeiterwohlfahrt Bundesverband e.V.: Jahresbericht und Jahresrechnung 1995

Arbeiterwohlfahrt Bundesverband e.V.: Richtlinien der AWO. Beschlossen von der Bundeskonferenz 1974 in Wiesbaden, zuletzt geändert durch Beschluss der Bundeskonferenz 1991 in Nürnberg. O.D.

Arbeiterwohlfahrt Bundesverband e.V.: Sozialbericht 2001: Ehrenamt im Wandel. Bonn 2002

Arbeiterwohlfahrt Bundesverband e.V.: Soziale Demokratie im Wandel. Geschäftsbericht 2002

Arbeiterwohlfahrt Bundesverband e.V.: Verbandsstatut der Arbeiterwohlfahrt. Beschlossen auf der Bundeskonferenz vom 11. - 13. November 1992 in Berlin. Bonn 1992

Arbeiterwohlfahrt Bundesverband e.V.: Verbandsentwicklung braucht Strategie. 2. AWO-Kongress für Verbands- und Unternehmensmanagement. Bonn 2004

AWO Bezirksverband Westliches Westfalen e.V.: Bezirkskonferenz 2002. Geschäftsbericht 1997 - 200. Juli 2000

AWO KV Düsseldorf: Leitbild der Arbeiterwohlfahrt Kreisverband Düsseldorf e.V. März 1996

Bauer, Rudolph (Hrsg.): Lexikon des Sozial- und Gesundheitswesens. R. Oldenbourg Verlag. München 1992

Brückers, Rainer (Hrsg.): Tandem QM. Das integrierte Qm-Konzept in der sozialen Arbeit. Verlag Gesellschaft für Organisationsentwicklung und Sozialplanung mbH. Bonn 2003.

Dahme, Heinz-Jürgen/Otto Hans-Uwe/Trube, Achim/Wohlfahrt, Norbert (Hrsg.): Soziale Arbeit für den aktivierenden Staat. Leske + Budrich. Opladen 2003

Frankfurter Rundschau vom 17.10.1987: „AWO macht sich Gedanken über ihre Zukunft". Bericht über die Bundeskonferenz in Kassel 1987

Hottelet, Harald: Vom Glanz und Elend eines Wohlfahrtsverbandes - Zum Erscheinungsbild der Arbeiterwohlfahrt. In: Theorie und Praxis der sozialen Arbeit. Heft 4/94. S. 138 ff.

Juchacz, Marie: Die Arbeiterwohlfahrt. Voraussetzungen und Entwicklung. Dietz Verlag. Berlin 1924

Klönne, Arno: Die deutsche Arbeiterbewegung. Geschichte - Ziele - Wirkungen. Diederichs Verlag. Düsseldorf 1980

Maier, Hugo (Hrsg.): Who is who der Sozialen Arbeit. Lambertus Verlag. Freiburg i.Br. 1998

Niedrig, Heinz u.a.: Arbeiterwohlfahrt. Verband für soziale Arbeit. Geschichte, Selbstverständnis, Arbeitsfelder, Daten. Wirtschaftsverlag. Wiesbaden 1987

Niedrig, Heinz: Die Arbeiterwohlfahrt in der Zeit von 1933 bis 1945. Spurensuche, Aufbau, Verfolgung, Verbot, Widerstand, Emigration. Schüren Verlag. Marburg 2003

Niedrig, Heinz: Zur 75jährigen Geschichte der Arbeiterwohlfahrt. In: Theorie und Praxis der sozialen Arbeit. Heft 4/94. S. 131 ff.

Potthoff, Heinrich: Die Sozialdemokratie von den Anfängen bis 1945. Verlag Neue Gesellschaft. Bonn-Bad Godesberg 1974

Reichel-Koß, Ilse/Beu, Ursula (Hrsg.): Ella Kay und das Jugendamt neuer Prägung. Ein Amt, wo Kinder Recht bekommen. Juventa Verlag. Weinheim und München 1991

Roehl, Fritzmichael: Marie Juchacz und die Arbeiterwohlfahrt. Überarbeitet von Hedwig Wachenheim. Hannover 1961

Sachße, Christoph/Tennstedt, Florian: Der Wohlfahrtsstaat im Nationalsozialismus. Geschichte der Armenfürsorge in Deutschland. Band 3. Verlag Kohlhammer. Stuttgart - Berlin - Köln 1992

Scheffler, Jürgen (Hg.): Bürer und Bettler. Materialien und Dokumente zur Geschichte der Nichtsesshaftenhilfe in der Diakonie. Band 1 - 1854 bis 1954. VHS-Verlag. Bielefeld 1987

Stoppe, Arnd: Steuerung und Kontrolle im Nonprofit-Sektor am Beispiel der Arbeiterwohlfahrt. In: Theorie und Praxis der sozialen Arbeit. Heft 4/94

Van der Will, Wilfried/Burns, Rob: Arbeiterkulturbewegung in der Weimarer Republik. Ullstein Verlag. Frankfurt am Main - Berlin - Wien 1982

Wagner, Doris: Von Frauen gegründet - von Männern geführt. Klagelied einer alten AWO-Frau. In: Theorie und Praxis der sozialen Arbeit. Heft 4/94. S. 125 ff.
Weger, Hans Dieter/Bucholz, Heinz: Stiftung als weiterführender Weg im Fundraising. Privates Vermögen für soziales Engagement. Arbeiterwohlfahrt gründet erste selbständige Gemeinschaftsstiftung in Deutschland. In: Forum Sozialstation. Das Magazin für ambulante Pflege. Nr. 81. August 1996
Wieler, Joachim/Zeller, Susanne (Hrsg.): Emigrierte Sozialarbeit. Portraits vertriebener SozialarbeiterInnen. Lambertus Verlag. Freiburg i.Br. 1995
Wunderer, Hartmann: Arbeitervereine und Arbeiterparteien. Kultur- und Massenorganisationen in der Arbeiterbewegung (1890 - 1933). Campus Verlag. Frankfurt/Main - New York 1980
Zukunftssicherung durch Strukturreform - Diskussionspapier zur AWO-Verbandsentwicklung. In: Theorie und Praxis der sozialen Arbeit. Heft 5/2004. S. 48 ff.

3.4 Der Paritätische Wohlfahrtsverband - Gesamtverband e.V. (DPWV)

Entstehung des Verbandes

Im Februar 2004 feierte der Paritätische Wohlfahrtsverband sein 80-jähriges Bestehen und erinnerte damit an die Ursprünge und wechselhafte Geschichte der Organisation.[1] Denn schon 1919 schlossen sich zunächst auf lokaler Ebene nicht-konfessionsgebundene Träger von Krankenanstalten zum „Verband Frankfurter Krankenanstalten" zusammen. Diese Konföderation von 23 Einrichtungen dehnte sich ab 1920 auf das gesamte Reichsgebiet aus, nunmehr unter dem Namen „Vereinigung der freien privaten gemeinnützigen Kranken- und Pflegeanstalten Deutschlands". Ausgelöst und motiviert war dieser Vorläuferzusammenschluss des Paritätischen im Wesentlichen durch zwei Gründe. Zum einen wurde analog zu den lobbyistischen Organisierungsprozessen der kirchlichen Verbände die Notwendigkeit gesehen, hiervon abweichende Interessen eigenständig zu organisieren und vertreten zu können. Zum anderen galt es, einer drohenden Kommunalisierung der Wohlfahrtspflege entgegenzuwirken, wie sie vor allem von sozialdemokratischen Sozialreformern im Rahmen der neuen politischen Machtverhältnisse angestrebt wurde. Die 1919 verabschiedete Weimarer Reichsverfassung schuf den Rahmen für eine staatliche Sozialpolitik und führte schnell zu entsprechenden gesetzgeberischen Initiativen. Schon 1922 wurde das Reichsjugendwohlfahrtsgesetz (RJWG) verabschiedet und 1924 folgte der Verordnung über die Fürsorgepflicht (RFV), umgangssprachlich auch als Reichsfürsorgepflichtverordnung benannt.[2] Die mit diesen gesetzlichen Regelungen verbundenen Diskussionen und Abstimmungen erforderten Prozesse des Aushan-

---

1 Vgl. u.a.: Barbara Stolterfoht: Promotor gesellschaftlicher Bewegungen. Festansprache der Verbandsvorsitzenden. In: Nachrichten Parität. Heft 2/2004. S. 12 ff.
2 Beide Gesetze markieren den Beginn eines neuartigen Reichsfürsorgegesetzeswerkes mit dem die in verschiedenen Gesetzen enthaltenen Regelungen der öffentlichen Wohlfahrtspflege zusammengefasst und von ihrer ordnungs- und eingriffspolitischen Orientierung befreit werden sollten. U.a. wurde hierbei der Leistungscharakter sozialstaatlicher Fürsorge betont und die Zusammenarbeit von öffentlicher und freier Wohlfahrtspflege ausdrücklich vorgesehen. Siehe im Einzelnen: Christoph Sachße/Florian Tennstedt 1988.

delns mit staatlichen Stellen, die durch einzelne und isoliert voneinander handelnde Träger alleine nicht geleistet werden konnten. Erforderlich wurde deshalb ein Organisierungsprozess nicht-konfessionell orientierter Einrichtungen, der sich schon bald nicht mehr nur auf den Bereich von Kranken- und Pflegeanstalten begrenzte. Zunehmend schlossen sich auch andere konfessionsfreie und nichtstaatliche Träger dem Verband an. Die ökonomischen und politischen Turbulenzen der frühen Weimarer Republik verstärkten die Notwendigkeit einer solchen Interessenvertretung, zumal viele „freie" Einrichtungen in wirtschaftliche Existenznöte gerieten. Besonders betroffen waren Erziehungsheime und Kindergärten. Eine Kooperation und gemeinsame Interessenvertretung dieser sehr unterschiedlichen und auf Eigenständigkeit bedachten Einrichtungen wurde deshalb als immer dringlicher angesehen. Die Weiterentwicklung des Fachverbandes der Gesundheitspflege zu einem umfassenderen Wohlfahrtsverband lag somit in der Luft und führte am 7. April 1924 zur Gründung der „Vereinigung der freien gemeinnützigen Wohlfahrtseinrichtungen Deutschlands". Noch im gleichen Jahr wurde der Verband in „Fünfter Wohlfahrtsverband" umbenannt.[3] Nomen est omen kommt in dieser Namensnennung die pragmatische Orientierung des Verbandes zum Ausdruck, der sich als fünfter in die Reihe der schon vier bestehenden Verbände (Diakonie, Caritas, Rotes Kreuz und Zentralwohlfahrtsstelle der Juden) einreihte. Ende 1932 entschied sich der Verband abermals für einen neuen Namen und nannte sich nunmehr „Deutscher Paritätischer Wohlfahrtsverband". Mit der Aufnahme des Attributs „Paritätischer" sollte dem Image entgegen gewirkt werden, ausschließlich einen additiven Interessenzusammenschluss zu repräsentieren, dessen substanzieller Inhalt in einer nur formalen Abgrenzung gegenüber anderen Verbänden besteht.

Mitte der Zwanziger Jahre umfasste der Verband 387 Einrichtungen der Gesundheitsfürsorge, 202 der Erziehungsfürsorge und 154 Einrichtungen der Wirtschaftsfürsorge. Überwiegend handelte es sich hierbei um stationäre Dienste (> 52 %). Mit der Machtergreifung des Nationalsozialismus vollzog sich auch eine Umformung der Freien Wohlfahrtspflege. Für den „5. Wohlfahrtsverband" bedeutete dies Gleichschaltung und Vereinnahmung durch die NS-Volkswohlfahrt, was 1934 zur Auflösung des Verbandes führte. Mit dem Wiederaufbau der Dachorganisation wurde bald nach dem Ende des 2. Weltkrieges begonnen. Als Rechtsnachfolger des 1934 aufgelösten Zusammenschlusses konstituierte sich 1948 der Verband erneut unter dem Namen „Deutscher Paritätischer Wohlfahrtsverband e.V.".

Selbstverständnis des Verbandes

Die heterogene Zusammensetzung der Verbandsmitglieder sowie die ausschließliche Dachverbandsfunktion erforderten in der Organisationsentwicklung des Paritätischen immer wieder Klärungsprozesse sowohl hinsichtlich der verbandlichen Identität als auch mit Blick auf die Aufgaben des Zentralverbandes. In den damit verbun-

---

3 Vgl.: Joachim Merchel: Der Deutsche Paritätische Wohlfahrtsverband. Seine Funktion im korporatistisch gefügten System sozialer Arbeit. Deutscher Studien Verlag 1989. S. 152. Sowie: Dritte Verordnung zur Durchführung des Gesetzes über die Ablösung öffentlicher Anleihen. Vom 4. Dezember 1926. A.a.O.

denen Debatten schälte sich heraus, dass der eigentliche Nutzen der Organisation darin bestünde, Beratung, Hilfe, Interessenvertretung, Kontaktvermittlung, Anerkennung der Gemeinnützigkeit, sowie die Verbesserung des Zugangs zu öffentlichen und anderen Finanzquellen als die spezifischen Dienstleistungen zu propagieren und hierbei die Autonomie einer jeden Mitgliedsorganisation zu achten.[4] Der Anfang der 1930-er Jahre neu gewählte Verbandsnamen „Deutscher Paritätischer Wohlfahrtsverband" brachte diese Ausgangsprämisse nicht nur begrifflich auf den Punkt, sondern sollte gewissermaßen symbolisch das Vakuum einer fehlenden gemeinsamen Verbandsphilosophie füllen, die zwischen derart ideell verschiedenartigen Mitgliedern zumindest bislang nicht herzustellen war. Diese seit der Gründung fehlende sinnstiftende Ideologie bzw. Weltanschauung ist für den Verband charakteristisch. Das verbindende Interesse begrenzte sich vielmehr darauf, den wirtschaftlichen Bestand und die Fortentwicklung der eigenen Einrichtungen sicherzustellen und den Vereinnahmungsstrategien anderer Verbände zu widerstehen.

Nicht-staatlich, konfessions-unabhängig und an der wirtschaftlichen Bestandssicherung der angeschlossenen Einrichtungen zweckorientiert, sind die zentralen Gründungsmotive der Organisation. Darüber hinausgehende gemeinsame weltanschauliche Positionen standen weder zur Debatte, noch wurden sie angestrebt. Die Bewahrung der einzelverbandlichen Autonomie innerhalb eines interessengerichteten größeren Zusammenschlusses bedurfte gleichwohl der satzungsrechtlichen Regelung und Verankerung. Bestimmt wurde deshalb:

„Mitglied der Vereinigung kann jede im Reich, Land oder Gemeinde betriebene und keinen wirtschaftlichen Geschäftsbetrieb bezweckende Kranken- und Pflegeanstalt werden, die ihren Sitz in Deutschland hat und ihrer Organisation nach keinem der übrigen vier Verbände des Reichsverbands der privaten gemeinnützigen Kranken- und Pflegeanstalten Deutschlands (...) anzugehören hat."[5]

Pluralität - Toleranz und Offenheit sowohl gegenüber Bestehendem als auch Neuem in der Sozialen Arbeit blieben auch in der weiteren Entwicklung des Verbandes die tragenden Grundprinzipien. Ebenso beibehalten wurde die Konstruktion als lobbyistischer Dachverband, der auf der rechtlichen und programmatischen Selbständigkeit der einzelnen Mitgliedsorganisation basiert.[6] In dieser Tradition stehend, formuliert der DPWV sein besonderes Selbstverständnis:

„Der PARITÄTISCHE ist ein Wohlfahrtsverband von eigenständigen Organisationen, Einrichtungen und Gruppierungen der Wohlfahrtspflege, die soziale Arbeit für andere oder Selbsthilfe leisten.

---

4 Flugblatt vom 15. Oktober 1926 „Was ist und will der Fünfte Wohlfahrtsverband?" In: Barbara Hüppe, Christian Schrapper (Hrsg.): Freie Wohlfahrt und Sozialstaat. Der Deutsche Paritätische Wohlfahrtsverband in Nordrhein-Westfalen 1949 - 1989. Juventa Verlag. Weinheim und München 1989. S. 91.
5 Zitiert nach: J. Merchel: Der Deutsche Paritätische Wohlfahrtsverband. A.a.O. S. 151.
6 Siehe hierzu insbes.: Blätter der Wohlfahrtspflege. Heft 10. Oktober 1989. Paritätische soziale Arbeit in der Bundesrepublik Deutschland. 40 Jahre Neugründung des Paritätischen Wohlfahrtsverbandes.

"Getragen von der Idee der Parität, d.h. der Gleichheit aller in ihrem Ansehen und ihren Möglichkeiten, getragen von den Prinzipien der Toleranz, Offenheit und Vielfalt, will der PARITÄTISCHE Mittler sein zwischen Generationen und zwischen Weltanschauungen, zwischen Ansätzen und Methoden sozialer Arbeit, auch zwischen seinen Mitgliedsorganisationen.

Der PARITÄTISCHE ist der Idee sozialer Gerechtigkeit verpflichtet, verstanden als das Recht eines jeden Menschen auf gleiche Chancen zur Verwirklichung seines Lebens in Würde und der Entfaltung seiner Persönlichkeit. ...

Der PARITÄTISCHE vertritt mit seinen Mitgliedsorganisationen insbesondere die Belange der sozial Benachteiligten und der von Ungleichheit und Ausgrenzung Betroffenen oder Bedrohten.

Der PARITÄTISCHE wirkt auf eine Sozial- und Gesellschaftspolitik hin, die die Ursachen von Benachteiligung beseitigen, ein selbstbestimmtes Leben ermöglichen und sachgerechte Rahmenbedingungen für eine zeitgemäße soziale Arbeit schaffen. ...

Im PARITÄTISCHEN stehen verschiedene Ansätze und Methoden der sozialen Arbeit gleichberechtigt nebeneinander. Bereits Bewährtes steht neben Neuem, Ehrenamt neben Professionalität, Selbsthilfe neben Fremdhilfe und ambulante neben stationärer Hilfe - getragen von paritätischer Toleranz, die Gegenseitigkeit, konstruktive Kritik, Ergänzung und Kooperation einschließt. ..."[7]

Satzungsrechtlich ist diese Eigenständigkeit und Pluralität der repräsentierten Mitgliedsorganisationen in der Satzung verankert. § 1 Abs. 2 und 3 regeln hierbei den rechtlich selbstständigen Charakter der angeschlossenen Mitglieder.

„(2) In ihm verbinden sich Organisationen der Freien Wohlfahrtspflege, um sachkundige und zeitgerechte Sozialarbeit zum Wohle der Gesellschaft und des einzelnen Menschen zu leisten.

(3) Die Verbundenheit und die Zusammenarbeit im Verband heben die Eigenständigkeit der Mitglieder nicht auf. Die Vielfältigkeit ihrer Beweggründe und Aufgaben verpflichtet sie und die von ihnen getragenen Einrichtungen jedoch zu gegenseitiger Rücksichtnahme, Förderung und Ergänzung. ..."[8]

Die organisatorischen und rechtlichen Anforderungen an eine Mitgliedschaft werden näher im § 4 benannt und erfordern zudem ein formal abgrenzendes Verhältnis gegenüber den anderen bestehenden Spitzenverbänden.

„Mitglied des Gesamtverbandes als überregionale Mitgliedsorganisation kann weiterhin jede als mildtätig oder gemeinnützig anerkannte Wohlfahrtsorganisation werden, die eine selbständige Rechtspersönlichkeit ist und

---

[7] Grundsätze der Verbandspolitik des PARITÄTISCHEN Wohlfahrtsverbandes von der Mitgliederversammlung des Gesamtverbandes verabschiedet am 27. Oktober 1989. In: Vorstand des DPWV - Gesamtverband e.V. (Hrsg.): Grundsätze der Verbandspolitik. Frankfurt am Main 1996. S. 3 f.
[8] Satzung des Deutschen Paritätischen Wohlfahrtsverbandes - Gesamtverband e.V. in der Fassung vom 29. Oktober 1993 zuletzt geändert auf der Mitgliederversammlung am 27.10.2000.

a) über den Bereich von mindestens fünf Landesverbänden tätig ist und bereits selbst oder mit einer Untergliederung in mindestens fünf Landesverbänden aufgenommen ist, oder

b) als nicht gegliederter Verband bundesweit tätig ist, sofern sie keinem anderen Spitzenverband der Freien Wohlfahrtspflege (Arbeiterwohlfahrt, Deutscher Caritasverband, Deutsches Rotes Kreuz, Diakonisches Werk, Zentralwohlfahrtsstelle der Juden) angehört oder ihrem Selbstverständnis nach angehören sollte."[9]

Diese für den Gesamtverband geltenden Mitgliedschaftsvoraussetzungen gelten analog für die Paritätischen Landesverbände und deren Kreisgruppen.[10]

Ursprünglich entstanden als Verband der „Übriggebliebenen", zunächst begrenzt auf Aktivitäten der Gesundheitspflege hat sich der DPWV hinsichtlich seines Mitgliederspektrums und der damit verbundenen sozialpolitischen Themen insbesondere seit den 1970er Jahren quantitativ und qualitativ verändert.

Tab. 44: DPWV - Mitgliederentwicklung Gesamtverband[11]

Jahr	Anzahl der Mitgliedsorganisationen
1924	127
1927	929
1933	1.469
1951	377
1960	723
1970	1.473
1980	2.858

Das verbandliche Selbstverständnis wurde hierbei wesentlich durch die ab Mitte der 1960er Jahre entstehenden Bürgerinitiativ- und Selbsthilfebewegungen verändert und nachhaltig geprägt. Prozesse der Selbstorganisation im Bereich der Kinderläden, der Jugend- und Kulturarbeit sowie von Bildung und Erziehung führten vielerorts zur Entstehung von neuen Gruppierungen, die sich mit ihren sozialpolitisch innovativen Impulsen dem Verband bzw. seinen Untergliederungen anschlossen. Diese sich ab Ende der 1960er, Anfang der 1970er Jahre ausbreitenden Selbstverwaltungs- und Selbsthilfeinitiativen in Kultur, Freizeit und Beruf, in der Frauen-, Ökologie- und Friedensbewegung verstanden sich zunächst als radikale und praktische Gegenkräfte zum kritisierten Establishment der etablierten Träger von Sozialer Arbeit. In diesem Kontext richteten sich zeitweilig Überlegungen auf den Aufbau al-

---

9 Ebd. § 4.
10 Z.B.: Satzung des Landesverbandes NW i.d.F. v. 15.11.1985. Insbes. §§ 1, 3. Kreisgruppengeschäftsordnung i.d.F.v. 8. Juni 1990; Satzung des Landesverbandes Baden-Württemberg §§ 2 und 3.
11 Eigene Zusammenstellung nach: DPWV - Gesamtverband e.V. (Hg.): Der Paritätische Wohlfahrtsverband. Informationsschrift. Frankfurt. Herbst 1989 und Verbandsangaben 1995.

ternativer Machtstrukturen genossenschaftssozialistischer Prägung.[12] Einher ging hiermit zunächst die Ablehnung etablierter Verbände und staatlicher Förderung. Die Erfahrung, auch als Alternativbewegung nicht frei von Institutionalisierungsprozessen zu sein und tagespolitischen Anpassungen zu unterliegen[13], führte schließlich zu einer Annäherung vieler Initiativen an den DPWV. Elterngruppen, Bürgerinitiativen, alternative Träger von Sozialarbeit, Selbstverwaltungsinitiativen schlossen sich verstärkt den jeweiligen Verbandsebenen des DPWV an und beeinflussten damit nachhaltig die Entwicklung vor allem in großstädtischen Regionen.

Die damit einhergehende neue innerverbandliche Mitgliederstruktur wirkte zugleich auf die Philosophie des Verbandes. Das bisherige Verständnis einer inhaltlich weitgehend neutral bleibenden und mit Koordinationsfunktionen versehenen Dachverbandsorganisation veränderte sich zu einer corporate identity als Dachverband für Bürgerinitiativen, Selbsthilfegruppen und sozialpolitische Aktionsgruppen. Vor allem in großstädtischen Ballungsräumen setzte sich diese verbandliche Neuorientierung durch, wobei die Frage zeitweilig sehr strittig debattiert wurde, ob der Verband Träger von eigenen Einrichtungen sein solle, sich vielmehr auf eine Rolle des Beraters, Unterstützers und Lobbyisten für seine Mitgliedsorganisationen zu begrenzen habe oder sich als Dienstleister und staatlich subventionierte Ordnungsagentur weiter ausprägen solle.[14] Bezogen auf die Selbstverständnisdebatte der 1970er und 1980er Jahre wurde diese Frage zugunsten einer beizubehaltenden Autonomie der Mitgliederorganisationen und ihrer Einrichtungen entschieden. Politische Interessenvertretung, Fachberatung und die Übernahme von Servicefunktionen für selbstständige Trägereinrichtungen wurden als die zentralen Aufgaben des Paritätischen bestimmt und dort - wo vorhanden - die Auslagerung eigener sozialer Einrichtungen forciert. Hinsichtlich der anzustrebenden sozialpolitischen Profilierung konzentrierte sich der Verband phasenweise auf das Thema „Armut und soziale Sicherung". Gewissermaßen bereichs- und mitgliederübergreifend war mit diesem „Generalthema" der Versuch verbunden, eine mitgliederübergreifende „corporate identity" herauszubilden.[15] Erweitert hat sich diese sozialpolitische Akzentsetzung um Themen der Familienpolitik, Sozialhilfe, Arbeitsmarktpolitik, Suchthilfe, Selbsthilfeförderung, Freiwilligenarbeit und Zuwanderungspolitik. Zu diesen Politikbereichen wurden

---

12 Vgl. u.a.: Fritz Vilmar, Brigitte Runge: Auf dem Weg zur Selbsthilfegesellschaft? Klartext Verlag. Essen 1986.
13 Vgl. u.a.: Stiftung MITARBEIT (Hrsg.): Institutionalisierungsprozesse sozialer Protestbewegungen. Beiträge einer Tagung. Bonn 1988.
14 Siehe hierzu: Joachim Merchel: Der Paritätische Wohlfahrtsverband und seine 'corporate identity': Probleme und Ansätze der Profilgewinnung des Paritätischen Wohlfahrtsverbandes im sozialpolitischen Kontext. In: Carola Kuhlmann, Christian Schrapper (Hrsg.): Sozialpädagogik und Sozialpolitik. Festschrift zum 60. Geburtstag von Dieter Sengling. Votum Verlag. Münster 1996. S. 139 ff.
15 Siehe hierzu auch: Abschnitt „Sozialpolitische Schwerpunkte". In: DPWV - Gesamtverband e.V.: Der Paritätische Wohlfahrtsverband. Arbeitsschwerpunkte 1994 - 1995. Frankfurt a.M. (1995). S. 11 ff. Sowie: Dieter Sengling: Soziale Arbeit im Paritätischen zwischen Gemeinwohlorientierung und privatwirtschaftlichem Wettbewerb. Rede zum ersten Verbandstag des Paritätischen Gesamtverbandes am 25. Oktober 1996. Beilage zu Nachrichten Parität. Heft 1/1997.

vom Verbandsrat einzelne Konzepte vorgelegt, mit denen sich der Verband öffentlich als fachkompetenter und innovativer Wohlfahrtsverband präsentiert.[16]

Innerverbandlich beruhen diese Optionen auf einem breiten Konsens, sie verkörpern gewissermaßen das Leitbild der Organisation. Kontrovers blieb gleichwohl die Frage, ob der Paritätische sich auch als Anbieter sozialer Dienste generell abstinent verhalten muss. Hier scherte vor allem der Berliner Landesverband frühzeitig aus der beschlossenen Verbandslinie aus und wählte einen anderen Weg. Diese Politik konsequent fortsetzend hat sich der Paritätische Landesverband Berlin inzwischen zum regional größten Träger sozialer Einrichtungen entwickelt.[17] Gesamtverbandlich gesehen prägt sich das paritätische Selbstverständnis jedoch nach wie vor in einer funktionalen Rollentrennung zwischen rechtlich eigenständige Trägereinrichtungen einerseits und Dachverband andererseits aus. Angesichts seiner heterogen zusammengesetzten Mitgliederschaft bleibt damit das die Dachorganisation charakterisierende „Wertevakuum" weiter bestehen und fordert den Verband immer wieder neu heraus. Bei allen Schwierigkeiten wird gleichwohl die Chance gesehen, die sich weiter differenzierende Pluralität der Verbandsmitglieder unter der Perspektive einer gemeinsamen bürgerschaftlichen und zivilgesellschaftlichen Orientierung nicht nur organisatorisch zu bündeln, sondern diese mit einer gemeinsamen Stoßrichtung zu versehen. Für das Selbstverständnis des Paritätischen Wohlfahrtsverbandes hat dies zur Folge, sich in noch stärkerem Maße als bisher sozialanwaltlich zu positionieren. Praktisches soziales und bürgerschaftliches Engagement, realisiert durch eigenständige Mitgliedsorganisationen einerseits und politik-lobbyistische Aufgaben des Dachverbandes andererseits kennzeichnen damit das aktuelle Spektrum, in dem sich das verbandliche Selbstverständnis des Paritätischen ausbildet.

Organisationsaufbau und Gliederung

Der Paritätische Wohlfahrtsverband - Gesamtverband - hat die Rechtsform eines e.V. mit Sitz in Frankfurt a.M. Bis 1990 bestand der Gesamtverband aus zehn rechtlich selbständigen Landesverbänden sowie mehr als 100 überregionalen Mitgliedsorganisationen. Nach dem deutschen Einigungsprozess hat sich die Zahl der Landesverbände auf 15 und die Zahl der überregionalen Mitglieder auf 144 erhöht.[18] Der Gesamtverband verfügt über eine zentrale Hauptgeschäftsstelle, die bis 2003 in Frankfurt am Main angesiedelt war. Als Folge der stärkeren lobbyistischen Aufgaben des Gesamtverbandes befindet sich die Geschäftsstelle seit Oktober 2003 in Berlin.

Hinsichtlich seines territorialen Organisationsaufbaus ist der Paritätische nahezu identisch mit den staatlichen Gebietskörperschaften. Mit Ausnahme des gemeinsamen

---

16 Vgl.: Ulrike Bauer: Paritätischer Wohlfahrtsverband als Motor der Sozialstaatsreform. In: Nachrichtenparität Nr. 5/2002. S. 23-24.
17 Vgl. u.a.: Erläuterungen zur strategischen Ausrichtung des Landesverbandes Berlin anlässlich der Vorlage des Geschäftsberichtes 1997 zur Mitgliederversammlung. Oswald Menninger, Geschäftsführer.
18 Vgl.: Der Paritätische Wohlfahrtsverband (Hg.): Informationsschrift. Erweiterter Nachdruck. Frankfurt am Main 1993.

Tab. 45: DPWV - Verbandsaufbau

1	Gesamtverband
15	Landesverbände
144	überregionale Mitgliedsorganisationen
8.700	regionale Mitgliedsorganisationen

Landesverbandes Rheinland-Pfalz/Saarland bestehen in allen Bundesländern vereinsrechtlich selbständige Landesverbände, die ihrerseits über eigene Kreisgruppen, Regionalgruppen oder Geschäftsstellen verfügen. Hauptamtliche Mitarbeiter sind bei den Landesverbänden und Regionalgruppen, zum Teil auch in einigen Kreisverbänden tätig. Landesverbände und überregionale Mitgliedsorganisationen bilden den Gesamtverband.[19]. Unabhängig von diesen Verbandsebenen bestehen rechtlich selbstständigen Mitgliedsorganisationen, in denen die eigentliche Soziale Arbeit des Verbandes geleistet wird.

Tab. 46: DPWV: Landesverbände und Untergliederungen

Landesverband	Kreisgruppen	Angeschlossene Organisationen
Baden-Württemberg	37	854
Bayern (besteht aus 7 Bezirksverbänden)		700
Berlin	-	571
Bremen	-	179
Hamburg	-	322
Hessen	23	743
Niedersachsen		729
Nordrhein-Westfalen	54	2.878
Rheinland-Pfalz/Saarland (untergliedert nach Geschäftsstellen)	2	515
Schleswig-Holstein (untergliedert nach Kreisvertretungen)	15	533
Brandenburg	18	340
Sachsen (untergliedert nach Regionalgeschäftsstellen)	5	463
Sachsen-Anhalt		335
Mecklenburg-Vorpommern	17	206
Thüringen	23	336

---

19 Siehe § 4 der Satzung.

Der Beitritt zum Paritätischen Verband bedeutet für die jeweilige Mitgliedsorganisation weder die Aufgabe noch die Relativierung eigener Souveränitätsrechte. In vollem Umfang erhalten bleibt die rechtliche Selbstständigkeit der beigetretenen Organisation. Zur Folge hat dies, dass dem DPWV auf allen Organisationsebenen (Kreisgruppe, Landesverband, Gesamtverband) Möglichkeiten fehlen, die Arbeit und Tätigkeit seiner einzelnen Mitglieder entscheidungsprägend, beaufsichtigend oder gar maßregelnd zu beeinflussen. Die schon erwähnten Grundprinzipien „Pluralität - Offenheit - Toleranz" prägen unmittelbar die Struktur der Gesamtorganisation und machen den substanziellen Unterschied des PARITÄTISCHEN gegenüber den anderen Spitzenverbänden aus. Für die innerverbandliche Willensbildung und Entscheidungsfindung führen solche Voraussetzungen zu besonderen Schwierigkeiten. Sie bestehen nicht nur aus dem Faktum eines unverbindlichen Nebeneinanders zahlreicher Organisationen, deren Tätigkeit möglichst koordiniert und auf gemeinsame Ziele hin aggregiert werden soll. Ebenso zeigen sich Probleme, die aus inhaltlich unterschiedlich gelagerten Interessen herrühren und zumindest einen kommunikativen Verständigungsprozess erfordern. Die mit dieser prekären Verbandssituation einhergehenden Strukturdebatten führten zuletzt 1993 zu entsprechenden Satzungsänderungen, die mit der Mitgliederversammlung 1995 wirksam wurden.[20] Maßgebliche Ziele dieser Reform waren die Durchsetzung einer effizienteren Arbeits- und Entscheidungsfähigkeit autorisierter Verbandsorgane sowie die Institutionalisierung einer vermehrten und qualifizierteren fachlichen Kommunikation zwischen den verschiedenen Verbandsebenen wie zwischen den einzelnen Mitgliedsorganisationen. Erreicht wurden diese Optionen durch mehrere grundlegende Veränderungen, wie die

- erhebliche Verkleinerung des Vorstandes von vormals bis zu 24 Mitgliedern auf 6 Personen, die Direktwahl des Vorsitzenden durch die Mitgliederversammlung und die Wahl der übrigen Vorstandsmitglieder aus der Mitte des Verbandsrates;[21]

- Abschaffung des Beirates und die Errichtung eines Verbandsrates als das bestimmende Gremium, welches die verbandspolitischen, finanz- und sozialpolitischen Positionen erarbeitet und in dem Landesverbände und überregionale Mitgliedsorganisationen gleiches Stimmrecht haben;[22]

- Einführung von Fachbereichen und Konferenzen als neue Kommunikationsinstrumente, mit denen die Vielfalt unterschiedlicher Ziele, Inhalte und Organisationen dialogisch bewältigt werden soll.[23]

Die auf diese Weise entschlackten, neu gefassten Organe und Kommunikationsstrukturen des Paritätischen Wohlfahrtsverbandes veranschaulicht die nachfolgende Grafik:

---

20 Vgl.: Satzung, a.a.O. sowie: Nachrichten Parität Nr. 1-2/96. Sondernummer. Mitgliederversammlung '95: Einsichten - Aussichten.
21 Vgl.: Satzung § 11.
22 Vgl.: Satzung § 10.
23 Vgl.: Satzung § 14.

Abb. 22: DPWV: Organe des Gesamtverbandes

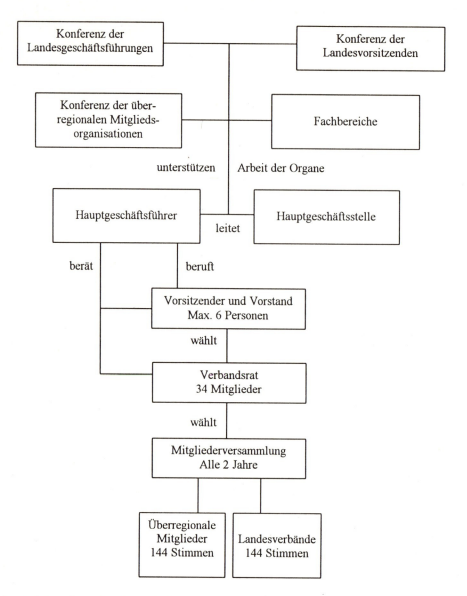

Die 15 Landesverbände mit ihren insgesamt über 9.000 Mitgliedsorganisationen sind in den einzelnen Bundesländern unterschiedlich stark präsent. Sie bringen nicht nur Aktivitäten traditioneller Vereine zum Ausdruck, sondern ebenso aktuelle Formen von Selbsthilfe und Selbstorganisation. Wie zu sehen ist, sind vor allem die Stadtstaaten sowie die eher urban geprägten Landesverbände die Zentren paritätischer Aktivitäten.

Tab. 47: DPWV Landesverbände: Organisationsdichte - Einwohner pro Mitgliedsorganisation

Landesverband	Angeschlossene Organisationen	Organisationsdichte
Baden-Württemberg	854	12.484
Bayern (besteht aus 7 Bezirksverbänden)	700	17.695
Berlin	571	5.940
Bremen	179	3.698
Hamburg	322	5.369
Hessen	743	8.199
Niedersachsen	729	10.947
Nordrhein-Westfalen	2.878	6.281
Rheinland-Pfalz/Saarland	515	9.948
Schleswig-Holstein (untergliedert nach Kreisvertretungen)	533	5.285
Brandenburg	328	7.872
Sachsen (untergliedert nach Regionalgeschäftsstellen)	463	9.393
Sachsen-Anhalt	335	7.609
Mecklenburg-Vorpommern	206	8.471
Thüringen	336	7.119

Der zunächst scheinbar überraschende Befund einer starken DPWV-Repräsentanz in den ostdeutschen Bundesländern ist jedoch keineswegs Ausdruck eines möglicher Weise stark entwickelten bürgerschaftlichen Engagements nach dem deutschen Einigungsprozess, sondern ausschließlich auf den im Dezember 1990 erfolgten Beitritt der Volkssolidarität zum DPWV zurückzuführen. In der Auflösungs- und Übergangsphase der früheren DDR wäre ebenso ein Anschluss des früheren DDR-Wohlfahrtsverbandes an die Arbeiterwohlfahrt denkbar und möglich gewesen. Dass es hierzu nicht kam, ist eher zufälligen und persönlichen Situationen als einer bewussten Anschlussoption geschuldet.[24]

Die unterschiedlichen Anliegen, Zielsetzungen, Personengruppen und Organisationsmuster der überregionalen Mitgliedsverbände umfassen ein beachtliches Spektrum. Initiativgeprägte Verbände finden sich hier ebenso wie etablierte Sozialwerke, christlich geprägte Vereinigungen, Organisationen mit philantrophischen oder ausgesprochen sozialpolitischen Anliegen bis hin zu solchen, die sich auf eine eher spezifische Problematik bzw. Betroffenheit konzentrieren. Die inhaltliche Bandbreite dieser Organisationen soll eine Auswahl der überregionalen Verbände belegen:

---

24 Vgl.: Susanne Angershausen 2003. Der Mitgliederverband Volkssolidarität umfasst über 430.000 Mitglieder, ca. 5000 Ortsgruppen und über 170 Selbsthilfegruppen. Seine Aktivitäten begrenzen sich unverändert auf das Gebiet der ehemaligen DDR.

Tab. 48: DPWV - überregionale Mitgliedsorganisationen - Beispiele Stand 2004

ADRA Adventistische Entwicklungs- und Katastrophenhilfe
Allgemeiner Behindertenverband in Deutschland e.V.
Arbeiter-Samariter-Bund
Bundesverband für Rehabilitation und Interessenvertretung Behinderter e.V. - BDH
Bundesverband Rettungshundewesen e.V. - BRH
Bund der „Euthanasie"-Geschädigten und Zwangssterilisierten e.V.
Bundeswehr-Sozialwerk e.V.
CV-Selbsthilfe Bundesverband e.V.
Deutsche AIDS-Hilfe e.V.
Deutsche Morbus Crohn/Colitis Ulcerosa Vereinigung e.V.
Deutscher Blinden- und Sehbehindertenverband e.V. - DBSV
Deutsches Jugendherbergswerk - Hauptverband für Jugendwandern und Jugendherbergen e.V.
Fachverband Drogen und Rauschmittel e.V. - FDR
Frauenselbsthilfe nach Krebs e.V.
Gemeinschaft Deutsche Altenhilfe GmbH
Hermann-Gmeiner-Fonds Deutschland e.V.
Hilfswerk der Deutschen Unitarier e.V.
Internationale Jugendgemeinschaftsdienste- Bundesverein - e.V.
Johannisches Sozialwerk e.V.
Kneipp-Bund e.V.
Kultur- und Sozialwerk der Griechischen Gemeinden in der BR Deutschland e.V.
Kuratorium ZNS für Unfallverletzte mit Schäden des Zentralen Nervensystems e.V.
Lernen Fördern - Bundesverband zur Förderung Lernbehinderter e.V.
medico internationale e.V.
Nikodemus-Werk e.V.
Pfad - Bundesverband der Pflege- und Adoptivfamilien e.V.
Pro Familia Deutsche Gesellschaft für Familienplanung, Sexualpädagogik und Sexualberatung e.V. - Bundesverband
Projekt Globale Verständigung e.V.
Rettungsdienst Stiftung Björn Steiger e.V.
Sozialbund des Bundes Freireligiöser Gemeinden Deutschlands
Sozialwerk der Bundesfinanzverwaltung e.V.
Stiftung Deutscher Polleninformationsdienst
terre des hommes Deutschland e.V.

Verband allein erziehender Mütter und Väter, Bundesverband e.V.

Verband der Sozialwerke der Christengemeinschaft e.V.

Verband für sozial-kulturelle Arbeit e.v.

Weißer Ring - Gemeinnütziger Verein zur Unterstützung von Kriminalitätsopfern und zur Verhütung von Straftaten e.V.

Word University Service Deutsches Komitee e.V.

Diese heterogene Zusammensetzung der Verbandsmitglieder gilt ebenso für die Landesverbände und ihre zahlreichen Kreisgruppen. Beispielhaft soll dies an der nordrhein-westfälischen Situation belegt werden. So umfasste der Landesverband NRW - räumlich identisch mit dem Bundesland NRW - im Jahre 1993 insgesamt 53 Kreisgruppen mit rd. 2500 Mitgliedsorganisationen sowie 84 Verbänden mit überregionalem Wirkungskreis.[25] Inzwischen hat sich die Zahl dieser Mitglieder auf etwas über 2.900 erhöht.[26] Viele dieser Verbände haben selbst den Charakter eines Zusammenschlusses mehrerer selbständiger, lokal agierender Gruppen und Initiativen, so dass die Zahl der durch den LV NRW repräsentierten Einzelorganisationen höher sein dürfte.

Tab. 49: DPWV LV NRW: Überregionale Mitgliedsorganisationen

ABA Fachverband Offene Arbeit mit Kindern e.V
Bund Deutscher Hirnbeschädigter e.V. LV NRW
Deutsche Gesellschaft Bekämpfung der Muskelkrankheiten e.V
Erholungswerk der Deutschen Bundespost e.V.
Fachverband Sucht e.V.
Gehörlosen-Sportverband e.V.
Hilfswerk der Deutschen Unitarier. Landesgruppe NRW
Interessengemeinschaft Künstliche Niere - NRW - e.V.
Kneipp-Bund Landesverband NRW e.V.
Landesarbeitsgemeinschaft der Clubs Behinderter und ihrer Freunde NW e.V.
Nordrhein-Westfälischer Verband Sport für betagte Bürger e.V.
OMEGA - Mit dem Sterben leben e.V.
Pro Familia - Landesverband NRW e.V.
Rheinische Gesellschaft für Soziale Psychiatrie e.V.
Service Civil International Deutscher Zweig e.V.
Verband Deutscher Schullandheime
Westfälischer Blindenhilfsverein e.V.

---

25 Vgl.: DPWV Landesverband Nordrhein-Westfalen: Mitgliederverzeichnis. Soziales Handeln in Vielfalt. Mitgliedsorganisationen des Paritätischen in NRW. (Stand 1.9.1993).
26 Vgl.: DPWV Landesverband Nordrhein-Westfalen: Zahlen - Daten - Fakten. Jahresbericht 2002/03

Tab. 50: DPWV Kreisgruppe Düsseldorf - Mitgliedsorganisationen Beispiele Stand 2004

Fachbereich Tageseinrichtungen für Kinder
Bilker Rotznasen Martinstraße 58 e.V.
Elterninitiative Villa Kunterbunt e.V.
Heilpäd. Kindertagesstätte „Alexandra" der Lebenshilfe für geistig Behinderte e.V.
Kinderforum e.V.
Milchzahnkiste e.V.
Montessori Kinderhaus Oberkassel e.V.
Rappelkiste e.V.
Rudolf Steiner Kindergarten Gerresheim e.V.
Universitätskindergarten - Studentenwerk Düsseldorf A.d.ö.R.
Verein zur nachschulischen Betreuung im Sinne der Waldorfpädagogik e.V.

Fachbereich Familie, Kinder, Jugend und Frauen:
Akki - Aktion Kinder und Kultur
Deutscher Kinderschutzbund KV Düsseldorf e.V.
Freunde Geschwister-Scholl-Gymnasium Hitzenlinde e.V.
Initiative Sägewerk - gemeinnützig tätiger Verein der freien Jugendhilfe e.V.
Mädchenhaus e.V.
Selbstverwaltetes Wohnprojekt Theodorstraße e.V.
Schullandheimgemeinschaft Düsseldorf-Eller e.V.
Kinder- und Jugendhilfeverbund Rheinland gGmbH
Outback e.V.
AGB - Aktion Gemeinwesen und Beratung e.V.
Kreativitätsschule Düsseldorf/Essen e.V.
Trotzdem e.V. Verein für Jugendhilfe
Deutscher Familienverband LV NRW e.V.
Pro Familia LV NRW e.V.
Frauenberatungsstelle Düsseldorf e.V.

Fachbereich Gesundheit und Alter
Aids-Hilfe-Düsseldorf e.V.
Gesellschaft für Geburtsvorbereitung e.V.
Arbeiter Samariter Bund Region Düsseldorf e.V.
Ambulanter Dienst der AHD gGmbH
Hauspflegeverein e.V.
Lazarus Hilfswerk in Deutschland e.V. Geschäftsstelle Düsseldorf

ProSeniore e.V.

Sozialpsychiatrischer Krankenpflegedienst e.V.

LV NRW für Körper- und Mehrfachbehinderte e.V.

Fachbereich Soziale Rehabilitation und Migration

Arm und Reich an einem Tisch e.V.

ASPHALT, Verein zur Förderung obdachloser und armer Menschen e.V.

Lebenshilfe für geistig Behinderte OV Düsseldorf e.V.

Flucht- und Immigrationszentrum (FIZ) e.V.

IMAZ e.V. Internationales Migrantinnenzentrum

Bundeswehr-Sozialwerk e.V. Bereichsgeschäftsführung III

Deutsches Sozialwerk (DSW) e.V. LV NRW

Fachbereich Selbsthilfe

Allergiker- und Asthmatikerbund e.V. OV Düsseldorf

Bundesverband der Kehlkopflosen LV NRW e.V. OV Düsseldorf

Club 68 Düsseldorf - Verein für Behinderte und Nichtbehinderte e.V.

Deutsche Rheuma-Liga NRW e.V.

Deutscher-Guttempler-Orden, Distrikt NRW e.V.

Die Entfesselten - Alternativen zur Psychiatrie e.V.

Elterninitiative HIV-betroffener Kinder e.V.

Frauenselbsthilfe nach Krebs LV NRW e.V.

Stadtverband der Gehörlosen Düsseldorf e.V.

zur Verhütung von Straftaten e.V.

Word University Service Deutsches Komitee e.V.

Die Beispiele belegen die durchgängig heterogene Mitgliedsschaftsstruktur des Verbandes; es sind konzeptionell unterschiedliche, z.T. sogar gegensätzliche Anliegen, die sich unter dem Dach des Paritätischen lokal, regional und überregional zusammenfinden. Für den Verband war und ist dies mit besonderen Herausforderungen verbunden.

Wie gezeigt, veränderte sich die Zusammensetzung des DPWV in seiner bisherigen Geschichte quantitativ und qualitativ. Immer mehr Einzelorganisationen forderten vom Verband zunehmende Organisierungs-, Koordinierungs- und Dienstleistungen, mit denen der Apparat Schritt halten musste. Das breiter werdende Spektrum unterschiedlicher Interessen und Orientierungen muss hierbei nicht nur hinsichtlich der innerverbandlichen Willensbildung funktional organisiert werden, sondern ebenso auf eine „gemeinsame" Handlungsperspektive hin gebündelt werden. Die damit verbundenen Schwierigkeiten sind offenkundig und führten aus der Sicht der etablierten Wohlfahrtsverbände zeitweilig zu der geringschätzenden Zuschreibung, der DPWV sei der „Lumpensammler der Sozialarbeit". Ungeachtet ihres negativen Tenors verweist diese Bewertung zugleich auf eine Problematik, die mit der Definition des Begriffes „Spitzenverband" verbunden ist. Denn gemessen an den satzungsgemäßen Kriterien der BAFG[27] könnte dem DPWV nur eingeschränkt die Eigenschaft als Spitzenverband zugesprochen werden. Weder ist er selbst ein bundesweiter Träger von sozialen Einrichtungen, noch schließt er Organisationen und Einrichtungen unter einer gemeinsamen Idee zusammen. Ebenso fehlt es zwischen dem Gesamtverband und den Mitgliedsverbänden an organischen Verbindungen, die eine Gewähr für die qualitative Arbeit seiner Mitglieder sowie eine gesicherte Verwaltung leisten. Freilich: Die Frage nach der Anerkennung des DPWV als Spitzenverband der Freien Wohlfahrtspflege ist eine rein rhetorische und faktisch durch dessen Mitgliedschaft in der BAGFW wie sein öffentliches und anerkanntes Wirken beantwortet. Gleichwohl ergeben sich aus diesem Sachverhalt besondere Beziehungen, Konflikte und Akzeptanzprobleme zwischen dem DPWV und den übrigen Spitzenverbänden, was in vielen Fällen, insbesondere auf der kommunalen Ebene, zu einer eher randständigen Stellung des Paritätischen führt. Fraglich bleibt, ob die Verbandsprinzipien „Pluralität - Offenheit - Toleranz" mehr als eine allgemeine Interessenvertretung heterogener Mitgliedschaftsinteressen überhaupt ermöglichen können. Und ebenso skeptisch sind die mit einer solchen Mitgliedschaft oftmals verbundenen Erwartungen zu hinterfragen, ob sich hierdurch eigene Interessen wirksamer durchsetzen lassen und die Inanspruchnahme von staatlichen Fördertöpfen erleichtert wird.

Aufgabenbereiche und Mitarbeiter

Wenn der DPWV aufgrund seiner spezifischen Struktur und im Sinne der genannten Definitionsmerkmale als Spitzenverband nur bedingt praktisch tätig werden kann, so stellt sich die Frage, worin sein Wert, seine eigentlichen Aufgaben und Funktionen für die angeschlossenen Mitgliedsverbände bestehen. Schließlich unterhält er als eigener Rechtsträger nur in wenigen Fällen soziale Dienste und Einrichtungen und versteht sich in erster Linie als interessenspolitischer Dachverband.[28] Es müssen also andere Leistungen und Funktionen sein, die vom Paritätischen wahrgenommen werden und dessen Attraktivität begründen. Im Wesentlichen handelt es sich um drei Aufgabenbereiche, die in unterschiedlichem Ausmaße durch den Gesamtverband, die Landesverbände und die Kreisgruppen wahrgenommen werden.

Hierbei geht es um

- die Beratung und Information der Mitglieder (Fortbildung, Rechtsberatung, Finanzberatung, Personalberatung);
- das Anbieten von Service- und Unterstützungsleistungen (EDV-Finanzbuchhaltung, Gehaltsabwicklung);
- die Repräsentanz und Interessenvertretung (Lobbyarbeit) gegenüber Politik und Gesellschaft (z.B. Mitarbeit in Gremien etc.).

---

27 Siehe hierzu: Kapitel 1.3 Das Selbstverständnis Freier Wohlfahrtspflege.
28 Vgl.: Satzung § 2.

Als sozialpolitischer Lobbyist für seine Mitgliedsorganisationen ist der Gesamtverband deshalb in zahlreichen Gremien vertreten.

Tab. 51: DPWV Vertretung des Gesamtverbandes in Gremien

Aktion Deutschland Hilft
Arbeitsgemeinschaft für Jugendhilfe (AGJ)
Bund der älteren Generation Europas (EURAG)
Bundesarbeitsgemeinschaft der Freien Wohlfahrtspflege (BAGFW)
Bundsarbeitsgemeinschaft Kinder- und Jugendschutz (BAJ)
Bundesforum Familie
Deutscher Verein für öffentliche und private Fürsorge (DV)
European Anti Poverty Network
European Council on Refugees and Exiles (ECRES)
European Older People's Platform (AGE)
Informationsverbund Asyl
Kuratorium Deutsche Altershilfe (KDA)

Durch die Mitarbeit in spezifischen Verbänden, teilweise auch durch eigene Einrichtungen erbringt der Gesamtverband gegenüber seinen Mitgliedern Servicefunktionen, die sich u. a. auf den Bereich der Aus-, Fort- und Weiterbildung beziehen. Besonderes Augenmerk hat hierbei die Qualitätsentwicklung und die Zertifizierung der Mitgliedseinrichtungen nach einem eigens entwickelten Qualitätssystem.[29]

Tab. 52: DPWV Serviceeinrichtungen für Mitgliedsorganisationen

Bank für Sozialwirtschaft
Wirtschaftsbund sozialer Einrichtungen - WiBu
PARITÄTISCHE Gesellschaft für Qualität mbH
Verlagsgesellschaft
Freiwilligenagenturen -börsen -zentren
Beratungsstelle für private Träger in der Entwicklungszusammenarbeit - Bengo
Union Versicherungsdienst
SQ-Cert
Paritätische Bundesakademie
Frauenhauskoordinierungsstelle
European Anti Poverty Network

---

29 Innerverbandlich sind mehr als 300 Mitarbeiter zu Qualitätsbeauftragten ausgebildet, mehr als 100 Referenten zu Qualitätsberatern geschult und mehr als 300 Qualitätsprojekte in Mitgliedseinrichtungen durchgeführt. Zumindest in 6 Bundesländern haben sich 16 Qualitätsgemeinschaften gebildet. Vgl.: Paritätischer Wohlfahrtsverband - Gesamtverbande e.V.: Geschäftsbericht 2001/2002. S. 45.

Das sozialanwaltliche Engagement des DPWV für benachteiligte Bevölkerungsgruppen sowie seine Positionierung in der aktuellen gesellschaftspolitischen Debatte um die Weiterentwicklung respektive Veränderung des Sozialstaats kommen in zahlreichen Stellungnahmen und Verbandserklärungen zum Ausdruck. Ausgewählte Beispiele machen das Spektrum dieser Stellungnahmen deutlich:

Tab. 53: DPWV Sozialpolitische Stellungnahmen - Beispiele aus den Jahren 2002-2004

Stellungnahme zum Betreuungsänderungsgesetz (21.4.04)
Stellungnahme zum Berufsausbildungssicherungsgesetz (2.4.04)
Stellungnahme zum Entwurf einer Regelsatzverordnung v. 23. Jan. 2004 (30.1.04)
Paritätischer WV fordert rechtzeitige Planung von Alternativen zum Zivildienst (13.1.04)
Paritätischer WV fordert Systemwechsel in der Pflege (4.2.04)
Stellungnahme zum Entwurf für ein SGB XII (BSHG) mit Stand v. 13.08.2003 (16.9.03)
Stellungnahme zum Grünbuch der EU Kommission „Dienstleistungen von allgemeinem Interesse" (12.9.03)
Expertise: Der Einfluss der Agenda 2010 auf Personen und Haushalte mit Kindern in Deutschland: Zusammenlegung von Sozialhilfe und Arbeitslosenhilfe (30.7.03)
Stellungnahme zum Gesundheitssystemmodernisierungsgesetz (23.6.03)
Stellungnahme zum WTO-Dienstleistungsabkommen GATS (4.3.03)
Positionspapier „PISA und die Folgen - Positionen und Forderungen zur bildungspolitischen Debatte" (7.1.03)
Arbeitspapier zur Bioethik (17.10.02)
Stellungnahme der Arbeiterwohlfahrt, Paritätischer Wohlfahrtsverband und pro familia zum Schwangerschaftsabbruch bei medizinischer Indikation (16.5.02)
Weiterentwicklung der Pflegeversicherung (13.5.02)
Stellungnahme zum Zuwanderungsgesetz (22.1.02)

Realisiert werden diese Aufgaben vorwiegend auf der Ebene des Gesamtverbandes, teilweise auch durch die Landesverbände. Eine eher randständige Bedeutung haben die Kreisgruppen, die ressourcenschwach ausgestattet nur wenig in der Lage sind, eine wirksame Interessenvertretung oder gar Serviceleistungen für ihre Mitglieder zu übernehmen.

Das „Hauptquartier" des Paritätischen ist im Vergleich zu den bundeszentralen Geschäftsstellen der übrigen Verbände relativ klein. In der inzwischen nach Berlin verlagerten Hauptgeschäftsstelle sind etwas über 70 Mitarbeiter/innen beschäftigt und mit fachlich-koordinierenden und interessenspolitischen Aufgaben befasst.

Abb. 23: Organigramm DPWV Hauptgeschäftsstelle

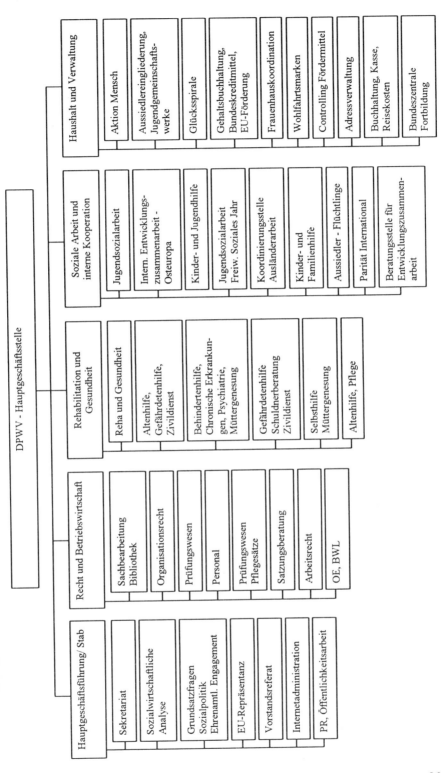

Dem DPWV-Gesamtverband gehörten im Jahr 2004 etwas über 9.700 Mitgliedsorganisationen an. Nach verbandsinternen Angaben beläuft sich die Gesamtzahl der überwiegend von den Mitgliedsorganisationen bereitgestellten Dienste auf nahezu 29.000 Einrichtungen, in denen rund 142.000 hauptberuflich Beschäftigte tätig sind. Wie die nachfolgende Tabelle zeigt, haben die einzelnen Fachbereiche und Einrichtungsarten sowie die hierin hauptberuflich Beschäftigten ein sehr verschiedenes Gewicht.

Tab. 54: Einrichtungen und Beschäftigte Paritätischer Wohlfahrtsverband[30] **Stand 2001**

Fachbereiche und Art der Einrichtung	Beschäftigte Vollzeit	Beschäftigte Teilzeit	Beschäftigte insgesamt	Zahl der Einrichtungen
Gesundheitshilfe/Krankenhäuser	18.469	4.834	23.303	172
Jugendhilfe	18.567	12.822	31.389	6.556
• stationär	7.722	3.640		2.008
• Tageseinrichtungen	8.122	7.593		3.526
• Beratungsstellen u.a.	995	1.111		710
• Jugendberufshilfe	1.728	478		312
Familienhilfe	4.198	6.464	10.662	1.683
• stationär	964	539		273
• Tageseinrichtungen	269	352		209
• Beratungsstellen	653	1.786		663
• ambulante u.a. Dienste	2.312	3.787		538
Altenhilfe	16.327	10.567	26.894	2.722
• stationär	14.347	8.616		861
• Tageseinrichtungen	647	455		507
• Beratungsstellen	143	187		402
• Mahlzeitendienste	269	466		305
• sonstige Dienste	921	843		647
Behindertenhilfe	23.402	12.609	36.011	5.355
• stationär	8.779	5.289		1.544
• Tageseinrichtungen	2.538	1.710		339
• Sonderschulen, Berufsförderung	2.224	1.007		133
• Werkstätten/Betriebe	7.782	1.722		476
• Beratungsstellen	357	541		1.423
• sonstige Dienste	1.722	2.340		1.340

---

30 Eigene Zusammenstellung nach BAGFW Gesamtstatistik 2000. Stand 03.07.2001

Weitere soziale Hilfen	6.913	6.059	12.972	3.570
• stationär	1.329	853		1.002
• Tageseinrichtungen	165	230		107
• Werkstätten/Beschäftigung	1.441	2.169		315
• Beratungs-/Betreuungsstellen	1.230	1.036		1.010
• Kleiderstuben/Möbellager	63	82		116
• Tafeln u.a. Dienste	73	80		11
• allgemeine Geschäftsstellen	1.751	1.360		758
• Rettungsdienste	861	249		242
Aus-, Fort-, Weiterbildung	410	281	691	149
Selbsthilfegruppen				8.684
I n s g e s a m t	88.286	53.636	141.922	28.891

Im Vergleich zu den für das Jahr 1996 vorliegenden Daten verzeichnet der Paritätische Gesamtverband hinsichtlich der Zahl der Einrichtungen ein deutliches Wachstum.[31] Zurückzuführen ist dieser Wachstumseffekt vor allem durch den Beitritt der Volkssolidarität zum Paritätischen Gesamtverband.

Die meisten Einrichtungen befinden sich demnach im Bereich der Jugendhilfe (32,4 % aller Dienste) und der Behindertenhilfe (26,5 % aller Dienste). Hinsichtlich des Einrichtungstyps dominieren nicht-stationäre Dienste. Ohne die Aus- und Fortbildungsstätten sowie die Selbsthilfegruppen handelt es sich bei knapp über 70 % der Einrichtungen um Tageseinrichtungen oder ambulante Dienste. Was die Beschäftigten betrifft, so sind die meisten in der Behindertenhilfe tätig (25,4 %). Als zweiwichtigster Beschäftigungsbereich folgt die Jugendhilfe (22,1 %), gefolgt von der Altenhilfe (18,9 %) und der Gesundheitshilfe (16,4 %). Fast die Hälfte aller in paritätischen Einrichtungen beschäftigten Personen ist damit in Einrichtungen der Behinderten- und Jugendhilfe tätig.

Durchschnittlich gesehen sind 38 % aller Mitarbeiter teilzeitbeschäftigt. Deutlich andere Gewichtungen bestehen in den Arbeitsfeldern der Familienhilfe (60,6 % TZ-Beschäftigte), im Bereich weitere soziale Hilfen (46,7 % TZ-Beschäftigte) sowie in der Jugendhilfe (40,8 % TZ-Beschäftige). Insgesamt gesehen zeigt sich damit keine signifikante Abweichung gegenüber dem prozentualen Anteil von Teilzeitarbeitnehmern in den anderen Spitzenverbänden der Freien Wohlfahrtspflege. Deutlich anders ist die Rolle des Paritätischen als Dachverband für Initiativen und Selbsthilfegruppen. Diese haben im Paritätischen ein wesentlich stärkeres Gewicht. Mit über 8.600 Gruppen und Initiativen repräsentiert der Verband die größte Anzahl der bei einem einzelnen Spitzenverband angeschlossenen Selbsthilfegruppen.

Die fast durchgängige Konstruktion des Paritätischen als Dachverband rechtlich selbstständiger Einrichtungen und Organisationen bedingt, dass soziale Dienstleistungen in der Regel durch die Mitgliedsorganisationen realisiert werden. Für die ört-

---

31 Eigene Zusammenstellung nach verbandsinterner Statistik vom 16.5.1997 und 2.6.1997.

lich operierenden Kreisgruppen oder Geschäftsstellen bedeutet dies, ausschließlich informierende, beratende und koordinierende Funktionen wahrnehmen zu müssen, ohne dass sie hierbei über Steuerungsmöglichkeiten gegenüber ihren Mitgliedsorganisationen verfügen. Das nachfolgende Beispiel illustriert diese spezifisch paritätischen Organisationsbeziehungen.

Abb. 24: Kreisgruppe des Paritätischen Wohlfahrtsverbandes Düsseldorf - Stand 2003[32]

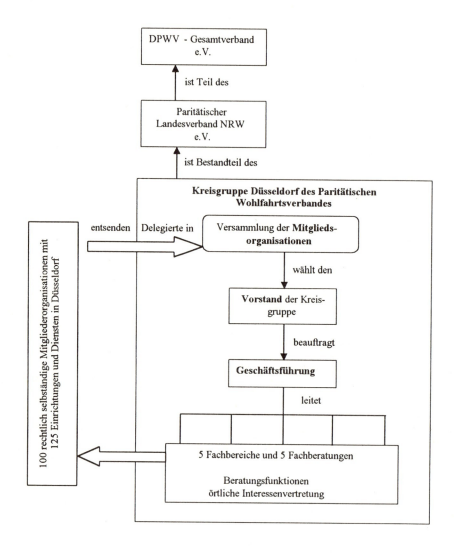

---

32 Nach: Der Paritätische in Düsseldorf und seine Mitgliedsorganisationen. 2003

Noch stärker gelten diese zuarbeitenden und unterstützenden Funktionen für die paritätischen Landesverbände, die nur über ihre Kreisgruppen oder regionalen Geschäftsstellen mit der unmittelbaren Dienstleistungserbringung ihrer Mitgliedsorganisationen verbunden sind. Durch ihre ressourcenstärkere Ausstattung sind diese jedoch besser in der Lage, unterschiedliche Service- und Beratungsleistungen zu erbringen. Auch dies soll beispielhaft illustriert werden.

Abb. 25: Paritätischer Wohlfahrtsverband - Landesverband NRW - Stand 2003[33]

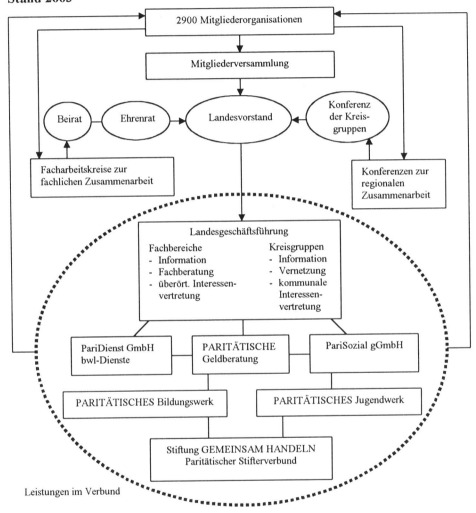

Wie schon erwähnt, ist dieses paritätische Organisationsmuster zwar die Regel, die gleichwohl auch Ausnahmen kennt. Eine prinzipiell andere Ausgangssituation be-

---

33 Vgl.: Der Paritätische Wohlfahrtsverband Landesverband NRW: Zahlen - Daten - Fakten. Jahresbericht 2002/03. S. 40

steht im Landesverband Berlin. Abweichend zur gängigen Verbandspraxis tritt hier der Paritätische als eigener Rechtsträger sozialer Dienste auf. Berliner Besonderheiten führten zu dieser Entwicklung. In deren Folge entstand ein paritätischer Unternehmensverbund, der heute als regional größter Wohlfahrtsverband tätig ist.

Abb. 26: Paritätischer Wohlfahrtsverband Berlin - Stand 2003[34]

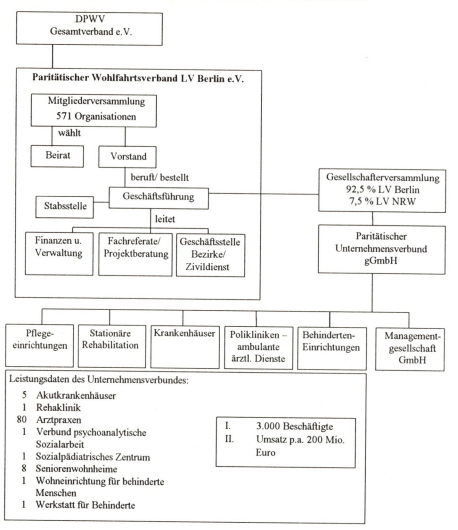

Die publizistischen Aktivitäten des Gesamtverbandes begrenzen sich bundesweit auf die zweimonatliche Herausgabe der Mitgliederzeitschriften „Nachrichten PARITÄT, Organ des DPWV" und „Parität aktuell" mit einer Auflage von jeweils rd. 12.000 Exemplaren. Hinzu kommen fachspezifischer Arbeitshilfen und Periodika.

---

34 Nach: Paritätischer Wohlfahrtsverband LV Berlin e.V.: Geschäftsbericht 2002/2003. Berlin 2003.

Eine besondere bundespolitische Bedeutung hat die monatlich erscheinende Fachzeitschrift „Blätter der Wohlfahrtspflege", die vom Wohlfahrtswerk für Baden-Württemberg in Zusammenarbeit mit dem Paritätischen herausgegeben wird. Mit dieser Publikation verfügt der Verband zumindest mittelbar über ein fachliches Printmedium, mit dem inner- und außerverbandlich die sozialpolitischen Einschätzungen und Positionen des DPWV zur Diskussion gestellt werden können.

Tab. 55: DPWV - überregionale Publikationen/Zeitschriften

Familienselbsthilfe
Arbeitshilfe für Elterninitiativen und selbstorganisierte Gruppen
Sechster Familienbericht - Dokumentation einer Fachtagung
Arbeitsbedingungen zeitgemäß gestalten
„Kindschaftsrecht auf dem Prüfstand - PARITÄTISCHE Positionen und Forderungen"
„Vorurteils- und genderbewusste Bildung"
MuT - Mädchen und Technik
In guter Gesellschaft - Szenarien aus Selbsthilfe und Bürgerengagement
Grundlagen und Hinweise
§ 3a BSHG - Das Recht auf ambulante Hilfen
Grundsätze der Verbandspolitik
„Mit Mädchen arbeiten - Qualität sichtbar"
Parität EU-Report
Nachrichten Parität - Das Magazin
Partner für freies Engagement
Geschäftsbericht des PARITÄTISCHEN Gesamtverbandes
Europäische Tagung - Selbstorganisation von MigrantInnen und ihre „Modelle zur Integration"

Auf der Ebene der Landesverbände wird, eher sporadisch als regelmäßig, durch verschiedene Zeitschriften und Mitteilungsblätter informiert. Thematisch konzentrieren sich diese Beiträge auf einzelne Themenfelder, die die jeweiligen Handlungsbereiche der Mitgliedsorganisationen widerspiegeln. Beispielhaft für die vom Landesverband NRW herausgegebenen Schriften „arbeitsdruck", „Info des Paritätischen Jugendwerkes" und „Sonderschriften" werden in den Berichtsjahren 1990 bis 1995 u.a. folgende Themen aufgegriffen[35]: Armut in der BRD; Jugendwohnen in Ost und West; Golfkrieg; Beschäftigungsinitiativen; Berufsrückkehr für Frauen; Arbeitsförderungsgesetz; Beschäftigung und Qualifizierung; Arbeitslosigkeit; Bundesjugendplan; Europäischer Sozialfonds; Einrichtungen und Angebote der offenen Jugendarbeit; Mädchenhäuser; Mädchenarbeit; Jugendsozialarbeit; Landesjugendplan; Ju-

---

35 Vgl.: Jahresberichte 1989 - 91, 1991 - 1993 und 1993-1995. Hrsg. Der Paritätische Wohlfahrtsverband Landesverband Nordrhein-Westfalen. Sowie schriftliche Mitteilung des DPWV LV NRW vom 13.4.1994 und 5.6.1996.

gendhilfeplanung; Kinder- und Jugendhilfegesetz; Herausforderung Sozialpolitik; Datenschutz; Asyl in Deutschland; Selbsthilfe braucht Unterstützung; Wohnungsnot; Ausländerarbeit; Psychopharmaka; Europa ohne Grenzen; Sexuelle Gewalt; Heimerziehung; betreute Wohnformen; Migrationsarbeit.

Als Arbeitgeber in der Sozialen Arbeit hat der Paritätische Wohlfahrtsverband eine eher randständige Bedeutung. In dieser Rolle begrenzt sich die Organisation notwendigerweise auf die Beschäftigten des Gesamtverbandes, der Landesverbände und der hier angeschlossenen Kreisgruppen. Schätzungsweise dürften dies zusammen nicht mehr als 2000 Personen sein.[36] Das Gros der Beschäftigten ist damit unmittelbar in den jeweiligen Mitgliedsorganisationen tätig und angestellt. Sieht man von den insgesamt 71 Rehabilitations- und Krankenhauseinrichtungen[37] ab, so handelt es sich hier überwiegend um kleinbetriebliche Organisationen.

Resümee und Ausblick

Als Dachverband von rechtlich selbstständigen Mitgliedsorganisationen konstruiert, nimmt der Paritätische Gesamtverband mehrere und voneinander unterscheidbare Funktionen gleichzeitig war. Als Mitgliederverband bedient er Beratungs- und Dienstleistungsaufgaben, so sie von den Mitgliedern erwünscht, nachgefragt und tatsächlich in Anspruch genommen werden. Als sozialanwaltliche Lobbyorganisation positioniert sich der Verband gegenüber Politik und Gesellschaft, wobei diese Aufgabe vor allem durch den Gesamtverband und die Landesverbände wahrgenommen wird. Weniger tangiert hiervon sind die örtlichen Verbandsgliederungen. Als sozialer Dienstleister spielt der Paritätische nur dort eine Rolle, wo der Verband selbst als Rechtsträger eigener Einrichtungen relevant auftritt und sich als Akteur bei der Ausgestaltung einer sozialen Infrastruktur unmittelbar beteiligt. Wie zu sehen ist, verhält sich der Verband als Anbieter sozialer Dienstleistungen nach wie vor überwiegend abstinent. Zumindest gilt dies für den Gesamtverband und die überwiegende Zahl der Landesverbände. Diese Eigentümlichkeit des Paritätischen hat zur Folge, dass sich die durch den Gesamtverband repräsentierten Aktivitäten gewissermaßen janusköpfig herausbilden. Der DPWV-Mitgliederverbandsbereich mit seinen eigenen Organe, Gremien und Geschäftsstellen ist hierbei die eine Sphäre. Die andere Sphäre wird durch die sozialen Dienstleistungen der Mitgliedsorganisationen repräsentiert, die ihrerseits über eigenständige Organe, Gremien und Entscheidungsinstanzen verfügen. Beide Ebenen zeigen sich nur lose miteinander verbunden. Berührungspunkte und gemeinsame Schnittflächen können hierbei nicht durch formelle Beschlüsse der Verbandsorgane erzwungen und durchgesetzt werden, sondern ergeben sich - wenn überhaupt - durch praktische Erfordernisse sowie ähnliche Interessen bei der Sicherung und Weiterentwicklung sozialer Dienste. Die summarisch beeindruckenden Mitglieder- und Beschäftigtenzahlen täuschen deshalb nur äußerlich ein großbetriebliches Unternehmen vor und suggerieren eine Organi-

---

36 Die Größenordnung ergibt sich bei der Umrechnung der Beschäftigungszahlen des Landesverbandes Nordrhein-Westfalen auf die anderen LV und Organisationsbereiche.

37 Vgl.: Der Paritätische Wohlfahrtsverband - Gesamtverband e.V.: Krankenhäuser und Rehabilitationseinrichtungen. Dezember 1994.

sationsmacht, die der Logik einer arithmetischen Addition folgt, nicht aber als Indiz für einen maßgeblichen sozialpolitischen Einfluss der paritätischen Mitgliedsorganisationen gewertet werden kann. Überhaupt zeigt sich, dass die aus der Betriebswirtschaft entlehnten Kennzeichnungen wie Konzern, Holding, Groß- und Mittelbetriebe kaum zutreffende Charakterisierungen für den DPWV sind. Selbst der im Zusammenhang mit den anderen Spitzenverbänden aufgegriffene Begriff des Franchiseunternehmens zeigt sich nicht zuletzt deshalb als untaugliche Typisierung, weil es an einem konkreten Lizenzvergeber ebenso fehlt wie an einem öffentlich gleichen Auftreten der Mitgliedsorganisationen. Trotz der vorgenommenen Positionierungen des Gesamtverbandes als sozialanwaltlicher Interessenvertreter für Benachteiligte, als Solidargemeinschaft unterschiedlicher Initiativen und Organisationen sowie als Dienstleister gegenüber diesen Mitgliedern lassen sich nach wie vor keine gemeinsamen Leitziele und inhaltliche Orientierungen erkennen, die sich in ihrem allgemeinen Gehalt von ähnlich verlautbarten Erklärungen der anderen Spitzenverbänden substanziell unterscheiden. Darüber hinaus fehlt es dem Verband an institutionell gesicherten Einwirkungsmöglichkeiten auf seine Mitglieder und die von diesen geleisteten Aktivitäten. Die Entscheidungskompetenzen des Paritätischen Wohlfahrtsverbandes beziehen sich damit ausschließlich auf seine Geschäftsstellen und die wenigen Einrichtungen in eigener Trägerschaft. Für die praktische Ausgestaltung Sozialer Arbeit haben diese Zuständigkeiten bestenfalls mittelbare Auswirkungen. Begünstigt die basisdemokratische Struktur des Paritätischen einerseits insbesondere die Arbeit von Initiativen und Selbsthilfegruppen und sichert so einen unmittelbaren Klienten- und Betroffenenbezug, so zeigt sich andererseits gerade hierin die machtpolitische Schwäche der Organisation. Insbesondere auf der örtlichen Ebene zeigt sich nämlich, dass diese Ausgangslage keinesfalls mit einem erkennbaren Handlungsvorteil gegenüber den anderen Spitzenverbänden verbunden ist. Vielmehr ist zu sehen, dass mit dem Abflauen der Selbsthilfe- und Initiativenbewegung auch der interessenspolitische Einfluss des Paritätischen schwindet. Und bedenkt man den zunehmenden Einfluss der konfessionellen Wohlfahrtsverbände, so könnte dies durchaus mit der Gefahr einer erneuten Marginalisierung des Paritätischen verbunden sein.

Innerhalb des DPWV stellt sich damit weiterhin und verschärft die Frage, ob und in welchem Ausmaß die bestehenden Organisationsstrukturen trotz vollzogener Verbandsreformen noch geeignet sind, die unterschiedlichen Mitglieder mit ihren sozialen Diensten zu einer gemeinsamen Konflikt- und Organisationsfähigkeit zu aggregieren. Die alte Streitfrage, ob der Verband zukünftig stärker auch als Träger sozialer Dienstleistungen auftreten soll, gewinnt damit eine neue Brisanz. Die Balance zwischen organisatorischer Eigenständigkeit einerseits und noch zu findenden mitgliederübergreifenden Entscheidungsinstanzen andererseits herzustellen, ist die zentrale Herausforderung für die Weiterentwicklung der Organisation. Tendenzen, zwischen bestehenden sozialen Dienste stärkere Kooperationsbezüge herzustellen, Fusionierungen zu ermöglichen und soziale Dienstleistungsangebote zu bündeln, lassen sich hierbei vermehrt auf der Ebene von Landesverbänden feststellen. Es scheint, als würde hierbei in modifizierter Weise der „Berliner Weg" organisationspragmatisch adaptiert. So finden in mehreren Landesverbänden derzeit Entwicklungen statt, die regionale Arbeit durch die Bildung neuer geografischer Zuständigkeiten zu optimieren, wobei die Hoffnung besteht, hierdurch eine engere Verzahnung und Bündelung der Aktivitäten der Mitgliedsorganisationen zu erreichen.[38] Noch weiter geht die in Baden-Württemberg vollzogene Organisationsreform, die dem Paritätischen LV nicht nur per Satzung eine eigene Trägerfunktion ermöglicht[39], sondern diese durch mehrere Beteiligungsgesellschaften und eigene Verbandeinrichtungen auch realisiert.[40] Auffällig hierbei ist, dass bei der Erbringung sozialer Dienstleistungen in einzelnen Fällen ebenso auch die Zusammenarbeit mit anderen Spitzenverbänden eingelöst wird und verbandsübergreifende Kooperationsformen entstehen. Es sind dies vor allem handlungspragmatische Synergieeffekte, die keinesfalls schon auf strategische Neuorientierungen verweisen. Gleichwohl ist durchaus vorstellbar, dass längerfristig gesehen hierdurch bereichsbezogene Fusionierungen bisher getrennter Trägerverbände begünstigt werden, die sich nicht mehr nach einzelverbandlichen Trägerschaften unterscheiden lassen.

Literatur

Angershausen, Susanne: Radikaler Organisationswandel. Wie die „Volkssolidarität" die deutsche Vereinigung überlebte. Leske + Budrich. Opladen 2003

Blätter der Wohlfahrtspflege. Heft 10. Oktober 1989: Paritätische soziale Arbeit in der Bundesrepublik Deutschland. 40 Jahre Neugründung des Paritätischen Wohlfahrtsverbandes

DPWV - Gesamtverband e.V.: Der Paritätische Wohlfahrtsverband. Arbeitsschwerpunkte 1994 - 1995. Frankfurt a.M. 1995

DPWV Landesverband Berlin: Geschäftsbericht 2002/2003. Berlin. Oktober 2003

Hüppe, Barbara/Schrapper, Christian (Hrsg.): Freie Wohlfahrt und Sozialstaat. Der Deutsche Paritätische Wohlfahrtsverband in Nordrhein-Westfalen 1949 - 1989. Juventa Verlag. Weinheim und München 1989

Kuhlmann, Carola/Schrapper, Christian (Hrsg.): Sozialpädagogik und Sozialpolitik. Festschrift zum 60. Geburtstag von Dieter Sengling. Votum Verlag. Münster 1996

Merchel, Joachim: Der Deutsche Paritätische Wohlfahrtsverband. Seine Funktion im korporatistisch gefügten System sozialer Arbeit. Deutscher Studien Verlag 1989

Bauer, Ulrike: Paritätischer Wohlfahrtsverband als Motor der Sozialstaatsreform. In: Nachrichten Parität Nr. 5/2002. S. 23-24

Stolterfoht, Barbara: Promotor gesellschaftlicher Bewegungen. Festansprache der Verbandsvorsitzenden. In: Nachrichten Parität. Heft 2/2004. S. 12 ff.

Paritätischer Wohlfahrtsverband - Gesamtverband e.V.: Geschäftsbericht 2001/2002. Frankfurt am Main 2002

Paritätischer Wohlfahrtsverband Landesverband Baden-Württemberg e.V.: Geschäftsbericht 2002

Satzung des Deutschen Paritätischen Wohlfahrtsverbandes - Gesamtverband e.V. in der Fassung vom 29. Oktober 1993 zuletzt geändert auf der Mitgliederversammlung am 27.10.2000

---

38 Z.B. soll der bisherige Landesverband Rheinland-Pfalz/Saar mit seinen in Mainz und Saarbrücken bestehenden Geschäftsstellen zukünftig in 8 Regionalverbände (RV) untergliedert werden. Geplant sind die RV Rhein-Lahn-WW, Eifel, Trier, Rheinhessen/Nahe, Pfalz-Nord-West, Pfalz-Süd, Mainz und Saar.

39 Vgl.: Satzung des DPWV Landesverbandes Baden-Württemberg § 2 Abs. 3

40 Vgl.: DPWV Landesverband Baden-Württemberg e.V.: Geschäftsbericht 2002

Sengling, Dieter: Soziale Arbeit im Paritätischen zwischen Gemeinwohlorientierung und privatwirtschaftlichem Wettbewerb. Rede zum ersten Verbandstag des Paritätischen Gesamtverbandes am 25. Oktober 1996. Beilage zu Nachrichten Parität. Heft 1/1997

Vilmar, Fritz/Runge, Brigitte: Auf dem Weg zur Selbsthilfegesellschaft? Klartext Verlag. Essen 1986

3.5 Das Deutsche Rote Kreuz e.V. (DRK)

Entstehung des Verbandes

Die Ursprünge der internationalen Rotkreuzbewegung werden auf den Genfer Bürger und Geschäftsmann Jean Henry Dunant (1828-1910), zurückgeführt.[1] Seine Erlebnisse im Zusammenhang mit der Schlacht bei Solferino wurden zum Ausgangspunkt und zum Gründungsmythos der weltweiten Bewegung und definieren in Teilen auch heute noch das Selbstverständnis des Verbandes. 1859 führte das Königreich Sardinien-Piemont gemeinsam mit Frankreich einen Krieg gegen Österreich; der Konfliktpunkt war die Loslösung Oberitaliens von Österreich. Henry Dunant geriet im Rahmen einer Geschäftsreise unvermittelt in die Kampfhandlungen und zeigte sich erschüttert über das Leid der verwundeten Soldaten und der schlechten bzw. fehlenden medizinischen Versorgung. In seinem Werk „Eine Erinnerung an Solferino"[2] beschreibt er die Schrecken des Krieges, die ihm als Zivilist bis dahin fremd waren. Die verstörenden Eindrücke, welche die Schlacht und die Lage der verwundeten Soldaten bei Dunant hervorriefen, führten ihn zu der Frage, wie dieses Leid zu lindern sei:

> „Welchen Nutzen hätte eine Schar tatkräftiger, begeisterter und mutiger Helfer auf dem Felde der Vernichtung bringen können in jener unheilvollen Nacht [...] als Tausende von Verwundeten vor Qual stöhnten und herzzerreißend um Hilfe riefen, Tausende, die nicht nur unter furchtbaren Schmerzen, sondern auch unter einem entsetzlichen Durst litten."[3]

Dunants Idee: Mittels freiwilliger Helfer sollte ein gut organisiertes Hilfswerk in Friedenszeiten geschaffen werden, das in Kriegszeiten aktiv werden sollte. Es war ihm bereits klar, dass dabei nur die Verwundeten und nicht das Interesse eines einzelnen Landes im Vordergrund stehen dürften. Es müssten also internationale Abkommen geschaffen werden, die den Schutz der Helfer und Betroffenen regelten und die von allen Kriegsparteien eingehalten würden. Das nötige Vertrauen würde eine solche Organisation nur dann gewinnen können, wenn diese sich unparteiisch verhielt und auf allen Seiten gleichermaßen hülfe. In dieser Überlegung wurzelt der immer noch gültige Grundsatz der Neutralität.

Zur Vermittlung seiner Idee reiste Dunant durch Europa und findet schließlich in der Schweizer Gemeinnützigen Gesellschaft einen Wegbereiter. Nach anfänglicher Zurückhaltung im Vorstand der Gesellschaft wird 1863 ein „Fünferkomitee" ge-

---
1 Zur Biographie Dunants vgl.: Willy Heudtlass 1989.
2 Vgl.: Henry Dunant 1962.
3 Ebd. S. 110.

gründet, das der Gesellschaft konkrete Vorschläge zur Umsetzung unterbreiten soll. Das Jahr 1863 gilt deshalb als Gründungsjahr des Roten Kreuzes und das „Fünferkomitee" kann durchaus als Vorläufer des Internationalen Komitees vom Roten Kreuz (IKRK) gesehen werden. Der selbstgesetzte Auftrag des Komitees war und ist die Durchsetzung und Überwachung von Dunants Ideen. Dabei ging es weder um die grundsätzliche Änderung bestehender Verhältnisse, wie sie beispielsweise sozialistische Ideen forderten, noch um die Propagierung einer grundsätzlich pazifistischen Haltung. Gelindert werden sollte ausschließlich das mit kriegerischen Ereignissen verbundene Leid; die Leitsätze der Rotkreuzbewegung wie „Per humanitatem ad pacem" („durch Menschlichkeit zum Frieden") oder „inter armas caritas" („Menschlichkeit im Krieg") verdeutlichen diesen Anspruch und reflektieren das Grundverständnis der Rotkreuzarbeit bis zum heutigen Tage.[4]

Bereits vier Jahre nach Solferino kam es auf Einladung der „Gemeinnützigen Gesellschaft" zur Ersten Genfer Konferenz, bei der immerhin 16 Regierungen (davon sieben deutsche) vertreten waren. Verabschiedet wurde ein zehn Artikel umfassendes Manifest, das 1864 von zwölf Staaten unterzeichnet und als „Genfer Konvention" bekannt wurde. Es bildet den Ausgangspunkt des bis in die Gegenwart gültigen und mehrfach weiterentwickelten Humanitären Völkerrechts, als dessen Wächter sich das Internationale Rote Kreuz bis heute versteht.[5] Die darauf folgende Entwicklung der Rotkreuzbewegung ist eine Erfolgsgeschichte. Die Zahl der angeschlossenen Nationalgesellschaften wuchs rasch. Dass diese Entwicklung sich so schnell vollziehen konnte, lag weniger an den humanistischen Idealen ihrer Initiatoren als vielmehr an einem Paradigmenwechsel staatspolitischer und militärischer Sichtweisen. „Weitsichtige" Politiker und Militärs erkannten nämlich eine Interessenübereinstimmung zwischen humanitären Maßnahmen und kriegsführenden Optionen, die vor allem auf die Erkenntnis zurückzuführen war, durch die Nichtversorgung verwundeter Soldaten zuweilen größere Verluste als auf dem eigentlichen Schlachtfeld verzeichnen zu müssen. Aus einer solchen Perspektive stellten humanitäre und militärische Interessen keineswegs mehr sich gegenseitig ausschließende Orientierungen dar, sondern erforderten geradezu ihre operative Verknüpfung.

Zur erfolgreichen Entwicklung des Verbandes trug allerdings noch ein weiterer Faktor bei. Mit der Entstehung einer bürgerlichen Presse wurde nämlich erstmals auch eine breite zivile Öffentlichkeit über die menschenunwürdigen Bedingungen des Krieges informiert. Die medizinischen und gesundheitlichen Rahmenbedingungen führten in Teilen der Bevölkerung zu Empörung und zur Gründung vereinzelter Initiativen. So organisierte die britische Krankenpflegerin Florence Nightingale (1820-1910) im Zusammenhang mit den katastrophalen gesundheitlichen Bedingungen während des Krimkrieges (1853-1856) eine militärische Krankenpflege und entwickelte später Pläne sowohl für die militärische als auch die zivile Krankenpflege. Bereits 1860 gründete sie eine Schwesternschule.

---

4 Vgl.: Dieter Riesenberger: Das Deutsche Rote Kreuz. Eine Geschichte 1864-1990. Ferdinand Schöningh Verlag. Paderborn 2002.
5 Die erste Genfer Konvention betreffend die Linderung des Loses der im Felddienst verwundeten Militärpersonen. Der Wortlaut findet sich bei Haug, Hans (1991): Menschlichkeit für alle. Die Weltbewegung des Roten Kreuzes und Roten Halbmondes. Bern/Stuttgart, S. 649 f.

Die Entstehung der RK-Hilfsorganisation ist vor diesem Hintergrund weniger - wie vielleicht gelegentlich vermittelt - ein *deus ex machina* eines genialen Schöpfers als vielmehr ein Kind seiner Zeit.

Für Deutschland lässt sich die Entwicklung des Roten Kreuzes grob in vier Phasen unterteilen: Kaiserreich, Weimarer Republik, Nationalsozialismus und Entwicklung nach 1945. Sie markieren nicht nur unterschiedliche politische Systeme, sondern sind in ihren jeweiligen Übergangsstadien durch die zwei größten Konflikte des 20. Jahrhunderts, den Ersten und Zweiten Weltkrieg, bestimmt, aus denen die Rotkreuzbewegung jeweils gestärkt hervorging.

Der Württembergische Sanitätsverein gehörte im Deutschen Reich zu den ersten nationalen Hilfsgesellschaften. Sehr schnell folgten andere Gesellschaften.[6] Bereits 1869 schlossen sich vierzehn Vereine zum „Centralkomité der Deutschen Vereine zur Pflege im Felde verwundeter und erkrankter Krieger" zusammen. Neben diesen überwiegend von männlichen Mitgliedern geprägten Assoziationen entstanden Frauenvereine und Schwesternschaften, die sich in der Krankenpflege betätigten und im Kriegsfall zur medizinischen Versorgung der Soldaten beitragen sollten. Zu diesem Zweck waren den Mutterhäusern der Schwesternschaften oftmals eigene Krankenhäuser angeschlossen - ein bis in die Gegenwart hinein wichtiges Aufgabengebiet für das Rote Kreuz. 1894 vereinigten sich die auf regionaler Ebene bestehenden Schwesternschaften zum „Verband der Schwesternschaften", welcher später zum „Verband der Schwesternschaften vom Deutschen Roten Kreuz e. V." wurde. Als solcher ist er bis heute erhalten geblieben. An die besondere Rolle, die die Frauenvereine in der Geschichte des DRK gespielt haben, erinnert heute noch die herausgehobene Stellung der Schwesternschaften im Gesamtverband und die traditionelle Festschreibung der Position der stellvertretenden Vorsitzenden für eine Frau.

Dass Militär- und Sanitätswesen in der frühen Entwicklungsphase des Roten Kreuzes kaum voneinander zu trennen sind, zeigt sich im verbandlichen Selbstverständnis jener Zeit. So heißt es in einem 1900 veröffentlichten Überblick:

„[...] es sei das Bestreben, sich im Frieden auf den Krieg vorzubereiten und sich dabei mehr oder weniger an die bestehenden Heereseinrichtungen der Länder anzuschließen."[7]

Auffällig ist in diesem Zusammenhang auch die Aufgabenteilung zwischen Männern und Frauen innerhalb der Gesellschaften.

„Während sich die Frauenvereine der Gemeindekrankenpflege und Säuglingsvorsorge verschrieben, widmete sich die Männerorganisation zum Hauptteil dem Aufbau des Rettungsdienstes, so dass sich hieraus das für die Rotkreuzorganisation bis zum Ersten Weltkrieg charakteristische Nebeneinander von Männer und Frauenorganisation herausbildete. Dabei war das Aufgabengebiet der Männeror-

---

6 Bereits 1864 wurden in Oldenburg, Preußen, Mecklenburg-Schwerin und Hessen-Darmstadt so genannte Landes-Sanitätsvereine eingerichtet. 1866 folgten dann Hamburg, Sachsen, Baden und Bayern. Vgl. Boethke, W. (o. J.), S. 14 ff.
7 Strantz, Viktor von: Das internationale Rote Kreuz. In: Heere und Flotten der Gegenwart. Bd. 1: Deutschland. Berlin 1896. S. 98.

ganisation zumeist auf den Kriegsfall beschränkt, während bei der Frauenorganisation das Friedensprogramm besonders in den Vordergrund gestellt wurde."[8]

Zu Beginn des Ersten Weltkrieges umfassten die Organisationen des Roten Kreuzes über 6.300 Vereine und mehr als eine Million Freiwilliger; lediglich ein Fünftel davon waren männlich.[9] Der Erste Weltkrieg (1914-1919) stellte nicht nur die erste große Bewährungsprobe des Sanitätswesens dar, sondern verfestigte ebenso die Verknüpfung von Hilfsorganisation und Militär; angesiedelt wurde die Leitung des RK-Sanitätsdienstes an die oberste Heeresleitung.[10]

Mit dem Ende des Ersten Weltkrieges und dem Versailler Vertrag vom 28.06.1919 veränderte sich die Bedeutung der Hilfsorganisationen schlagartig. Artikel 177 des Versailler Vertrages untersagte im Zuge der Entmilitarisierung des Deutschen Reiches jegliche Verbindung zwischen dem Rotem Kreuz und dem Militärwesen in Deutschland. Die bisherigen Aufgaben der Hilfsorganisationen, die ja schwerpunktmäßig auf „Kriegsdienstleistungen" hin ausgerichtet waren, entfielen damit. Die Vereine waren somit zu einer Neuorientierung hin zu wohlfahrtspflegerischen Aufgaben gezwungen und dieses neue Portfolio wurde insbesondere durch die katastrophalen wirtschaftlichen und sozialen Rahmenbedingungen nach 1919 begünstigt. Hohe Arbeitslosigkeit, Inflation, schlecht gesundheitliche Bedingungen sowie eine verheerende Grippeepidemie erforderten nämlich staatliche Maßnahmen und Interventionen, bei denen die Unterstützung freier Verbände benötigt wurde.

1921 kam es zum Zusammenschluss der Landes- und Frauenvereine zum „Deutschen Roten Kreuz" dessen Sitz zunächst in Berlin war. Immer noch stellte das Deutsche Rote Kreuz eine Art Dachverband dar, der zwar die Vertretung der Vereine nach innen und außen - insbesondere gegenüber der Regierung und der internationalen Rotkreuzgemeinschaft - übernahm, ohne dass hiermit die Selbstständigkeit seiner Mitglieder beeinträchtigt wurde. Dieser föderative Aufbau entsprach in hohem Maße deutschen Traditionen. Was sich substanzieller veränderte, war das Aufgabenspektrum des DRK. Neben der Hebung der Volksgesundheit, der Fürsorge für Kriegsversehrte, Hilfeleistungen bei nationalen und internationalen Notständen gehörten nunmehr auch soziale Aufgaben zum Tätigkeitsfeld. In diesem Kontext wurde die Sozialarbeit zu einem wichtigen Schwerpunkt der Rotkreuzarbeit ausgebaut. Dazu gehörte insbesondere die Trägerschaft von weltanschaulich neutralen Gemeindepflegestationen und Kindertagesstätten. Der Rettungs- und Sanitätsdienst wurde „friedenstauglich" gemacht und richtete sich nun primär an die Zivilbevölkerung. Erreicht wurde dies, indem ein Netz von Hilfs- und Meldestellen sowie Rettungswachen aufgebaut wurde. 1926 wurde mit dem „Deutschen Jugendrotkreuz" eine eigene Jugendorganisation gegründet.[11] Im Mittelpunkt des sich neu bildenden Selbstverständnisses stand nunmehr nicht mehr der Dienst am Soldaten, sondern der Dienst am Menschen und der Menschenwürde. Diese Neupositionierung war jedoch nicht wirklich tragfähig und erwies sich angesichts der nationalsozialistischen

---

8 Krumsiek 1995. S. 18 f.
9 Gruber 1985. S. 52.
10 Vgl.: Riesenberger 1992. S. 79.
11 Eckardt, Lutz: Der Wegbereiter. In: Rotes Kreuz, o. Jg., Heft 5/1992, S. 29.

Machtübernahme 1933 sehr schnell als brüchig. Aufgaben und Strukturen des Verbandes veränderten sich erneut im Sinne einer sanitätsmilitärischen Rückbesinnung, wobei die Organisation über mehrere Etappen hinweg zum Handlanger nationalsozialistischer Politik umfunktionalisiert wurde.[12] Der Status als eingetragener Verein blieb zwar zunächst erhalten, vereinsdemokratische Prinzipien - wie die Wahl der Vorsitzenden - jedoch durch Berufungen ersetzt; auch das Vereinsvermögen wurde unter staatliche Aufsicht gestellt. Bereits 1933 zielte eine Satzungsänderung auf die Remilitarisierung des DRK und führte das Führerprinzip als verbindliches Gestaltungs- und Lenkungsprinzip ein. Die Realität des Verbandes entfernte sich zunehmend von der bislang proklamierten Neutralität und Unabhängigkeit. Gleichwohl blieben das Prinzip der Freiwilligkeit sowie die Mitgliedschaft im Internationalen Roten Kreuz unangetastet, so dass sich das DRK einen gewissen Handlungsspielraum dennoch bewahrte. Angesichts der aufgelösten sozialdemokratischen Wohlfahrts- und Hilfsorganisationen (AWO und Arbeiter-Samariter-Bund) bot so das DRK durchaus auch für frühere Mitglieder dieser Organisationen die Möglichkeit, sich weiterhin und außerhalb von NS-Organisationen im Sanitätsdienst engagieren zu können.[13]

Weitere radikale Veränderungen wurden im Rahmen des Reichsgesetzes über das Deutsche Rote Kreuz vom 9.12.1937 erzwungen und mit der erneuerten Satzung vom Dezember 1937 umgesetzt.[14] Die über 9.000 eigenständigen RK-Organisationen wurden aufgelöst und zu einer zentralistischen Struktur zusammengeführt, angepasst wurden die geografischen Grenzen der Gliederungen an die Gebietsgrenzen der NS-Verwaltung. Dem Rotkreuzzeichen wurde der Reichsadler und das Hakenkreuz hinzugefügt und die RK-Mitglieder hatten einen Treueid auf den Führer abzulegen.[15] Die Sozialeinrichtungen des DRK wurden aufgegeben und der NS-Volkswohlfahrt zugeführt. Aufgelöst und in die Hitlerjugend integriert wurde ebenfalls das Jugendrotkreuz[16] Am Ende dieser vom Verband durchaus unterstützten Gleichschaltung stand eine auf die militärische Hilfsfunktion (Sanitätsdienst für Soldaten und Bevölkerung/Zivilschutz) reduzierte Organisation.[17]

Die willfährige Inkorporation des DRK in den nationalsozialistischen Staat führte nach dem Ende des Zweiten Weltkrieges deshalb nicht überraschend zu einer argwöhnischen Haltung der alliierten Siegermächte. Der Versuch des DRK, sich nach der Kapitulation des NS-Staates deutschlandweit neu zu gründen, wurde daher 1945 vom Alliierten Kontrollrat abgelehnt, so dass sich die Entwicklung in den einzelnen Besatzungszonen unterschiedlich vollzog.[18] Nur in Bayern konnte sich das Rote

---

12 Die Vorgehensweise bei dieser „Reorganisation" schildert ausführlich: Seithe, Horst (1993).
13 Vgl.: Riesenberger 1992. S. 154. So heißt es beispielsweise in einer Selbstdarstellung des ASB Hamburg: „Beim DRK gab es für Samariter die einzige Möglichkeit weiterhin zu helfen". Fleckenstein, Knut/Grosser, Walter (1998), S. 17.
14 Vgl.: RGBl 1937 Teil I, S. 1330-1338.
15 Vgl.: § 3 DRK Satzung vom 24.12.37.
16 Vgl.: Gruber 1985. S. 90 ff.
17 Vgl. hierzu: Rudolph Bauer: Vom Roten Kreuz zum Totenkreuz. In: neue praxis. Zeitschrift für Sozialarbeit, Sozialpädagogik und Sozialpolitik. Heft 4/1986. S. 31 ff.; J.-Cl. Favez: Das internationale Rote Kreuz und das Dritte Reich. München 1989
18 Vgl.: Schlögel 1983. Anlage 7.

Kreuz bereits 1945 als Körperschaft des öffentlichen Rechts neu gründen. In der sowjetisch besetzten Zone stieß dagegen die versuchte Wiedergründung auf Ablehnung; die noch bestehende Organisation wurde aufgelöst und ihr Vermögen einbehalten. Neugegründet wurde ein eigenständiges Rotes Kreuz der DDR, das 1954 durch das IKRK anerkannt und in die weltweite Rotkreuzgemeinschaft aufgenommen wurde.

Die Konstituierung des Deutschen Roten Kreuzes für die westlichen Besatzungszonen fand am 4. Februar 1950 auf dem Rittersturz bei Koblenz statt. Die neue Satzung knüpfte dabei bewusst an die Anfänge in der Weimarer Republik an und vermied jeden Bezug auf die unrühmliche DRK-Vergangenheit während des Nationalsozialismus.[19] Bedingt durch den Ost-West-Konflikt sowie die damit verbundene deutsche Teilung entwickelten sich in der BRD und der früheren DDR zunächst eigenständige nationale DRK-Verbände. Erst im Zuge des deutschen Einigungsprozesses 1990 fusionierten beide Verbände durch den Beitritt der ostdeutschen Landesverbände zum DRK.

Tab. 56: Rotes Kreuz in Deutschland: Eckdaten der Entwicklung

1859	Schlacht bei Solferino
1863	Gründung des „Internationalen Komitees für Verwundetenhilfe" in Genf
1863	Gründung des Württembergischen Sanitätsvereins
1864	Verabschiedung der Ersten Genfer Konvention
1869	Zusammenschluss der deutschen Vereine in einer föderativen Struktur
1914 - 1918	Erster Weltkrieg
1919	Versailler Friedensvertrag verbietet Kooperation der Sanitätsdienste mit Armee
1921	Zusammenschluss der Landesverbände zum Deutschen Roten Kreuz
1933	Nationalsozialistische Machtergreifung. Reorganisation des DRK zur zentralistischen Einheitsorganisation
1937	Reichsgesetz über das DRK. Inkorporation des DRK in den NS-Staat
1939 - 1945	Zweiter Weltkrieg
1945	Auflösung des RK in der sowjetischen Zone
1945	Neugründung des bayerischen Roten Kreuzes als Körperschaft des öffentlichen Rechts
1947	Gründung von RK Landesverbänden in der französischen Zone
1948	Gründung neuer RK Einheiten auf örtlicher Ebene in der britischen Zone

---

19 Krumsiek 1995. S. 33.

1948	Gründung eines Organisationsausschuss (Vorläufer des Präsidiums) zur Gründung eines Rotkreuzverbandes
1949	Vorlage eines Satzungsentwurfs
1950	Neugründung des DRK für Westdeutschland
1952	Anerkennung des DRK als freiwillige Hilfsorganisation durch Schreiben der Bundesregierung
1952	Anerkennung des DRK durch das IKRK
1952	Gründung des DRK für die DDR
1956	DRK beteiligt sich am Sanitätsdienst der Bundeswehr
1990	Wiedervereinigung. Zusammenschluss beider in Deutschland bestehenden RK-Gesellschaften durch Beitritt der Landesverbände Sachsen, Sachsen-Anhalt, Thüringen, Brandenburg und Mecklenburg-Vorpommern

Selbstverständnis des Verbandes

Die ideelle Grundlage der Rotkreuzarbeit und damit der „kleinste gemeinsame Nenner" der weltweiten Rotkreuzbewegung sind die sieben Grundsätze des Roten Kreuzes. Sie können als „Quasi-Verfassung" der Organisationen gesehen werden:[20]

„Menschlichkeit

Die Internationale Rotkreuz- und Rothalbmondbewegung, entstanden aus dem Willen, den Verwundeten der Schlachtfelder unterschiedslos Hilfe zu leisten, bemüht sich in ihrer internationalen und nationalen Tätigkeit, menschliches Leiden überall und jederzeit zu verhüten und zu lindern. Sie ist bestrebt, Leben und Gesundheit zu schützen und der Würde des Menschen Achtung zu verschaffen. Sie fördert gegenseitiges Verständnis, Freundschaft, Zusammenarbeit und einen dauerhaften Frieden unter allen Völkern.

Unparteilichkeit

Die Rotkreuz- und Rothalbmondbewegung unterscheidet nicht nach Nationalität, Rasse, Religion, sozialer Stellung oder politischer Überzeugung. Sie ist einzig bemüht, den Menschen nach dem Maß ihrer Not zu helfen und dabei den dringendsten Fällen den Vorrang zu geben.

Neutralität

Um sich das Vertrauen aller zu bewahren, enthält sich die Rotkreuz- und Rothalbmondbewegung der Teilnahme an Feindseligkeiten wie auch, zu jeder Zeit, an politischen, rassischen, religiösen oder ideologischen Auseinandersetzungen.

---

20 Die sieben Grundsätze der Rotkreuzbewegung wurden 1965 auf der XX. Rotkreuzkonferenz beschlossen und 1986 im Rahmen der XXV. Internationalen Rotkreuzkonferenz in Genf erneut hervorgehoben. Sie bilden die Grundlage für alle nationalen Rotkreuzgesellschaften und fußen im Wesentlichen auf einer systematischen Aufarbeitung und Weiterentwicklung bisheriger Grundsätze durch Jean Pictet (1955).

Unabhängigkeit

Die Rotkreuz- und Rothalbmondbewegung ist unabhängig. Wenn auch die Nationalen Gesellschaften den Behörden bei ihrer humanitären Tätigkeit als Hilfsgesellschaften zur Seite stehen und den jeweiligen Landesgesetzen unterworfen sind, müssen sie dennoch eine Eigenständigkeit bewahren, die ihnen gestattet, jederzeit nach den Grundsätzen der Rotkreuz- und Rothalbmondbewegung zu handeln.

Freiwilligkeit

Die Rotkreuz- und Rothalbmondbewegung verkörpert freiwillige und uneigennützige Hilfe ohne jedes Gewinnstreben.

Einheit

In jedem Land kann es nur eine einzige Nationale Rotkreuz- oder Rothalbmondgesellschaft geben. Sie muss allen offen stehen und ihre humanitäre Tätigkeit im ganzen Gebiet ausüben.

Universalität

Die Rotkreuz- und Rothalbmondbewegung ist weltumfassend. In ihr haben alle Nationalen Gesellschaften gleiche Rechte und die Pflicht, einander zu helfen."[21]

Diese Grundsätze definieren auf formeller Ebene die Position der Organisation gegenüber Dritten und das Verhältnis der Rotkreuzorgane untereinander. Ob und in wie weit dieser normative Referenzrahmen das faktische Selbstverständnis innerhalb des Verbandes prägt, bleibt nicht nur mit Blick auf die vergangene Geschichte, sondern ebenfalls mit Blick auf sich neu stellende Herausforderungen fraglich. Denn staatliche Mittelkürzungen sowie eine durch das europäische Wettbewerbsrecht sich abzeichnende Veränderung gemeinnütziger Organisationen bewirken gleichermaßen eine Veränderung des durch die Tradition begründeten Selbstbildes. So finden schon Anfang der neunziger Jahre Versuche des DRK Generalsekretariats statt, eine wettbewerbliche und betriebswirtschaftliche Neupositionierung und Neuorientierung des Verbandes einzuleiten. Das Ziel ist die Weiterentwicklung bzw. Umformung des DRK zu einem Wohlfahrtsverband, der seine Dienstleistungen wettbewerblich und auf der Basis gesicherter Finanzierungen erbringt. Ein Prozess übrigens, der wie zu sehen ist, in ähnlicher Weise auch die anderen Wohlfahrtsverbände betrifft. Im Kontext dieser Neuorientierung wurde aufbauend auf dem bisherigen Grundverständnis und den Grundsätzen der Rotkreuzbewegung inzwischen ein neues Leitbild für den Verband beschlossen, das insbesondere die wirtschaftliche und wettbewerbliche Ausrichtung sozialer Dienstleistungen betont:

„Der hilfsbedürftige Mensch

Wir schützen und helfen dort, wo menschliches Leiden zu verhüten und zu lindern ist.

---

[21] Vgl.: IKRK: Die Grundsätze des Roten Kreuzes und Roten Halbmonds. 2. Aufl. Genf 2000. S. 3.

Die unparteiische Hilfeleistung

Alle Hilfebedürftigen haben den gleichen Anspruch auf Hilfe, ohne Ansehen der Nationalität, der Rasse, der Religion, des Geschlechts, der sozialen Stellung oder der politischen Überzeugung. Wir setzen die verfügbaren Mittel allein nach dem Maß der Not und der Dringlichkeit der Hilfe ein. Unsere freiwillige Hilfeleistung soll die Selbstheilungskräfte der Hilfebedürftigen wiederherstellen.

Neutral im Zeichen der Menschlichkeit

Wir sehen uns ausschließlich als Helfer und Anwälte der Hilfebedürftigen und enthalten uns zu jeder Zeit der Teilnahme an politischen, rassischen oder religiösen Auseinandersetzungen. Wir sind jedoch nicht bereit, Unmenschlichkeit hinzunehmen und erheben deshalb, wo geboten, unsere Stimme gegen ihre Ursachen.

Die Menschen im Roten Kreuz

Wir können unseren Auftrag nur erfüllen, wenn wir Menschen, insbesondre als unentgeltliche tätige Freiwillige, für unsere Aufgaben gewinnen. Von ihnen wird unsere Arbeit getragen, nämlich von engagierten, fachlich und menschlich qualifizierten, ehrenamtlichen, aber auch von gleichermaßen hauptamtlichen Mitarbeiterinnen und Mitarbeitern, deren Verhältnis untereinander von Gleichwertigkeit und gegenseitigem Vertrauen gekennzeichnet ist.

Unsere Leistungen

Wir bieten alle Leistungen an, die zur Erfüllung unseres Auftrages erforderlich sind. Sie sollen im Umfang und Qualität höchsten Anforderungen genügen. Wir können Aufgaben nur dann übernehmen, wenn fachliches Können und finanzielle Mittel ausreichend vorhanden sind.

Unsere Stärken

Wir sind die Nationale Rotkreuzgesellschaft der Bundesrepublik Deutschland. Wir treten unter einer weltweit wirksamen gemeinsamen Idee mit einheitlichem Erscheinungsbild und in gleicher Struktur auf. Die föderalistische Struktur unseres Verbandes ermöglicht Beweglichkeit und schnelles koordiniertes Handeln. Doch nur die Bündelung unserer Erfahrungen und die gemeinsame Nutzung unserer personellen und materiellen Mittel sichern unsere Leistungsstärke.

Das Verhältnis zu anderen

Zur Erfüllung unserer Aufgaben kooperieren wir mit allen Institutionen und Organisationen aus Staat und Gesellschaft, die uns in Erfüllung der selbstgesteckten Ziele und Aufgaben behilflich oder nützlich sein können und/oder vergleichbare Zielsetzungen haben. Wir bewahren dabei unsere Unabhängigkeit. Wir stellen uns dem Wettbewerb mit anderen, indem wir die Qualität unserer Hilfeleistung, aber auch ihre Wirtschaftlichkeit verbessern."[22]

---

[22] Leitsatz und Leitbild des Deutschen Roten Kreuzes, verabschiedet durch das Präsidium des DRK am 1.49.1995 und den Präsidialrat des DRK am 29.9.1995.

Die Dualität von gemeinnützigem Wohlfahrtsverband und Unternehmen prägt seitdem viele innerverbandlichen Debatten. Die Frage ist nicht nur rein akademischer Natur, sondern hat weitreichende Konsequenzen für die Organisationsgestaltung des Gesamtverbandes und der sich hierbei neu formierenden Beziehungen zwischen Mitgliederverband einerseits und unternehmerisch ausgerichteter Betriebsorganisation andererseits. Die föderative Verfassung des Gesamtverbandes führt hierbei zwangsläufig zu vermehrten Konfliktbeziehungen zwischen dem Generalsekretariat und den Landes- bzw. Kreisverbänden. Die Frage, wie sich die gewollte Einführung umfangreicher Kontrollinstrumente und die Erweiterung eines juristischen Durchgriffsrechts zentraler Instanzen mit der föderalen Verbandsstruktur und dem Selbstverständnis der auf örtlicher Ebene aktiven Mitgliederschaft verträgt, ist hierbei nach wie vor ungelöst..

Organisationsaufbau und Gliederung

Das DRK „ist die Gesamtheit aller Mitglieder, Verbände, Vereinigungen und Einrichtungen des Roten Kreuzes in der Bundesrepublik"[23] und besteht nach eigenen Angaben aktuell aus 528 Kreisverbänden, denen 5.075 Ortsvereine angeschlossen sind. Insgesamt gibt es ca. 17.000 Rotkreuzvereine und -gruppen, die als Organisationseinheiten für die ehrenamtlich Aktiven dienen. Die Zahl der freiwilligen Helfer wird derzeit mit 248.314 angegeben. Dazu kommen rund 4,3 Mio. Fördermitglieder, so dass ein Mitgliederbestand von ca. 4,6 Mio. angenommen werden kann.[24] Parallel dazu existieren 34 Schwesternschaften mit rund 20.000 Mitgliedern.[25] Weiterhin bestehen neun Blutspendedienste.[26] Waren diese früher Einrichtungen der e.V.-strukturierten Landesverbände, so werden diese inzwischen als rechtlich selbstständige Wirtschaftsunternehmen in der Rechtsform einer GmbH geführt; Gesellschafter sind die 19 Landesverbände. Sowohl die Landesverbände als auch der Bundesverband sind ihrer Funktion nach Dachverbände, die gleichwohl über beträchtliche operative Einflussmöglichkeiten verfügen.

Für die Interessenwahrnehmung auf der Bundesebene und gesamtverbandliche Aufgaben ist in der Regel der Bundesverband zuständig. Dieser besteht im Wesentlichen aus dem Bundespräsidium und der angeschlossenen Geschäftsstelle, dem Generalsekretariat.

---

23 Vgl.: § 1 Absatz 1. Satzung des Deutschen Roten Kreuzes in der Fassung vom 12. November 1993; Änderungen durch Bundesversamlungsbeschlüsse vom 10. November 1995, 05. Dezember 1997 und 08. Dezember 2000.
24 Daten aus: Jahresbericht 2000/2001, S. 9.
25 vgl.: Struktur- und Leistungsdaten 2002, hrsg. DRK-Generalsekretariat sowie http://drk.de/verband_d_schwesternschaften/ueber_uns/index.htm. Gesehen am 20.10.03.
26 Dies sind: Blutspendedienst West (Landesverbände Nordrhein, Westfalen-Lippe, Rheinland-Pfalz, Saarland), Blutspendedienst Nord (Landesverbände Hamburg und Schleswig-Holstein), Blutspendedienst NSTOB (Landesverbände Niedersachsen, Sachsen-Anhalt, Thüringen, Oldenburg und Bremen). Daneben steht der Blutspendedienst der aus der Fusion der selbstständigen Dienste in Hessen und Baden-Württemberg hervorgegangen ist und die eigenständigen Dienste der Landesverbände Mecklenburg-Vorpommern, Brandenburg, Berlin, Sachsen und Bayern.

Abb. 27: DRK Struktur Gesamtverband

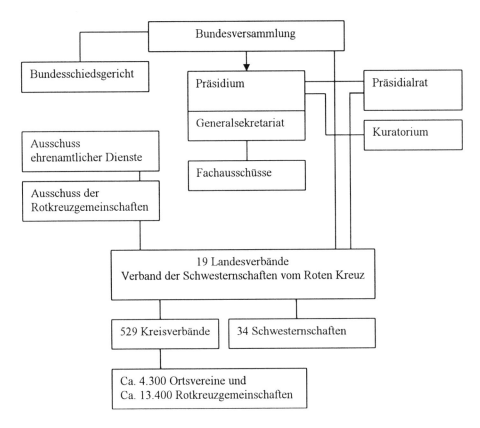

Der Verbandsaufbau ist ganz überwiegend durch ein System von Delegation und de facto Kooptation geprägt. Während Kreisverbände und Ortsvereine mitgliedschaftlich strukturiert sind, kennen die Landesverbände und der Bundesverband bis auf wenige Ausnahmen keine Mitgliedschaft natürlicher Personen. Dementsprechend werden Wahlen auf den unteren Ebenen in der Regel in Mitgliederversammlungen abgehalten. Die Wahlen zu den Landespräsidien und zum Bundespräsidium finden hingegen als Delegiertenkonferenzen der jeweiligen Landes- bzw. Bundesversammlung statt. Direktdemokratische Elemente sind dadurch weitestgehend ausgeschlossen. Zwar nicht in der Satzung geregelt, aber dennoch gängige Praxis ist ein System der Kooptation, wonach ausscheidende Vorstandsmitglieder und der Vorstand selbst ihre Nachfolger bestimmen. Der Ausgang der Wahlen ist daher beim DRK meist gut vorhersehbar.

Die satzungsgemäßen Organe auf der Bundesebene sind die Bundesversammlung, das Präsidium und der Präsidialrat.[27] In die Bundesversammlung werden die 125 Vertreter der Landesverbände, die fünf Delegierten des Verbandes der Schwesternschaften und der Präsident des Gesamtverbandes entsandt. Die Bundesversammlung

---

27 Vgl.: § 8 der Satzung des DRK Bundesverbandes.

wählt das Präsidium. Zum Präsidium gehören neben dem Präsidenten und den beiden Vizepräsidenten, der Bundesarzt, der Bundesschatzmeister, die Präsidentin des Verbandes der Schwesternschaften, je drei Vertreter der Gemeinschaften, der Generalsekretär und der Sonderbeauftragte für Verbandsentwicklung und -planung. Der überwiegende Teil des Präsidiums ist ehrenamtlich tätig. Das Präsidium bildet den Vorstand im Sinne des § 26 BGB und leitet die Geschäfte des Gesamtverbandes. Dazu bedient es sich einer hauptamtlich besetzten Geschäftsstelle, dem Generalsekretariat (vgl. Abbildung 3). Der Präsidialrat besteht aus den Präsidenten der 19 Landesverbände und der Präsidentin der Schwesternschaften. Er wird bei grundlegenden Fragen, die den gesamten Verband betreffen angehört und hat dabei auch gewisse Entscheidungskompetenzen. So bedürfen Entscheidungen des Präsidiums zum Beispiel der Zustimmung des Präsidialrates, wenn sie erhebliche finanzielle Auswirkungen auf die Gliederungen des Gesamtverbandes haben.[28]

Zur Beratung des Präsidiums gibt es ferner die Ausschüsse der Gemeinschaften, die die Anliegen der ehrenamtlichen Rotkreuzgemeinschaften vertreten und nach den fachlichen Gliederungen des Verbandes (Bereitschaften, Bergwacht, JRK, Wasserwacht und Wohlfahrts- bzw. Sozialarbeit) eingeteilt sind. Ergänzt werden diese Ausschüsse durch den Ausschuss ehrenamtlicher Dienst, der sich aus den Vorsitzenden sowie deren Stellvertreter in den Ausschüssen der Gemeinschaft zusammensetzt. Schließlich bestehen daneben weitere inhaltlich und funktional ausgerichtete Fachausschüsse (z. B. für Gesundheitswesen und Rettungsdienst, Finanzen, Recht sowie für Humanitäres Völkerrecht)

Die janusköpfige Ausrichtung des Verbandes spiegelt sich auch in der Organisationsstruktur des Generalsekretariats wider. Das gilt sowohl für die Dualität zwischen Haupt- und Ehrenamt als auch für das Nebeneinander von Hilfsgesellschaft und Wohlfahrtsverband.

Abb. 28: Struktur des Generalsekretariats des DRK

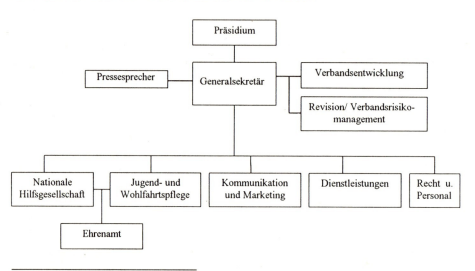

---

28 Vgl.: § 25 der Satzung des DRK Bundesverbandes.

Dem gewählten und ehrenamtlich tätigen Präsidium ist der hauptamtliche Generalsekretär unterstellt. Dieser leitet das Generalsekretariat, in dem insgesamt 208 Mitarbeitern hauptberuflich beschäftigt sind.[29] Der weitere Aufbau kombiniert eine funktionale mit einer Spartenorganisation. Die Managementfunktionen werden dabei in den Abteilungen „Kommunikation und Marketing" sowie „Dienstleistungen" (externes und internes Rechnungswesen, operatives Controlling, Datenverarbeitung, Haus- und Grundstücksverwaltung) und „Recht und Personal" gebündelt. Die operativen Aufgaben werden je nach Zugehörigkeit den beiden Abteilungen „Nationale Hilfsgesellschaft" und „Jugend- und Wohlfahrtspflege" zugerechnet.

Die vorhandenen Stäbe wie „Verbandsentwicklung" und „Revision" oder die Querschnittsabteilung „Ehrenamt" sind Ergebnisse der Reformbemühungen der letzten Jahre und spiegeln die zu Strukturen geronnenen Versuche einer verbandsweiten Steuerung wider.

Aufgabenbereiche und Mitarbeiter

Die DRK-Satzung beschreibt für den Verband drei zentrale Tätigkeitsbereiche.[30] Danach ist das DRK zugleich
- nationale Hilfsorganisation und Teil einer internationalen Bewegung
- Spitzenverband der Freien Wohlfahrtspflege
- Jugendverband

Im Rahmen der in den neunziger Jahren durchgeführten Portfolioanalyse ermittelte das Rote Kreuz insgesamt 115 Aufgabenfelder, die der Verband auf den verschiedenen Ebenen wahrnimmt und die nicht zuletzt durch das Selbstverständnis und die Geschichte des Verbandes begründet sind. Die Rolle des DRK Jugendverbandes ist in der hier vorliegenden Diskussion jedoch ohne Belang und bleibt deshalb unberücksichtigt. Für die Wohlfahrtspflege bedeutsam sind stattdessen die als Hilfsorganisation und Spitzenverband wahrgenommenen Aufgaben (siehe Tab. 57).

Als Nationale Hilfsgesellschaft nimmt das DRK hoheitliche Aufgaben wahr, die sich insbesondere auf den Zivilschutz und den Sanitätsdienst der Bundeswehr konzentrieren. Als Spitzenverband der Freien Wohlfahrtspflege ist das Rote Kreuz in den Feldern der Sozial- und Gesundheitspolitik tätig. Die Arbeitsfelder reichen hier von der Altenhilfe und Pflege über den Betrieb von Krankenhäusern, der Behindertenhilfe, dem Angebot von Kuren und Müttergenesungskuren bis hin zu Migrationsarbeit und Kinder-, Jugend- und Familienhilfe.

Aufgrund des föderalen Aufbaus unterscheiden sich die Aufgaben der einzelnen Verbandsgliederungen deutlich.

---

29 Nach Auskunft des Generalsekretariats sind zum Stand März 2003 direkt im GS 192 Mitarbeiter und 16 Mitarbeiter im Zentrallager Meckhenm-Merl (Lager für Auslandshilfen und für den Hilfszug) beschäftigt.
30 § 1 Absätze 2-4 der Satzung des DRK Bundesverbandes.

Tab. 57: Doppelfunktion des Deutschen Roten Kreuzes

Aufgaben als	
Nationale Rot-Kreuz Gesellschaft	Spitzenverband der Wohlfahrtspflege
Mitwirkung im Zivilschutz;	Hilfe für Kinder und Jugendliche;
Sanitätsdienst der Bundeswehr;	Jugendsozialarbeit;
Suchdienst, Nachforschung nach verschollenen Soldaten und Zivilpersonen;	Hilfe für Behinderte;
	ambulante sozialpflegerische Dienste;
Kindersuchdienst, Familienzusammenführung;	Kleiderkammern;
	Krebsnachsorge;
Auskunftswesen bei Katastrophen und Konflikten;	Hilfe für Mütter;
	soziale Hilfe für die Familie;
Hilfe für Kriegsopfer;	Hilfe für alte Menschen;
Unterricht über Genfer RK-Abkommen;	Eingliederungshilfen für Aussiedler sowie Flüchtlinge;
Krankenpflege, Krankentransport;	
Blutspendedienst;	Fortbildung.
Katastrophenschutz und -hilfe;	Freiwilliges Soziales Jahr
Rettungsdienst;	Hausnotruf-Dienste
Erste Hilfe bei Notständen und Unglücken;	
Ausbildungsprogramme Erste Hilfe;	
Sofortmaßnahmen, häusliche Krankenpflege;	
Gesundheitsdienst, -aufklärung, -erziehung;	
Hilfsmittelverleih	

Dem Bundesverband kommt vor allem in der politischen Interessenvertretung und der Internationalen Arbeit eine wichtige Bedeutung zu. Er vertritt das DRK in den internationalen Gremien der Rotkreuzbewegung und gegenüber Politik und Verwaltung auf Bundes- und EU-Ebene und beteiligt sich aktiv und für den Gesamtverband koordinierend an der Auslandshilfe. Bei der Interessenvertretung auf Bundesebene stehen vor allem die entsprechenden politischen Gremien, Abgeordnete aber auch Ministerien im Mittelpunkt. Für die Interessenvertretung auf europäischer Ebene gilt prinzipiell Gleiches, wobei vor allem die Mitwirkung im der EU-Wirtschafts- und Sozialausschuss von hoher Relevanz ist.[31]

Die Landesverbände vertreten den Verband ebenfalls und leisten innerhalb der jeweiligen politischen Gebietskörperschaften Lobbyarbeit. Besonders bedeutsam ist diese Interesseneinwirkung deshalb, weil die Bundesländer mit den Kommunen (noch) die größten Geldgeber für die Soziale Arbeit des Verbandes sind. Daneben sind die Landesverbände auch im operativen Geschäft tätig und sind betreiben neben den Blutspendeinstituten auch verschiedene Einrichtungen im sozialen Bereich und im Gesundheitswesen. Ebenfalls ist zu sehen, dass typische Dachverbandsauf-

---

31 Deutsches Rotes Kreuz: Geschäftsbericht des Generalsekretärs. Bonn 2003. S. 17.

gaben wie Beratung und Unterstützung der Mitglieder (Kreisverbände und Ortsvereine) auf dieser Ebene stärker gebündelt oder gar wie im Fall des Landesverbandes Westfalen-Lippe[32] als kostenpflichtige Beratungs- oder Servicegesellschaften ausgegliedert werden.

Die Kreisverbände und Ortsvereine schließlich sind überwiegend die Arenen der eigentlichen Leistungserstellung. Während die Kreisverbände sowohl Aufgaben als Wohlfahrtsverband wie auch als Hilfsorganisationen und damit ein sehr breites Aufgabenspektrum wahrnehmen, sind die Ortsvereine überwiegend durch die Sanitäts- und Rettungsdienst, Zivil- und Katastrophenschutz, Einsatzeinheiten und Breitenbildung (Erste Hilfe, LSM) geprägt. Sie sind die Ebene, auf der sich überwiegend bürgerschaftliches Engagement realisiert. Nicht nur die Vorstände, sondern auch zahlreiche Arbeitsfelder sind hier im Gegensatz zu den anderen Verbandsstufen durch das Ehrenamt geprägt. Darüber hinaus wird auch der größte Teil der Fördermitglieder auf dieser Ebene verwaltet. Kreisverbände mit vielen tausend Mitgliedern sind dabei keine Seltenheit und die damit verbundenen Mitgliedsbeiträge können bei der Finanzierung der Arbeit auf dieser Ebene im Gegensatz zu anderen Verbänden beträchtliche Bedeutung haben.

Als dienstleistungsorientierter Verband kommt auch beim DRK dem hauptberuflichen Personal eine große Bedeutung zu. Bundesweit und bezogen auf die Gesamtorganisation sind nach den Angaben der berufsgenossenschaftlichen Umlagestatistik mehr als 126.000 Personen hauptberuflich beschäftigt. In Vollzeitäquivalenten entspricht dies etwas über 89.000 Arbeitsplätzen. Die vom DRK in anderen Kontexten vorgelegten Struktur- und Leistungsdaten fallen allerdings deutlich geringer aus. Auch hier zeigen sich offenkundige innerverbandliche Erfassungs- und Abstimmungsprobleme.

Tab. 58: DRK - Einrichtungen und Beschäftigte nach Landesverbänden 2002[33]

Landesverband	Arbeitnehmer	umgerechnet in Vollbeschäftigte
Nordrhein-Westfalen	26.367	18.337
Niedersachsen	15.295	9.329
Bayern[34]	1.319	921
Baden-Württemberg	8.724	6.498
Hessen	10.082	7.160
Berlin	8.748	6.280
Sachsen	8.691	7.077
Schleswig-Holstein	10.964	6.655
Rheinland-Pfalz	8.329	5.773

---

32 Betriebswirtschaftliche Beratungs- und Service GmbH.
33 Eigene Zusammenstellung nach BW-Umlagestatistik 2002.
34 Das Bayerische Rote Kreuz meldet als Körperschaft des öffentlichen Rechts seine Umlagezahlen an den Gemeindeunfallversicherungsverband München. Diese Zahlen sind in der Aufstellung deshalb nicht enthalten.

Landesverband	Arbeitnehmer	umgerechnet in Vollbeschäftigte
Saarland	1.039	649
Sachsen-Anhalt	4.078	3.368
Brandenburg	4.885	3.826
Thüringen	5.154	4.227
Hamburg	10.964	2.589
Mecklenburg-Vorpommern	6.568	5.466
Bremen	2.009	1.259
Gesamt	*126.150*	*89.412*

Tab. 59: DRK - Einrichtungen und Beschäftigte nach Fachbereichen Stand 2001[35]

Fachbereiche und Art der Einrichtung	Beschäftigte			Zahl der Einrichtungen
	Vollzeit	Teilzeit	insgesamt	
Gesundheitshilfe/Krankenhäuser	11.682	o.A.	11.682	54
Jugendhilfe	4.792	2.692	7.484	1.207
• stationär	687	112		59
• Tageseinrichtungen	3.996	2.500		1.043
• ambulant	109	80		108
Familienhilfe	3.803	4.095	7.898	1.555
• stationär	187	113		91
• Tageseinrichtungen	25	23		35
• ambulant	3.591	3.959		1.429
Altenhilfe	8.759	4.000	12.759	3.157
• stationär	8.148	3.500		539
• Tageseinrichtungen	160	158		381
• ambulant	451	342		2.237
Behindertenhilfe	2.702	1.014	3.716	2.260
• stationär	1.645	489		99
• teilstationär	247	116		22
• ambulant	810	409		2.139
Weitere soziale Hilfen	12.140	2.542	14.682	15.832
• stationär	603	135		234
• Tageseinrichtungen	10	8		
• Kleiderstuben/Möbellager	14	29		12.512

---

35 Zusammenstellung nach BAGFW Gesamtstatistik 2000 - Stand 03.07.2001.

• Sonstige • allgemeine Geschäftsstellen	58	33	(91)	287
• Rettungsdienste	10.455	1.756	(12.211)	1.570
Aus-, Fort-, Weiterbildung	43	21	64	88
Selbsthilfegruppen	5	7	12	
I n s g e s a m t	43.926	14.371	58.297	24.774
Ehrenamtliche Mitarbeiter			408.991	

Bezogen auf die engeren Aufgaben der Wohlfahrtspflege ist der Verband - verglichen mit den anderen Spitzenverbänden - als eher klein zu bezeichnen. Nach dieser funktionalen Zuordnung beträgt die Zahl der beschäftigten Mitarbeiter rd. 58.300. Hinzu kommen noch ca. knapp über 20.000 Rotkreuzschwestern, rd. 7.600 Zivildienstleistende sowie 11.000 hauptberufliche Mitarbeiter in den 700 Einrichtungen des 1949 gegründeten Internationalen Bundes für Sozialarbeit/Jugendsozialarbeit (IB), der sich dem DRK ideell verbunden fühlt.[36]

Die soziale Arbeit wird hierbei vor allem in den Kreis- aber auch den Landesverbänden geleistet.

Die Altenhilfe scheint das Hauptbeschäftigungsfeld des Verbandes zu sein; Familien- und Jugendhilfe rangieren als Arbeitsfelder erst nachgeordnet an zweiter und dritter Stelle. Nimmt man jedoch die als nationale Hilfsorganisation wahrgenommenen Aktivitäten in den Blick und bezieht hierbei die Krankenhäuser mit ein, so ergibt sich durchaus eine andere Gewichtung, denn mehr als 40 % aller Beschäftigten sind in diesen Handlungssegmenten des DRK tätig. Deutlich wird, dass die beiden Funktionsbereiche „nationale Hilfsorganisation" und „Spitzenverband der freien Wohlfahrtspflege" nicht immer trennscharf voneinander unterscheidbar sind, sondern sich in vielen Bereichen überlappen bzw. gegenseitig bedingen.

Die Finanzierung der Arbeit gestaltet sich in den einzelnen Arbeitsfeldern sehr unterschiedlich. Grundsätzlich unterscheidet sie sich nur wenig von den im Kapitel Finanzierung dargestellten Formen. Zuverlässiges Zahlenmaterial den Gesamtverband betreffend gibt es aufgrund eines fehlenden Berichtssystems und einer restriktiven Informationspolitik nicht, weshalb dokumentierte Zahlen und die damit verbundenen Interpretationen mit Vorsicht zu genießen sind.[37]

Resümee und Ausblick

Innerhalb der Spitzenverbände der freien Wohlfahrtspflege ist das DRK eine relativ kleine Organisation mit einem begrenzten Wirkungsbereich. Gleichwohl hat der Verband einen hohen öffentlichen Bekanntheitsgrad, der hauptsächlich auf seine Ei-

---

36 Vgl.: Struktur- und Leistungsdaten 2002. Hrsg. DRK Generalsekretariat
37 So werden im Jahresbericht 2000/2001 an einer Stelle (S. 6) 4.300 Ortsvereine und 13.400 Gemeinschaften gezählt, nur wenige Seiten später (S. 10) jedoch 4.236 Ortsvereine und 8.777 Gemeinschaften. Vgl. Jahresbericht 2000/2001.

genschaft als RK-Gesellschaft zurückzuführen ist. In dieser Funktion zeigt sich das DRK in einen internationalen und weltweit operierenden Konzern integriert, dessen Aufgaben durch nationale Gesellschaften wahrgenommen werden[38]. Was die Rolle des DRK als Verband der Wohlfahrtspflege betrifft, so wird die Organisation aufgrund der vorgenannten Einbindungen oft überschätzt. Weder Weltkonzern, noch national einheitlich agierendes Wohlfahrtsunternehmen wären hier angemessene Charakterisierungen. Zwar bestehen gemeinsame Leitziele und inhaltliche Orientierungen, auch gibt es eine institutionell geregelte Einbindung in den Gesamtverband. Diese Regelungen beziehen sich jedoch primär auf andere als wohlfahrtliche Aktivitäten und berühren den Bereich der Sozialen Arbeit nur peripher. Hinzu kommt eine im Vergleich zu den anderen weltanschaulich geprägten Verbänden auffallende „Wertfreiheit", die das Fehlen eigener sozialpolitischer Konzepte ebenso erklärt, wie den Rückbezug auf eine „entideologisierte" Fachlichkeit von Sozialer Arbeit. Orientiert an allgemeinen humanistischen und nicht weiter konkretisierten Leitbildern verbleibt die Verständigungsebene notwendigerweise auf einem Level, der konzeptionelle sozialpolitische Polarisierungen ausschließen muss. Wohlfahrtsverbandliche Arbeit erfolgt, ohne dass sich dies mit dezidierten Zielen und Positionen verbindet. Als Spitzenverband der Wohlfahrtspflege agiert das DRK daher vor allem auf dem Hintergrund eines Zeitgeistkonzeptes, das neutralisierte Fachlichkeit, ideologiefreier Pragmatismus und betriebswirtschaftlicher Stimmigkeit zu den neuen Paradigmen Sozialer Arbeit erklärt. Hier lassen sich innerhalb des Verbandes verschiedene Initiativen ausmachen, die als engagiertes Plädoyer für ein neues Sozialmanagement zu verstehen sind.[39] Insbesondere das seit 1992 laufende Zukunftsprogramm des DRK[40], die damit verbundenen Entscheidungen von Präsidium und Präsidialrat über beabsichtige Strukturveränderungen in Richtung auf eine stärker betriebswirtschaftlich geprägte Sozialarbeit, haben den Verband inzwischen nachhaltig verändert. Zu sehen ist, dass bisherige von vereinsrechtlich eigenständigen Kreisverbänden wahrgenommenen Dienstleistungen (Rettungsdienst, stationäre Alteneinrichtungen, ambulante Alteneinrichtungen, Verwaltung) vermehrt in die Rechtsform einer KV-übergreifenden gGmbH zusammengeführt werden, womit u.a. eine bessere Wirtschaftlichkeit der Einrichtungen erreicht werden soll.[41] Zusätzlich befördert wurde diese Tendenz durch ansteigende Insolvenzen bei Einrichtungen und Kreisverbänden, die beträchtliche innerverbandliche Turbulenzen nach sich zo-

---

38 Siehe hierzu auch: Internationale Föderation der Rotkreuz- und Rothalbmondgesellschaften: Strategie 1010. Genf 1999. Deutsche Ausgabe: Deutsches Rotes Kreuz, Generalsekretariat: Strategie 1010. Bonn 2000.
39 Beispielhaft hierzu: DRK KV Pforzheim e.V.: Dokumentation der Sozialkonferenz. Juni 1993. Ebd.: Zweite Sozialkonferenz. Soziales Unternehmertum. Eine Antwort der freien Wohlfahrtspflege auf den gesellschaftlichen Wandel. 22.4.1994.
40 Vgl. hierzu: Jahrbuch 94/95. A.a.O. S. 85 f. und 88. Sowie: „Das Rote Kreuz macht sich Sorgen", Kölner Stadtanzeiger vom 1.5.1996. „DRK will wirtschaftlicher arbeiten. Entwicklung zum 'hochprofessionellen Wohlfahrtskonzern' aber abgelehnt", Frankfurter Rundschau vom 3.5.1996.
41 Vgl. hierzu: Gutachten „Pilotprojekt Starkenburg". Schüllermann und Partner GmbH. Wirtschaftsprüfungsgesellschaft - Steuerberatungsgesellschaft. September 1996. DRK - Zukunftsteam: Schriftliche Mitteilung vom 26.11.1996. Jörg Feuck: Das typische Profil ist verblaßt. Landesverband des Roten Kreuzes steht vor großen Einschnitten. Frankfurter Rundschau vom 16.12.1996. S. 21.

gen.⁴² Hier reagierte die Verbandsspitze mit einem Set von Maßnahmen, die insbesondere auf die Einführung betriebswirtschaftlicher Kontroll- und Steuerungsinstrumente zielen und die Ersetzung bzw. Erweiterung ehrenamtlicher Gremien durch hauptamtliche Vorstände optional ermöglichen sollen. Unter dem Signum „Eisenacher Modell" wird diese Neuausrichtung verbandlicher Entscheidungsgremien zurzeit in mehreren Landes- und Kreisverbänden experimentell erprobt.⁴³

Das Dilemma des DRK: Die Bekanntheit und das im Großen und Ganzen große Vertrauen welches der Verband in der Öffentlichkeit genießt, gehört zu den zentralen Vorteilen, die das DRK gegenüber anderen Hilfsorganisationen und Wohlfahrtsverbänden hat. Dieses Image wird nicht zuletzt durch die Öffentlichkeitsarbeit und insbesondere durch den Corporate Identity-Prozess vermittelt, mit denen das Bild eines geschlossenen homogenen Verbandes in die Öffentlichkeit transportiert wird und hierzu zu bestehenden Fremdbilder bewusst nutzt. Die Folge hiervon: Das DRK wird als Einheit wahrgenommen und nicht als „Vielfalt in der Einheit". In der Öffentlichkeit kaum wahrgenommen wird dagegen die föderale Struktur mit ihrer hochgradigen Autonomie der Kreis- und Ortsverbände; ein Faktum, das sich nicht zuletzt im Fehlen eines einheitlichen Erscheinungsbildes der Untergliederungen widerspiegelt. Schriftzüge, Logos und Farben unterscheiden sich örtlich teilweise beträchtlich und keine Verbandsgliederung kann gezwungen werden, das durch den Bundesverband propagierte Erscheinungsbild zu übernehmen. Gleichwohl bleiben die damit verbundenen Probleme in der verbandsintern aber auch darüber hinausgehend unzureichend reflektiert. Das Spannungsverhältnis zwischen regionalem Autonomieanspruch und zentraler Steuerung bleibt so weiterhin bestehen.

Fazit: Bezogen auf die Praxis von Sozialer Arbeit ist daher kaum zu erwarten, dass das DRK bei der Suche nach einer neuen Rolle als Anbieter sozialer Dienstleistungen eine sozialpolitische Vorreiterrolle einnehmen wird. Vielmehr ist ein neues Portfolio seiner Geschäftsfelder zu erwarten, das nach wirtschaftlichen Erfolgskennzahlen ausgerichtet ist und zu einer Bereinigung der bisher vorgehaltenen Dienstleistungen führen wird. Ergebnispragmatisch orientiert am betriebswirtschaftlichen Erfolg der Organisation und ihrer Teile wird das DRK als Spitzenverband der Wohlfahrtspflege vor allem durch sein Image als RK-Hilfsorganisation gesellschaftliche Akzeptanz finden, weniger aber als fachlich ausgewiesener Träger von Sozialer Arbeit.

Literatur

Bauer, Rudolph: Vom Roten Kreuz zum Totenkreuz. In: neue praxis. Zeitschrift für Sozialarbeit, Sozialpädagogik und Sozialpolitik. Heft 4/1986. S. 311 ff.
Boethke, Wilhelm: Das Rote Kreuz. Seine Entstehung, sein Wesen und seine Einrichtungen. 2. Aufl., Reclam. Leipzig 1918.
Deutsches Rotes Kreuz - Generalsekretariat: Die Einsatzeinheiten. Bonn 1995
Deutsches Rotes Kreuz - Generalsekretariat: Jahresbericht 2000/2001. Bonn
Deutsches Rotes Kreuz - Präsidium: Jahresbericht 2000/2001. Bonn

---

42 Vgl.: Deutsches Rotes Kreuz: Geschäftsbericht des Generalsekretärs. Bonn 2003. S. 11
43 Vgl.: Rotes Kreuz. Ausgabe 2/2003. S. 7

Deutsches Rotes Kreuz/ Unternehmensberatung Rosenbaum und Nagy (2002): Bericht über die strategische Situation des Deutschen Roten Kreuzes. Auswertung des strategischen Fragebogens 2001. Berlin.

Deutsches Rotes Kreuz: Geschäftsbericht des Generalsekretärs. Bonn 2003

Deutsches Rotes Kreuz: Geschäftsbericht des Generalsekretärs. Bonn 2003

DRK KV Pforzheim e.V. (1993): Dokumentation der Sozialkonferenz. Juni 1993

DRK KV Pforzheim e.V. (1994): Zweite Sozialkonferenz. Soziales Unternehmertum. Eine Antwort der freien Wohlfahrtspflege auf den gesellschaftlichen Wandel. April 1994

DRK KV Pforzheim e.V.: Dokumentation der Sozialkonferenz. Juni 1993

DRK Landesverband Westfalen-Lippe (Hrsg.): Dienstanweisung für das Tragen von Einsatzbekleidung. Münster 1993

Dunant, Henry J. (1962): Eine Erinnerung an Solferino. Hrsg. vom Schweizerischen Roten

Favez, Jean-Claude (1989): Das Internationale Rote Kreuz und das Dritte Reich. München.

Feuck, Jörg: Das typische Profil ist verblasst. Landesverband des Roten Kreuzes steht vor großen Einschnitten. Frankfurter Rundschau vom 16.12.1996. S. 21

Fleckenstein, Knut/ Grosser, Walter (1998): 90 Jahre Arbeiter-Samariter-Bund in Hamburg. Der Tradition verpflichtet - auf dem Weg ins nächste Jahrhundert. Herausgegeben vom ASB Hamburg. Hamburg.

Haug, Hans: Menschlichkeit für alle. Die Weltbewegung des Roten Kreuzes und Roten Halbmondes. Bern/Stuttgart 1991

Haug, Hans: Menschlichkeit für alle. Die Weltbewegung des Roten Kreuzes und Roten Halbmondes. Bern/ Stuttgart 1991

Heudtlass, Willy: Henry Dunant. Gründer des Roten Kreuzes, Urheber der Genfer Konventionen. Eine Biographie. 4. Aufl., Stuttgart 1989

Hüdepohl, Astrid: Organisationen der Wohlfahrtspflege. Eine ökonomische Analyse ausgewählter nationaler und internationaler Institutionen. Berlin 1996

Internationale Föderation der Rotkreuz- und Rothalbmondgesellschaften: Strategie 1010. Genf 1999. Deutsche Ausgabe: Deutsches Rotes Kreuz, Generalsekretariat: Strategie 1010. Bonn 2000

Internationales Komitee vom Roten Kreuz: Die Grundsätze des Roten Kreuzes und Roten Halbmonds. 2. Aufl., Genf 2000

Kreuz. Neuausgabe 1962, 5., Aufl., Genf.

Krumsiek, Kristin Eike: Die rechtliche Struktur des Deutschen Roten Kreuzes und des Internationalen Roten Kreuzes. Inauguraldissertation durch die rechtswissenschaftliche Fakultät der Westfälischen Wilhelms-Universität zu Münster. Münster 1995

Liechtenstein, Heiner: Angepasst und treu ergeben. Das Rote Kreuz im „Dritten Reich". Köln 1988

Nolte, Bernd: Radikal neue Wege gehen. Neuerungen in Betrieben gelingen nur, wenn Führungskräfte die Unternehmenskultur ändern. In: Das Zukunfts-Magazin, Nr.6, November 2000. Beilage in: Rotes Kreuz. Das Fachmagazin des DRK, Nr. 6, 2000, S. ZM-10 - ZM-11.

O. N. (1996a): Zukunft für das DRK. In: Rotes Kreuz. Das Fachmagazin des DRK. Nr. 2, 1996, S. 30-31.

O. N. (1998a): Rolle der Hilfsorganisationen und Wohlfahrtsverbände in Gefahr? Eine Positionierung der großen deutschen Hilfsorganisationen. In: Das Zukunfts-Magazin, Nr. 3, Oktober 1998, S. 26-28.

Rentner, Petra: Von Cash-Kühen, Rotkreuz-Stars und toten Pferden. In: Das Zukunfts-Magazin, Nr.6, November 2000. Beilage in: Rotes Kreuz. Das Fachmagazin des DRK, Nr. 6, 2000, S. ZM-9.

Riesenberger, Dieter: Das Deutsche Rote Kreuz. Eine Geschichte 1864-1990. Ferdinand Schöningh Verlag. Paderborn 2002

Riesenberger, Dieter: Für Humanität in Krieg und Frieden - Das Internationale Rote Kreuz 1863-1977. Göttingen 1992

Satzung des Deutschen Roten Kreuzes in der Fassung vom 12. November 1993; Änderungen durch Bundesversammlungsbeschlüsse vom 10. November 1995, 05. Dezember 1997 und 08. Dezember 2000

Schlögel, Anton: Neuaufbau des DRK nach dem Zweiten Weltkrieg. 2. Aufl., Bonn 1983

Seithe, Horst/Hagemann, Frauke: Das Deutsche Rote Kreuz im Dritten Reich (1933-1939). Mit einem Abriss seiner Geschichte in der Weimarer Republik. Frankfurt a. M. 2001

Seithe, Horst: Das Deutsche Rote Kreuz im Dritten Reich (1933-1939). Die Transformation des DRK vom zivilen Wohlfahrtsverein zur nationalsozialistischen Sanitätsorganisation. Inaugural-Dissertation der Medizinischen Fakultät der Westfälischen Wilhelms-Universität zu Münster. Münster 1993

Strantz, Viktor von: Das Internationale Rote Kreuz. Berlin 1896. In: Die Heere und Flotten der Gegenwart. Bd. 1: Deutschland. Berlin 1896

3.6 Die Zentralwohlfahrtsstelle der Juden in Deutschland e.V. (ZWST)

Entstehung des Verbandes

Industrialisierung und Verstädterung prägten wesentlich die Entwicklung der deutschen Gesellschaft ab dem letzten Viertel des 19. Jahrhunderts. Betroffen hiervon war ebenso das Leben der jüdischen Bevölkerung. Lebten schon 1871 fast 20 % aller Juden Deutschlands in Großstädten, so setzte sich diese urbane Siedlungsorientierung in den Folgejahren verstärkt fort. Schon 1925 leben von der nahezu 500.000 Personen umfassenden jüdischen Gesamtbevölkerung über 66 % in Großstädten, dieser Anteil stieg in 1933 auf über 70 %. Neben der Sonderstellung der Hauptstadt Berlin - hier wohnten ca. 1/3 aller Juden - konzentrierte sich jüdisches Leben in den Städten Frankfurt/M., Breslau, Hamburg, Köln und Leipzig; hier waren 1933 mehr als 50 % der jüdischen Gesamtbevölkerung ansässig. In ganz Deutschland bestanden zu diesem Zeitpunkt ca. 1600 Synagogengemeinden. Es ist deshalb nicht zufällig, dass die ZWST im September 1917 in Berlin, dem eigentlichen Zentrum jüdischen Lebens in Deutschland gegründet wurde.[1] Initiatorin war neben vielen anderen Personen Bertha Pappenheim (1859 - 1936). Das Leben dieser religiös-ethnischen Minderheit, selbst in Berlin betrug ihr Anteil an der Gesamtbevölkerung nicht mehr als 3,8 %, vollzog sich innerhalb eines weitgehend abgeschotteten gesellschaftlichen Subsystems. Gleichwohl führte dies nicht zur Herausbildung eines homogenen, gleichförmigen Organisationslebens. Charakteristisch war vielmehr zu-

---

[1] Siehe hierzu im einzelnen: Adler-Rudel 1974

nächst das Handeln in zahlreichen, autonomen Organisationen, Verbänden und Zusammenschlüssen. Die Bildung der ZWST als zentrale Organisation war deshalb weniger einem handlungspragmatischen Koordinierungs- und Kooperationsbedürfnis der lokalen Akteure geschuldet, sondern entsprach vor allem der auf zentraler Ebene vorgenommenen strategischen Option, mit der Bildung örtlicher Wohlfahrtzentren innerhalb der vereinzelt agierenden jüdischen Gemeinden, Provinzial- und Landesverbänden einen größeren Verbandszusammenhalt herstellen zu wollen. Mit der Herausgabe der Zeitschriften „Nachrichten" und „Zedaka" (hebr. Gerechtigkeit), wurden Mitte der 20er Jahre überregionale Foren zur Kommunikation und Zusammenarbeit geschaffen. 1926 trat der Verband der „Liga der Spitzenverbände der Freien Wohlfahrtspflege" bei und repräsentierte hierdurch auch interessenspolitisch den eigenständigen Beitrag einer jüdisch-sozialen Arbeit im Gesamtkontext der freien Wohlfahrtspflege.

Eine repräsentative jüdische Reichsorganisation entstand erst einige Jahre später als Folge der nationalsozialistischen Machtergreifung und des damit einhergehenden politischen Drucks auf die jüdischen Organisationen. Erst im April 1933 (!) wurde der „Zentralausschuss für Hilfe und Aufbau" gegründet und ein weiterer organisierter Versuch unternommen, die Arbeit der unterschiedlichsten Organisationen und Verbände zu koordinieren und abzusichern.

Tab. 60: Jüdische Wohlfahrtspflege in Deutschland

Zentralausschuss für Hilfe und Aufbau - gegründet am 13. April 1933
Centralverein deutscher Staatsbürger jüdischen Glaubens
Zionistische Vereinigung für Deutschland
Hilfsverein der Deutschen Juden
Jüdischer Frauenbund
Preußischer Landesverband Jüdischer Gemeinden
Jüdische Gemeinde Berlin
Agudas Jisroel
Reichsvertretung der deutschen Juden - gegründet am 17. April 1933

Parallel zu dieser organisationspragmatischen Ausrichtung bestand die politische Intention, eine zentrale jüdische Körperschaft in Deutschland zu institutionalisieren. Schon wenige Tage später wurde deshalb die „Reichsvertretung der deutschen Juden" gegründet. Beide Organisationen wirkten zunächst parallel nebeneinander und waren noch durch die Illusion bestimmt, ein eigenständiges jüdisches Leben auch unter den neuen politischen Rahmenbedingungen aufrechterhalten zu können.

Die sich allmählich verschärfende Ausgrenzungspolitik des nationalsozialistischen Staates ließ diese Illusion zunehmend schwinden. Erkannt wurde zwar noch nicht der drohende Holocaust, jedoch aber die zunehmende Ausgrenzung und Gettoisierung jüdischen Lebens in Deutschland. Zumindest der heranwachsenden Generation sollte diese Perspektive gesellschaftlicher Chancenlosigkeit erspart bleiben, was zu der Aufgabe führt, eine systematische Auswanderungshilfe aufbauen zu müssen. In diesem Kontext kam es zu einer Reorganisation des Hilfs- und Aufbauwerks, das im

April 1935 in den Apparat der Reichsvertretung eingegliedert wurde. Wenige Monate später erzwangen die Nürnberger Gesetze vom 15.September 1935 eine Namensänderung des Verbandes, der sich nunmehr „Reichsvertretung der Juden in Deutschland" nennt.

Abb. 29: Jüdische Wohlfahrtspflege in der Weimarer Republik

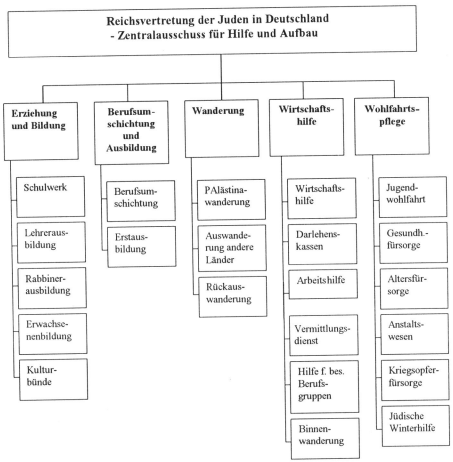

Mit Gesetz vom 28. März 1938 wurde den jüdischen Gemeinden ihr bisheriger Status als Körperschaften des öffentlichen Rechts aberkannt, was bedeutete, nunmehr nur noch im Rahmen von rechtsfähigen Vereinen weiter bestehen zu können. Dieser veränderte Rechtsstatus führte nicht nur zum Verlust des bisherigen Steuerprivilegs. Aufgezwungen wurde ebenfalls eine erneute Umbenennung des Verbandes in „Reichsverband der Juden in Deutschland". Allerletzte Hoffnungen, jüdische Institutionen und jüdisches Leben trotz aller Repressalien fortführen zu können, schwanden vollends mit der Reichspogromnacht vom 8. zum 10. November 1938. Die vom NS-Staat angestrebte Lösung der Judenfrage erreichte eine neue Qualität: Aufgelöst wurde der Reichsverband der Juden in Deutschland, an dessen Stelle wurde eine staatlich kontrollierte Zwangsorganisation mit dem Namen „Reichsvereinigung der Juden in Deutschland" eingesetzt.

Während der Weimarer Republik bis zur faktischen Auflösung der jüdischen Organisationen ab Ende 1938 blieb die jüdische Wohlfahrtspflege auf das eigene Klientel begrenzt. Maximal umfasste diese Bevölkerungsgruppe etwa 500.000 Personen, die sich durch Emigration und Auswanderung Ende der 30er Jahre auf etwa 300.000 Menschen reduzierte und zudem starken Überalterungsprozessen ausgesetzt war (die Hälfte dieser in Deutschland verbleibenden Juden war älter als 50 Jahre). Vollends zum Erliegen kam die jüdische Wohlfahrtspflege während des Jahres 1939. Die weitgehend abgeschlossene Zwangsliquidation der Synagogengemeinden setzen den Schlusspunkt im Auflösungsprozess jüdischer Organisationen und ihrer Wohlfahrtsarbeit.

Zur Entwicklung der jüdischen Wohlfahrtspflege während dieser Repressionsperiode liegen nur spärliche Informationen vor. Das Ausmaß des vormaligen jüdischen Wohlfahrtswesens in Deutschland ist dagegen nachvollziehbarer belegt. Schon 1909 umfasste dieser Bereich insgesamt 1014 jüdische Gemeinden, über 3000 Wohlfahrtsvereine. 1917 existierten 40 Anstalten der Jugendwohlfahrt, 38 Alters- und Siechenheime, 14 Einrichtungen für Kranke, 5 Anstalten für gesundheitlich und geistig Behinderte sowie 20 Erholungsheime für Kinder, darüber hinaus bestanden weitere spezielle Institutionen der Wohlfahrtspflege[2]. Und bis zu Beginn der 30er Jahre konnten diese Aktivitäten durchaus erweitert und ausgebaut werden konnten[3]:

Tab. 61: Einrichtungen der jüdischen Wohlfahrtspflege 1932

Einrichtungen	Zahl	Plätze/Mitglieder
Synagogengemeinden	ca. 1.600	500.000
Altersheime	58	2.489
Speiseeinrichtungen/Küchen	47	
Obdachlosenheime	3	95
Erwerbslosenunterkünfte	3	105
Allgemeine Krankenhäuser	8	1.333
Krankenhäuser in Vbd. mit Altenheimen	6	439
Krankenhäuser für chronisch Kranke	7	283
Anstalten für Blinde, Taubstumme und Geistesschwache	9	350
Sanatorien für Kinder u. Erwachsene	52	3020
TBC-Sanatorien	2	96
Kinder- und Jugendheime	36	1.655
Erholungsheime	28	730
Kuranstalten für Lungenkranke	2	96
Schule für Wohlfahrtspfleger/innen	1	17

---

2 Vgl.: Zentralwohlfahrtsstelle der Juden in Deutschland e.V. 1987
3 siehe hierzu: Adler-Rudel, a.a.O., S. 150 ff.

Der deutsche Faschismus mit seinem totalitären Geltungsanspruch „endlöste" die weitere Entwicklung der jüdischen Wohlfahrtspflege in Deutschland. Erste jüdische Gemeinden wurden erst wieder nach 1945 unter schwierigsten Voraussetzungen gegründet.[4] Das personelle Reservoir war weitgehend vernichtet, denn von den ehemals etwa 500.000 deutschen Juden überlebten nur ca. 15.000. Zuwachs erhielt diese Restgruppe der jüdischen Bevölkerung erst durch aus DP-Lagern (Desplaced Persons) rekrutierten Ostjuden. Die vorgenommene Neuorganisation der jüdischen Gemeinden erfolgte hierbei spontan, unkoordiniert und ohne konzeptionellen Anspruch. Sie realisierte sich zudem in einer demografisch äußerst heterogenen Zusammensetzung. Bestimmend war hierbei das Bedürfnis, in der Nähe zu Schicksalsgefährten erlittenes Leid besser ertragen und die Bewältigung von Not und Elend innerhalb der eigenen Glaubensgruppe überlebenspraktisch zu bewerkstelligen. Erst die Gründung des Staates Israel 1948 beförderte den Prozess zur Vereinheitlichung und bot Ostjuden und deutschen Juden die Möglichkeit zur gemeinsamen Identität. In diesem Kontext kam es 1947 zur Bildung der Arbeitsgemeinschaften der Jüdischen Gemeinden und schließlich im August 1950 zur Gründung des Zentralrats der Juden in Deutschland,[5] der sich als Körperschaft des öffentlichen Rechts konstituierte. Letzterer beschloss 1951 die Wiedergründung der ZWST, die als „Ein-Mann-Betrieb" ihre Arbeit zunächst in Hamburg aufnahm. 1955 wurde der Sitz nach Frankfurt am Main verlegt und Zweigstellen in Berlin und München errichtet.[6]

Selbstverständnis des Verbandes

Die sozialpolitische Bedeutung des Jüdischen Wohlfahrtsverbandes liegt vor allem in dessen Entwicklung bis 1933. Trotz seiner quantitativ eher marginalen Bedeutung innerhalb der gesamten freien Wohlfahrtspflege gingen von diesem jüdischen Organisationsspektrum viele innovative Impulse für die Soziale Arbeit aus.[7] Als durchgängiges Handlungsmotiv zeigte sich hierbei das Streben nach Gerechtigkeit („Zedaka") als praktischer Ausdruck jüdischen Religionsverständnisses.

> „.. dass das Judentum.. den wesentlichen Inhalt der Religiosität darin erblickt, dass der Mensch danach strebe, sich selbst und seine Welt, diese Verbindung der Einzelnen und der Gesamtheiten miteinander, nach göttlichen Gedanken und Geboten zu gestalten, sie zum Gottesreich zu machen. Damit ist gegeben, dass diese Religion gewisse Beziehungen zur menschlichen Gesellschaft, zu ihrem augenblicklichen Zustande und zu dem Zustande, welcher werden soll, fordert, dass also diese Religion die Wohlfahrtspflege - allerdings nicht in ihrer Technik, aber in dem, was sie zu ihrem tiefsten Grund hat und als letztes Ziel erreichen soll - zu einem wesentlichen Teile der Frömmigkeit werden lässt. So lassen sich im Judentum Religiosität und Bewährung bestimmter Prinzipien aller Sozialen Arbeit gar

---

4 Im einzelnen siehe hierzu: Brumlik u.a. 1988 sowie Heuberger 1992
5 Vgl.: Bodemann, Michal Y.: Staat und Ethnizität: Der Aufbau der jüdischen Gemeinden im Kalten Krieg. In: Brumlik, a.a.O., S. 49 ff.
6 Vgl.: Bloch, Benjamin: Zedaka - Die Gerechtigkeit. Jüdische Sozialarbeit 1945 bis heute
7 Vgl. Eckhardt, Dieter: „Soziale Einrichtungen sind Kinder ihrer Zeit ..." Von der Centrale für private Fürsorge zum Institut für Sozialarbeit 1899 - 1999. Frankfurt a.M. 1999

nicht voneinander trennen, oder um es ganz kurz zu sagen: im Judentum gibt es keine Religiosität ohne das Soziale und kein Soziales ohne die Religiosität. ..."[8]

Verwurzelt in der jahrtausenden alten Sozialethik des Judentums und orientiert an besonderen sozialethischen Geboten,[9] tat sich die jüdische Sozialarbeit besonders bei der Bewältigung von Armut, Obdachlosigkeit und sozialer Entwurzelung hervor, kümmerte sich aber auch um allgemeine soziale Belange der jüdischen Glaubensangehörigen. Dieses Selbstverständnis prägt unverändert bis in die heutige Zeit hinein die Tätigkeit des Verbandes. So werden im § 2 der Verbandssatzung folgende zentrale Aufgaben benannt:

„1. Vertretung der gemeinsamen Interessen ihrer Mitglieder gegenüber den Bundes- und Landesbehörden, den Bundesorganisationen der Freien Wohlfahrtspflege und ihren Zusammenschlüssen, den jüdischen Bundes- und Landesorganisationen und den internationalen allgemeinen und jüdischen Organisationen auf dem Gesamtgebiet der Wohlfahrtspflege

2. Sorge für eine lückenlose und wirksame Organisation der jüdischen freien und gemeindlichen Wohlfahrtspflege in Deutschland; Anregung und Förderung der privaten Initiative und der Gewinnung freiwilliger Mitarbeiter auf allen Gebieten der jüdischen Wohlfahrtspflege

3. Behandlung von Sozialangelegenheiten ihrer Mitglieder, soweit diese Angelegenheiten entweder zentral oder durch Verhandlungen mit zentralen Stellen zu erledigen sind, insofern ihre Behandlung durch die Zentralwohlfahrtsstelle von den beteiligten Organisationen besonders gewünscht wird

4. Aufstellung einheitlicher Richtlinien für alle Tätigkeiten im Bereich der Zentralwohlfahrtsstelle; Förderung notwendiger Neueinrichtungen für das Bundesgebiet im Einvernehmen mit den Sozialausschüssen der zuständigen Landesverbände

5. Wissenschaftlich-fachliche Durcharbeitung der Probleme der allgemeinen Wohlfahrtspflege, Auskunftserteilung, Förderung des sozialen Ausbildungswesens

6. Wahrnehmung der allgemeinen und besonderen jüdischen Interessen bei der Gesetzgebung und Verwaltung in Sachen der sozialen Fürsorge, unter maßgeblicher Berücksichtigung der Belange jüdischer Hilfsbedürftiger.

Die Zentralwohlfahrtsstelle stellt den Zusammenschluss der jüdischen Wohlfahrtspflege in Deutschland dar und ist ihre Spitzenorganisation. Die Zentralwohlfahrtsstelle verfolgt ihre Ziele unter Ausschluss von Erwerbsinteressen und

---

[8] L. Baeck: Jüdische Wohlfahrtspflege und jüdische Lehre. Berlin 1930. In: Zentralwohlfahrtsstelle der Juden in Deutschland e.V. (Hrsg.): Die Zentralwohlfahrtsstelle. Der jüdische Wohlfahrtsverband .. a.a.O.

[9] Vgl.: Sacks, Jonathan: Wohlstand und Armut. Eine jüdische Analyse. In: Jüdisches Museum der Stadt Frankfurt am Main/Zentralwohlfahrtsstelle der Juden in Deutschland e.V. (Hg.): ZEDAKA. Jüdische Sozialarbeit im Wandel der Zeit. 75 Jahre Zentralwohlfahrtsstelle der Juden in Deutschland 1917 - 1992. Frankfurt am Main 1992. S. 14 ff.

unter Wahrung der satzungsmäßigen Selbständigkeit ihrer Mitglieder (siehe § 5 Mitgliedschaft)"[10]

Bei der Ausgestaltung ihrer Aktivitäten war die jüdische Wohlfahrtspflege vor allem mit Problemen der Einwanderung und Integration jüdischer Flüchtlinge aus Osteuropa befasst. Diese Aufgabe stellte sich insbesondere nach der gescheiterten ungarischen Revolution 1956 und den hier staatlich inszenierten antisemitischen Kampagnen in den osteuropäischen Ländern. Diese Zuwanderungen aus dem Osten als auch die Rückwanderungen nach Israel bewirkten innerhalb der jüdischen Gemeinden einen Verjüngungseffekt, der zu neuen, weiteren Aufgaben führte. Neben der Flüchtlingshilfe mussten nunmehr auch verstärkt Einrichtungen für Kinder und Jugendliche geschaffen sowie eine Berufs- und Studienförderung aufgebaut werden. Gleichwohl blieb die Zahl der Juden in Deutschland gering und erreichte bis zum Ende der 80er Jahre des 20. Jahrhunderts nicht mehr als 28.000 Personen.[11]

Tab. 62: Mitgliederentwicklung in den Jüdischen Gemeinden Deutschlands

	Mitglieder	Zugang aus GUS-Staaten
1. Januar 1990	27.711	1.008
1. Januar 1991	29.089	5.198
1. Januar 1995	45.559	20.709
1. Januar 1998	67.471	45.260

Erst der Zusammenbruch der früheren Sowjetunion und die damit ausgelösten Zuwanderungen osteuropäischer Juden führte zu einem erneuten Wachstumsprozess der jüdischen Bevölkerung und zu einer Stabilisierung der jüdischen Gemeinden in Deutschland.

Tab. 63: Jüdische Bevölkerung in Deutschland nach Landesverbänden - Stand 31.12.2002[12]

Landesverband/Gemeinde	Zahl der Mitglieder
Baden	4.637
Bayern	8.693
Berlin	11.278
Brandenburg	989
Bremen	1.159
Frankfurt	6.873
Hamburg	4.865

---

10 Vgl.: ZWST: Satzung der Zentralwohlfahrtsstelle der Juden in Deutschland e.V. i.d.F. vom 21.11.1993
11 Daten zusammengestellt nach: ZWST: Pressemappe. Dezember 2002
12 Eigene Zusammenstellung nach: Zentralwohlfahrtsstelle der Juden in Deutschland e.V.: Mitgliederstatistik der einzelnen jüdischen Gemeinden und Landesverbände in Deutschland per 1. Januar 2003. Frankfurt am Main (2003))

Hessen	4.854
Köln	4.451
Mecklenburg-Vorpommern	1.304
München	8.605
Niedersachsen	7.899
Nordrhein	15.835
Rheinland-Pfalz	2.617
Saar	1.070
Sachsen	1.830
Sachsen-Anhalt	1.546
Thüringen	542
Westfalen	6.619
Württemberg	2.669
Insgesamt	*98.335*

Beendet wurde durch diese Entwicklungen der bisher stattgefundene Überalterungsprozess als auch der zahlenmäßige Rückgang der jüdischen Gemeinschaft. Heute leben rd. 100.000 Juden in Deutschland. Die meisten von ihnen leben in großstädtischen Ballungsräumen.

Organisationsaufbau und Gliederung

Bundesweit ist die ZWST als „eingetragener Verein" organisiert. Die Hauptgeschäftsstelle befindet sich in Frankfurt a.M., Zweigstellen bestehen in Berlin, Dresden, Schwerin und Potsdam. Nicht alle der insgesamt in Deutschland bestehenden 88 Jüdischen Gemeinden sowie der 11 Landesverbände sind Mitglieder der ZWST. Stattdessen wird die ZWST mitgliedschaftlich von folgenden Organisationen bzw. Verbänden getragen:[13]

Tab. 64: ZWST - Mitgliedsorganisationen

1.	Israelitische Religionsgemeinschaft Badens
2.	Landesverband der Israelitischen Kultusgemeinden in Bayern
3.	Jüdische Gemeinde des Landes Brandenburg
4.	Jüdische Gemeinde zu Berlin
5.	Israelitische Gemeinde Bremen
6.	Jüdische Gemeinde Frankfurt am Main
7.	Jüdische Gemeinde in Hamburg
8.	Landesverband der Jüdischen Gemeinden in Hessen

---

13 Siehe § 5 der Satzung

9. Synagogen-Gemeinde Köln
10. Landesverband der Jüdischen Gemeinden in Mecklenburg-Vorpommern
11. Israelitische Kultusgemeinde München und Oberbayern
12. Landesverband der Jüdischen Gemeinden von Niedersachsen
13. Landesverband der Jüdischen Gemeinden von Nordrhein
14. Landesverband der Jüdischen Gemeinden von Rheinland-Pfalz
15. Synagogen-Gemeinde Saar
16. Landesverband Sachsen der Jüdischen Gemeinden
17. Landesverband der Jüdischen Gemeinden von Sachsen-Anhalt
18. Jüdische Landesgemeinde Thüringen
19. Landesverband der Jüdischen Kultusgemeinden von Westfalen
20. Israelitische Religionsgemeinschaft Württembergs
21. Jüdischer Frauenbund Deutschlands
22. Kurheim Eden-Park, gemeinnützige Betriebs-GmbH

Darüber hinaus bestehen weitere national und international agierende Institutionen, die Teil des jüdischen Organisationswesens in Deutschland sind und zu denen die ZWST enge Kooperationsbeziehungen unterhält. Im Einzelnen handelt es sich hier um folgende Gruppierungen:[14]

Tab. 65: ZWST - Kooperationsnetzwerk

1.	Claims Conference	Frankfurt a.M.	Regelung von Wiedergutmachungs- und Entschädigungsansprüchen
2.	MAKKABI	München	jüdischer Sportverein
3.	Womens International Zionist Organisation (WIZO)	Berlin	Frauenorganisation, die Spenden für Projekte in Israel sammelt
4.	Bundesverband Jüdischer Studenten Deutschlands (BJSD)	Saarbrücken	Studentenverband
5.	Vereinigung Jüdischer Akademiker in Deutschland	Frankfurt a.M.	fördert Öffentlichkeitsarbeit für den Staat Israel und vermittelt jüdische Kultur
6.	Verband der Jüdischen Ärzte und Psychologen	Berlin	Berufsverband
7.	ORT-Deutschland	Frankfurt a.M.	Träger von Berufsschulen und Fachschulen in Israel

---

14 Vgl. hierzu: ZWST (Hrsg.): Leitfaden für Jüdische Zuwanderer aus der ehemaligen Sowjetunion. Frankfurt am Main 1996. S. 9 ff.

8.	Israel Bonds	Frankfurt a.M.	Förderagentur für den Verkauf von Staatsanleihen zum Aufbau Israels
9.	Verband Jüdischer Heimatvertriebener und Flüchtlinge in der BRD e.V.	Frankfurt a.M.	betreut und berät in sozialrechtlichen Fragen, leistet Integrationshilfen
10.	Jewish Agency for Israel (Sochnut)	Frankfurt a.M.	ausführendes Organ der zionistischen Weltbewegung und Einwanderungsbehörde
11.	Kinder - und Jugend-Aliya	Frankfurt a.M.	fördert die Einwanderung von Kindern und Jugendlichen nach Israel
12.	Keren Hayessod	Frankfurt a.M.	zentrale Spendensammlungsorganisation des Staates Israel um Einwanderung zu unterstützen
13.	Zionistische Jugend in Deutschland e.V. (ZJD)	Frankfurt a.M.	fördert die zionistisch ausgerichtete Erziehung und Auswanderung nach Israel
14.	Zionistische Organisation Deutschland (ZOD)	Frankfurt a.M.	leistet Öffentlichkeitsarbeit für den Staat Israel
15.	Jüdischer Frauenbund	Frankfurt a.M.	Dachorganisation der jüdischen Frauenvereine

Jüdisches Leben in Deutschland umfasst ebenfalls die Herausgabe von zahlreichen Zeitschriften und Mitteilungsblättern. Diesbezügliche Sammlungen befinden sich im Zentralarchiv zur Erforschung der Geschichte der Juden in Deutschland, angesiedelt an der Universität Heidelberg.[15] Nach den hier vorliegenden Informationen erscheinen derzeit 81 Printmedien; 36 hiervon werden von jüdischen Gemeinden herausgegeben, 4 Zeitschriften von Landesverbänden. Speziell für den Bereich der Sozialen Arbeit bestand von 1956 - 1965 die Zeitschrift „Jüdische Sozialarbeit". Über aktuelle Entwicklungen der jüdischen Wohlfahrtspflege informieren die Periodika „Unsere Stimme" mit einer monatlichen Auflage von 2.500 Exemplaren und „ZWST informiert" mit einer Auflage von 1.000 pro Monat.

Als vereinsrechtlich verfasster Dachverband verfügt die ZWST über eine bundeszentrale Geschäftsstelle sowie vier Zweigstellen. Etwa 100 hauptberufliche Mitarbeiter/innen sind in den unterschiedlichen Arbeitsbereichen des Verbandes und seiner Gremien tätig. Der Aufbau des Dachverbandes weist folgende Organ- und Gremienstruktur auf:[16]

---

[15] Das 1987 gegründete Zentralarchiv zur Erforschung der Geschichte der Juden in Deutschland ist eine Einrichtung des Zentralrats der Juden in Deutschland. Es knüpft an das von 1905 bis 1939 in Berlin bestehende Gesamtarchiv der deutschen Juden an. Vgl: www.uni-heidelberg.de/institute/sonst/aj/.

[16] entnommen aus: ZWST: Pressemappe. Dezember 2002

Abb. 30: Organigramm der ZWST - Gremien und Entscheidungsinstanzen[17]

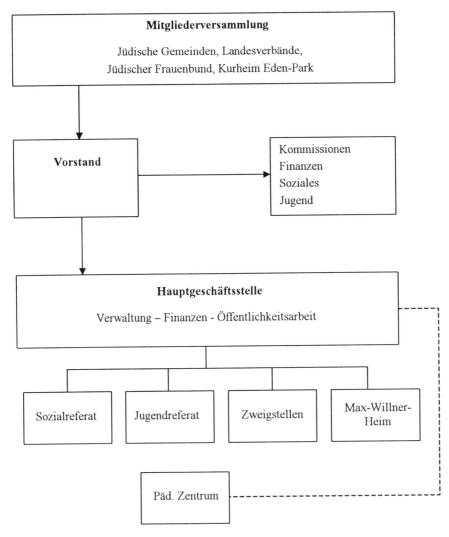

Zur Bewältigung der organisatorischen und interessenpolitisch ausgerichteten Aktivitäten verfügt die ZWST über eine Hauptgeschäftsstelle, die nach klassischem bürokratischem Muster strukturiert ist.

Der Charakter als Dachverband bringt es mit sich, dass der jüdische Wohlfahrtsverband auf lokaler Ebene nicht als eigenständiger Rechtsträger besteht. Seine religiösen, kulturellen und wohlfahrtlichen Belange und Funktionen werden hier von den jeweiligen Jüdischen Kultusgemeinden wahrgenommen und zeigen sich durch regionale Besonderheiten bestimmt.

---

17 Zusammengestellt nach: ZWST: Pressemappe. Dezember 2002.

Abb. 31: Organigramm der ZWST - Geschäftsstelle[18]

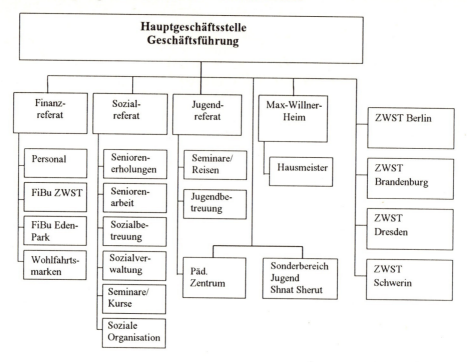

Aufgabenbereiche und Mitarbeiter

Über die genaue Zahl der Einrichtungen und Mitarbeiter der jüdischen Wohlfahrtspflege liegen nur unvollständige statistische Angaben vor. Ein genauerer Vergleich mit den übrigen Spitzenverbänden ist damit nur schwer möglich und angesichts des schätzbaren Ausmaßes der von jüdischen Organisationen betriebenen sozialen Einrichtungen auch wenig sinnvoll.

Nach einer älteren Selbstdarstellung der ZWST, datiert aus dem Jahr 1987, umfasste deren soziale Infrastruktur bundesweit 14 Altenheime, 26 Kindergärten und Jugendzentren sowie 81 Beratungsstellen mit insgesamt rd. 3.200 Plätzen/Betten.[19] Neuere Angaben der BAGFW dokumentieren für die ZWST bundesweit insgesamt 44 Einrichtungen mit insgesamt etwas über 2.500 Plätzen/Betten. In diesen Einrichtungen sind knapp über 750 Personen hauptamtlich beschäftigt, hiervon 256 in Teilzeitstellen.[20] An dem Mitte der 90er-Jahre konstatierten Befund, dass die Zahl der in

---

18 Entnommen aus: ZWST: Pressemappe. Dezember 2002.
19 Zentralwohlfahrtsstelle der Juden in Deutschland e.V. (Hrsg.): Die Zentralwohlfahrtsstelle. Der jüdische Wohlfahrtsverband in Deutschland. A.a.O.
20 Vgl.: BAGFW Gesamtstatistik 2000 - Stand 03.07.2001. Nicht veröffentlichtes Papier.

allen jüdischen Wohlfahrts- und Kultureinrichtungen beschäftigten Mitarbeiter maximal 1.000 Personen umfassen dürfte, bestätigt sich damit.[21]

Nach Angaben der ZWST vom November 2003 werden innerhalb des Verbandes vier Grundschulen, 1 Gymnasium, zehn Kindergräten und sieben Altenheime betrieben. Dass diese Angaben offensichtlich sehr unvollständig sind, zeigen die der BAGFW vorliegenden Daten zum Umfang der jüdischen Wohlfahrtspflege. Danach bestehen insgesamt 440 Einrichtungen, in denen mehr als 750 Personen hauptberuflich tätig sind.

Tab. 66: Einrichtungen und Beschäftigte der ZWST - Stand 2001[22]

Fachbereiche und Art der Einrichtung	Beschäftigte			Zahl der Einrichtungen
	Vollzeit	Teilzeit	insgesamt	
Gesundheitshilfe/Krankenhäuser	-	-	-	-
Jugendhilfe	135	100	235	55
• stationär	-	-	-	-
• Tageseinrichtungen	127	97	224	46
• Beratungsstellen u.a.	8	3	11	9
Familienhilfe	27	29	56	39
• stationär	11	9	20	1
• Tageseinrichtungen	-	-	-	-
• Beratungsstellen	11	11	22	23
• ambulante u.a. Dienste	5	9	14	15
Altenhilfe	262	57	319	45
• stationär	252	52	304	8
• Tageseinrichtungen	-	1	1	5
• Beratungsstellen	10	4	14	25
• ambulante u.a. Dienste	-	-	-	7
Behindertenhilfe	1	5	6	9
• stationär	-	-	-	-
• Tageseinrichtungen	-	-	-	-
• Beratungsstellen	-	1	1	8
• ambulante u.a. Dienste	1	4	5	1
Weitere soziale Hilfen	70	45	115	210
• stationär	-	-	-	-

---

21 Ergebnis der im April/Mai 1994 durchgeführten schriftlichen Befragung sowie der im Oktober 1996 erfolgten Adressen- und Telefonrecherche. FH Düsseldorf. Forschungsschwerpunkt Wohlfahrtsverbände/Sozialwirtschaft.
22 Eigene Zusammenstellung nach BAGFW Gesamtstatistik - Stand 03.07.2001.

• Tageseinrichtungen	-	-	-	-
• Beratungsstellen	49	29	78	119
• ambulante u.a. Dienste	-	-	-	5
• allgem. Geschäftsstellen	21	16	37	86
Aus-, Fort-, Weiterbildung	5	20	25	1
Selbsthilfe- und Helfergruppen	-	-		81
I n s g e s a m t	500	256	756	440

Verglichen mit der während der Weimarer Republik bestehenden sozialen Infrastruktur der jüdischen Wohlfahrtspflege zeigen die Zahlen, dass die ZWST in der Entwicklung nach 1945 zu keinem Zeitpunkt ihre damals bestehende sozialpolitische Bedeutung wiedererlangen und daran anknüpfen konnte.

Auch auf lokaler Ebene bleibt deshalb der sozialinfrastrukturelle Beitrag der jüdischen Wohlfahrtspflege marginal und konzentriert sich auf Dienst-, Versorgungs- und Betreuungsleistungen gegenüber ihren Glaubensangehörigen. So zum Beispiel unterhält die Jüdische Gemeinde Düsseldorf folgende Einrichtungen: 1 Kindergarten, 1 Jugendzentrum, 1 Religionsschule, 1 Juniorenclub, 1 Altenclub sowie 1 Alten- und Altenpflegeheim.[23] Und in der benachbarten Rheinmetropole Köln zeigt sich das gleiche Bild. Die soziale Infrastruktur der Synagogen-Gemeinde umfasst hier: 1 Sozialdienst, 1 Kleiderkammer, 1 Krabbelgruppe, 1 Kindergarten, 1 Elternheim (Altenheim), 1 Jugendzentrum.

Als Anbieter sozialer Dienstleistungen werden die ZWST bzw. die jeweiligen jüdischen Gemeinden ebenso wie die anderen Spitzenverbände der Freien Wohlfahrtspflege öffentlich subventioniert. In ihrem Charakter als Spitzenverband der freien Wohlfahrtspflege partizipieren sie darüber hinaus am Privileg einer staatlichen Förderung durch Globalzuschüsse, die allerdings im Vergleich zu den christlich-konfessionellen Verbänden materiell bescheiden ausfällt. Relativ neu ist der im Januar 2003 zwischen der Bundesrepublik Deutschland und dem Zentralrat der Juden geschlossene Staatsvertrag, der in Anlehnung an die mit den Kirchen bestehenden Staatsverträge eine öffentliche Subventionierung des jüdischen Religions-, Kultur- und Soziallebens regelt und diese Aktivitäten, beginnend mit dem Haushaltsjahr 2003 mit einer jährlichen Summe von 3 Mio. Euro unterstützt.[24]

Resümee und Ausblick

Die ZWST ist die kleinste Organisation unter den Spitzenverbänden der Freien Wohlfahrtspflege. Ihre Tätigkeit begrenzt sich hauptsächlich auf die soziale Betreuung jüdischer Mitbürger/innen. Darüber hinaus und ergänzend hierzu öffnet der

---

23 Vgl.: Jüdische Gemeinde Düsseldorf: Werden - Vergehen - Wiedererstehen der Jüdischen Gemeinde Düsseldorf. Düsseldorf 1991.
24 Vgl.: Art. 1 und 2 des Vertrags zwischen der Bundesrepublik Deutschland und dem Zentralrat der Juden in Deutschland vom 27.01.2003

Verband seine sozialen Dienstleistungen auch nicht-jüdischen Menschen, dies vor allem in stationären Einrichtungen der Altenhilfe.

Wenn auch die ZWST korporativer Teil der lokalen und überregionalen Arbeitsgemeinschaften der Spitzenverbände sowie deren Bundesarbeitsgemeinschaft ist, so bleibt sie für die praktische Ausgestaltung der Wohlfahrtspflege von marginaler Bedeutung. Die Zahl der Einrichtungen, Aktivitäten und beschäftigten Mitarbeiter ist gering. Bedient werden nur wenige Handlungsfelder der Sozialen Arbeit, jedoch nicht annähernd das hier bestehende Gesamtspektrum. Die Nutzer und Klienten dieser Dienste sind Teil einer religiösen Minderheit, die in weiten Bereichen Merkmale eines subkulturellen Milieus aufweist. Gemessen an den von der BAGFW genannten Merkmalen eines Spitzenverbandes der freien Wohlfahrtspflege, lässt sich deshalb die Frage nach der Zugehörigkeit der ZWST zur BAGFW ausschließlich mit Blick auf die historische Entwicklung des deutschen Wohlfahrtsverbandswesens und der besonderen Rolle der Juden in Deutschland positiv beantworten. Würde man für eine solche Mitgliedschaft ausschließlich die mittlerweile bestehende Funktion und Präsenz des Verbandes bei der Bereitstellung und Ausgestaltung einer sozialen Infrastruktur zu Grunde legen, wäre der ZWST die Eigenschaft als Spitzenverband der freien Wohlfahrtspflege nur mit argumentativen Hilfskonstruktionen zuzusprechen. Eine solche Bewertung mindert in keiner Weise die Rolle jüdischen Gemeinden und ihrer sozialen Einrichtungen bei der gesellschaftlichen Integration zuwandernder Juden aus Osteuropa. Mit Blick auf die Charakterisierung als „Spitzenverband" dürfte deshalb gelten, dass sich dieser Status einer Sonderrolle verdankt, die schon Konrad Adenauer, erster Kanzler der Bundesrepublik Deutschland, in einem kurz vor seinem Tode geführten Interview zur Wiedergutmachungsgesetzgebung der fünfziger Jahre so formulierte: „Die Juden verdanken ihre Sonderrolle, die sie selbst nicht gesucht haben, dem schlechten Gewissen, das vom Eigennutz angeregt werden musste, um wirkungsmächtig zu werden."[25] Bezogen auf die Mitgliedschaft der ZWST im so genannten „Kartell der Spitzenverbände" ließe sich diese Einschätzung durchaus erneuern. Denn die Folge dieses Mitgliedschaftsverhältnisses ist, dass auch Jüdische Gemeinden nicht nur auf örtlicher und überörtlicher Ebene in die jeweiligen Arbeitsgemeinschaften der Wohlfahrtsverbände inkorporiert sind, sondern ebenfalls ihre stimmberechtigte Mitgliedschaft oder Mitwirkung in öffentlichen Jugendhilfeausschüssen oder Sozialausschüssen außer Frage steht. Und die Debatte über die demokratische Legitimation einer solchen Repräsentanz würde unmittelbar auch die übrigen Spitzenverbände betreffen und die Kritik am wenig kontrollierten Einfluss des Wohlfahrtsverbandskorporatismus neu beleben.

Auch bei der Betrachtung der operative Ebene einer von den Wohlfahrtsverbänden (noch) weitgehend dominierten Infrastruktur zeigt sich wenig Vergleichbares zwischen dem Jüdischen Wohlfahrtsverband und den übrigen Spitzenverbänden. Weder lassen sich analoge Organisationsentwicklungen (z.B. GmbH-isierungen von Einrichtungen etc.), noch wettbewerbliche Ausrichtungen bzw. Neupositionierungen er-

---

25 Hans Jakob Ginsburg: Politik danach - Jüdische Interessenvertretung in der Bundesrepublik. In: Brumlik, Micha u.a. 1988., a.a.O., S. 109

kennen, wie sie den übrigen Spitzenverbänden teils mehr teils weniger ausgeprägt zugeschrieben werden können. Solche strategische oder operative Veränderungen würden nämlich voraussetzen, dass der jüdische Wohlfahrtsverband sich aus seinen religiös-sozialen Bindungen lösen und sein sozialpolitisches Aktionsfeld erweitern wollte. Beide Optionen stellen sich weder theoretisch noch organisationspragmatisch, was die Einschätzung begründet, dass die weitere Entwicklung der ZWST den bestehenden sozial-kulturellen Aktionsradius nicht verlässt und den bisherigen marginalen Status als Anbieter sozialer Dienstleistungen beibehält.

Literatur

Adler-Rudel, Scholem: Jüdische Selbsthilfe unter dem Naziregime 1933 - 1939. Im Spiegel der Berichte der Reichsvertretung der Juden in Deutschland. J.C.B. Mohr (Paul Siebeck) Verlag. Tübingen 1974

Bloch, Benjamin: Zedaka - Die Gerechtigkeit. Jüdische Sozialarbeit 1945 bis heute. In: Romberg, Otto R./ Urban-Fahr, Susanne (Hrsg.): Juden in Deutschland nach 1945. Tribüne-Verlag. Frankfurt am Main 1999

Brumlik, Micha/Kiesel, Doron/Kugelmann, Cilly/Schoeps, Julius H. (Hrsg.): Jüdisches Leben in Deutschland seit 1945. Athenäum Verlag. Frankfurt a.M. 1988

Eckhardt, Dieter: „Soziale Einrichtungen sind Kinder ihrer Zeit ..." Von der Central für private Fürsorge zum Institut für Sozialarbeit 1899 - 1999. Hrsg. Vom Institut für Sozialarbeit. Verlag Waldemar Kramer. Frankfurt a.M. 1999

Ginsburg, Hans Jakob: Politik danach - Jüdische Interessenvertretung in der Bundesrepublik. In: Brumlik, Micha/Kiesel, Doron/Kugelmann, Cilly/Schoeps, Julius H. (Hrsg.): Jüdisches Leben in Deutschland seit 1945. Athenäum Verlag. Frankfurt a.M. 1988

Heuberger, Rachel: Die Gründung der „Zentralwohlfahrtsstelle der deutschen Juden" im Jahre 1917. In: Jüdisches Museum der Stadt Frankfurt am Main / Zentralwohlfahrtsstelle der Juden in Deutschland e.V. (Hg.): ZEDAKA. Jüdische Sozialarbeit im Wandel der Zeit. 75 Jahre Zentralwohlfahrtsstelle der Juden in Deutschland 1917 - 1992. Frankfurt am Main 1992. S. 71 ff

Jüdische Gemeinde Düsseldorf: Werden - Vergehen - Wiedererstehen der Jüdischen Gemeinde Düsseldorf. Düsseldorf 1991

Sacks, Jonathan: Wohlstand und Armut. Eine jüdische Analyse. In: Jüdisches Museum der Stadt Frankfurt am Main / Zentralwohlfahrtsstelle der Juden in Deutschland e.V. (Hg.): ZEDAKA. Jüdische Sozialarbeit im Wandel der Zeit. 75 Jahre Zentralwohlfahrtsstelle der Juden in Deutschland 1917 - 1992. Frankfurt am Main 1992. S. 14 ff

Vertrag zwischen der Bundesrepublik Deutschland, vertreten durch den Bundeskanzler und dem Zentralrat der Juden in Deutschland - Körperschaft des öffentlichen Rechts, vertreten durch den Präsidenten und die Vizepräsidenten vom 27. Januar 2003. In: Bundesgesetzblatt. Jahrgang 2003 Teil I Nr. 40. Bonn 2003

Zentralarchiv der Erforschung der Geschichte der Juden in Deutschland. www.uni-heidelberg.de/institute/sonst/aj/

Zentrale Wohlfahrtsstelle der Juden in Deutschland e.V. (Hrsg.): Die Zentralwohlfahrtsstelle. Der jüdische Wohlfahrtsverband in Deutschland. Eine Selbstdarstellung. Frankfurt a.M. 1987

Zentralwohlfahrtsstelle der Juden in Deutschland e.V. (Hrsg.): Die Zentralwohlfahrtsstelle. Der jüdische Wohlfahrtsverband in Deutschland. Eine Selbstdarstellung. Frankfurt a.M. 1987

Zentralwohlfahrtsstelle der Juden in Deutschland: Mitgliederstatistik der einzelnen jüdischen Gemeinden und Landesverbände in Deutschland per 1. Januar 2003. Frankfurt am Main (2003)
Zentralwohlfahrtsstelle der Juden in Deutschland: Satzung der Zentralwohlfahrtsstelle der Juden in Deutschland e.V. beschlossen auf den Mitgliederversammlungen am 21.11.1993 in Frankfurt am Main, am 10.09.1995 in Köln, am 21.09.1997, am 25.10.1998, am 07.11.1999, am 11.11.2001 und am 15.12.2002 in Frankfurt am Main
Zentralwohlfahrtsstelle der Juden in Deutschland: Selbstdarstellung. Januar 2004
Zentralwohlfahrtsstelle der Juden in Deutschland: Pressemappe. Dezember 2002

4 Finanzierung der Freien Wohlfahrtspflege in Deutschland

4.1 Die Rahmenbedingungen

Als ein funktionaler Teil des deutschen Gesellschaftssystems hat sich die Wohlfahrtspflege erst im Verlaufe des 19. Jahrhunderts herausgebildet. In seiner ordnungspolitischen Ausrichtung durchaus umstritten, war dieses sich allmählich ausbildende Subsystem von Anfang an eingebunden in eine staatlich kontrollierte und verantwortete Daseinsfürsorge. Von den Anfängen der Bismarckschen Sozialgesetzgebung ab den 1890er Jahren, über die reformpolitisch orientierte Wohlfahrtsgesetzgebung der Weimarer Republik, die faschistische Wohlfahrtspolitik des NS-Staates und schließlich die mit der Gründung der Bundesrepublik Deutschland ab 1949 erneut einsetzende demokratische Ausgestaltung eines sozialen Rechtsstaates wird trotz dieser unterschiedlichen politischen Optionen folgende Kontinuitätslinie deutlich.[1] Es ist der sozialstaatliche Kompromiss, soziale Hilfen und Dienstleistungen nicht an die Kaufkraft des jeweiligen Klientels oder die Marktfähigkeit von Leistungen zu binden, sondern als „öffentliches Gut" steuerfinanziert oder beitragsfinanziert bereit zu stellen.[2] Dieser bis in die 1990er Jahre relativ stabile und prinzipiell unbestrittene Konsens galt nicht nur für die Finanzierung konkreter sozialer Dienstleistungen, sondern ebenso auch für die Infrastrukturkosten der in diesem Politikfeld handelnden freigemeinnützigen Träger und Organisationen. Zwar gab es schon immer gewichtige ordoliberale Gegenstimmen, die jedoch gesellschaftspolitisch in der Minderheit blieben. Angebot der Jugend-, Familien-, Gesundheits- und Sozialhilfe setzen deshalb gerade nicht der Kaufkraft ihrer Klienten und Nutzer voraus, sondern werden als sozialstaatlich begründete Rechtsansprüche definiert und durch die öffentlichen Träger gewährleistet. Wie die Entwicklungen seit Anfang der 1990er Jahre zeigen, steht dieses Grundverständnis inzwischen nicht nur in Frage, sondern sieht sich zunehmend abgelöst durch wettbewerbliche und marktwirtschaftliche Steuerungsformen.[3] Mit diesen Umformungen ist zugleich das bisherige sozialrecht-

---

1 Vgl.: Walter Wangler 1998.
2 Vgl.: Gerhard Bäcker/Reinhard Bispinck/Klaus Hofemann/Gerhard Naegele 2000.
3 Ausgelöst durch die Finanzierungskrise im Gesundheitswesen wurden schon in den 1970er Jahren erste sozialgesetzliche Veränderungen vorgenommen. Im Bereich der Wohlfahrtspflege blieben diese Entwicklungen weitgehend unbeachtet. Selbst die Verabschiedung des PflegeVG 1994 wurde in weiten Bereichen der Sozialen Arbeit zunächst als sozialpolitischer Betriebsunfall fehlinterpretiert. Erst mit der 1996 erfolgten Novellierung des BSHG und jener des KJHG 1998 wurde bewusst, dass mit diesen Optionen neue politische Ziele erreicht und ein Systemwechsel eingeleitet war. Mehr Markt und Wettbewerb, Aufgabe des bisherigen Subsidiaritätsprinzips, Erweiterung der Anbieterstrukturen durch die Anerkennung gewerblicher Träger, Einführung von Leistungsbeziehungen zwischen Kostenträgern und Leistungsanbietern sind nunmehr die neuen Paradigma.

liche Dreiecksverhältnis zur Disposition gestellt, das in der bisherigen Finanzierungssystematik zu einer starken Stellung der Anbieterorganisationen führte und die Klienten von Sozialer Arbeit nur in ihrer Rolle als Objekte einer weitgehend paternalistisch ausgeprägten Fürsorge berücksichtigte.

Abb. 32: Sozialrechtliches Finanzierungsdreieck

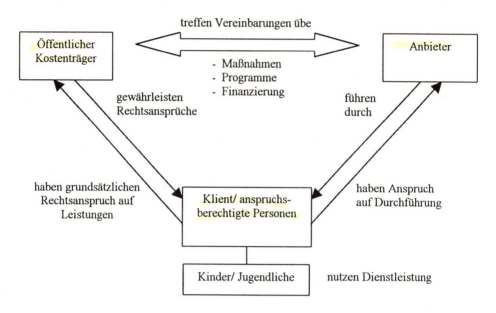

Im Geltungsbereich des SGB VIII (Kinder- und Jugendhilfe) kommt das Spezifikum hinzu, dass die Leistungsberechtigten in der Regel nicht die Kinder und Jugendlichen selbst sind, sondern deren Eltern oder Erziehungsverantwortlichen.

Entstanden hieraus ist ein komplexes System von unterschiedlichen Leistungsbeziehungen, das durch sehr unterschiedliche Interessen der jeweils beteiligten und involvierten Akteure beeinflusst wird. Nutzer bzw. Klienten, Trägervertreter und öffentliche Kostenträger sind damit keineswegs machtsymmetrische Gruppen mit vergleichbaren Handlungsmotiven, sondern durch unterschiedliche, zuweilen gegensätzlich orientierte Optionen und Entscheidungsmöglichkeiten bestimmt. Das Klientel ist in erster Linie an gewünschten bzw. erforderlichen Dienstleistungen interessiert. In materieller, ideeller, personeller und inhaltlicher Hinsicht sollen diese stimmen und den eigenen Erwartungen genügen. Wie diese jeweiligen Angebote zustande kommen, wie das spezifische setting organisiert wird, interessiert in der Regel nicht. Dies mit einer Ausnahme: Die Inanspruchnahme soll möglichst keine eigenen Kosten verursachen bzw. diese auf ein Minimum beschränken. Die Sichtweise der pädagogischen Fachkräfte konzentriert sich demgegenüber auf das qualifizierte Zustandekommen der jeweiligen Dienstleistung. Klientenbezug, personaler Kontakt, fachliches Handeln, Teamarbeit, Evaluation und Supervision sollen hierbei als fachliche Standards eingelöst werden. In der hierfür nötigen und durch die Träger bereitzustellenden Strukturqualität (Arbeitsbedingungen, Ressourcen) soll sich fachliches

Handeln koproduktiv mit den Klienten ausbilden und die formulierten Ziele erreichen. Wieder eine andere Blickrichtung haben die Träger und ihre Leitungskräfte. Sie sind vorwiegend an der Erhaltung und Verbesserung der organisatorischen Rahmenbedingungen sowohl der sozialen Dienste als auch der jeweiligen Trägerstrukturen interessiert. Ökonomische Kriterien, Kostenerstattung, Verfahrensabläufe, Politikbeeinflussung, Lobbyarbeit und Verbandspolitik stehen hier im Zentrum des Handelns und präjudizieren die konkrete Ausprägung fachlicher Perspektiven auf der Ebene der pädagogischen Fall- und Sachbearbeitung. Schließlich sind die Kostenträger zu nennen. Als Planungsverantwortliche und zur Leistung verpflichtende Instanzen (Gewährleistungsverantwortung) haben diese das vorrangige Interesse, sozialpolitische Rahmenbedingungen so auszugestalten, dass Anspruchsberechtigungen finanzierbar und „handle"-bar bleiben, d.h. den Rahmen des finanziell Machbaren nicht übersteigen. Ihre Überlegungen konzentrieren sich zum einen auf Einsparpotenziale, wie sie durch eine größere Effektivität und Effizienz der einzusetzenden Ressourcen und gewählten Organisationsformen erzielt werden können. Zum anderen gilt es angesichts der prekären öffentlichen Haushaltslage eine neue Balance zwischen stattfindendem Leistungsabbau und sozialer Befriedungsfunktion staatlicher Sozialpolitik zu finden. Um möglicher Weise drohende gesellschaftliche Konfliktzuspitzungen zu verhindern, sind sie hierbei an verlässlichen und stabilen Kooperationsbeziehungen mit den Trägern sozialer Dienstleistungen interessiert. In diesem komplizierten Interaktionsgeflecht wird deutlich, dass die Klienten bzw. Nutzer sozialer Dienste eine schlechte Ausgangsbasis haben. Ihre Interessen werden i.d.R. „anwaltschaftlich" von anderen (selbstmandatierten) Instanzen und Organisationen wahrgenommen, auf die sie selbst keinen oder nur geringen Einfluss haben. Dies erklärt, weshalb im bisherigen deutschen System sozialer Dienstleistungserbringung die Nutzer und Anspruchsberechtigten als „souveräne" Akteure so gut wie keine Rolle spielten.[4] Diese Träger- und Organisationsfixierung bei der infrastrukturellen Ausgestaltung sozialer Dienste erschwert nicht nur den öffentlichen Einblick in die damit einhergehenden Kommunikations- und Entscheidungsverfahren. Sie ist ebenso auch ein Grund für die Intransparenz der Finanzierungswege und Finanzierungsverfahren bei der Bereitstellung sozialer Dienste und ihrer Träger. In weiten Bereichen stellt sich damit die Finanzierung des deutschen Wohlfahrtswesens als eine „black box" dar, deren Dunkelheit sich nur auf der Basis eines hochgradigen Expertenwissens lichtet. Zusätzlich verstärkt wird diese finanzielle Intransparenz durch den irreführenden, insbesondere durch kirchliche Träger öffentlich vermittelten Eindruck, angebotene soziale Dienste seien überwiegend aus Eigenmittel und Kirchensteuereinnahmen finanziert. Dass dieses Image keinesfalls eine reale Basis hat, ist seit langem belegt.[5] Und neuere Befunde zeigen: Die Einnahmen der Wohlfahrtsverbände bestehen zu über 85 % als einer Mischung von Leistungsentgelten und staat-

---

4   Vgl.: Institut für Sozialarbeit und Sozialpädagogik e.V. Beobachtungsstelle für die Entwicklung der sozialen Dienste in Europa (Hrsg.): Arbeitspapier Nr. 5: Rudolph Bauer: Klientenrechte und Nutzerstrukturen sozialer Dienste. Frankfurt am Main. Dezember 2001.
5   Vgl.: Eberhard Goll: Die freie Wohlfahrtspflege als eigener Wirtschaftsfaktor. A.a.O.; Horand Knaup: Hilfe, die Helfer kommen. Karitative Organisationen im Wettbewerb um Spenden und Katastrophen. Verlag C.H. Beck. München 1996; Carsten Frerk 2002; Winfried Fuest 1995.

lichen Zuschüssen, wohingegen Eigenmittel (einschließlich der Spenden) einen Anteil von maximal 15 % der Gesamteinnahmen ausmachen.[6]

Auch wenn keine öffentliche Finanzierung ohne entsprechende rechtliche Regelungen, Zuschussbedingungen, Förderrichtlinien, Förderbescheide etc. erfolgt, und jede Ausgabe entsprechend der Haushaltsordnungen zu belegen und nachzuvollziehen ist, so gleicht die Finanzierung der Wohlfahrtspflege dennoch einem Buch mit sieben Siegel. Die Haushaltspläne der Kommunen und anderer öffentlicher Träger, die Haushaltspläne der Kirchen, die Geschäftsberichte der einzelnen Träger, insbesondere dann wenn sie in der Rechtsform einer GmbH strukturiert sind, sind zwar öffentlich zugängliche Quellen, die jedoch das Transparenzproblem nur teilweise lösen. Zum einen handelt es sich hierbei um viele Detailangaben, die unterschiedlichen Haushaltsabschnitten zugeordnet sind und deshalb keinen zusammenfassenden Überblick ermöglichen. Zum anderen sind die ausgewiesenen Summen selbst nur mit entsprechendem Sachverstand zu lesen und zu interpretieren und i.d.R. für Laien unverständlich.

Mit den nachfolgenden Ausführungen soll deshalb ein erster Überblick ermöglicht werden, der Orientierungshilfe leistet und dazu beiträgt, weitere Recherchefragen stellen zu können.

Tab. 67: Bundeszuschüsse an die Spitzenverbände der freien Wohlfahrtspflege[7]

1990 (DM)	29.000.000,--
1991	68.000.000,--
1992	55.000.000,--
1993	42.000.000,--
1994	42.000.000,--
1995 (Euro)	19.800.000,--
2000	18.400.000,--
2004	18.800.000,--

Die öffentlichen, d.h. steuerfinanzierten Transferleistungen an die Verbände der freien Wohlfahrtspflege beziehen sich nicht nur auf die konkreten sozialen Dienstleistungen (z.B. Finanzierung einer Beratungsstelle, eines Jugendzentrums etc.), sondern umfassen ebenfalls auch die Gemeinkosten der Verbände in ihrer Eigenschaft als Träger sozialer Dienste (allgemeine Organisationskosten für die Unterhaltung von Geschäftsstellen, für Öffentlichkeitsarbeit, Veranstaltung von Fachtagungen etc.; diese Kosten werden auch mit dem Begriff „Overheadkosten" bezeichnet). Neben spezifischen Regelungen in den einzelnen Bundesländern erhalten hierbei die Spitzenverbände als bundeszentrale Organisationen Globalzuschüsse aus dem Bundeshaushalt. Mit diesen Zuschüssen soll die Arbeitsfähigkeit der zentralen Verbandsapparate gesichert werden. Insgesamt auf alle Spitzenverbände bezogen han-

---

6 Vgl.: Adrian Ottnad/Stefanie Wahl/Meinhard Miegel 2000.
7 Mitteilungen Bundesministerium für Finanzen vom 5. Nov. 1993, GZ II C 2 - FuS 0199-241/93, vom 18. März 1996, GZ II C 2 - FJ 0199-43/96 und vom 25. Febr. 2004, GZ II C 4 - FJ 0230 - 5/04.

delt es sich um öffentliche Transferleistungen in zweistelliger Millionenhöhe, die in der Phase des deutschen Einigungsprozesses sprunghaft anstiegen und auch heute noch deutlich über dem Niveau von 1990 liegen (siehe Tab. 67).

Bezogen auf die einzelnen Spitzenverbände zeigt sich, dass diese unterschiedlich große Stücke des gesamten Finanzierungskuchens erhalten, wobei in der Zeit nach 2000 eine deutliche Abschmelzung dieser Transferleistungen zu verzeichnen ist.

Tab. 68: Zuschüsse an die Spitzenverbände der Freien Wohlfahrtspflege[8]
Bundeshaushalt, Einzelplan 18, Kapitel 1702, Titel 68404

Verband	1995	2000	2004
DCV	9.162.118	8.691.215	4.489.230
DWdEKD	9.162.120	8.705.339	4.493.270
AWO	6.297.920	5.739.658	2.955.910
DPWV	6.291.920	5.810.954	3.008.570
DRK	6.291.920	5.660.693	2.942.210
ZWST	1.494.000	1.370.361	910.810
Beträge für 1995 und 2000 in DM, für 2004 in Euro			

Diese bundeszentralen Globalzuschüsse stellen allerdings nur die Spitze eines weitgehend unter der Wasserkante liegenden Eisberges dar. Denn die auf konkrete Dienstleistungen bezogenen staatlichen Zuwendungen sind in vielen Einzelhaushalten unterschiedlicher Ministerien und Behörden enthalten und nicht Teil dieser allgemeinen Bundeszuschüsse. Und ebenso muss bedacht werden, dass auch die einzelnen Bundesländer Globalzuschüsse an die Verbände der freien Wohlfahrtspflege in ihren Haushalten eingestellt haben.

Noch komplizierter wird es, will man die auf kommunaler Ebene geleisteten öffentlichen Transferleistungen an die Verbände der freien Wohlfahrtspflege darstellen. Zu unterschiedlich sind die jeweiligen örtlichen Bedingungen und Dokumentationsverfahren, so dass die nachfolgenden aus dem Jahre 1993 stammenden Daten nicht mehr als eine Illustration für die anhaltenden Transparenzprobleme bieten können (siehe Tab. 69). Erstmals im Zusammenhang mit einer externen Organisationsuntersuchung war es beispielsweise für die Landeshauptstadt Düsseldorf überhaupt möglich, das trägerspezifische Ausmaß öffentlicher Transferleistungen nachzuvollziehen und öffentlich zu legen.

Deutlich wurde hierbei, dass die erheblichen von der öffentlichen Hand an die Spitzenverbände der freien Wohlfahrtspflege geleisteten steuerfinanzierten Transferleistungen für alle Spitzenverbände gelten, unabhängig von ihrer jeweiligen Zielrichtung und weltanschaulichen Orientierung. Diese weitgehende öffentliche Refinanzierung privater, freigemeinnütziger Verbände charakterisiert zumindest in der bisherigen Entwicklung das deutsche System der freien Wohlfahrtspflege. Und es scheint, als hätten die inzwischen stattgefundenen Modernisierungsprozesse sowie

---

[8] Mitteilung Bundesministerium für Familie, Senioren, Frauen und Jugend vom 4.3.2003.

die Einführung von Leistungs- und Entgeltvereinbarungen kaum etwas geändert. Am angeführten Beispiel lässt sich sogar konstatieren, dass die Einführung eines so genannten „politischen Controllings" und die damit einhergehenden Produktbeschreibungen einer weitergehenden Transparenz eher hinderlich als förderlich sind. So lassen sich die für 1992 erhobenen trägerspezifischen Zuordnungen öffentlicher Transferleistungen in der für 2003 „reformierten" Leistungsbilanzierung nur noch in geringem Maße nachvollziehen (siehe Tab 70).

Tab. 69: Zuschüsse der Stadt Düsseldorf an freie Träger - gerundet in DM -[9] **Haushaltsjahr 1992**

	Kath. Träger	Ev. Träger	AWO	DRK	DPWV	Jüd.Gem.	Sonst.Tr.
a) Bereich Jugendhilfe							
Personalk.	15.462.171	2.502.894	2.535.241	124.166	32.091	0	636.765
Sachkosten	800.002	1.141.893	3.333.585	627.072	45.372	118.402	4.616.178
Pauschalk.	15.278.524	24.208.186	7.488.057	1.674.871	501.955	5.150	5.937.430
Gesamt	31.540.697	27.852.973	13.356.883	2.426.109	579.418	123.552	11.190.373
insgesamt							87.070.005,00
b) Bereich Soziales							
Gesamt	1.345.231	903.319	741.979	380.911	450.209	96.327	841.773
insgesamt							4.759.749
insges.a+b	32.885.928	28.756.292	14.098.862	2.807.020	1.029.627	219.879	12.032.146
Summe							91.829.754

Mit dem Anspruch eines „politischen" Controllings ist eine solche Methodik kaum vereinbar, verdeckt sie doch gerade die ordnungspolitische Frage, warum in welchem Ausmaß eine öffentliche Finanzierung spezifischer Träger notwendig und zu rechtfertigen sei. Insbesondere in Leistungsbereichen, die mit einem gesetzlich einklagbaren Rechtsanspruch verbunden sind, werden zudem gegenläufige Tendenzen erkennbar, in der Wahrnehmung öffentlicher Aufgaben und auf der Basis neuer Leistungsverträge eigene Verbandsinteressen neu zu verankern. So ist bei der öffentlichen Gewährleistung des Rechtes auf einen Kindergartenplatz zu sehen, dass ausfallende Eigenmittel der kirchlichen Träger durch zusätzliche öffentliche Zuschüsse übernommen werden und faktisch zu einer steuererbrachten Vollfinanzierung kirchlich geführter Kindertagesstätten führt.[10] Bedenkt man die besonderen

---

9 Eigene Zusammenstellung nach Kienbaum-Untersuchung 1993. In der Statistik nicht enthalten sind weitere kommunale Transferleistungen an die Kirchengemeinden in Höhe von über 3,2 Millionen DM. Diese konnten nicht eindeutig den jeweiligen konfessionellen Trägern zugeordnet werden.
10 Vgl.: Landeshauptstadt Düsseldorf. Jugendamt: Sitzung des Jugendhilfeausschusses am 21.04.2004. TOP 4.2 Vorlage 51/39/2004 Auswirkungen der evangelischen und katholischen Kindergartenplanung auf die städtische Planung und Angebotsstruktur, hier: besondere Förderung kirchlicher Träger zur Aufrechterhaltung des Platzangebotes.

Arbeits- und Anstellungsbedingungen sowie den spezifisch kirchlichen Auftrag dieser Einrichtungen, so ist dies eine mehr als problematische Entwicklung, die mit der Gewährleistung eines öffentlichen Erziehungsauftrages nicht zu vereinbaren ist.

Tab. 70: Zuwendungen der Stadt Düsseldorf an freie Träger in 2003[11]

a) Jugendamt		
Grundlage der Zuwendung	Anzahl der Träger	EUR
Gesetz	136	55.177.655,21
Beschluss JHA	215	7.929.428,27
Vertrag	65	15.158.292,09
Geschäft der lfd. Verwaltung	6	144.787,95
Zusammen	*422*	*78.410.163,52*
Den Verbänden zuordenbare Transferleistungen (gerundete Beträge)		
Diakonie, evang. Träger		4.421.000
Caritas, kath. Träger		2.755.000
AWO		5.693.000
DPWV		858.000
DRK		692.000
Jüdische Gemeinde		45.000
Jugendverbände		2.380.000
unklare, verbandlich nicht zuordenbare Leistungen		61.515.000
Zusammen		*78.359.000*
b) Sozialamt		
Diakonie, evang. Träger		1.320.623
Caritas, kath. Träger		1.227.771
AWO		881.836
DPWV		684.677
DRK		384.148
Jüdische Gemeinde		114.629
Jugendamt		27.990
Unklare, verbandlich nicht zuordenbare Leistungen		151.563
Zusammen		*4.793.237*

---

11 Eigene Zusammenstellung nach: Landeshauptstadt Düsseldorf. Jugendamt: Bericht der Verwaltung über Zuschüsse und Verträge des Jugendamtes für das Jahr 2003. Beschlussvorlage Nr. 51/24/2004 vom 21.04. 2004 sowie Mitteilung des Sozialamtes Landeshaupt Düsseldorf vom 11.08.2004.

Neben der hohen Bedeutung öffentlicher Transferleistungen für die Existenz der freien Wohlfahrtspflege zeigt sich bei der Finanzierung sozialer Dienste ein weiteres Grundmerkmal. I.d.R. sind nämlich soziale Dienstleistungen, Maßnahmen und Aktivitäten keineswegs aus „einer Hand" finanziert, sondern aus einem Finanzierung- und Zuständigkeitsmix unterschiedlicher Programme, Haushaltstitel und Instanzen. In der Alltagsrealität Sozialer Arbeit gehört eine solche fehlende Vollfinanzierung zwar zu dem beliebten Spiel „wünsch Dir was", die jedoch mehr denn je in unerreichbare Ferne gerückt ist. Für die Wohlfahrtsverbände erfordert diese fehlende Vollfinanzierung nicht nur ein hochgradig spezialisiertes Wissen über vorhandene Fördermöglichkeiten der Kommunen, der Länder, des Bundes und der Europäischen Kommission sowie privater Finanzierungsquellen. Ebenfalls erforderlich ist die Fähigkeit, die Kenntnisse unterschiedlichster Finanzierungsprogramme und damit verbundener Verfahrensweisen in geeignete Antragstellungen erfolgreich umzusetzen. Wohlfahrtsverbandliche Aktivitäten kommen so erst durch ein geschicktes und sachkundiges Bündeln unterschiedlicher Revenuequellen zustande. Prinzipiell gilt dieser Sachverhalt für die Haushaltsbewirtschaftung aller freien Träger, ist also keineswegs typisch nur für bestimmte Verbände und Organisationen. Die folgende Übersicht veranschaulicht diesen ökonomischen Flickenteppich zur Finanzierung sozialer Dienste.

Abb. 33: Finanzierungspatchwork in der freien Wohlfahrtspflege

Zuwendungen
- Freiwillige Leistungen öffentlicher Träger
- Leistungen nahestehender Organisationen
- Leistungen von Stiftungen
- Bußgelder
- Einnahmen aus Lotterien

Spenden/ Fundraising
- Zweckgebundene und zweckfreie Spenden
- Vermächtnisse/ Erbschaften
- Mitgliedsbeiträge
- Sammlungen

Lotterien/ Spielbanken
- Lotto/ Totto
- Glücksspirale
- Die goldene Eins
- Rubbellose

Leistungsentgelte
- Leistungsverträge mit öffentlichen Trägern
- Kostenerstattungen durch Sozialhilfeträger
- Pflegesätze in der Sozial- und Jugendhilfe
- Erstattungen durch Sozialversicherungsträger
- Verkauf von Waren und Dienstleistungen

Vermögensverwaltung
- Einnahmen aus Vermietung und Verpachtung
- Einnahmen aus Finanzvermögen
- Einnahmen aus Beteiligungen

4.2 Steuer- und Gemeinnützigkeitsrecht

Die sich für Wohlfahrtsverbände stellenden Finanzierungsprobleme sind mit den vorhergehenden Ausführungen aber nur grob skizziert. Zusätzlich differenzierte Regelungen ergeben sich aus dem deutschen Steuerrecht und Gemeinnützigkeitsrecht, das z.Z. noch die wirtschaftlichen Aktivitäten der freigemeinnützigen Träger steuerlich privilegieren.[12] Grundsätzlich unterliegen auch die Wohlfahrtsverbände derselben Steuergesetzgebung, wie alle anderen Körperschaften auch. Relevante Steuerarten sind in diesem Zusammenhang die Körperschaftssteuer, Erbschaft- und Schenkungsteuer, Umsatzsteuer, (Vermögensteuer)[13], Lohn- bzw. Einkommensteuer und die Grund- und Grunderwerbsteuer. Diese werden in den entsprechenden Steuergesetzen und den zugehörigen Richtlinien und Durchführungsverordnungen geregelt:

- Einkommensteuergesetz (EStG)
- Umsatzssteuergesetz (UStG)
- Körperschaftssteuergesetz (KStG)
- Gewerbesteuergesetz (GewStG)
- Grundsteuergesetz (GrStG)
- Abgabenordnung (AO)

Die für die Wohlfahrtspflege wichtigsten Steuerarten sind die Körperschaft-, Gewerbe- und Umsatzsteuer.

Die *Körperschaftssteuer* ist als Einkommensteuer für juristische Personen die wichtigste Steuer für juristische Körperschaften überhaupt. Vereine, Stiftungen und GmbHs mit dem Sitz im Inland sind zunächst unbeschränkt körperschaftsteuerpflichtig. Die Höhe der Körperschaftsteuer bemisst sich nach dem Einkommen des Vereins innerhalb eines Kalenderjahres. Dabei ist jedoch unter Umständen zwischen steuerfreien und nicht steuerbefreiten Einkommen zu unterscheiden.

Die *Gewerbesteuer* ist eine bundeseinheitlich geregelte Steuer, deren Erlöse jedoch den Gemeinden zufließen.[14] Jeder stehende Gewerbebetrieb unterliegt der Gewerbesteuer. Rechtsfähige und nicht rechtsfähige Vereine zählen dabei nur dann als Gewerbebetrieb, wenn sie einen wirtschaftlichen Geschäftsbetrieb unterhalten. Besteuerungsgrundlage ist der Gewerbeertrag.[15] Die Berechnung der Gewerbesteuer ist nicht zuletzt aufgrund der Selbstabzugsfähigkeit der Steuer und der umständlichen Erhebungsweise sowie den lokal unterschiedlichen Hebesätzen komplizierter.

Der *Umsatzsteuer* unterliegen grundsätzlich alle Lieferungen und sonstigen Leistungen, die ein Unternehmer im Inland gegen Entgelt im Rahmen seines Unternehmens erbringt. Körperschaften sind dabei grundsätzlich dann als Unternehmer anzusehen,

---

12 Dieser Textabschnitt basiert wesentlich auf der Zuarbeit von Michael Vilain. Vgl.: Vilain, Michael: Finanzierungsmanagement in Nonprofit-Orgnisationen. Finanzierungsquellen, Instrumente und Methoden für Vereine Stiftungen und Verbände (i.E.).
13 Seit 1998 wird die Vermögensteuer faktisch nicht mehr erhoben.
14 Rechtsgrundlagen sind das Gewerbesteuergesetz (GewStG) und die Gewerbesteuer-Durchführungsverordnung (GewStDV).
15 Die Gewerbekapitalsteuer und damit das Gewerbekapital als Besteuerungsgrundlage wird seit dem Veranlagungszeitraum 1997 nicht mehr erhoben.

und damit umsatzsteuerpflichtig, wenn „sie eine selbständige nachhaltige Tätigkeit zur Erzielung von Einnahmen ausüben..."[16]

Da der Staat zur Förderung des Gemeinwohls Steuervergünstigungen gewährt, gibt es bei vielen Steuerarten Sonderregelungen. Bevorzugt werden dabei Aktivitäten unterstützt, die eine staatsentlastende oder staatsergänzende Wirkung haben und somit unter der Maßgabe eines „kollektiven Eigennutzes" stehen. Hiervon positiv betroffen sind die Kirchen und Wohlfahrtsverbände sowie andere als gemeinnützig anerkannte Organisationen. Für die Anerkennung als gemeinnützige Körperschaft[17] sind die Finanzämter, in Streitfällen die Finanzgerichte zuständig. Entscheidungsgrundlage für einen anzuerkennenden gemeinnützigen Status ist die Abgabenordnung (AO), nach der eine Steuervergünstigung immer dann gewährt wird, wenn einer der drei folgenden Zwecke erfüllt wird: Die Organisation (Verein, Stiftung, GmbH o.a. Rechtsform) erfüllt unmittelbar und ausschließlich gemeinnützige, mildtätige oder kirchliche Zwecke.[18] Die Wohlfahrtsverbände profitieren dabei in mehrfacher Hinsicht vom Steuerrecht:

- Durch die Einordnung großer Tätigkeitsbereiche als Zweckbetriebe sparen die Verbände Körperschafts-, Gewerbe- und Umsatzsteuer.

- Als steuerbegünstigte Organisationen können Spendeneinnahmen steuerunschädlich eingenommen und seitens des Spenders steuerlich geltend gemacht werden.

- Dienstleistungen können durch die fehlende Besteuerung günstiger angeboten werden als dies gewerblichen und/oder nicht gemeinnützig anerkannten Sozialunternehmen möglich ist.

Steuerlich gesehen begründen die verschiedenen Aktivitäten innerhalb einer gemeinnützigen Organisation damit unterschiedliche Tatbestände, die nach verschiedenen „Sphären" unterschieden werden können (siehe Abb. 34).

Der *ideelle Bereich* einer Körperschaft ist gänzlich steuerbefreit. So brauchen die gemeinnützigen Aktivitäten eines Wohlfahrtsverbandes (z.B. Suppenküche für Arme, Kleiderkammer oder Veranstaltungen für Mitglieder) gar nicht versteuert werden Die Steuerbegünstigung gilt ebenso für Spenden und Mitgliedsbeiträge. Ähnliches gilt auch für den Bereich der *Vermögensverwaltung*. „Eine Vermögensverwaltung liegt in der Regel vor, wenn Vermögen genutzt, zum Beispiel Kapitalvermögen verzinslich angelegt oder unbewegliches Vermögen vermietet oder verpachtet wird."[19] Nennt ein Verband ein Haus, das er lediglich vermietet, sein eigen, so fällt diese Vermietung in den Bereich der Vermögensverwaltung. Hingegen ist der *wirtschaftliche Bereich* eines Verbandes dadurch gekennzeichnet, dass Tätigkeiten „ge-

---

16 Boochs, Wolfgang (2001), S. 202.
17 Der Begriff Körperschaften ist dabei in einem erweiterten Sinne zu verstehen und umfasst die Körperschaften, Personenvereinigungen und Vermögensmassen im Sinne des Körperschaftsteuergesetzes (§ 51 Satz 2 AO). Durch diese Erweiterung fallen zum Beispiel auch Stiftungen, die ja den Charakter einer Vermögensmasse haben, unter diese Regelungen.
18 Vgl.: § 51 Satz 1 AO.
19 § 14 Satz 3 AO.

gen Entgelt" ausgeübt werden. Hier gestaltet sich die Ausgangssituation deutlich komplexer, da bei den wirtschaftlichen Aktivitäten zwischen dem wirtschaftlichen Geschäftsbetrieb einerseits und dem Zweckbetrieb andererseits unterschieden werden muss.

Abb. 34: Vier Sphären steuerbegünstigter Körperschaften

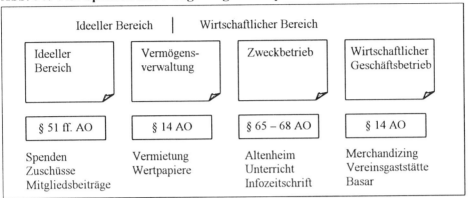

Der *wirtschaftliche Geschäftsbetrieb*[20] „ist eine selbständige nachhaltige Tätigkeit, durch die Einnahmen oder andere wirtschaftliche Vorteile erzielt werden und die über den Rahmen einer Vermögensverwaltung hinausgeht. Die Absicht, Gewinn zu erzielen, ist nicht erforderlich."[21] Dazu zählt unter anderem der Verkauf jedweder Güter und Dienstleistungen oder der Betrieb und Unterhalt von Vereinsgaststätten, sowie die Durchführung von Veranstaltungen mit dem Ziel der Einkommenserzielung (Feste, Konzerte etc.). Die so geartete wirtschaftliche Betätigung einer gemeinnützigen Organisation lässt sich häufig nicht von einer entsprechenden privatwirtschaftlichen unterscheiden. Es gibt daher aus der Sicht des Gesetzgebers auch keine Veranlassung diese unterschiedlich zu behandeln. Die einem wirtschaftlichen Geschäftsbetrieb zuzuordnenden Aktivitäten unterliegen damit der gleichen Besteuerung wie dies bei gewerblichen Unternehmen der Fall ist. Eine Ausnahme hierzu bildet der *Zweckbetrieb*, der ein Sonderfall des wirtschaftlichen Geschäftsbetriebs darstellt.[22] Hier zielt das unternehmerische Handeln nicht auf eine Gewinnerzielung, sondern auf die Erfüllung satzungsgemäßer, gemeinnütziger Aufgaben.

„1. der wirtschaftliche Geschäftsbetrieb in seiner Gesamtrichtung dazu dient, die steuerbegünstigten satzungsmäßigen Zwecke der Körperschaft zu verwirklichen,
2. die Zwecke nur durch einen solchen Geschäftsbetrieb erreicht werden können und
3. der wirtschaftliche Geschäftsbetrieb zu nicht begünstigten Betrieben derselben oder ähnlicher Art nicht in größerem Umfang in Wettbewerb tritt, als es bei Erfüllung der steuerbegünstigten Zwecke unvermeidbar ist."[23]

---

20 Der wirtschaftliche Geschäftsbetrieb ist nicht zu verwechseln mit dem wirtschaftlichen Verein, wie er im Rahmen des Vereinsrechts (BGB) definiert wird.
21 § 14 Satz 1 und 2 AO. Zum Begriff der Nachhaltigkeit bei wirtschaftlichen Geschäftsbetrieben vgl. BFH vom 21.08.1985 (BStBl II 1986, S. 88).
22 § 64 Abs. 1 AO.
23 § 65 Nrn. 1 bis 3 AO.

Beispiele für derartige Zweckbetriebe sind: Kindergärten, Jugendherbergen, Altenwohn- und Pflegeheime oder Mahlzeitendienste. Die Definition als Zweckbetrieb hat für die Wohlfahrtsverbände einen enormen wirtschaftlichen Vorteil. Dadurch dass die Tätigkeiten großer Einrichtungen ihrem Wesen nach häufig wirtschaftliche Betriebe sind, die sich nur unwesentlich durch die Aktivitäten gewerblicher Anbieter unterscheiden, diese allerdings als Zweckbetrieb definiert werden, entfällt in weiten Teilen die Besteuerungspflicht. Nicht nur angesichts der politischen Absichten der EU und WTO, eine Liberalisierung der Märkte einschließlich der Dienstleistungen durchzusetzen, stehen diese deutschen Steuerprivilegien der Wohlfahrtsverbände in Frage. Ebenso wird zunehmend auch von den deutschen Finanzämtern und Finanzgerichten das Vorliegen gemeinnütziger Zwecke verneint und auf die Wettbewerbsklausel des UStG verwiesen.[24]

4.3 Die Finanzierungsarten

Im Folgenden wird ein kleiner Überblick über die Strukturen dieses ebenfalls komplexen Finanzierungsmix präsentiert. Dabei lassen sich nach ihrer Herkunft und ihrem Wesen grob folgende Finanzierungsquellen unterscheiden:

- Zuwendungsfinanzierung
- Leistungsentgelte
- Vermögensverwaltung
- Spielbanken und Lotterien
- Spenden und Fundraising
- Europäische Finanzierungsprogramme

Die Zuwendungsfinanzierung

Bei der direkten Finanzierung kann es sich um öffentliche Zuwendungen handeln. Dies sind „öffentlich-rechtliche Leistungen des Staates, die zur Erreichung eines bestimmten im öffentlichen Interesse gelegenen Zweckes geleistet werden."[25] Diese Leistungen werden freiwillig und unter Maßgabe der Interpretation des öffentlichen Interesses an Stellen außerhalb der Verwaltung gewährt. Auf öffentliche Zuwendungen haben die Wohlfahrtsverbände keinen Rechtsanspruch, obwohl sie auf der Grundlage des öffentlichen Rechts, den Sozialgesetzen und den Haushaltsordnungen von Bund und Ländern und den satzungsrechtlichen Bestimmungen der Kommunen vergeben werden. Zuwendungen sind damit Gegenstand politischer Ent-

---

24 „...Die Zuwendungsfinanzierung wird immer mehr durch Leistungsverträge abgelöst. In diesem Zusammenhang stellen Finanzämter die Umsatzsteuerbefreiung für gemeinnützige Träger in Frage. Sie verweisen dabei auf die Wettbewerbsklausel des § 4 Nr. 18 c) Umsatzsteuergesetz. Die Entgelte gemeinnütziger Anbieter bleiben nicht, wie von dieser Wettbewerbsklausel gefordert, hinter denen gewerblicher Anbieter zurück. Qualitative Unterschiede in den Leistungen gemeinnützige und gewerblicher Einrichtungen und Dienste erkennen die Finanzämter nicht an. In anderen Bereichen wie z.B. Hausnotrufsystem, ambulante Leistungen in der Jugendhilfe oder Betreuungsvereine erließ die Finanzverwaltung Verfügungen, in den die Umsatzsteuerpflicht festgeschrieben wird. ..." Vgl.: Paritätischer Wohlfahrtsverband - Gesamtverband e.V.: Geschäftsbericht 2001/2002. S. 56.
25 Bundesverwaltungsgericht, NJW 1959, 1098.

scheidungen und damit auch politisches Gestaltungsmittel. Die wesentlichen Grundlagen des Zuwendungsrechts regeln die §§ 23 und 44 der Haushaltsordnungen des Bundes und der Länder (BHO/LHO), wobei die Gewährung solcher Zuwendungen verfahrensrechtlich einen Verwaltungsakt darstellt.[26]

Durch Zuwendungen können zum einen die Institutionen und Einrichtungen der Wohlfahrtsverbände pauschal gefördert werden (institutionelle Förderung). Grundlage der Bewilligung ist gleichwohl ein jährlich zu erstellender Haushalts- oder Wirtschaftsplan. Zum anderen kann die Finanzierung aber auch bezogen sein auf bestimmte Vorhaben (projektbezogene Förderung). Dieses Vorhaben muss sachlich, zeitlich und finanziell konkret benannt werden und erfordert einen entsprechenden Kosten- und Finanzierungsplan. Ferner können sich die Zuwendungen hinsichtlich ihres Umfangs unterscheiden.[27] Bei der *Vollfinanzierung* werden sämtliche zuwendungsfähigen Ausgaben bis zu einem Höchstbetrag ersetzt. Höhere Einnahmen oder Minderausgaben und Einsparungen führen dabei zu einer Absenkung der Zuwendung. Dieser Umfang der Finanzierung stellt in der Praxis wohlfahrtsverbandlicher Arbeit heute wohl eher eine Ausnahme dar. Bei der *Teilfinanzierung* werden nur bestimmte Teile der gesamten Ausgaben finanziert. Bei der Bemessung gibt es dabei verschiedene Vorgehensweisen: Im Rahmen der *Anteilsfinanzierung* wird ein gewisser Prozentsatz der zuwendungsfähigen Gesamtausgaben erstattet, wobei nicht ausgeschöpfte Mittel vom Empfänger wieder zurückgezahlt werden müssen. Eine Nachfinanzierung ist in der Regel möglich, wenn Ausgabenerhöhungen nicht vom Empfänger zu verantworten sind. Einen fixen Betrag erhalten die Empfänger im Rahmen der *Festbetragsfinanzierung*. Diese überwiegend für Projekte eingesetzte Form der Finanzierung hat hinsichtlich ihres Umfangs nach oben und nach unten festgelegte, starre Grenzen. Auch eine Verringerung der Ausgaben, führt nicht zur Minderung des Förderungsbetrages. Die verbreitetste Form der Zuwendungsfinanzierung ist die *Fehlbedarfsfinanzierung*. Diese wird eingesetzt, um eine Differenz zwischen den aufgebrachten eigenen Mitteln des Empfängers zuzüglich eventueller Mittel seitens Dritter und den tatsächlich entstandenen und anerkannten Betriebskosten auszugleichen. Dabei gilt, je höher die nicht gedeckten Kosten sind, desto höher sind tendenziell die Zuwendungen der öffentlichen Hand. Besonders vorteilhaft ist es dabei, den Status eines „finanzschwachen Trägers" zu erreichen. Solche Träger zeichnen sich durch die geminderte Fähigkeit aus, finanzielle Ressourcen mobilisieren zu können (z.B. Elterninitiative, die eine Kindertagesstätte betreibt). Was allerdings einen finanzschwachen Träger genau auszeichnet, ist weder eindeutig festgelegt, noch von einer bestimmten Organisationsgröße oder spezifischen Verbandszugehörigkeit abhängig. Im Ergebnis entpuppt sich eine solche Bewertung als (sozial-)politischer Beschluss des jeweils zuständigen Entscheidungsgremiums (Jugendhilfe- oder Sozialausschüsse) über die eingeschätzte Fähigkeit und Zumutbarkeit des jeweiligen Trägers, finanzielle Eigenmittel aufzubringen. Selbst große Wohlfahrtsverbände gelingt es durch ihren entscheidungspolitischen Einfluss inner-

---

26 Vgl. Ubbenhorst, Werner (2002): Zuwendungen gemäß §§ 23, 44 Bundes-/Landeshaushaltsordnungen (BHO/LHO), S. 18.
27 Vgl.: Meyer auf der Heyde, Achim (1998), S. 900-7 f.

halb der Beschlussgremien, für die Finanzierung ihrer Einrichtungen den Status „finanzschwacher Träger" zu erhalten.

Bezogen auf die bisherigen Finanzierungsgrundlagen der freien Wohlfahrtspflege zeigen sich damit insgesamt komfortable Regelungen, die erklären, weshalb Kosten-, Effektivitäts- und Effizienzgesichtspunkte erst relativ spät Eingang in die Ausgestaltung und Weiterentwicklung sozialer Dienste gefunden haben.

Leistungsentgelte

Soziale Arbeit und Arbeit im Gesundheitswesen, die einen Löwenanteil bei der Finanzierung der Wohlfahrtsverbände ausmachen, ruhen im Wesentlichen auf folgenden Säulen:[28]

Abb. 35: Säulen der öffentlichen Finanzierung freier Wohlfahrtspflege

Soziale Vorsorge	Soziale Förderung	Soziale Hilfe
SGB III	SGB VIII	SGB XII
SGB V	SGB IX	SGB III
SGB XI	BaföG	
	WoGG	

1. Säule: Soziale Vorsorge nach SGB III, V und XI:
Damit sind vor allem die Regelungen der Versicherungssysteme angesprochen, die Unterstützung bei allgemeinen Lebensrisiken wie Krankheit, Arbeitslosigkeit und Pflegebedürftigkeit gewähren. Dies sind vor allem die Regelungen in SGB III (Arbeitsförderung), SGB V (Gesetzliche Krankenversicherung) und SGB XI (Pflegeversicherung).

Das SGB III (Arbeitsförderung) stellt die Grundlage für die Finanzierung sozialer Einrichtungen und Dienste durch die Bundesanstalt für Arbeit dar. Neben der passiven Förderung (Arbeitslosengeld) umfassen die Leistungen die für die Wohlfahrtsverbände besonders relevante aktive Förderung. Das wesentliche Ziel ist es hier, Arbeitslose in das Berufsleben zu integrieren. Wichtige Arbeitsfelder, die auf der Grundlage des SGB III finanziert werden, sind: berufsvorbereitende Maßnahmen, ausbildungsbegleitende Hilfen (ABH), die Förderung der beruflichen Weiterbildung, Unterstützung der Vermittlung in Ausbildung und Arbeit, Trainingsmaßnahmen, Arbeitsbeschaffungsmaßnahmen (ABM) oder Leistungen zur Eingliederung Behinderter in den beruflichen Alltag.

---

28 Vgl. zu den folgenden Ausführungen: Kolhoff, Ludger (2002), S. 23.

Das SGB V (Gesetzliche Krankenversicherung) ist eine wichtige Finanzierungsgrundlage für Sozialstationen und ambulante Pflegedienste und die wichtigste für den Betrieb von Krankenhäusern. Neben den Leistungen im Krankheitsfall spielen Mittel für eine Krankenhausvermeidungspflege, Behandlungspflege, oder die Finanzierung von Haushaltshilfen eine wichtige Rolle.

Ergänzend dazu wurde die Pflegeversicherung, SGB XI, als „neuer eigenständiger Zweig der Sozialversicherung"[29] ab 1995 in der Form einer Pflichtversicherung eingeführt. Die Pflegeversicherung ist seitdem die wesentliche Abrechnungsgrundlage für Einrichtungen und Dienste in der stationären und ambulanten Pflege geworden.

2. Säule: Soziale Förderung:
Wesentliches Element dieser Säule ist das Kinder- und Jugendhilfegesetz (SGB VIII). Wichtige daraus finanzierte Aufgabenfelder sind die Jugendarbeit (dazu gehören gemäß § 11 ff. SGB VIII: die außerschulische Jugendbildung, Jugendarbeit in Sport, Spiel und Geselligkeit, arbeitswelt-, schul- und familienbezogene Jugendarbeit, internationale Jugendarbeit, Kinder- und Jugenderholung und Jugendberatung), des Weiteren die Förderung der Erziehung in der Familie (§§ 16 ff. SGB VIII: Beratung von Eltern, Unterstützung in bestimmten Problemlagen, Unterstützung für Alleinerziehende und Hilfen in Notsituationen.), die Förderung von Kindern in Tageseinrichtungen und in Tagespflege (§§ 22 ff. SGB VIII) und die Hilfen zur Erziehung sowie Eingliederungshilfen für seelisch behinderte Kinder und Jugendliche und schließlich noch eine ganze Reihe weiterer Beratungsdienstleistungen.

3. Säule: Sozialhilfe:
Die Sozialhilfe gilt allgemein als letzte Ebene des sozialen Netzes. Das Ziel der Sozialhilfe ist es „dem Empfänger der Hilfe die Führung eines Lebens zu ermöglichen, das der Würde des Menschen entspricht."[30] Auch aus dieser Quelle finanzieren sich eine ganze Reihe verschiedener Angebot der Freien Wohlfahrtspflege. Dazu gehören unter anderem die Beratung und Unterstützung (z.B. Schuldnerberatung), die Schaffung von Arbeitsgelegenheiten für Sozialhilfeberechtigte, Leistungen für nicht pflegeversicherte Pflegebedürftige oder Hilfen zur Überwindung besonderer sozialer Schwierigkeiten.

Neben diesen drei Säulen gibt es eine ganze Reihe weiterer Regelungen, aus denen ein Finanzierungsanspruch abgeleitet werden kann, die letztendlich in ihrer finanziellen Bedeutung für die Wohlfahrtsverbände jedoch von untergeordneter Bedeutung sind (z.B. Regelungen zur Entschädigung von Kriegsfolgen (BVG), Regelungen zum Zivil- und Katastrophenschutz Entschädigung des SED-Unrechts (StReHaG), Entschädigungen für Kriminalopfer (OEG) oder das Betreuungsgesetz (BtG).

Bedeutsam ist nun, dass die seit Mitte der 1990er Jahre vorgenommenen sozialgesetzlichen Änderungen eine Abkehr von der bisher praktizierten Zuwendungsfinanzierung einleiteten und nunmehr auf den Abschluss von Leistungs- und Entgeltvereinbarungen zielen. Hierbei gelten nun Kriterien wie das Vorliegen konkreter Leistungsbeschreibungen und zu erreichender Leistungsziele, von anzuwendenden Qua-

---

29 § 1 Abs. 1 SGB XI.
30 § 1 Abs. 2 BSHG

litätsverfahren und einer prospektiven Kostenrechnung, die zusammen genommen zu neuen wettbewerblich geprägten Bedingungen bei der Ausgestaltung sozialer Dienste führen. Der beabsichtigte Effekt ist eine deutliche Senkung von Betriebskosten und der öffentlichen Refinanzierung.

Angesichts es bezifferbaren Umfangs aller Sozialleistungen erscheint eine solche Kostendämpfungsstrategie zumindest aus der Sicht der öffentlichen Hand als zwingend.

Tab. 71: Sozialleistungen in Mill. Euro[31]

Gegenstand	1999	2000
Leistungen nach Institutionen		
Rentenversicherung	210.767	217.430
Pflegeversicherung	16.305	16.665
Krankenversicherung	129.084	132.046
Unfallversicherung	10.643	10.835
Arbeitsförderung	69.220	64.766
Kindergeld	86	106
Erziehungsgeld	3.846	3.743
Leistungen nach Funktionen		
Ehe und Familie	92.825	96.875
Gesundheit	214.549	220.177
Beschäftigung	62.413	61.846
Alter und Hinterbliebene	234.860	241.612
Übrige Funktionen	24.689	25.127

Für die Finanzierung der freien Wohlfahrtspflege gewinnt gerade wegen den zurückgehenden staatlichen und steuerfinanzierten Transferleistungen der Verkauf von Waren und Dienstleistungen eine wachsende Bedeutung. Dabei sind zum einen marktlich geprägte Angebote (Hausnotruf, Bildungsangebote, nicht von den Krankenkassen finanzierte Gesundheitsleistungen etc.) zu nennen, die marktorientiert und zum Teil in Konkurrenz mit anderen Anbietern angeboten werden. Zum anderen handelt es sich um Produkte und Dienstleistungen, die in Verbindung mit leistungsvertragsfinanzierten Diensten angeboten werden. Hierzu gehören beispielsweise der Verkauf von Waren in Krankenhäusern und Seniorenheimen, Servicegebühren, Parkgebühren etc., mit denen ein zusätzlicher und positiver Deckungsbeitrag zu den Kosten solcher Einrichtungen geleistet werden soll. Und zu sehen ist, dass angesichts knapper werdender öffentlicher Mittel die Bedeutung dieser Finanzierungsstrategien zunimmt.

---

[31] Zusammenstellung nach Statistisches Bundesamt 2002

Finanzierung aus Vermögen

Wenn auch nicht von großer Bedeutung, so tragen durchaus auch die Einnahmen aus eigenen Vermögenswerten zur Finanzierung sozialer Dienstleistungen bei. Folgende Vermögensgegenstände bilden die häufigsten Grundlagen:

- Wertpapiere (Aktien, Rentenpapiere, Beteiligungen)
- Immobilien (Verkauf, Vermietung und Verpachtung)
- Bankguthaben

Sowohl in den verbandsinterne als auch in den öffentlichen Diskussionen spielt diese Finanzierungsressource eine untergeordnete Rolle. Dies wahrscheinlich nicht zuletzt, weil es im Bereich der persönlichen sozialen Hilfeleistungen traditionell immer ein wenig verpönt war, über Geld und Vermögen zu verfügen und hierüber öffentlich zu sprechen. Dabei ist das Vermögen selbst zunächst neutral. Die Frage, die sich stellt, ist die der Verwendung. Eine ethische Beurteilung der Vermögensanlage ist für karitative Organisationen daher von großer Relevanz. Rendite und Mission müssen übereinstimmen, um mittel- und langfristig Konflikte mit der Mission der Organisation und damit letztendlich negative Effekte seitens einer zunehmend sensibleren Öffentlichkeit zu vermeiden:

> „Schon lange hatten kirchliche Investoren es als nicht befriedigend empfunden, dass man zwar mit den Renditen aus Kapitalvermögen gute Zwecke verfolgt, jedoch nicht weiß, welchen Schaden man durch die Art und Weise, wie diese Rendite zustande kommt, verursacht und im Grunde aus Unkenntnis in Kauf nimmt."[32]

Über diese habitualisierte Tabuisierung des Themas „Geld und Vermögen" ist aber auch zu sehen, dass sich die bei den Wohlfahrtsverbänden bestehenden Vermögenswerte kaum konkret beziffern lassen. Nicht zuletzt auf Grund der dezentralen Struktur gibt es beispielsweise hinsichtlich der Immobilienwerte bestenfalls Schätzungen, die mit großer Vorsicht zu genießen sind. Gleichwohl ist die hierbei genannte Größenordnung doch interessant. So schätzt Frerk für 1999 allein den Wert des Grund- und Immobilienbesitzes der Caritas auf über 38 Mrd. Euro und das der Diakonie auf über 27 Mrd. Euro.[33]

Finanzierung aus Spielbanken und Lotterien

Alle Bundesländer betreiben Spielbanken, deren Erlöse sowohl dem jeweiligen Landeshaushalt als auch den landesweit tätigen gemeinnützigen Organisationen zufließen. In NRW wurde hierzu 1974 die „Stiftung des Landes Nordrhein-Westfalen für Wohlfahrtspflege" (Kurzbezeichnung „Stiftung Wohlfahrtspflege") als rechtsfähige Stiftung des öffentlichen Rechts gegründet. Die dem Land nach dem Spielbankgesetz zufließenden Gewinnanteile der Spielbanken Aachen, Bad Oeynhausen und Hohensyburg werden damit auch für gemeinnützige Zwecke der Wohlfahrtspflege

---

32 Hoffmann, Johannes (2002), S. 9.
33 Frerk, Carsten (2002), S. 385 - 392. Die Angaben waren ursprünglich noch in DM angegeben (Caritas 75 Mrd. DM und Diakonie 54 Mrd. DM).

in NRW verwendet.[34] In der bisherigen Praxis floss der Stiftung jährlich ein Betrag von rund 25 Millionen Euro zu. Die Verteilung der Gelder erfolgt durch die Entscheidungen eines Stiftungsrates, der mit Vertretern der Politik, der Landesverwaltung und der Spitzenverbände besetzt ist und damit ein enges korporatistisches Arrangement zwischen Staat und Spitzenverbänden repräsentiert. Nach eigenen Angaben hat die Stiftung seit ihrer Gründung für ca. 3.700 Projekte rund 850 Millionen DM an die Spitzenverbände ausgeschüttet.[35]

Auch Lotterien spielen beträchtliche Mittel für die Wohlfahrtsverbände ein. Die größten und bekanntesten Lotterien sind:

- ARD-Lotterie „Die goldene Eins"
- ZDF-Lotterie „Aktion Mensch"
- Ziehungslotterie „Glücksspirale"
- Spiel 77.

Ein wesentliches Ziel dieser Lotterien ist es, den Spitzenverbänden der freien Wohlfahrtspflege aus den Erlösen i.d.R. projektgebundene Finanzmittel zur Verfügung zu stellen. Hierfür sind jeweils besondere Antragsverfahren erforderlich und einzuhalten.

Deutsches Hilfswerk - Die „Goldene Eins": Als Aktion „Platz an der Sonne" begannen die Förderaktivitäten schon 1948. Der Grundstein zur ARD-Fernsehlotterie wurde 1956 gelegt. Seit 1989 heißt die Lotterie „Die Goldene Eins" und wird ganzjährlich veranstaltet. Der Förderschwerpunkt liegt in der Seniorenarbeit; die Hauptnutznießer sind die Verbände der freien Wohlfahrtspflege.

Aktion Mensch e.V.: Die 1964 gegründete Lotterie „Aktion Sorgenkind" nennt sich seit März 2000 „Aktion Mensch". Entstanden ist die Lotterie aus den Folgen der Contherganaffäre. Der Förderschwerpunkt liegt in der Behindertenarbeit, aber auch Projekte in den Bereichen Arbeit, Jugend und Osteuropa werden finanziell bezuschusst. Von den Erlösen profitieren nicht nur die Wohlfahrtsverbände, sondern ebenfalls Selbsthilfe- und Betroffenengruppen, die keinem der Spitzenverbände angehören.

Glücksspirale und Spiel 77: Seit 1976 unterstützt die „Glücksspirale" freigemeinnützige Organisationen durch die Gewährung von Zuschüssen. Auch hier sind die Spitzenverbände die hauptsächlichen Nutznießer.

Die Lotterien der L.O.G: Betreiber der Lotterien „Glückspilz" und „Glückskäfer" ist die Lotterie-Organisationsgesellschaft (L.O.G.) in Düsseldorf, eine 100%ige Tochtergesellschaft der BFS Betriebs- und Service GmbH. Die Lotterie erzielt ihre Einnahmen durch den Verkauf von Rubbellosen über die Aktivitäten der Wohlfahrtsverbände und einiger anderer bekannter Verbände. Die verkaufenden Verbände sind

---

34 Vgl.: Satzung der „Stiftung des Landes Nordrhein-Westfalen für Wohlfahrtspflege". Bek. d. Ministers für Arbeit, Gesundheit und Soziales v. 13.4.1977 - IV A 3 - 5446. MBl. NW. 1977 S. 501 geändert durch Bek. v. 8.3.1960 (MBl. NW. 1960 S. 655, 6.10.1980 (MBl. NW 1980 S. 2366).
35 Vgl.: Stiftung Wohlfahrtspflege NRW (2002).

mit 40-45 % an den Reinerlösen direkt beteiligt, wovon mindest 40 % für gemeinnützige Zwecke eingesetzt werden müssen.

Wie schon an anderer Stelle bemerkt, gleicht der Bilanzierungsversuch zur Finanzierung der freien Wohlfahrtspflege noch immer einer Quadratur des Kreises. Auch die nachfolgende Übersicht kann deshalb nicht mehr als einen Eindruck über den finanziellen Beitrag vermitteln, den die Einnahmen aus Lotteriegeschäften für die freie Wohlfahrtspflege haben.

Tab. 72: **Einnahmen der Wohlfahrtsverbände aus Lotterieabführungen - unvollständige Übersicht - in DM**

Lotteriegesellschaft	Betrag/ Mio. DM	Zahlung an	Herkunft der Mittel
Lotterie Treuhandgesellschaft mbH Hessen (1999)	9,70	Liga der Freien Wohlfahrtspflege	k.A.
	3,00	BAGFW	k.A.
Westdeutsche Lotterie GmbH & Co OHG (NRW)	9,03	Landesarbeitsgemeinschaft der AWO	Spiel 77
	9,10	BAGFW	Glücksspirale
	9,03	DPWV in NRW	Spiel 77
	9,03	Landesverbände des DRK	Spiel 77
	9,03	Diakonie in NRW	Spiel 77
	9,03	Diözesan-CV in NRW	Spiel 77
	1,40	Jüdische Kultusgemeinde NRW	Spiel 77
Bremer Toto und Lotto GmbH	0,14	BAGFW	GlücksSpirale
Toto-Lotto Niedersachsen GmbH	4,1	BAGFW	GlücksSpirale
Saarland Sporttoto GmbH	4,1	BAGFW	GlücksSpirale
Lotto Rheinland-Pfalz GmbH	2,0	BAGFW	GlücksSpirale
Sächsische Lotto GmbH	1,2	BAGFW	GlücksSpirale
Lotto-Toto Sachsen-Anhalt GmbH	1,1	BAGFW	GlücksSpirale
	0,013	DRK	
	0,3	AWO	
	0,2	Caritas	
	0,5	Diakonie	
	1,2	DPWV	
	0,14	Jüdische Gemeinde	
Staatliche Toto-Lotto GmbH Baden-Württemberg	6,2	BAGFW	Glücksspirale

Wohlfahrtsmarken

Neben den Einnahmen aus Lotteriegeschäften profitieren die Spitzenverbände auch von den Zuschlägen für soziale Hilfen auf Sonderbriefmarken, den so genannten Wohlfahrtsmarken. Die Wohlfahrtsmarken werden dem „Sozialwerk Wohlfahrtsmarken", dessen Schirmherr der Bundespräsident ist, vom Finanzministerium übergeben. Die zusätzlichen Erlöse werden vom Sozialwerk wiederum für Projekte der Spitzenverbände verwendet.

Spenden und Fundraising

Der Begriff des „Fundraising" gehört heute fest zum Wortinventar der großen Wohlfahrtsverbände und ihrer Spendensammler. Er kommt ursprünglich aus den USA und setzt sich aus zwei Teilen zusammen. Der Begriff *„fund"* bedeutet dabei soviel wie „Geld" oder „Kapital" und *„to raise"* heißt etwa „beschaffen" oder „aufbringen". Einfach gesagt geht es also um Geldbeschaffung.[36] Um etwas genauer zu sein, soll Fundraising definiert werden als die Beschaffung benötigter Ressourcen, ohne dass die Organisation dafür eine marktadäquate materielle Gegenleistung erbringen muss.[37] Die Quellen und Instrumente mit denen die Verbände versuchen, Spenden zu erheben sind mannigfaltig. Spenden gehen sowohl fortlaufend, zur allgemeinen Unterstützung der Ziele, als auch spontan und situationsbezogen, wie zur Hilfeleistungen in humanitären Katastrophensituationen ein. Ein Überblick über das gesamte Spendenvolumen der Verbände zu bekommen ist nahezu unmöglich. Zwar werden eine ganze Reihe Übersichten und Rangordnungen zum Thema angeboten[38], allen ist jedoch gemeinsam, dass sie nur einzelne Ebenen oder Einrichtungen der jeweiligen Institutionen erfassen. Dasselbe gilt auch für die Publikationen der Verbände. Entweder ist es ihnen nicht möglich, die Daten des gesamten Verbandes zusammen zu führen oder aber es ist nicht erwünscht. Gesammelt wird jedoch auf allen Verbandsebenen und insbesondere die örtlichen Untergliederungen nutzen hierbei Möglichkeiten persönlicher Bezüge und Kontakte zu potenziellen Spendern. Eine Langzeitstudie des BSM zeigt allerdings auch, dass das Spendenaufkommen in den letzten Jahren kaum noch nennenswerte Zuwächse verzeichnet.

> „Stattdessen gibt es zwischen den Organisationen einen erheblichen Verdrängungswettbewerb. Die Spender tendieren immer mehr zu den Spendenzwecken ‚Kinder' und ‚Gesundheit', während ‚Entwicklungszusammenarbeit' und ‚Religion' deutlich an Boden verlieren."[39]

---

36 Vgl.: Haibach, Marita (1998), S. 21.
37 Vgl.: Urselmann, Michael (1999), S. 13.
38 Vgl. unter anderem die Datensammlungen des Deutschen Zentralinstituts für soziale Fragen (DZI), der Bundesarbeitsgemeinschaft Sozialmarketing (BSM) - Deutscher Fundraising Verband e.V., des Deutschen Spendeninstituts Krefeld oder des Spendenrates.
39 Jaenicke, Bernd (2002), S. 3.

Vermächtnisse, Erbschaften[40] und Stiftungen gewinnen dagegen eine wachsende Bedeutung, wie nicht zuletzt die allenthalben zu hörende Debatte um die „Erbengeneration" anschaulich demonstriert. Das geschätzte Erbschaftsvolumen zwischen den Jahren 2000 und 2010 wird auf über 2 Billionen Euro geschätzt.[41] Ziel der meisten spendensammelnden Organisationen ist es, an diesem Zahlungsstrom teilzuhaben. Auch die Wohlfahrtsverbände betreiben daher ein mehr oder weniger aktives Erbschaftsmarketing und bieten zum Teil auch interne Ausbildungen zum Thema Legatwerbung für ihre Mitglieder oder Untergliederungen an. In diesem Zusammenhang kommt es seitens der Wohlfahrtsverbände neuerdings auf der regionalen Ebene vermehrt zur Gründung von Gemeinschaftsstiftungen, die sich an das jeweilige soziale Umfeld richten und den Verbänden nahe stehenden Personen die Möglichkeit bieten, auch kleine Vermögensbeträge wirksam in eine Stiftung einzubringen. Das hochgradig zersplitterte Wohlfahrtsverbandswesen bringt es hierbei mit sich, dass über die Anzahl dieser Stiftungen wie über das darin eingebundene Vermögen nur vereinzelte Informationen vorliegen.[42]

4.4 Bedeutung europäischer Finanzierungsprogramme

Angesichts der aktuellen Sparpolitik der öffentlichen Haushalte, die ihre Ursachen nicht zuletzt an den für die Teilnahme an der Europäischen Währungsunion einzuhaltenden Kriterien von Maastricht hat, suchen die Anbieter sozialer Dienstleistungen verstärkt nach neuen Finanzierungsquellen. In diesem Zusammenhang muss das scheinbar wachsende Interesse der Wohlfahrtsverbände an EU-Fördermitteln gesehen werden, was sich nicht zuletzt durch die neu gebildeten strategisch ausgerichteten Organisationseinheiten in Brüssel oder in den Bundes- und Landesverbänden der Wohlfahrtsverbände ausdrückt.

Die Förderung durch die EU funktioniert grundsätzlich anders als die der bundesdeutschen Gebietskörperschaften.

> „Es existiert kein europäisches Sozialrecht, das individuelle Leistungsansprüche gegenüber Brüssel verleiht, und es werden keine Beiträge zu europäischen Sozialeinrichtungen gezahlt. In der Folge sind auch die Finanzierungsmöglichkeiten der EU wirtschaftspolitisch und nicht sozialpolitisch geprägt."[43]

Obwohl es bei der Förderung durch die EU überwiegend um den Ausgleich lokaler Unterschiede geht, wie es durch die Förderung durch Strukturfonds nach Zielgebieten deutlich wird, steht die Förderpolitik der EU letztendlich in einem engen interdependenten Verhältnis zu sozialpolitischen Aktivitäten auf die nationale Ebene. Die aktive Teilnahme an EU-Förderprojekten oder EU-Netzwerken bietet dabei ei-

---

40 Während der Verband bei einer Erbschaft die Rechtsnachfolge des Erblassers antritt (und somit auch eventuelle Schulden übernimmt), kommen ihm bei einem Vermächtnis nur bestimmte, vorab definierte Gegenstände des Vermögens zu.
41 Vgl.: Reuter-Hens, Susanne/Schulte-Holtey, Judith (2001), S. 845.
42 Eine hierzu Anfang 2004 durchgeführte Umfrage führte ausschließlich bei der AWO zu einem ersten Überblick, wobei auch diese Daten nur die Spitze eines Eisberges dokumentieren. Vgl. Abschnitt 3.3.
43 Kolhoff, Ludger (2002), S. 51.

nerseits die Möglichkeit der Einflussnahme auf die Gestaltung der europäischen Politik. Umgekehrt gestaltet auch die EU durch die Vergabe von Fördermitteln Teilbereiche nationaler Gesundheits- und Sozialpolitik. Die gegenwärtige Förderphase hat bereits im Jahr 2000 begonnen und geht bis 2006. Nach Angaben der Bank für Sozialwirtschaft stehen für den wirtschaftlichen und sozialen Zusammenhalt in der EU ein Drittel des EU-Haushaltes, das sind 31,6 Mrd. Euro, an Fördergeldern zur Verfügung. Für Deutschland wären dies jährlich ca. 4,3 Mrd. Euro an Strukturfondsmitteln, die je zur Hälfte an Bund und Länder fließen. Die Vergabe dieser Mittel ist dabei an eine Kofinanzierung durch nationale Mittel gebunden, dessen Anteil zwischen 25 und 50 % liegt.

Damit wird deutlich, dass EU-Fördermittel nationale Förderung nicht ersetzen sollen.

Hinsichtlich der Förderinstrumente werden unterschieden:

- Strukturfondsmittel
- Gemeinschaftsinitiativen
- Aktionsprogramme

Die *Strukturfonds* dienen dabei dem Abbau der wirtschaftlichen Entwicklungsunterschiede und Stärkung des „wirtschaftlichen und sozialen Zusammenhalts" in der EU (Artikel 158 des EG-Vertrages). Im Laufe der Zeit wurden vier unterschiedliche Strukturfonds eingerichtet:

- Europäischer Ausrichtungs- und Garantiefonds für die Landwirtschaft (EAGFL)
- Finanzierungsinstrument für die Ausrichtung der Fischerei (FIAF)
- Europäischer Fonds für regionale Entwicklung (EFRE)
- Europäischer Sozialfonds (ESF)

Für die Finanzierung wohlfahrtsverbandlicher bzw. sozialer Arbeit sind EAGFL und FIAF unbedeutend. Von großer Relevanz hingegen sind EFRE und ESF, die sich im Wesentlichen auf eine Maßnahmenförderung bei der Bewältigung und Steuerung wirtschaftlicher Strukturveränderungen und deren Folgen konzentrieren. Alle Spitzenverbände der freien Wohlfahrtspflege nutzen inzwischen die Förderprogramme des EFRE oder des ESF zur Bestandssicherung und Weiterentwicklung ihrer Aktivitäten.

Mit den *Gemeinschaftsinitiativen* hat die Union vier Sonderprogramme aufgelegt, um gemeinsame Lösungen für Probleme zu finden, die überall in der Union bestehen. Auf die vier Programme entfallen rund 5 % der Mittel aus den Strukturfonds. Jede Initiative wird dabei von einem bestimmten Strukturfonds finanziert. Im Folgenden werden einige bekannte Initiativen genannt. INTERREG III unterstützt die grenzübergreifende, transnationale und interregionale Zusammenarbeit, d. h. die Bildung von Partnerschaften über die Grenzen hinweg zur Förderung einer ausgewogenen Raumordnung überregionaler Gebiete (Finanzierung: EFRE). URBAN II unterstützt vor allem innovative Strategien zur Wiederbelebung von krisenbetroffenen Städten und Stadtvierteln (Finanzierung: EFRE). LEADER+ soll die sozioökonomischen Akteure in ländlichen Gebieten zusammenbringen, um über neue lokale Strategien für eine nachhaltige Entwicklung nachzudenken (Finanzierung: EAGFL-

Ausrichtung). EQUAL zielt auf eine Bekämpfung von Diskriminierung und Ungleichheiten im Arbeitsleben und soll darüber hinaus eine transnationale Zusammenarbeit und innovative Entwicklungen fördern (Finanzierung: ESF). XENOS ist ein deutsches, jedoch überwiegend aus Mittel des ESF finanziertes Förderprogramm, das zur Bekämpfung von Rassismus, Fremdenfeindlichkeit und Intoleranz beitragen soll.

Die *Aktionsprogramme* werden im Rahmen spezifischer Fachpolitiken der EU aufgelegt. Aktionsprogramme werden in den jeweiligen Generaldirektionen der Kommission entworfen. Die Aufgabe der Aktionsprogramme ist es vor allem, den europäischen Informations- und Erfahrungsaustausch zu fördern und innovative Lösungen zu entwickeln. Anders als bei der Strukturförderung im Rahmen von gemeinschaftlichen Förderkonzepten oder Gemeinschaftsinitiativen werden diese Mittel direkt in Brüssel von den einzelnen Generaldirektionen vergeben. Programmschwerpunkte bilden hierbei neben der grenzüberschreitenden Zusammenarbeit, Medien und Kultur, KMU, Umwelt, Energie und Verkehr aber auch die Bereiche Soziales, Ausbildung und Jugend. Bekannte Förderprogramme sind dabei beispielsweise: LEONARDO, SOCRATES und YOUTH, die von der Generaldirektion Bildung und Kultur aufgelegt werden sowie das durch die Direktion Justiz und Inneres kofinanzierte Programm DAPHNE.

Die effiziente Nutzung von EU-Mitteln ist für die Wohlfahrtsverbände in den letzten Jahren zu einer dringlichen Aufgabe geworden. Immer häufiger werden EU-Mittel - auch im Rahmen von Modellprojekten - um die Aufgaben, die ohnehin bearbeitet werden müssen zu finanzieren. Den umfangreichen Bedürfnissen entsprechend hat daher die Bank für Sozialwirtschaft, deren Eigentümer die Spitzenverbände sind, mit dem Programm EUFIS ein professionelles Recherchesystem entwickelt mittels dessen die angeschlossenen Verbände leichter entsprechende EU-Programme finden und beantragen können.[44] Daneben sind mittlerweile alle Verbände in irgendeiner Form auch in Brüssel vertreten.

Literatur

Albers, Willi et al. (Hrsg.): Handwörterbuch der Wirtschaftswissenschaft (HdWW); zugl. Neuaufl. d. Handwörterbuch der Sozialwissenschaften, Bd. 7, Stuttgart, New York 1977

Bäcker, Gerhard/Bispinck, Reinhard/Hofemann, Klaus/Naegele, Gerhard: Sozialpolitik und soziale Lage in Deutschland. 3. Auflage. Westdeutscher Verlag. Wiesbaden 2000

Bank für Sozialwirtschaft: Programm EUFIS. Internet: http://www.eufis.de /EUFoerderung/Startseite.htm. 15.07.04

Boeßenecker, Karl-Heinz: Spitzenverbände der freien Wohlfahrtspflege in der BRD. Eine Einführung in Organisationsstruktur und Handlungsfelder. Münster 1998

Boochs, Wolfgang: Steuerhandbuch für Vereine, Verbände und Stiftungen. Grundlagen der Besteuerung und Bilanzierung. 3., überarb. u. erw. Aufl. Neuwied 2001

---

44 Vgl: EUFIS Das EU-Förderinformationssystem der Bank für Sozialwirtschaft AG. http://www.eufis.de/EU/Foerderung/Startseite.htm.

Frerk, Carsten: Finanzen und Vermögen der Kirchen in Deutschland. Alibri Verlag. Aschaffenburg 2002

Fundraising Akademie (Hrsg.) (2001): Fundraising. Handbuch für Grundlagen, Strategien und Instrumente. Wiesbaden.

Fundraising Akademie (Hrsg.): Fundraising. Handbuch für Grundlagen, Strategien und Instrumente. Wiesbaden 2001

Goll, Eberhard: Die Freie Wohlfahrtspflege als eigener Wirtschaftssektor. Theorie und Empirie ihrer Verbände und Einrichtungen. Nomos Verlag. Baden-Baden 1991

Haibach, Marita: Handbuch Fundraising. Spenden, Sponsoring, Stiftungen in der Praxis. Frankfurt/ New York 1998

Hoffmann, Johannes (2002): Unternehmen lasen sich an ihrer Ethik messen. In: neue caritas, Heft 17, 2002, S. 9-13

Institut für Sozialarbeit und Sozialpädagogik e.V. Beobachtungsstelle für die Entwicklung der sozialen Dienste in Europa (Hrsg.): Arbeitspapier Nr. 5: Rudolph Bauer: Klientenrechte und Nutzerstrukturen sozialer Dienste. Frankfurt am Main. Dezember 2001

Jaenicke, Bernd (2002): Fundraising-Lexikon. Lexikon und praktischer Ratgeber für Ihr erfolgreiches Fundraising. Non-Profit-Verlag. Konstanz.

Kienbaum Unternehmensberatung GmbH: Schlussbericht 1993

Knaup, Horand: Hilfe, die Helfer kommen. Karitative Organisationen im Wettbewerb um Spenden und Katastrophen. Verlag C.H. Beck. München 1996

Kolhoff, Ludger: Finanzierung sozialer Einrichtungen und Dienste. Erschienen in der Reihe Schwerpunkt Management. Professionelle Personalarbeit und Organisationsentwicklung. Augsburg 2002

Landeshauptstadt Düsseldorf Jugendamt: Bericht der Verwaltung über Zuschüsse und Verträge des Jugendamtes für das Jahr 2003. Ö Vorlagen - Nr. 51/24/2004 vom 21.04.2004

Landeshauptstadt Düsseldorf Jugendamt: Sitzung des Jugendhilfeausschusses am 21.04.2004. Vorlage 51/39/2004. TOP 4.2 Auswirkungen der evangelischen und katholischen Kindergartenplanung auf die städtische Planung und Angebotsstruktur, hier: besondere Förderung kirchlicher Träger zur Aufrechterhaltung des Platzangebotes

Maelicke, Bernd (Hrsg.): Handbuch Sozialmanagement. Nomos Verlag. Baden-Baden 2000

neue caritas, Heft 17, 2.Oktober 2002

Ottnad, Adrian/Wahl, Stefanie/Miegel, Meinhard: Zwischen Markt und Mildtätigkeit. Die Bedeutung der Freien Wohlfahrtspflege für Gesellschaft, Wirtschaft und Beschäftigung. Olzog Verlag. München 2000

Paritätischer Wohlfahrtsverband - Gesamtverband e.V.: Geschäftsbericht 2001/2002

Reuter-Hens, Susanne/Schulte-Holtey, Judith (2001): Erbschaftsmarketing. In: Fundraising Akademie (Hrsg.) (2001): Fundraising. Handbuch für Grundlagen, Strategien und Instrumente. Wiesbaden, S. 839 - 862

Statistisches Bundesamt (2002): Sozialleistungen in der Bundesrepublik Deutschland. Stand: 1.8.2002. Fundort: http://www.destatis.de/basis/d/solei/soleitab7.htm am 11.10.2002.

Stiftung Wohlfahrtspflege NRW (2002): Webseitenpräsentation. Fundort: http://www.sw.nrw.de/frmMain.html am 25.10.02.

Ubbenhorst, Werner (2002):Zuwendungen gemäß §§ 23, 44 Bundes-/ Landeshaushaltsordnungen (BHO/ LHO). In: Stiftung & Sponsoring. Das Magazin für Non-Profit-Management und -Marketing. Ausgabe 5/ 2002, S. 18-22.

Urselmann, Michael: Fundraising. Erfolgreiche Strategien führender Nonprofit-Organisationen. 2., erw. Aufl. Verlag Haupt. Bern/ Stuttgart, Wien 1999

Vilain, Michael: Finanzierungsmanagement in Nonprofit-Organisationen. Finanzierungsquellen, Instrumente und Methoden für Vereine, Stiftungen und Verbände. (2004) (i.E.)

5 Spitzenverbände quo vaditis? Im Spagat zwischen Ideologie, öffentlichem Auftrag und Wettbewerb

Es besteht kein Zweifel: Die Spitzenverbände befinden sich seit geraumer Zeit in einem schwierigen Fahrwasser. Unterschiedlichen Strömungen und Wellenstärken ausgesetzt, stehen sie durchaus in der Gefahr zu stranden oder gar unterzugehen.[1] Ob sie auf Dauer wirklich zukunftsfähige Organisationen sind, ist hierbei keineswegs schon sicher. Substanzielle Herausforderungen stellen sich sowohl auf nationalstaatlicher Ebene als auch im europäischen Kontext, der durch die im Mai 2004 vollzogene Süd/Osterweiterung der EU mit zusätzlich prekären Bedingungen verbunden ist. Das einzige was halbwegs sicher scheint ist, dass das bisherige System des deutschen subsidiär ausgestalteten Wohlfahrtskorporatismus so jedenfalls nicht weiter überlebensfähig ist.

Betrachtet man die Entwicklungen in den vergangenen 15 Jahren, so zeigen sich zwei große Einflussfaktoren, die auf einen substanziellen Organisationswandel der Verbände hindeuten. Es sind die veränderten Finanzierungsbedingungen im deutschen Sozialleistungsrecht und Wirkungen europäischer Rechtsregelungen. In ihrem Zusammenwirken führen sie nicht nur zu anderen, erweiterten Anbieterstrukturen im Bereich sozialer Dienste, sondern auch zu einer qualitativ anderen Form der Dienstleistungserbringung.

Neue Herausforderungen - Die nationale Perspektive

Spätestens mit der schon 1984 vorlegten und viel diskutierten Prognosstudie über die Zukunftsperspektiven der Wohlfahrtspflege[2] wurde klar, dass sich substanzielle Veränderungsprozesse ankündigen, die eine unveränderte Fortschreibung bisheriger wohlfahrtsverbandlicher Entwicklungen wenig wahrscheinlich machen. Dem Prognos-Gutachten ging es allerdings nicht viel anders als anderen Zukunftsstudien. Die bis zum Jahr 2000 und darüber hinaus reichenden Vorhersagen erwiesen sich in der weiteren Entwicklung als wenig valide.[3] Gleichwohl war hiermit ein Prozess ausgelöst, der zu einer - wenn auch gemächlichen, so doch allmählichen - Neuorien-

---
1 Siehe hierzu auch: Friedrich-Ebert-Stiftung: Wohlfahrtsverbände in Deutschland. Auslauf- oder Zukunftsmodell? Eine Tagung der Friedrich-Ebert-Stiftung am 25. Oktober 1995 in Bonn. Gesprächskreis Arbeit und Soziales Nr. 64. Tilman Schmieder: Wohlfahrtsverbände: Alte Tabus und neue Konflikte. In: Sozialmanagement. Magazin für Organisation und Innovation. 6. Jg. Heft 3/96. Mai/Juni 1996. S. 23 ff.
2 Vgl. hierzu: Entwicklung der Freien Wohlfahrtspflege bis zum Jahr 2000. Studie der Prognos AG, Basel, im Auftrag der Bank für Sozialwirtschaft GmbH. Köln - Basel 1984.
3 Vgl.: Heinz Niedrig: Prognosen zur Zukunft der freien Wohlfahrtspflege - Von Prognos bis Miegel. In: Theorie und Praxis der Sozialen Arbeit Nr. 6/2000. S. 209 ff.

tierung innerhalb der Verbände führte. Diese vorsichtige Öffnung gegenüber sich andeutenden neuen Rahmenbedingungen relativierte durchaus die Vorstellung, als spitzenverbandliche Organisationen auch weiterhin den sich neu strukturierenden Sozialmarkt dominieren zu können. Mit dem 1990 unerwarteten und plötzlichen Zusammenbruch der Deutschen Demokratischen Republik und dem damit einhergehenden deutsch-deutschen Einigungsprozess wurde diese Veränderungsbereitschaft jedoch gleichfalls von einer anderen Dynamik zunächst überrollt. Im Prozess des Institutionentransfers von West nach Ost wurde nämlich die Chance gesehen und genutzt, die in Westdeutschland zunehmend fragile Situation der Verbände mittels einer Osterweiterung neu zu sichern und zu stabilisieren.[4] Und hierbei erwiesen sich die politisch-lobbyistischen Aktivitäten der Spitzenverbände als erfolgreich, ihre bisherige auf Westdeutschland begrenzte Vorrangstellung zumindest programmatisch auch in den neuen Bundesländern zu verankern.[5] Dieser „Erfolg" erwies sich jedoch als Pyrrhussieg in so fern, als er nur Aufschub für dringende Modernisierungsprozesse bedeutete und ein trügerisches Sicherheitsgefühl vermittelte. In der zwar erhofften, gleichwohl ausbleibenden öffentliche Finanzierung sozialer Dienstleistungen sahen sich die Verbände nämlich schnell in einer geradezu dialektischen Falle gefangen. Einerseits konnte mittels des deutschen Einigungsprozesses zwar der proklamierte Handlungsvorrang der Freien Wohlfahrtspflege stabilisiert und in einzelnen Länderverfassungen sogar verankert werden.[6] Andererseits fehlte es jedoch dem Staat immer stärker an ausreichenden Finanzmitteln, um einen solchen Monopolanspruch auch wirklich materiell realisieren zu können. Gefangen in der eigenen Ideologie einer „freigemeinnützigen Vorrangigkeit" wurden damit ungewollt Handlungsräume für neue und wettbewerblich ausgerichtete Dienstleister eröffnet. Die Ironie des Schicksal einer solchen Strategie war, dass das ausschließliche Setzen auf die Karte „freigemeinnützige haben Vorrang" angesichts der schwindenden öffentlichen Finanzierung zu bedrohlichen Existenzgefährdungen bestehender Einrichtungen führte[7] und den Druck erhöhte, sich um des „Überlebens Willen" ebenfalls wettbewerblich und marktorientiert positionieren zu müssen. Auf Grund des in vielen Wohlfahrtsverbänden bestehenden Modernisierungsstaus haben diese jedoch kaum eine Chance, sich erfolgreich in Marktsegmenten zu behaupten, die für privatgewerbliche Träger interessant sind.

Die vor allem im Zusammenhang mit dem 1994 verabschiedeten SGB XI (Pflegeversicherungsgesetz) formulierte Prognose einer wachsenden Zahl privat-gewerblicher Anbieter, deren Tätigkeitsfelder sich keinesfalls auf den engeren Bereich der

---

4 Siehe insbesondere: Susanne Angerhausen; Holger Backhaus-Maul; Claus Offe, Thomas Olk, Martina Schiebel 1998
5 Vgl. hierzu: Vertrag zwischen der Bundesrepublik Deutschland und der Deutschen Demokratischen Republik über die Herstellung der Einheit Deutschlands (Einigungsvertrag) vom 31. August 1990, Art. 32.
6 Vgl.: Verfassung des Freistaats Thüringen vom 25. Oktober 1993. „Artikel 41 Die von den Kirchen, anderen Religionsgesellschaften und Weltanschauungsgemeinschaften unterhaltenen sozialen und karitativen Einrichtungen werden als gemeinnützig anerkannt und gefördert. Dies gilt auch für die Einrichtungen der Verbände der freien Wohlfahrtspflege."
7 Vgl. beispielhaft: Liga der Freien Wohlfahrtspflege in Thüringen: Zukunft der sozialen Infrastruktur in Thüringen. Bad Sulzaer Manifest der Liga der Freien Wohlfahrtspflege in Thüringen. Juli 2003.

ambulanten Pflegedienste begrenzen[8], ist inzwischen Realität. Und ebensolche Wirkungen gehen von der im Juli 1996 vorgenommenen Novellierung des BSHG, des 1998 novellierten SGB VIII (Kinder- und Jugendhilfegesetz) sowie der ab 1.1. 2005 in Kraft getretenen SGB II und XII aus. Inzwischen unbestritten ist die Anerkennung privat-gewerblicher Träger als gleichberechtigte Dienstleister und unter dem Stichwort „Trägerpluralität" findet die wettbewerbliche Neuformierung einer sozialen Infrastruktur statt. Dies bedeutet nichts anderes, als dass sich das bisher monopolisierte Handlungsfeld der Freien Wohlfahrtspflege zum löchrigen Käse mutiert. Einmal als Gestaltungsprinzip akzeptiert, werden solche Konzepte letztlich auch andere Sektoren der Sozialpolitik betreffen. So ist die noch vor wenigen Jahren in Deutschland als abstrus bezeichnete Vorstellung, etwa den Strafvollzug privatisieren zu wollen[9], inzwischen enttabuisiert und selbstverständlicher Teil sozialpolitischer Planungsvorstellungen.[10] Und der 1998 vorlegte Bericht der Monopolkommission der Bundesregierung zeigt die Aktualität wettbewerblicher und marktwirtschaftlicher Lösungen bei der Reform des Gesundheits- und Pflegebereichs.[11]

Damit erweisen sich die bisherigen „deutschen" Argumentationsfiguren in der Sozialpolitik als überaltert und abgelöst von Denkansätzen, die betriebswirtschaftlichen Kostenbegriffen und Leistungsbewertungen einen anderen und vorrangigen Stellenwert einräumen. Kein Zweifel, die deutschen Spitzenverbände der Freien Wohlfahrtspflege stehen vor der doppelten Aufgabe, sowohl andere Managementstrukturen als auch ein neues Dienstleistungsverständnis entwickeln zu müssen.[12] Es verwundert daher nicht, dass in den Fachpublikationen die Themen Betriebswirtschaft, Finanzierung, Management, Personal- und Organisationsentwicklung etc. ein immer

---

8 „Nach ‚Medicare' kommen ‚Domomed' und ‚Aesculap'". In: BFS Trend-Informationen 03/96. S. 6 f. Eine in diese Richtung weisende Bedeutung dürfte dem im März 1996 gegründeten Care Forum Cologne zukommen. Als Koordinationszentrum der gesundheitsorientierten Industrie wird mit Verweis auf erfolgreiche ausländische Erfahrungen (USA, Japan, Großbritannien) der Aufbau eines übergreifenden Benchmarking-Circles für die Pharma und Health Care-Industrie angestrebt, der Vermarktungsallianzen ermöglichen und die optimale Ausnutzung von Produktpotentialen sicherstellen soll. Siehe hierzu die Materialien im Forschungsschwerpunkt Wohlfahrtsverbände/Sozialwirtschaft, FH Düsseldorf.
9 Vgl. „USA: Gefängnis als Anlagethema". In: BFS Trend-Informationen für Führungskräfte der Sozialwirtschaft. Heft 03/96. S. 5 f. John Harris: Soziale Arbeit als Business. Märkte, Manager und Konsumenten in der britischen Sozialarbeit. In: Widersprüche. Heft 59. März 96. S. 31 ff. „Das Lumpen-Empire - Wenn Gemüse zum Luxus wird: Großbritanniens Arme leben wie in der Dritten Welt" in: Die Woche vom 22. März 1996. Zur widersprüchlichen Entwicklung sozialer Dienstleistungen in Großbritannien siehe insbesondere: Eckhard Hansen: Qualitätsaspekte Sozialer Dienstleistungen zwischen Professionalisierung und Kundenorientierung. Qualitätsdiskurse in Großbritannien und Deutschland. In: Zeitschrift für Sozialreform. 43. Jahrgang. Heft 1/1997. S. 1 ff.; Natalie Giefers-Wieland 2002.
10 Vgl.: Unternehmen Knast - Die Privatisierung des Strafvollzugs. Monitor Nr. 508 am 28. August 2003; Privatisierung in Hessen: http://www.reformkurs.hessen.de.
11 Vgl. hierzu u.a.: Deutscher Bundestag 13. Wahlperiode. Drucksache 12/11291 vom 17.07.1998. Unterrichtung durch die Bundesregierung. Zwölftes Hauptgutachten der Monopolkommission 1996/1997. Insbesondere Abschnitt Gesundheitswesen (Kapitel VI). S. 315 ff.
12 Vgl. hierzu insbesondere: Rudolph Bauer (Hrsg.): Sozialpolitik in deutscher und europäischer Sicht. a.a.O. Sowie: Peter Eichhorn: Überlebenschancen der Unternehmen der Freien Wohlfahrtspflege im europäischen Binnenmarkt. In: Theorie und Praxis der sozialen Arbeit. Heft 2/95. S. 55 ff.

stärkeres Gewicht erhalten haben. In diesem Kontext entstehen nicht nur neue Zeitschriften und elektronisch verbreitete Newsletter, sondern finden ebenso vermehrt entsprechende Fortbildungsveranstaltungen, Kongresse und Fachtagungen statt.[13] Die Themen und Stichworte gleichen sich, unterschiedliche weltanschauliche Verbandsphilosophien und Organisationsbindungen scheinen hierbei ihre bisherige Determinationskraft einzubüßen.[14] Das durch ökonomische Zwänge sich neu durchsetzende Strickmuster, soziale Dienstleistungen stärker „kundenorientiert" und weniger „angebotsorientiert" zu gestalten, für die Teilnahme bzw. Inanspruchnahme Gebühren zu erheben und je nach Opportunität Organisationsprivatisierungen vorzunehmen, orientiert sich hierbei keineswegs nur an einem gewinnorientiertem Unternehmensmodell. Als Referenzrahmen gilt ebenso das im Kontext einer umfassenden Verwaltungsreform favorisierte Modell der „neuen Steuerung".[15] Die hiermit verbundenen Konzepte der „out-put"-Steuerung, Produktbeschreibung und des outcontracting zielen auf eine transparentere Wirtschaftlichkeit und Leistungsqualität sozialer Dienste.[16] Nach einer mehr als 10-jährigen Praxis mit solchen Reformversuchen, lässt sich angesichts der mageren und ambivalenten Ergebnisse inzwischen eine um sich greifende Ernüchterungswelle konstatieren.[17] Allerdings bedeutet dies

---

13 1990 erschien erstmals die verbandsübergreifende Zeitschrift „SOZIALwirtschaft" heute „Sozialwirtschaft. Zeitschrift für Sozialmanagement", hrsg. von der NOMOS Verlagsgesellschaft. Inzwischen bestehen zahlreiche weitere Fachzeitschriften und Newsletter mit ähnlichem Informationsgehalt und gleicher Zielsetzung.

14 Ältere Beispiele: Dokumentation der Sozialkonferenz. Veranstalter: Deutsches Rotes Kreuz, Kreisverband Pforzheim e.V. Juni 1993; Tagung „Sozialstation 2000 in der EG", Veranstalter: Evangelische Akademie Hofgeismar in Zusammenarbeit mit dem Diakonischen Werk Kurhessen-Nassau. Dezember 1993; Symposion „Konflikte und Tendenzen in Sozialpolitik und Sozialarbeit", Veranstalter: AW Bundesverband. Mai 1994. Neuere Beispiele: 5. ConSozial „Zukunftsfähigkeit Sozialer Arbeit - Zwischen Ethik, Qualität und leeren Kassen". Nürnberg 22./23. Oktober 2003; 2. AWO -Kongress für Verbands- und Unternehmensmanagement „Verbandsentwicklung braucht Strategie". Remagen 22./23. März 2004; Institut für Diakoniewissenschaft: Die Freie Wohlfahrtspflege. Entwicklung zwischen Auftrag und Markt. Bonn 29.3./30. März 2004; DRK Akademie: Forum Sozialwirtschaft. Neue Spielregeln. Deregulierung und Privatisierung in der Sozialwirtschaft. Göttingen 27./28. April 2004 (Veranstaltung fand wegen mangelnder Teilnehmer nicht statt).

15 Siehe hierzu insbesondere: Rolf Krähmer: Das Tilburger Modell der Verwaltungsorganisation und Verwaltungsführung. Herausgegeben von der Sozialdemokratischen Gemeinschaft für Kommunalpolitik e.V. Düsseldorf 1992; Kommunale Gemeinschaftsstelle für Verwaltungsvereinfachung. Bericht 8/94: Das neue Steuerungsmodell: Definitionen und Beschreibung von Produkten. Köln 1994; Kommunale Gemeinschaftsstelle für Verwaltungsvereinfachung. Bericht 10/1995: Das neue Steuerungsmodell. Erste Zwischenbilanz. Köln 1995.

16 Siehe hierzu: Bank für Sozialwirtschaft: Holger Backhaus-Maul, Thomas Olk: Von Subsidiarität zu „outcontracting": Zum Wandel der Beziehungen zwischen Staat und Wohlfahrtsverbänden in der Sozialpolitik. Köln 1995; Roderich Kulbach, Norbert Wohlfahrt: Modernisierung der öffentlichen Verwaltung? Konsequenzen für die freie Wohlfahrtspflege. Lambertus Verlag. Freiburg i.Br. 1996; Joachim Merchel/Christian Schrapper (Hg.): Neue Steuerung. Tendenzen der Organisationsentwicklung in der Sozialverwaltung. Votum Verlag. Münster 1996; Josef Schmid: Wohlfahrtsstaaten im Vergleich. Soziale Sicherungssysteme in Europa: Organisation, Finanzierung, Leistungen und Probleme. Verlag Leske + Budrich. Opladen 1996. Insbes. Kapitel 16: Reorganisation der Wohlfahrtsproduktion: Verbandlichung, Privatisierung und Dezentralisierung. S. 216 ff.

17 Vgl.: Heinz-Jürgen Dahme/Hans-Uwe Otto/Achim Trube/Norbert Wohlfahrt (Hrsg.) 2003; Thomas Olk/Hans-Uwe Otto 2003

keineswegs das Ende solcher Verwaltungsreformbemühungen, sondern vielmehr die Suche nach neuen und geeigneteren Konzepten und Begriffen.[18]

Marktwirtschaftliche Umformungen von Sozialer Arbeit ließen sich zunächst am deutlichsten bei der Versorgung pflegebedürftiger Menschen erkennen. Eingeleitet durch das Gesundheitsstrukturgesetz[19], zusätzlich befördert durch das Pflegeversicherungsgesetz[20] und die ab dem 1.7.1996 mit einbezogenen Leistungen der stationären Pflege, entstand ein eigenständiger Pflegemarkt, dessen Dienstleistungen vorwiegend auf der Basis von Konkurrenzbeziehungen und Kundenorientierungen erbracht werden. Handelte es sich hierbei zunächst um einen ausgesprochenen Wachstumsmarkt, so hat sich die Lage zumindest in zahlenmäßiger Hinsicht inzwischen konsolidiert und auf dem Niveau von insgesamt 10.600 ambulanten Pflegeeinrichtungen eingependelt.[21] Neben diesem quantitativen Aspekt wesentlich bedeutsamer sind die in diesem Wirtschaftssegment deutlich werdenden Trägergewichtungen. Sie zeigen den zunehmenden Einfluss privat-gewerblicher Sozialunternehmen, deren Anteil inzwischen 52 % umfasst. Fast bedeutungslos geworden sind die öffentlichen Träger mit einem Anteil von 2 %, in frei-gemeinnützige Trägerschaft befinden sich 46 % aller Einrichtungen.

Neue Unternehmen entstehen hierbei keineswegs nur durch das findige Aufspüren von speziellen, als gewinnträchtig angesehenen Marktsegmenten (z.B. Catering), sondern gründen sich ebenfalls mit der Absicht, marktsichernde Kooperationsverbünde für „ganzheitliche" Dienstleistungen zu schaffen. Im Kontext letztgenannter Entwicklungen gewinnt vor allem das Franchisesystem zunehmende Bedeutung, das auf der Grundlage eines gemeinsamen Regelwerkes einzelne Fachgebiete (-angebote) zusammenführt und vernetzt. Dieses Konzept zielt insbesondere auf mittelständische Unternehmen, die bei Wahrung ihrer Selbständigkeit sich einer Franchiseorganisation anschließen, die wiederum unter einem gemeinsamen Markenzeichen Dienstleistungen vernetzt, Fort- und Weiterbildung realisiert, Kundenwerbung und -betreuung übernimmt und so für die Mitgliedsunternehmen eine marktgeschützte Position sicherstellt.[22] Auch wenn es immer noch nicht möglich ist, die tatsächliche Bedeutung privat-gewerblicher Anbieter in der Sozialen Arbeit präzise einzuschätzen und zu bewerten, so zeigen dennoch die vorliegenden Daten: Abseits traditioneller altruistischer Mentalitäten und Aktivitäten der freigemeinnützigen Verbände

---

18 Vgl.: Tanja Klenk/Frank Nullmeier: Public Governance als Reformstrategie. Edition der Hans-Böckler-Stiftung. Düsseldorf 2003.
19 Vgl. SGB V - Gesundheitsstrukturgesetz - vom 25. November 1988. Insbesondere die Regelung des § 132 zwingt die gesetzlichen Krankenkassen, zur Erbringung der häuslichen Krankenpflege mit hierfür geeigneten Personen Verträge abzuschließen.
20 Vgl.: SBG XI - Soziale Pflegeversicherung - vom 26. Mai 1994.
21 Vincentz Verlag (Hrsg.): Adreßbuch „Häusliche Pflege". Ausgabe 95/96. Hannover 1995; Statistisches Bundesamt: 3. Bericht: Pflegestatistik 2001. Bonn, September 2003.
22 Ein frühes Beispiel für diese Entwicklung ist das Unternehmen „Care Company - Gesellschaft für ambulante Gesundheitshilfen mbH" in Dortmund. 1994 gegründet existieren inzwischen in 23 Städten der Bundesrepublik eigenständige Care Center. Vgl. Care Company: Image-Broschüre. Das Care System, das Marktbearbeitungssystem Care Company GmbH. o.Dt. Sowie: Mark Fäth: Knotenpunkte. Care Company - Eine neues System für die Häusliche Pflege und Betreuung. In: Zeitschrift Häusliche Pflege 6/96. S. 667. Hrsg. Vincentz Verlag Hannover.

bildet sich wie von unsichtbarer Hand gesteuert ein gewerblich operierender Sozialmarkt mit hohen Qualitätsansprüchen heraus. Und insbesondere im Zeitvergleich von Mitte der 1990er Jahre zum beginnenden 21. Jahrhundert wird deutlich, dass sich privat-gewerbliche Dienstleister mit stärker werdendem Gewicht an der sozialen Dienstleistungserbringung beteiligen und Marktfelder besetzen (siehe Tab. 73 und 74).

Tab. 73: Marktanteile in sozialen Dienstleistungsmärkten[23]

	Stand zum	Freie Wohlfahrtspflege in %	Privatgewerblicher Sektor in %	Öffentlicher Sektor in %
Allgemeine Krankenhäuser (Betten)	31.12.1995	37,6	5,7	56,7
Altenhilfe (Plätze)	30.06.1995	61,1	18,8	18,7
Behindertenhilfe (Plätze)	30.06.1995	80,3	12,1	6,0
Jugendhilfe (Plätze)	31.12.1990	69,0	1,1	29,8
Beratungsstellen für Erziehung, Jugend, Familie	31.12.1994	68,0	k.A.	k.A.
Beratungsstellen für Drogen- und Suchtabhängige	31.12.1994	76,0	k.A.	k.A.
Rettungsdienst	31.12.1996	75,0	12,5	12,5

Tab. 74: Marktanteile, Einrichtungsgröße und Personaleinsatz in verschiedenen Arbeitsbereichen[24]

	Einrichtungen			
		FG	Öffentl.	privat
Einrichtung	Jahr	% an der jew. Einrichtungsart		
Kindertageseinrichtungen	2002	48,9	40,4	10,7
Jugendhilfeeinrichtungen, Sonstige	2002	62,2	9,2	28,6
Krankenhäuser (Allgemein)	2001	40,3	36,2	23,5

---

23 Tabelle entnommen aus: Dirk Meyer: Die Freie Wohlfahrtspflege zwischen Wettbewerb und Neokorporatismus. In: ZögU, Band 22, Heft 1, 1999, S. 40 f.
24 Tabelle entnommen aus: Heinz-Jürgen Dahme u.a.: Zwischen Wettbewerb und subsidiärer Leistungserbringung: die Verbände der Freien Wohlfahrtspflege im Modernisierungsprozess. Landesinstitut Sozialforschungsstelle Dortmund 2004. S. 10

		FG	Öffentl.	privat
Vorsorge- und Reha-Einrichtungen	2001	26,5	15,7	57,8
Stationäre Pflegeeinrichtungen	2001	56,0	8,2	35,9
Ambulante Pflegedienste	2001	46,2	1,9	51,9
Behindertenheime	2001	83,9	5,4	10,8

Plätze je Einrichtung

		FG	Öffentl.	privat
Einrichtung	Jahr		Anzahl	
Kindertageseinrichtungen	2002	67,2	70,3	39,6
Jugendhilfeeinrichtungen, Sonstige	2002	29,5	41,9	35,2
Krankenhäuser (Allgemein)	2001	243.4	377,7	67,7
Vorsorge- und Reha-Einrichtungen	2001	90,9	127,4	159,6
Stationäre Pflegeeinrichtungen	2001	81,0	94,2	57,2
Ambulante Pflegedienste	2001	53,0	42,0	30,0
Behindertenheime	2001	38,4	43,1	34,2

Beschäftigte je 100 Plätze

		FG	Öffentl.	privat
Einrichtung	Jahr		Anzahl je 100 Plätze	
Kindertageseinrichtungen	2002	12,1	11,6	15,3
Jugendhilfeeinrichtungen, Sonstige	2002	36,5	22,6	24,6
Krankenhäuser (Allgemein)	2001	183,0	228,6	202,4
Vorsorge- und Reha-Einrichtungen	2001	65,8	76,5	59,6
Stationäre Pflegeeinrichtungen	2001	73,7	68,2	64,2
Ambulante Pflegedienste	2001	44,3	41,1	43,1
Behindertenheime	2001	-	-	-

Insgesamt auf den Bereich sozialer Dienstleistungen gesehen sind die Marktanteile zwar noch gering, aber schon längst wird nicht mehr nur im begrenzten Handlungsfeld der Pflege operiert, sondern weitere Bereiche des Gesundheitswesens bedient. Zu sehen ist: Die hier operierenden Unternehmen, zumeist in der Rechtsform von Aktiengesellschaften oder GmbHs, besetzen immer stärker weitere Geschäftsfelder. Sowohl strategisch als auch operativ werden Vernetzungen von ambulanten und stationären Diensten angestrebt sowie unterschiedliche Beratungs- und Unterstützungsbedarfe bedient. Erkennbar wird ein deutlicher Gegensatz zu beschriebenen Atomisierung der freigemeinnützigen Wohlfahrtsverbände. Und wie Tab. 75 zeigt, sind diese neuen gewerblichen Anbieter Konzerne, die einer gemeinsamen und strategisch ausgerichteten Geschäftspolitik unterliegen und klare operative Vorgaben formulieren.

Tab. 75: Gewerbliche Träger in der Sozialen Arbeit - Beispiele im Gesundheitssektor - Stand März 2004

Unternehmen	Mitarbeiter	Angeschlossene Einrichtungen/Betriebe	Umsatz p.a. 2002
Asklepios Kliniken GmbH Debusweg 12, 61762 Königstein-Falkenstein www.Asklepios.com	20.000	78 Einrichtungen an 71 deutschen Standorten, darunter 51 Akutkliniken 6 akutnahe Rehakliniken 7 Rehakliniken 1 Kurstift In USA/Kalifornien: 7 Akutkliniken insgesamt 14.500 Betten /Plätze Kooperation mit IB - gemeinsamer Betrieb von 14 medizinischen Fachschulen	1,1 Mrd.
Helios Kliniken GmbH Schlossstr. 2 36037 Fulda www.helios-kliniken.de	9.578	21 Kliniken mit 6.131 Betten Marktführer in der Privatisierung von Großkrankenhäusern	711,7 Mio.
MediClin AG Wilhelm-Leuschner-Str. 9-11 60329 Frankfurt/Main www.mediclin.de	10.000	44 Einrichtungen, überwiegend Kliniken, auch Alters- und Pflegeheime; insgesamt 9.600 Betten	371 Mio.
Sana Kliniken GmbH Gustav-Heinemann-Ring 133 81739 München www.sana.de	24.169	57 Krankenhäuser mit 4.567 Betten; 21 Seniorenpflegeheime; insgesamt 31.900 Plätzen	1,645 Mrd.
Rhön-Klinikum AG Salzburger Leite 1 97616 Bad Neustadt/Saale www.rhoen-kliniken-ag.com	12.852	29 Kliniken, 21 Standorte in 8 Bundesländern; insgesamt 8.055 Betten	916,7 Mio.

Marseille-Kliniken AG Hauptverwaltung Sportallee 1 22335 Hamburg www.marseille-kliniken.de	4.122	57 Einrichtungen mit 7.261 Betten Kerngeschäft: Pflege für ältere und behinderte Menschen, medizinische Rehabilitation	191,1 Mio.
MATERNUS-Kliniken AG Walsroder Straße 93 30853 Langenhagen www.maternus.de	2.088	20 Einrichtungen mit 3.926 Betten Kerngeschäft: Senioreneinrichtungen, zwei Rehakliniken	105,8 Mio.

Markieren die vorgenannten Beispiele Entwicklungen, die vorwiegend durch veränderte sozialrechtliche Rahmenbedingungen auf der Ebene des deutschen Sozialstaates ausgelöst und induziert sind, so forcieren weitere supranationale Effekte diesen Weg in eine neue Dienstleistungserbringung.

Europäische Herausforderungen

Nach wie vor tun sich die deutschen Spitzenverbände der Wohlfahrtspflege darin schwer, ihre national-protektionistische Sichtweise aufzugeben und sich nicht nur abwehrend auf einen gemeinsamen europäischen Handlungsraum einzulassen. Die Ursache hierfür liegt nicht nur in den besonderen deutschen Förder- und Schutzbedingungen für die Wohlfahrtsverbände, sondern ebenso in den Schwierigkeiten des europäischen Einigungsprozesses selbst. Zwar ist die Forderung zur Gründung der Vereinigten Staaten von Europa eine alte Idee, Winston Churchill erhob sie schon 1946 und stand hiermit nicht alleine. Der Weg in diese Richtung erwies sich jedoch als schwierig und kompliziert. Seit der Gründung des Europarates im Mai 1949, der Unterzeichnung der EWG-Verträge 1956 in Rom, die ersten allgemeinen und unmittelbaren Wahlen zum Europäischen Parlament im Juni 1979 bis zur Vollendung des europäischen Binnenmarktes zum 31. Dez. 1992, der Verabschiedung des Vertrages über die Europäische Union am 7. Februar 1992 (Maastrichter Vertrag) und dessen Inkrafttreten am 1. November 1993, den Vertrag von Amsterdam vom 2. Oktober 1997 (Amsterdamer Vertrag), die im Mai 2004 vollzogene Südosterweiterung sowie die im Oktober 2004 in Rom unterzeichnete EU-Verfassung mussten viele Etappen zurückgelegt und Hürden überwunden werden. Das Europa der Bürger im Sinne einer civil society[25] erwies zumindest bislang als eine Illusion. Stattdessen konzentrierte sich der europäische Einigungsprozess auf die Entfaltung marktwirtschaftlicher Verhältnisse. Oberstes Ziel ist hierbei die Schaffung eines gemeinsa-

---

25 Siehe hierzu: Richard von Weizsäcker im Gespräch mit Gunter Hofmann und Werner A. Perger. Eichborn Verlag. Frankfurt a.M. 1992. Das Konzept „civil society" kritisch anfragend: Rudolph Bauer: Zivilgesellschaftliche Gestaltung der Bundesrepublik: Möglichkeiten oder Grenzen? Skeptische Anmerkungen aus Sicht der Nonprofit-Forschung. In: Hubert Heinelt, Klaus M. Schmals (Hrsg.): Zivilgesellschaftliche Zukünfte - Gestaltungsmöglichkeiten einer zivilen Gesellschaft. Sigma-Verlag. Berlin 1996.

men Binnenmarktes, der durch die in den europäischen Verträgen geregelte Freizügigkeit von Dienstleistungen, Personen, Waren und Kapital realisiert werden soll.[26]

Die gleichwohl stattfindenden Bemühungen, soziale Rechte zu verankern und aus ihrer wirtschaftspolitischen Umklammerung jeweiliger nationaler Interessen zu befreien, verblieben demgegenüber auf der Ebene allgemeiner und rechtlich unverbindlicher Erklärungen. Nur beispielhaft sollen genannt werden das im Dezember 1953 unterzeichnete Europäische Fürsorgeabkommen, die im Oktober 1961 durch den Europäischen Rat beschlossene Sozialcharta, das im Januar 1974 durch die Arbeits- und Sozialminister verabschiedete erste sozialpolitische Programm der EG, die im Dezember 1989 durch den Europäischen Rat verabschiedete „Gemeinschaftscharta der sozialen Grundrechte" (Sozialcharta), das im Dezember 1991 durch den Europäischen Rat verfasste sozialpolitische Protokoll, das zu unterzeichnen sich z.B. Großbritannien weigerte.

Neben diesen „weichen" sozialpolitischen Regelungen bestehen für die europäische Ausgestaltung sozialer Dienstleistungen weitere Probleme, die die zögerliche Entwicklung eines europäischen Sozialmarktes erklären. Das innerhalb der einzelnen Mitgliedsstaaten jeweilige nationale Gesellschaftsrecht erschwert nämlich grenzüberschreitende Aktivitäten. Bundesrepublikanische gemeinwohlorientierte Organisationen, Verbände und Unternehmungen wurden zumindest bislang überwiegend in der Rechtsform eines eingetragenen und gemeinnützig anerkannten Vereins tätig; in geringerer Ausprägung existierten gemeinnützige Genossenschaften, Stiftungen, GmbHs oder andere Organisationen des Gesellschaftsrechts. Gerade aber die Rechtsform des „eingetragenen Vereins" ermöglicht nur bedingt eine Übertragung und Ausdehnung in andere europäische Mitgliedsstaaten. Der wirtschaftspolitische Einigungsprozess, verbunden mit der Perspektive „Markt ohne Grenzen"[27], erfährt damit im Bereich der Sozialwirtschaft eine Beschränkung, die nur durch die Schaffung eines gemeinsamen europäischen Gesellschaftsrechts für gemeinwohlorientierte Unternehmen überwunden werden könnte. Ein erster Versuch erfolgte mit dem Konzept der „Economie Sociale". Die damit verbundenen Überlegungen mündeten in verschiedenen Verordnungen über ein Statut des Europäischen Vereins, der Europäischen Genossenschaft und der Europäischen Gegenseitigkeitsgesellschaft. Hiermit sollte es gemeinwohlorientierten Verbänden, Organisationen und Unternehmen möglich werden, grenzüberschreitend zu agieren.[28] All diese Vorschläge erwiesen sich innerhalb der Gemeinschaft jedoch als nicht konsensfähig; die Folge ist, dass

---

26 Vgl.: Vertrag zur Gründung der Europäischen Gemeinschaft (EG). In der Fassung vom 7. Februar 1992. Insbes. Art. 9-37 (freier Warenverkehr), Art. 48-73 (Freizügigkeit, freier Dienstleistungs- und Kapitalverkehr). In: Thomas Läufer (Bearb.): Europäische Gemeinschaft - Europäische Union. Die Vertragstexte von Maastricht. Hrsg.: Bundeszentrale für politische Bildung. Lizenzausgabe. Bonn 1992.
27 Vgl.: Art. 7a, 36, 100, 100a EG-Vertrag i.d.F.v. 7. Februar 1992.
28 Vgl.: Europäisches Parlament. Sitzungsdokumente. 6. Januar 1993. A3-0001/93: Bericht des Ausschusses für Recht und Bürgerechte über die Vorschläge der Kommission an den Rat für eine Verordnung über das Statut des Europäischen Vereins, .., eine Verordnung über das Statut der Europäischen Genossenschaft, .., eine Verordnung über das Statut der Europäischen Gegenseitigkeitsgesellschaft, .. Sowie: Amtsblatt der Europäischen Gemeinschaften Nr. C 42/84 und C 42/90 vom 15.2.93.

die auf mitgliedsstaatlicher Ebene bestehenden unterschiedlichen Regelungen und Bewertungen gegenüber dem Charakter sozialer Dienstleistungen weiter fortbestehen. Die Bewertung, ob es sich bei sozialen Dienstleistungen um wirtschaftliche Tätigkeiten handelt, die ebenso wie andere wirtschaftliche Tätigkeiten dem europäischen Wettbewerbsrecht unterliegen, wird deshalb in strittigen Fragen und bezogen auf konkrete Konfliktfälle nach wie vor durch die Europäische Kommission und/ oder durch den EuGH entschieden.[29]

Rückblickend betrachtet wurde aus der Sicht der Wohlfahrtsverbände die Ankündigung und Realisierung des freien Personen-, Waren-, Kapital- und Dienstleistungsverkehrs innerhalb des EG-Binnenmarktes ab dem 1. Januar 1993 und die damit verbundenen Auswirkungen für die Entwicklung eines länderübergreifenden Sozialmarktes zunächst problematischer und folgenreicher eingeschätzt als es die weitere Entwicklung tatsächlich zeigte. Befürchtungen bezogen sich hierbei auf die schnelle Herausbildung eines Billiglohn- und Sozialtourismus, von marktgeprägten Dienstleistungen und Formen von Sozialdumping durch Billiganbieter, eine „Amerikanisierung" des sich nunmehr europaweit konstituierenden Sozialmarktes. Gefahr wurde vor allem aber darin gesehen, dass die Prinzipien „Dienstleistungsfreiheit" und „Nichtdiskriminierungsverbot"[30] im Bereich des Sozialen spezifisch deutsche Subsidiaritätsregelungen zwischen Staat und Wohlfahrtsverbänden unmittelbar unterlaufen und außer Kraft setzen könnten. Entsprechende Bemühungen, diesen Entwicklungen lobbyistisch entgegenzuwirken, erfolgten sowohl auf der Ebene der einzelnen Spitzenorganisationen[31] als auch durch den gemeinsamen Dachverband BAGFW. Zu diesem Zweck wurde 1990 ein eigenes Europabüro in Brüssel eingerichtet. Der gezielte politische Einfluss führte erstmals bei der Verabschiedung der Schlussakte des EU-Vertrages vom 7. Februar 1992 zu einer „Erklärung zur Zusammenarbeit mit den Wohlfahrtsverbänden", die als Anhang in den Vertragstext mit aufgenommen wurde.[32] Erreicht wurde damit zumindest eine semantische Würdigung der Wohlfahrtsverbände, aus der sich zwar keine exklusiven Rechtsansprüche auf eine besondere staatliche Förderung oder gar Schutzrechte, jedoch durchaus weitere Beteiligungsrechte ableiten lassen.

Ausgehend von diesem ersten Schritt wurde weiterhin die Option verfolgt, sowohl die Rolle der bundesrepublikanischen Spitzenverbände in der europäischen Verfas-

---

29 Vgl.: Chris Lange 2001.
30 Siehe hierzu die Bestimmungen des EWG-Vertrages vom 25.3.1957, insbes. Artikel 7, 48, 52, 59, 60 und 221.
31 Am weitesten fortgeschritten waren zunächst die Aktivitäten des DCV und des DW der EKD. Der Paritätische Gesamtverband unterhielt zunächst von 1990 bis 1995 eine europäische Außenstelle, eine erneute EU-Repräsentanz wurde 2001 eingerichtet. Mit Ausnahme der ZWST verfügen heute alle Spitzenverbände über eigene europäische Büros und unterschiedlich stark ausgebildete europäische Netzwerke. Siehe hierzu u.a.: DCV (Hrsg.): caritas '95. Jahrbuch des Deutschen Caritasverbandes. Dezember 1994. S. 321 ff.; Wolfgang Thielmann: Der Dachverband Eurodiaconia. Mit einer gemeinsamen Stimme sprechen. In: Diakonie Report 5/95; DCV (Hrsg.): caritas Korrespondenz. Sonderheft 1/1995: Sozialpolitik in Europa; Nachrichten Parität Nr. 7-8/1995. S. 11.
32 Vgl.: Bundeszentrale für politische Bildung Bonn: Europäische Gemeinschaft - Europäische Union. Die Vertragstexte von Maastricht, bearbeitet und eingeleitet von Thomas Läufer. Bonn 1992.

sung zu verankern, als auch die Anerkennung der deutschen Spitzenverbände als 3. Sozialpartner zu erreichen.[33] Bezogen auf die Maastrichter Folgeverhandlungen im Jahre 1996 konzentrierten sich die lobbyistischen Aktivitäten auf das Ziel, entsprechende Änderungen des Vertragstextes zu erreichen, die über die bisherige Zusatzerklärung Nr. 23 zum Europäischen Vertrag hinausgehen. Mehrere Stellungnahmen der Verbände wurden vorgelegt und die Anhörungen zur Regierungskonferenz 1996 für die eigene Positionsdarstellungen genutzt.[34] In der Frage der Anerkennung als 3. Sozialpartner konnten die deutschen Wohlfahrtsverbände einen wichtigen Teilerfolg erzielen: Als BAGFW sind sie, nach Vorschlag und Benennung durch die deutsche Bundesregierung seit Oktober 1994 Mitglied des Wirtschafts- und Sozialausschusses (WSA) und hier Teil der Gruppe „verschiedene Interessen".[35] Die Zusammensetzung des WSA ist im Artikel 93 nur allgemein geregelt; in der politischen Umsetzung führte dies zur Bildung der drei Mitgliedergruppen „Arbeitgeber", „Arbeitnehmer" und „verschiedene Interessen". Durch die formelle Mitgliedschaft im WSA haben die deutschen Spitzenverbände die direkte Möglichkeit, interessenspolitisch auf die EG-Kommission und den Europäischen Rat einzuwirken. Da in allen Fragen der europäischen Sozialpolitik der WSA über ein Anhörungs- und Initiativrecht verfügt, sind diese Einflussmöglichkeiten nicht zu unterschätzen.[36] Ein erstes praktisches Ergebnis ist beispielsweise der im Mai 1992 ins Leben gerufene „Runder Tisch Europäischer Wohlfahrtsorganisationen" (European Round Table of Charitable Social Welfare Associations), der maßgeblich durch die Initiative der deutschen Verbände zustande gekommen ist.[37] In Form regelmäßiger Treffen und hinsichtlich seiner büromäßigen Infrastruktur durch das Europäische Parlament unterstützt, ist dieser „Runde Tisch" ein weiterer strategischer Baustein der Wohlfahrtsverbände zur Beeinflussung der Maastrichter Folgeverhandlungen.[38] Beteiligt ist dieser ebenfalls an der Förderung und Stärkung des sozialen Dialogs und der in diesem Kontext von der Europäischen Kommission vorgeschlagenen Bildung eines „Sozialpolitischen Forums"[39], dessen Weiterentwicklung zu einem dritten Sozialpartner zumin-

---

33 Vgl.: Stellungnahme der Bundesarbeitsgemeinschaft der Freien Wohlfahrtspflege zum „Grünbuch der Kommission der Europäischen Gemeinschaften über die europäische Sozialpolitik: Weichenstellung für die Europäische Union" vom 14. März 1994. Als Sozialpartner sind bislang nur die Arbeitgeber und Arbeitnehmer, bzw. deren Organisationen anerkannt. Siehe auch: Europäische Kommission. Generaldirektion Beschäftigung, Arbeitsbeziehungen und soziale Angelegenheiten: Europäische Sozialpolitik. Ein zukunftsweisender Weg für die Union. Weißbuch vom 27. Juli 1994

34 Ähnlich lautende Stellungnahmen zu den Maastrichter Verträgen liegen mit Ausnahme der ZWST von allen Spitzenverbänden sowie der BAGFW vor. An dem Hearing des Europäischen Rates zur Regierungskonferenz 96, Oktober 1995 in Straßburg, waren die Wohlfahrtsverbände ebenfalls beteiligt.

35 Vgl.: Bernd-Otto Kuper, Ute Müller: Perspektiven der Europaarbeit öffentlicher und freier Wohlfahrtspflege zwischen 1995 und 1997. In: Nachrichtendienst Deutscher Verein. Heft 6/1995. S. 240 ff.

36 Siehe hierzu: Art. 118a, 118b, 121, 193 - 198. Vertrag zur Gründung der Europäischen Gemeinschaft (EG-Vertrag). In der Fassung vom 7. Februar 1992.

37 Auskunft des Brüsseler Büros der BAGFW.

38 Vgl.: Organisationen, Initiativen und Dienste im sozialen Bereich - ein Motor der Sozialpolitik in Europa. In: Newsletter Europa. Ausgabe September 1999

39 Vgl.: Europäische Kommission. Generaldirektion Beschäftigung, Arbeitsbeziehungen und soziale Angelegenheiten. Europäische Sozialpolitik. Ein zukunftsweisender Weg für die Union.

dest aus der Sicht der Wohlfahrtsverbände nicht ausgeschlossen wird. Wenn auch die eigentlichen Zielsetzungen noch in weiter Ferne liegen, so gelingt es den deutschen Spitzenverbänden im Verbund mit anderen sozialpolitischen Organisationen und staatlichen Stellen inzwischen besser, sich europäisch zu positionieren.[40] Und mit der im Juni 2000 erfolgten Konstituierung des „Observatoriums für die Entwicklung der sozialen Dienste in Europa"[41] wurde eine weitere infrastrukturelle Basis geschaffen, um die aus deutscher Trägersicht notwendigen Themen bearbeiten und politischen einbringen zu können.

Abb. 36: Europäischer Lobbyismus in der Sozialwirtschaft

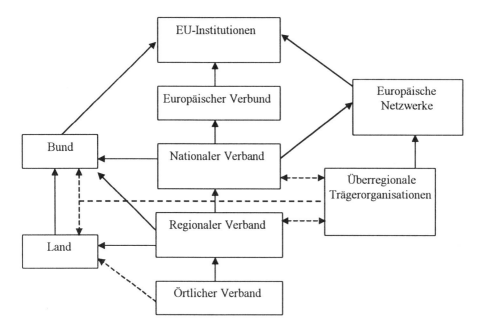

Das Hauptproblem besteht unverändert in der nach wie vor offenen Streitfrage, ob das europäische Wettbewerbsrecht mit seinem Beihilfe- und Subventionsverbot un-

---

Weißbuch. 27. Juli 1994. Insbes. Kapitel VIII, Abschnitt B - Ausgestaltung der Rolle der gemeinnützigen Vereinigungen.

40 Vgl.: Bernd Schulte: Sozialstaat in Europa, Herausforderungen - Handlungsmöglichkeiten - Perspektiven. Bericht über eine Europa-Konsultationstagung des Deutschen Vereins am 18. und 19. April 1994 in Frankfurt am Main - 1. und 2. Teil. In: Nachrichtendienst des Deutschen Vereins für öffentliche und private Fürsorge. Heft 6/95, S. 251 ff. und Heft 7/95, S. 288 ff.; Freie Wohlfahrtspflege im zukünftigen Europa. Herausforderungen und Chancen im Europäischen Binnenmarkt. Studie der Prognos AG, Basel, im Auftrag der Bank für Sozialwirtschaft GmbH. Köln-Berlin 1991; F. Loges: Entwicklungstendenzen Freier Wohlfahrtspflege im Hinblick auf die Vollendung des Europäischen Binnenmarktes. Lambertus-Verlag. Freiburg i.Br. 1994

41 Träger des Observatoriums sind das Institut für Sozialarbeit und Sozialpädagogik e.V. sowie der Deutsche Verein für öffentliche und private Fürsorge. Finanziert wird das Observatorium durch das Bundesministerium für Familie, Senioren, Frauen und Jugend.

mittelbar auch für die in Deutschland erbrachten sozialen Dienstleistungen bzw. deren Träger gilt. Denn trotz der vielen getroffenen Einzelentscheidungen des EuGH konnte bislang kein allgemeiner Konsens gefunden werden. Ein neuer Regelungsversuch konzentriert sich nunmehr auf eine Neuinterpretation des unterschiedlich verwendeten Begriffs „Dienstleistungen von allgemeinem Interesse". Das hierzu von der Europäischen Kommission im Mai 2003 vorgelegte Grünbuch zielt auf eine klärende Debatte, zumal deutlich geworden ist, dass die Schaffung von Synergieeffekten zwischen wirtschaftlichen und sozialen Reformen sowie von Dienstleistungen von allgemeinem Interesse für den europäischen Integrationsprozess zunehmend wichtiger sind.[42]

„Die Dienstleistungen von allgemeinem Interesse bilden den Dreh- und Angelpunkt der politischen Debatten. In der Tat berühren sie die zentrale Frage, welche Rolle in einer Marktwirtschaft staatlichen Stellen zukommt, da sie einerseits das reibungslose Funktionieren des Marktes und die Einhaltung der Spielregeln durch alle Akteure sicherstellen und andererseits das öffentliche Interesse gewährleisten, insbesondere die Befriedigung der Grundbedürfnisse der Bürger und die Einhaltung von Kollektivgütern in Fällen, in denen der Markt dazu nicht in der Lage ist."[43]

„Die realen Bedingungen, unter denen die - wirtschaftlichen und nichtwirtschaftlichen Dienstleistungen von allgemeinem Interesse erbracht werden, sind komplexer Natur und in ständiger Entwicklung begriffen. Sie umfassen ein breites Spektrum von Aktivitäten unterschiedlicher Art, von bestimmten Aktivitäten in den großen netzgebundenen Branchen (Energiesektor, Postdienste, Verkehr und Telekommunikation) bis hin zu den Bereichen Gesundheit, Bildung und Sozialleistungen, die sich sowohl von ihrem Wirkungsfeld - auf europäischer, wenn nicht gar globaler oder auch nur lokaler Ebene - als auch vom Charakter her (marktbezogen oder nicht marktbezogen) voneinander unterscheiden. Die Organisation dieser Dienste hängt von den kulturellen Traditionen, der Geschichte und den geografischen Verhältnissen des einzelnen Mitgliedsstaates und den besonderen Merkmalen der betreffenden Tätigkeit ab, was insbesondere auf den Bereich der technischen Entwicklung zutrifft."[44]

In dieser neu begonnenen und noch andauernden Klärungsphase besteht nun das Problem, die Eingrenzung eines Begriffes vornehmen zu müssen, der im Amsterdamer Vertrag selbst gar nicht enthalten ist, sondern sich aus einer Ableitung des im Vertragstext verwendeten Begriffs „Dienstleistungen von allgemeinem wirtschaftlichen Interesse" ergibt. Diese im Artikel 16 und Artikel 86 Absatz 2 enthaltene Formulierung ist jedoch nicht näher bestimmt und führt deshalb in der Gemeinschaftspraxis, insbesondere aus deutscher Sicht zu unterschiedlichen Interpretationen. Allgemein besteht hinsichtlich des „wirtschaftlichen Charakters" zwar darin Übereinstimmung, dass hierzu jede Tätigkeit gehört, die Güter oder Dienstleistungen auf einem bestimmten Markt anbietet und für die damit die „den Binnenmarkt, den Wett-

---

42 Vgl.: Kommission der europäischen Gemeinschaft: Grünbuch zu Dienstleistungen von allgemeinem Interesse (von der Kommission vorgelegt). Brüssel 31.05.2003
43 Grünbuch, S. 3, RZ 4
44 Grünbuch. S. 6, RZ 10

bewerb und die staatlichen Beihilfen geltenden Regelungen Anwendung" finden.[45] Gleichzeitig bleibt aber strittig, ob freigemeinnützig erbrachte Dienstleistungen als wirtschaftliche Aktivitäten zu charakterisieren sind. Insbesondere die Kirchen verneinen mit Vehemenz diese Frage und bestehen auf dem besonderen Charakter ihrer Wohlfahrtsverbände und der damit einhergehenden Aktivitäten, die unmittelbar als Ausdruck kirchlicher Arbeit gesehen werden. Die Absicht ist klar: Ungeachtet stattfindender Modernisierungsprozesse und wettbewerblicher Ausrichtung von sozialen Dienstleistungen sollen die mit dem deutschen Subsidiaritätsmodell verbundenen Bestandsschutzgarantien soweit wie es irgendwie geht erhalten bleiben.[46]

Aber auch aus der Sicht der Kommission selbst bleibt die Ausgangslage zumindest ambivalent und durch die Suche nach einer Kompromisslösung bestimmt. Denn die einerseits klare Option, die Erbringung von Dienstleistungen von allgemeinem Interesse stärker dem Markt zu öffnen ist zugleich mit dem Versuch verbunden, ausreichenden Spielraum für einzelstaatliche Modifikationen zu ermöglichen. So formuliert das Grünbuch an anderer Stelle:

„Generell können die Mitgliedstaaten selbst entscheiden, welches System sie zur Finanzierung der Dienstleistungen von allgemeinem Interesse einsetzen möchten. Sie müssen lediglich sicherstellen, dass der gewählte Mechanismus das Funktionieren des Binnenmarktes nicht unverhältnismäßig beeinträchtigt. Insbesondere können die Mitgliedstaaten Ausgleichszahlungen gewähren, die für das Funktionieren einer Dienstleistung von allgemeinem wirtschaftlichen Interesse unerlässlich sind. Durch die Beihilferegelungen wird lediglich die Überentschädigung untersagt. Um bei der Anwendung der staatlichen Beihilferegeln auf die Dienstleistungen von allgemeinem Interesse für mehr Rechtssicherheit und Transparenz zu sorgen, hat die Kommission in ihrem Bericht für den Europäischen Raten in Laeken ihre Absicht angekündigt, einen gemeinschaftlichen Rahmen für staatliche Beihilfen für die Erbringung von Dienstleistungen von allgemeinem wirtschaftlichen Interesse zu schaffen und anschließend, sofern die bei der Anwendung dieses Rahmens gesammelten Erfahrungen dies rechtfertigen, eine Gruppenfreistellungsregelung für derartige Dienstleistungen zu verabschieden. An Leitlinien zur Anwendung der staatlichen Beihilfevorschriften auf Dienstleistungen von allgemeinem wirtschaftlichen Interesse wird zurzeit gearbeitet."[47]

Die Debatte zum Grünbuch erfolgte in Form eines offenen Konsultationsverfahrens und lobbyistisch wurden seitens der Vertreter der freien Wohlfahrtspflege alle verfügbaren Register gezogen. Als zentrale Aufgabe stellte sich, verweisend auf den Sondercharakter von sozialen Dienstleistungen zunächst einmal eine Öffnung wettbewerblicher Regelungen zu erreichen und Gestaltungsspielraum für nationale Lösungen zu gewinnen. Obgleich die Frage des „Sondercharakters" innerhalb der Spit-

---

45 Vgl.: Grünbuch. S. 17, RZ 44.
46 Vgl.: Stellungnahme des Kommissariates der deutschen Bischöfe, des Bevollmächtigten des Rates der Evangelischen Kirche in Deutschland bei der Bundesrepublik Deutschland und der Europäischen Union, des Deutschen Caritasverbandes (DCV) und des Diakonischen Werkes der Evangelischen Kirche in Deutschland (DW-EKD). Berlin. 13. September 2003
47 Grünbuch. S. 31, RZ 88.

zenverbände durchaus kontrovers eingeschätzt wird[48], realisierte sich dennoch ein miteinander abgestimmtes Vorgehen. In diesem Kontext verabschiedete der Wirtschafts- und Sozialausschuss im Dezember 2003 eine entsprechende Stellungnahme[49], die nicht unwesentlich zu der im Januar 2004 gefassten Entschließung der EU-Kommission zur Freistellung der Notifizierungspflicht führte.[50] Vorgesehen ist, dass gemeinnützige, sozialwirtschaftliche Organisationen unter der Voraussetzung von den strengen wettbewerblichen Regelungen befreit sind, sofern ihr jährlicher Umsatz 60 Mio. Euro nicht übersteigt und die staatlichen Beihilfen nicht mehr als 20 % betragen.[51] Wenn auch diese Befreiungsregelung zunächst nur explizit für Krankenhäuser und für Sozialwohnungen zuständige Unternehmen gelten, so zielen die verbändelobbyistischen Bestrebungen auf eine generelle Gültigkeit für alle gemeinnützigen Organisations- und Handlungsbereiche. Noch ist allerdings ungeklärt, ob sich die genannten Höchstgrenzen auf einen Gesamtverband, auf einen Handlungsbereich, auf einzelne Trägerorganisationen oder auf einzelne Einrichtungen beziehen sollen. Hierüber wird also noch heftig hinter den Kulissen gerungen werden.

Mit dem von der EU-Kommission im Mai 2004 vorgelegten Weißbuch zu Dienstleistungen von allgemeinem Interesse[52] ist das öffentliche Konsultationsverfahren zunächst einmal beendet.[53] Die weiteren Aufgaben einer noch ausstehenden Präzisierung sozialer Dienstleistungen sind damit formuliert:

„Das Grünbuch zu Dienstleistungen von allgemeinem Interesse hat bei den in Frage kommenden Kreisen reges Interesse für Sozialdienstleistungen einschließlich Gesundheitsdienstleistungen, Langzeit-Gesundheitspflege, Aspekte der Sozialen Sicherheit, Arbeitsvermittlung und Sozialwohnungswesen ausgelöst. Da Sozialdienstleistungen von allgemeinem Interesse fester Bestandteil des Europäischen Gesellschaftsmodells sind, kommt ihnen ein besonderer Stellenwert zu. Sozial- und Gesundheitsdienstleistungen von allgemeinem Interesse, die auf dem Solidaritätsprinzip gründen und individuell auf den Einzelnen zugeschnitten sind,

---

48 Vgl.: Stellungnahmen der Wohlfahrtsverbände zum Grünbuch Daseinsvorsorge. In: Bank für Sozialwirtschaft (Hrsg.): Trend-Informationen 12/03. S. 8 ff.
49 Vgl.: Amtsblatt der Europäischen Union. C 80/66 vom 30.3.2004: Stellungnahme des Europäischen Wirtschafts- und Sozialausschusses zu dem „Grünbuch zu Dienstleistungen von allgemeinem Interesse".
50 Vgl.: Kommission der Europäischen Gemeinschaften: Entscheidung der Kommission über die Anwendung von Artikel 86 EG-Vertrag auf staatliche Beihilfen, die bestimmen Unternehmen als Ausgleich für die Erbringung von Dienstleistungen von allgemeinem wirtschaftlichen Interesse gewährt werden. Brüssel, den 16.1.2004
51 Vgl.: Stephanie Scholz: Die sozialen Dienste im Fokus der EU-Institutionen. Stärkung solidarischer Strukturen. In: Diakonie Impulse 4/2004. S. 18 f.
52 Vgl.: Kommission der Europäischen Gemeinschaften: Mitteilung der Kommission an das Europäische Parlament, den Rat, den Europäischen Wirtschafts- und Sozialausschuss und den Ausschuss der Regionen. Weißbuch zu Dienstleistungen von allgemeinem Interesse. Brüssel, den 12.5.2004.
53 An dem Konsultationsverfahren waren insgesamt 273 Organisationen beteiligt, darunter etwa 17 Verbände, die dem engeren Bereich der freien Wohlfahrtspflege zugerechnet werden können. Vgl.: Kommission der Europäischen Gemeinschaften: Arbeitsdokument der Kommissionsdienststellen. Bericht über die öffentliche Konsultation zum Grünbuch zu Dienstleistungen von allgemeinem Interesse. Brüssel, 29.3.2004.

ermöglichen es dem Bürger, seine Grundrechte wahrzunehmen und in den Genuss eines hohen Sozialschutzniveaus zu gelangen. Sie verstärken den sozialen und territorialen Zusammenhalt. Die Erbringung solcher Leistungen, ihre Weiterentwicklung und ihre Modernisierung stehen auf der ganzen Linie im Einklang mit den Zielen, die auf dem Europäischen Rat von Lissabon im März 2000 beschlossen wurden, insbesondere mit dem Ziel der Verwirklichung einer konstruktiven Verzahnung von Wirtschafts-, Sozial- und Beschäftigungspolitik. Die öffentliche Konsultation hat gezeigt, dass die Sozialdienstleistungserbringer darauf eingestellt sind, einen Modernisierungsprozess in Angriff zu nehmen, um den sich wandelnden Bedürfnisse des Bürgers in Europa besser gerecht werden zu können. Allerdings haben die Erbringer von Sozialdienstleistungen auch zum Ausdruck gebracht, dass mehr Präzision und Vorhersehbarkeit vonnöten seien, damit sich die Sozial- und Gesundheitsdienstleistungen reibungslos weiterentwickeln können.

Obgleich für die Festlegung der Aufgaben und Ziele bei Sozial- und Gesundheitsdienstleistungen grundsätzlich die Mitgliedstaaten zuständig sind, haben die Regeln der Gemeinschaft dennoch u.U. Auswirkungen auf das Instrumentarium für die Erbringung der Leistungen und auf die Finanzierung. Eine deutliche Berücksichtigung der Differenzierung von Aufgaben und Instrumentarium dürfte der genaueren Klarstellung im Hinblick auf eine Modernisierung im Bereich dieser Dienstleistungen in einem Kontext sich wandelnder Bedürfnisse auf Seiten der Benutzer förderlich sein, wobei allerdings der spezifische Charakter der Leistungen, gemessen an besonderen Erfordernissen wie Solidarität, freiwilliger Erbringung und Einbeziehung von Problemgruppen aus der Bevölkerung, gewahrt bleiben muss. Die Präzisierung dieser Unterscheidung dürfte speziell den Mitgliedstaaten, die für die Erbringung von Sozial- und Gesundheitsdienstleistungen auf marktgestützte Systeme zurückgreifen, dabei helfen, die etwaigen Auswirkungen, die das gemeinschaftliche Wettbewerbsrecht auf sie haben könnte, vorab zu beurteilen. Selbstverständlich wird es weiterhin für die Mitgliedstaaten eine Frage politischer Optionen bleiben, ob entweder solcherlei Systeme genutzt oder aber die Dienstleistungen direkt durch staatliche Stellen, die aus Steuergeldern finanziert werden, erbracht werden sollen.

Nach Auffassung der Kommission wäre es sinnvoll, einen systematischen Ansatz zu entwickeln, um den Besonderheiten von Sozial- und Gesundheitsdienstleistungen von allgemeinem Interesse Rechnung tragen zu können, und den Rahmen genau zu umreißen, in dem diese Dienste funktionieren und modernisiert werden können. Dieser Ansatz wird Gegenstand einer Mitteilung über Sozialdienstleistungen von allgemeinem Interesse unter Einbeziehung der Gesundheitsdienstleistungen sein, die 2005 angenommen werden soll."[54]

Mit einem eigens hierzu formulierten Memorandum reagierten inzwischen die deutschen Spitzenverbände auf die geforderte Präzisierung.[55] In Form eines modernisier-

---

54 Weißbuch zu Dienstleistungen von allgemeinem Interesse. A.a.O. S. 19 f.
55 Vgl.: Bundesarbeitsgemeinschaft der Freien Wohlfahrtspflege: Memorandum Zivilgesellschaftlicher Mehrwert gemeinwohlorientierter sozialer Dienste. Brüssel. Oktober 2004.

ten Verständnisses als „zivilgesellschaftliche Akteure" präsentiert das Memorandum allgemeine Merkmale von Besonderheiten soziale Dienste, wie etwa Vielzahl und Vielfalt, Mobilisierung der Zivilgesellschaft, Schaffung sozialer Bindungen und Vernetzungen, Partizipation, Innovationsfunktion, Anwaltschaft, Bürgerverantwortlichkeit in den Verbänden, Zusammenschluss in Verbänden und beschreibt in allgemeiner Weise den gesetzlichen Handlungsauftrag, die Zusammenarbeit mit Freiwilligen sowie die Rolle von Qualität, Nachhaltigkeit und Modernisierung. Ob freilich hiermit wirklich gegenüber der EU-Kommission der geforderte konkrete Nachweis von Besonderheiten sozialer Dienstleistungen erbracht und damit eine weitgehende Befreiung von der Notifizierungspflicht erreicht wird, bleibt fraglich.

Gewiss ist jedoch Zweierlei. Zum Einen: Wie auch immer die noch ausstehenden Regelungen erfolgen, werden sich diese auf das System der deutschen Wohlfahrtspflege auswirken und bisherige nationale Arrangements überlagern. Zum Anderen: Die zunächst radikal ablehnende Haltung der deutschen Spitzenverbände hat sich seit Mitte der 1990er Jahre immer stärker zu einer aktiven Anpassungsstrategie verändert[56] und nimmt diesen erwarteten Trend inzwischen in ihre faktischen Verbandsstrategien antizipierend mit auf.[57]

Zieht man ein Fazit der bisherigen Entwicklung, so lässt sich das Verhalten der Wohlfahrtsverbände gegenüber europäischen Entwicklungsprozessen grob nach vier Phasen unterscheiden. Schlagwortartig stehen hierfür folgende Überschriften: a) Ignoranz, b) Angstmache, c) Abzocken, d) Neubesinnen. Obwohl der europäische Integrationsprozess bis in die frühen 1950er Jahre zurückgeht, spielten die damit verbundenen Entwicklungen für die deutschen Wohlfahrtsverbände bis zum Ende der 1980er Jahre so gut wie keine Rolle. Wenn überhaupt, so war „Europa" ein Thema für Spezialisten und Exoten. Die Verbände - sofern sie nicht strukturell eingebunden sind in transnationale Organisationen - verhielten sich gegenüber Europa schlichtweg abstinent. Mit der forcierten Entwicklung einer europäischen Binnenmarktöffnung veränderte sich dieses Verhalten radikal. Aus Ignoranz und Abstinenz wurde zeitweilige Panikmache. An die Wand gemalt wurde das Menetekel einer drohenden Invasion von Billiganbietern, die das bewährte deutsche System des staatlich subventionierten Wohlfahrtskorporatismus bedrohen und zu dessen Zerstörung führen könnte. Strategisch wurde deshalb der Versuch unternommen, nicht nur das deutsche System zu retten, sondern gleichsam zu europäisieren. Diese denkmalschützerische Haltung könnte man provozierend auch mit der Überschrift versehen „am deutschen Wesen soll Europa genesen". Sehr schnell wurde jedoch deutlich, dass eine solche Strategie angesichts anderer europäischer Ausgangslagen nur von sehr begrenzter Erfolgsaussicht ist. Im Zuge dieser Erkenntnis entwickelte sich ein neues Verhalten gegenüber Europa. Zunehmend entdeckt wurden die finanziellen Vorteile und Möglichkeiten der europäischen Binnenmarktpolitik, die in ihrer praktischen

---

56 Vgl.: Erklärung der EG-Vertretung-BAGFW „Ökonomisierung und Europäisierung als Herausforderung für die Betriebe der Gesundheits- und Sozialwirtschaft. Wohlfahrtsunternehmen im europäischen Binnenmarkt" vorgelegt zur Konferenz zur „Gesundheits- und Sozialwirtschaft" am 1. März 1996 in Bad Neuenahr-Ahrweiler.
57 Vgl. hierzu u.a.: Georg Cremer: Im Wettbewerb und trotzdem sozial. In: neue caritas. Heft 11. 17. Juni 2004. S. 9 ff.; Frank Brünner: Europa erreicht die Wohlfahrtspflege. In: dgl. S. 14 ff.

Ausgestaltung zu zahlreichen Fördertöpfen und Entwicklungsprogrammen führte. Diese anzuzapfen und für die eigenen Verbandsaktivitäten zu instrumentalisieren war das Gebot der Stunde. Erst allmählich zeigen sich innerhalb der verbandlichen Diskurse Tendenzen, auch diese Phase zu überwinden und sich sowohl strategisch als auch operativ auf europäische Entwicklungen einzulassen. Dabei zeichnet sich jedoch noch keineswegs eine positive Vision einer europäischen Wohlfahrtsverbändepolitik ab. Noch bleiben die Vorstellungen zur weiteren Entwicklung verbandlicher Strukturen gefangen im Vorstellungskorsett einer nationalen Sozialstaatspolitik. Die Themen Armut, Gleichheit, Integration, Gerechtigkeit etc. deklinieren sich immer noch aus der Perspektive einer nationalen Sichtweise und den damit verbundenen Organisationsinteressen. Verbunden hiermit ist die Gefahr eines zwar modernisierten, gleichwohl in der Substanz unveränderten Verbändekorporatismus, der auch weiterhin nationalstaatliche Schutzrechte beansprucht. Auf europäisch vielfältige Ungleichheitssituationen dürfte hiermit allerdings keine Antwort gefunden werden.[58]

Die nationalstaatlichen als auch europäischen Aspekte zusammenfassend, zeigen sich auf der Makro-, Meso- und Mikroebene sozialer Organisationen gravierende Veränderungen, die zu einer zukünftig anderen Form der Leistungserbringung führen werden. Und dieser Sachverhalt ist ungeachtet der von den Verbandsvertretern in der Öffentlichkeit ritualisiert vorgetragenen Sozialstaatsrhetorik diesen durchaus bewusst. Dort, wo dennoch an der früher verteidigten Unvereinbarkeit freigemeinnütziger Orientierung einerseits und wettbewerblicher, Markt orientierter Dienstleistungserbringung andererseits propagandistisch festgehalten wird, ist deshalb Vorsicht geboten. Das Argument wird gebraucht um Übergangsphasen zu bewältigen, ohne bisherige Besitzstände und Einflusszonen gänzlich zu gefährden. Und in diesem Kontext macht es für die Verbände durchaus Sinn, rhetorisch auch weiterhin auf ein Subsidiaritätsprinzip alter Prägung zu setzen, an dessen Fortbestand selbst nicht mehr geglaubt wird. Ob die damit verbundene Hoffnung wirklich trägt, aus der bestehenden Handlungsklemme/-misere herauszukommen, bleibt freilich ungewiss. Dies gilt ebenso für den gleichermaßen von allen Verbänden strapazierten Verweis auf eine anwaltliche Interessenvertretung für Benachteiligte und arme und lobbyschwache Bevölkerungsgruppen in der Gesellschaft. Denn auch dieses Argument ist nur die eine Hälfte der Wahrheit, zumal diese selbstmandatierte Interessenvertretung keineswegs zu einer praktischen und infrastrukturellen Unterstützung sozialer Gegenbewegungen führt und auf deren größere und eigenständigere Handlungsfähigkeit zielt. Die andere Hälfte dieser Wahrheit zeigt nämlich, dass es bei dieser Form des anwaltschaftlichen Lobbyismus ebenso um eine neue Form der Besitzstandswahrung und Sicherung bestehender Einflusszonen handelt, die gerade die Organisierungsschwäche ausgegrenzter Klientelgruppen braucht, um selbst am Leben zu bleiben. Um was es also letztlich geht, ist nicht mehr und nicht weniger als den geschützten Übergang in einen sich neu regulierenden Sozialmarkt, dessen Korsettstangen allerdings keineswegs schon komplett feststehen, sondern sich als Ergebnis eines politischen Verhandlungsprozesses herausbilden werden.

---

58 Vgl. hierzu: Ulrich Beck/Edgar Grande: Das kosmopolitische Europa. Gesellschaft und Politik in der zweiten Moderne. Suhrkamp Verlag. Frankfurt a.M. 2004.

Und gerade diese Zusammenhänge relativieren die oftmals sehr schnell geäußerten Befürchtungen, die weitere Ausgestaltung sozialer Dienste in der Bundesrepublik Deutschland würde kritik- und alternativlos das ordnungspolitischen Modell der US-amerikanischen Gesellschaft[59] adaptieren und sich perspektivlos an stattfindenden marktliberalen Globalisierungsprozessen und damit verbundenen Politikkonzepten orientieren. Dass ordoliberale Einschätzungen[60] auf einen solchen Weg verweisen und hierbei die Chance sehen, über eine wettbewerbliche und Markt orientierte Ausgestaltung sozialer Dienste eine sowohl staatsentlastende als auch effektivere und effizientere Leistungserbringung zu realisieren, ist nur eine von mehreren Möglichkeiten. Und wenn auch andere ordnungspolitische Optionen, wie beispielsweise die erneute Präferenz des Konzeptes einer sozialen Marktwirtschaft[61] oder die Vorschläge der Arbeitsgruppe Alternative Wirtschaftspolitik[62] derzeit nicht im mainstream aktueller politischer Diskussionen liegen, so heißt dies noch lange nicht, dass diese im öffentlichen Streit um einen neuen Gesellschaftsvertrag gänzlich bedeutungslos wären und nicht doch noch eine größere Rolle spielen können. Auch wenn es gegenwärtig so scheint, als würden die Lösungsperspektiven für die in hoch entwickelten Industriegesellschaften bestehenden Strukturproblemen auch in Deutschland einer „reinen" angebotsgeprägten Logik folgen, so zeigt sich die Debatte doch wesentlich breiter und differenzierter angelegt. Die Konzepte zur Lösung der anhaltenden Massenarbeitslosigkeit, der Krise öffentlicher Haushalte und der Finanzierung von Sozialleistungen können in diesem Kontext nicht polarisierender ausfallen. Unter der scheinbar gemeinsamen Parole „notwendiger Umbau des Sozialstaats" verbergen sich daher konträre Absichten, die von einer radikalen Entstaatlichung, Deregulierung, Entsolidarisierung und Privatisierung gesellschaftlicher Risiken[63] bis zu dem Plädoyer für einen neuen solidarischen Gesellschaftsvertrag reichen.[64] Inte-

---

59 Vgl. hierzu: Walter Hanesch: Armut und Sozialhilfereform in den USA. In: WSI-Mitteilungen. 50. Jahrgang. Heft 4/1997. April 1997. S. 266 ff. Die Folgen bundesdeutscher Adaptionen einer solchen Politik sind beispielhaft zusammengefasst in: Arbeiterkammer Bremen. Referat Sozialpolitik: Johannes Steffen: Die wesentlichen Änderungen in den Bereichen Arbeitslosenversicherung, Rentenversicherung, Krankenversicherung und Sozialhilfe (HLU) in den vergangenen Jahren. Bremen. Dezember 1995. Sowie: Rudolph Bauer, Eckhard Hansen: Die Liquidation des Sozialstaats. In: Sozial extra. Dezember 1995. S. 16 f.
60 Als beispielhafte Dokumente für diese Politikorientierung siehe den „Karlsruher Entwurf - Für die liberale Bürgergesellschaft" der FDP vom Februar 1996 sowie die „Wiesbadener Grundsätze. Für die liberale Bürgergesellschaft", Beschluss des 48. ordentlichen Bundesparteitages der FDP vom 23.-25. Mai 1997 in Wiesbaden.
61 Vgl. hierzu: Alfred Müller-Armack: Studien zur sozialen Marktwirtschaft. 1960. Sowie: Die soziale Marktwirtschaft. 1967.
62 Vgl.: Arbeitsgruppe Alternative Wirtschaftspolitik: Memorandum 2004 Beschäftigung, Solidarität und Gerechtigkeit - Reform statt Gegenreform -. Bremen 2004.
63 Beispielhaft hierzu: Achim Steffen: Sozialfibel. Das System der sozialen Sicherung in Deutschland und die Reformvorschläge. Deutscher Instituts-Verlag. Köln 1995. Sowie: „Riesenwirbel um private Arbeitslosenversicherung". KStA vom 12.1.1996. Bericht über das Angebot der Hamburger Volksfürsorge, das Risiko der Arbeitslosigkeit durch eine private Zusatzversicherung abzusichern.
64 Friedhelm Hengsbach SJ, Matthias Möhring-Hesse: Sozialstaat im Reformstau: Ein solidarischer Umbau der sozialen Sicherung ist notwendig! In: Zeitschrift ARBEITERFRAGEN Heft 5/95. Hrsg. Oswald-von-Nell-Breuning-Haus. Wissenschaftliche Arbeitsstelle. Herzogenrath 1995. Kirchenamt der EKD und Sekretariat der Deutschen Bischofskonferenz (Hrsg.): Ge-

ressant ist, dass hierbei zunehmend eine stärkere Subjektorientierung bei der Inanspruchnahme sozialer Dienstleistungen zum Tragen kommt, die für die Ausgestaltung und Inanspruchnahme einer sozialen Infrastruktur neue Chancen bietet. Die schon Mitte der 1990er Jahre in Hamburg formulierte Position einer radikalen Subjektförderung[65] scheint sich zu verbreiten und zunehmend auch aus fachlicher Sicht als ein neues Verständnis sozialer Dienstleistungen akzeptiert zu werden.[66] Gerade in dieser letztgenannten Orientierung liegt eine positive Entwicklungsperspektive für die Wohlfahrtsverbände alter Prägung. In der Neuentdeckung einer subjektbezogenen Subsidiarität könnten sie nicht nur einen Beitrag zu einer größeren und bislang weitgehend fehlenden Klienten- bzw. Nutzersouveränität leisten, sondern ebenfalls deutlich machen, worin ihr substanzieller Beitrag bei der Ausgestaltung einer sozialstaatlich geprägten Leistungsstruktur sozialer Dienste liegt. Mit der Einführung von persönlichen Budgets in das Sozialrecht sind die gesetzlichen Voraussetzungen hierfür geschaffen. In der tatsächlichen Ausgestaltung dieser Möglichkeiten hätten die Wohlfahrtsverbände die Chance, sich von ihrer überwiegend besitzstandsorientierten Interessenspolitik zu lösen. Dass sie in einem solchen Prozess am Ende anders aussehen werden als jetzt, wird wohl das einzig „sichere" prognostizierbare Ergebnis sein. Zu sehen ist also, dass die Entwicklung gesellschaftlicher Systeme sich offener und dynamischer ausgestaltet, als dies augenblickliche Kräfteverhältnisse möglicher Weise nahe legen.

Was die weitere Entwicklung sozialer Dienstleistungen in der Bundesrepublik Deutschland angeht, so sind also durchaus unterschiedliche Szenarien denkbar. Bezogen auf die Meso- und Mikroebene der Träger und Verbände werden verstärkte innerorganisatorische Konflikte um die Legitimation Sozialer Arbeit zu erwarten sein. Diese betreffen sowohl die Leitungsebenen, also die „Häuptlinge" in den Organisationen, als auch die Durchführungsebenen, also die „Indianer" von Sozialer Arbeit und werden sich am Konflikt des Verhältnisses zwischen Leistungsanbietern und Nutzern und der hierbei einlösbaren Fachlichkeit festmachen. Für die einen werden weiterhin Fragen der Verbandsphilosophie, des Organisationsbestands und der Ressourcensicherung im Vordergrund stehen, die nunmehr in veränderten europäischen Kontexten zu erbringen sind. Für die Nutzer hingegen wird zunehmend entscheidend sein, ob die konkreten Leistungsangebote in der subjektiven Perspektive als Dienste erfahren werden, die die eigene Lebensführung verbessern, unterstützen oder erleichtern. Weniger der weltanschauliche Hintergrund der jeweiligen Leistungserbringung als vielmehr die Frage nach dem angemessenen monetären

---

meinsame Texte 9. Für eine Zukunft in Solidarität und Gerechtigkeit. Wort des Rates der Evangelischen Kirche in Deutschland und der Deutschen Bischofskonferenz zur wirtschaftlichen und sozialen Lage in Deutschland. Hannover und Bonn. Februar 1997. Warnfried Dettling: Politik und Lebenswelt. Vom Wohlfahrtsstaat zur Wohlfahrtsgesellschaft. Verlag Bertelsmann Stiftung. Gütersloh 1995. WSI-Mitteilungen 9/2004. Schwerpunktheft Privatisierung - Aktivierung - Eigenverantwortung. Zukunftsperspektiven für die Sozialpolitik?
65 Siehe Fußnote 57 Seite 31.
66 Vgl. u.a.: Gewerkschaft Erziehung und Wissenschaft Hauptvorstand. Organisationsbereich Jugendhilfe und Sozialarbeit: Dok-2004/04/06. Kita-Gutschein Hamburg - Bericht der „Lenkungsgruppe". Frankfurt am Main 4. Mai 2004 sowie Blätter der Wohlfahrtspflege. Themenheft „Persönliches Budget". Ausgabe 4/2004. Juli/August 2004.

Verhältnis von Kosten und Nutzen wird in dem Maße wichtiger, wie „Klienten", „Leistungsberechtigte", „Kunden" sich an der Finanzierung sozialer Dienstleistungen unmittelbar und stärker spürbar beteiligen müssen. Verändern wird sich auch das „Wunsch- und Wahlrecht" der Betroffenen, das immer weniger aus der Interessensperspektive Freier Träger, besonders aus konfessioneller Sicht interpretierbar ist, sondern sich zunehmend an unmittelbaren Nützlichkeitserwägungen orientieren dürfte.

Und wesentlich beeinflusst werden diese neuen innerorganisatorischen Verständigungsprozesse durch die Art und Weise, wie sich die makrostrukturellen Rahmenbedingungen der sozialen Dienstleistungserbringung tatsächlich verändern und formieren, also in welcher Variante sich Markt und Wettbewerb in einem europäischen Sozialmarkt tatsächlich ausbilden werden. Denkbar sind damit durchaus sehr unterschiedliche und gegensätzliche Szenarien, die sich zudem sektoral, regional und gruppenspezifisch unterschiedlich ausprägen könnten.

Variante „Modernisierung und Pluralisierung neokorporatistischer Arrangements": Hier würde sich an den bisherigen Regelungsformen zwischen Staat und Verbänden nichts wirklich Wesentliches ändern. Stattfindende Modernisierungsprozesse bezögen sich auf das Auswechseln bisheriger Etiketten; bisherige Zuschüsse und Zuwendungen würden ersetzt durch Leistungsvereinbarungen, deren konkreter Inhalt ebenso nebulös bliebe, wie dies bei früheren Regelungen zur Finanzierung und Mittelverwendung der Fall gewesen war. Erweitert würde die Palette der Anbieterorganisationen durch die nicht mehr verhinderbare Ausgrenzung privat-gewerblicher Träger. Gleichwohl blieben diese neuen Akteure auf wenige Handlungsfelder begrenzt. Innerhalb der sozialpolitischen Entscheidungsgremien (Jugendhilfeausschüsse, Sozialausschüsse) hätte eine solche Trägerpluralisierung wenn überhaupt, so nur eine kontrollierte und vorsichtige Öffnung zur Folge. Die Gruppe der Entscheider bliebe im Wesentlichen auch weiterhin begrenzt auf die bisherigen Akteure. In der sich jeweils lokal bildenden Mischung aus politisch legitimierten Vertretern und Repräsentanten traditioneller Wohlfahrts- und Jugendverbände bliebe das politische Austarieren unterschiedlicher Interessen im machtpolitischen Rahmen der bisherigen Politik.

Variante „Wohlfahrtsverbände als Sozialunternehmen": Die in den einzelnen SGB inzwischen vorgesehenen Leistungs- und Entgeltvereinbarungen setzen sich als neue Regelungsmechanismen immer stärker durch. Der hierdurch induzierte Wettbewerb beschränkt sich hierbei keineswegs mehr nur auf das Verhältnis zwischen den Wohlfahrtsverbänden. Mit größer werdendem Gewicht beteiligen sich hieran ebenso privat-gewerbliche Unternehmen. Im Rahmen ihrer zunehmenden Marktmacht und als Folge europäischer Rechtsregelungen können die bisherigen, exklusiv an freigemeinnützige Wohlfahrtsverbände geleisteten Subventionen und Beihilfen nicht länger aufrechterhalten werden. Sie beziehen entweder ebenso die privatgewerblichen Anbieter mit ein oder werden als Finanzierungsressource entfallen. Ebenso gilt dies für steuerrechtliche Privilegien, die an bisherige Formen der Gemeinnützigkeit gebunden waren. Freigemeinnützige und privat-gewerbliche Anbieter werden sich hinsichtlich der Qualität und des Umfangs sozialer Dienstleistungen immer ähnlicher, auch ihre innerorganisatorischen Aufbau- und Ablaufstrukturen zeigen sich durch gleiche betriebswirtschaftliche Logiken bestimmt. Innerhalb der freigemeinnützigen Wohlfahrtsverbände kommt es damit zu einer deutlichen Zäsur und Aufgabenteilung zwischen sozialpolitischem Mitgliederverband einerseits und betriebswirtschaftlich ausgerichteter Unternehmensorganisation andererseits. Der sich nicht in der ökonomischen Leistungserbringung erschöpfende überschüssige Sinn von sozialer Dienstleistung verlagert sich damit immer stärker in das Aufgabenfeld des Mitgliederverbandes, dessen Ressourcen in einer neuen Ehrenamtlichkeitsphilosophie gefunden werden. Dort wo es den Mitgliedsverbänden aus demografischen und anderen Gründen nicht mehr gelingt, ihre Mitgliederrekrutierung zu erneuern und zu stabilisieren, wird es zu einer verschärften Schwerenentwicklung kommen, die letztlich zu einem Absterben der traditionellen Mitgliederorganisationen führen wird. Was bleibt ist der Wohlfahrtsverband als Sozialkonzern.

Variante „Wohlfahrtsverbände als hybride Organisationen": Im Prozess der Neuorientierung setzt sich eine immer stärker werdende Angebotsdiversifizierung durch, die sich in ihrem jeweiligen Dienstleistungscharakter entweder wettbewerblich und am Markt orientiert ausrichtet oder gemeinwohlbezogenen Zielen verpflichtet bleibt. Die drohende Scherenentwicklung zwischen weltanschaulichem Mitgliederverband einerseits und Betriebsorganisation andererseits wird dadurch umgangen, als es bei einer gemeinsamen Verantwortung des Spitzenverbandes für alle Aktivitäten bleibt. Gesichert wird hierdurch ebenso die weltanschauliche Orientierung der Verbandsaktivitäten, unabhängig von ihrem jeweiligen Dienstleistungscharakter. Diese Entwicklung prägt allerdings stärker die konfessionellen Wohlfahrtsverbände und deren angeschlossenen Orden bzw. Stiftungen. Durch die Einbindung in kirchliche Strukturen und das weitgehende Fehlen persönlicher Mitgliedschaften bestehen für diese Verbände besonders günstige Voraussetzungen für die Entwicklung hybrider Dienstleistungsstrukturen. Hingegen werden jene Wohlfahrtsverbände, die überwiegend auf persönlichen Mitgliedschaften beruhen kaum Chancen haben, diesen Diversifizierungsprozess innerorganisatorisch umzusetzen. Um zu überleben, werden sie in sich überschneidenden Handlungsbereichen stärker kooperieren, Dienste vernetzen und schließlich in einer neuen Wohlfahrtsverbandsholding fusionieren. Dies gilt insbesondere für jene Wohlfahrtsverbände, denen es an einer eigenen, spezifischen Philosophie fehlt bzw. schwach ausgebildet ist (DPWV, DRK) oder dort, wo sich die ursprüngliche sozialpolitische Zielsetzung inzwischen zu einer historisierenden Traditionspflege verändert hat (AWO).

Vorstellbar sind gleichfalls Mischungen dieser unterschiedlichen Szenarien, die wie auch immer zu einer trennschärferen Differenzierung der nach sozialen Dienstleistungen nachfragenden Personen und Bevölkerungsgruppen führen. Wohlfahrtsverbände und andere Anbieter würden hierbei als Anbieter von jeweils spezifisch „angemessenen", d.h. „finanzierbaren" Dienstleistungen auftreten.[67] Diese unterschiedlichen Gruppen und Adressaten in der Sozialen Arbeit und Sozialpolitik wären:

Erstens die Gruppe der Armen und Ausgegrenzten. Durch die weiter gestrickten Maschen sozialer Sicherung gefallen, würden sie als Klientel einer scheinbar über-

---

67 Vgl.: Claus Koch: Kein Umbau - Perspektiven des Sozialstaats in Europa. In: Gewerkschaftliche Monatshefte. Nr. 10/95. S. 641 ff.

wundenen Armenfürsorge ebenso wiederentdeckt, wie als Objekt ordnungspolitischer Maßnahmen. Karitative Nächstenliebe und Almosenfürsorge, wahrgenommen durch Wohlfahrtsverbände und bürgerschaftliche Initiativen wären hier gewissermaßen die eine Seite der Medaille. Die andere bestünde in ordnungsrechtlichen Verfügungen der Ausgrenzung, Bestrafung und Kriminalisierung nicht konsumintegrierbarer Verhaltens- und Lebensmuster, wahrgenommen durch staatliche Sicherheitsorgane und private Sicherheitsdienste.

Zweitens die Gruppe von Niedrigeinkommens- und Sozialhilfebeziehern. Mit minimalen, grundsichernden Leistungsansprüchen ausgestattet wären sie dennoch nicht wirklich in der Lage, als Konsumenten und Bürger an gesellschaftlichen Dienstleistungen bzw. Warenmärkten teilzuhaben und Bürgerrechte aktiv wahrzunehmen. Verwiesen auf jeweilige Zuständigkeiten und Leistungsverpflichtungen der verschiedenen Sozialgesetze hätte diese Zielgruppe „Überlebensstrategien" auf der Messerschneide der Armutsschwelle in einer Grauzone legaler und illegaler, gleichwohl legitimer, Arrangements zu realisieren. Als Objekte verschiedener Sozialprogramme, Integrationshilfen, im Wechsel zwischen schlechtbezahlten, zeitlich befristeten Jobs und beschäftigungslosen Phasen repräsentierten sie das wachsende Klientel für die frei-gemeinnützige und staatliche Wohlfahrtspflege. Deren Aktivitäten, Maßnahmen und Leistungen begrenzten sich hierbei zunehmend auf Funktionen einer „Sozialen Feuerwehr", die sich in dieser Rolle mit den neuen Verhältnissen durchaus arrangieren könnten. Insbesondere für die Verbände der Freien Wohlfahrtspflege hätten diese symptomkurierenden Interventionen den zusätzlichen Aspekt, mit Verweis auf gesellschaftlich dysfunktionale Bedrohungspotentiale, den Fortbestand eigener, staatlich geförderter Einrichtungen dauerhaft legitimieren zu können.

Drittens die Gruppe der sozial- und arbeitsmarktintegrierten Normaleinkommensbezieher. Die Unterstützungsbedarfe dieser Arbeitnehmer und ihrer Familien sind dem Grunde nach abgesichert durch die von ihnen mitfinanzierte Sozialversicherung sowie durch steuerfinanzierte Sozialleistungen. Bestehende Grundversorgungen bzw. Leistungsansprüche müssen allerdings ergänzt werden durch Formen der privaten Zusatzversicherung sowie durch einzubringende Eigenleistungen. Durch die Einführung persönlicher Budgets im Sozialleistungsrecht kommt es erstmals zu einer formalen Entscheidungssouveränität dieser Gruppe, der damit ein Angebote vergleichendes Nutzerverhalten ermöglicht wird. In der Kombination dieser drei Säulen wird es möglich, qualitative soziale Dienstleistungen in Anspruch zu nehmen, die über Minimalstandards hinausgehen. Für die Verbände der Wohlfahrtspflege wäre diese Gruppe das ökonomisch eigentlich interessante Reservoir insofern, als auf der Basis einer weitgehend staatlich gesicherten Grundfinanzierung eine „Marketingstrategie" betrieben werden könnte, zahlungskräftige Kundenkreise zu gewinnen und in Konkurrenz zu anderen Organisationen die Erschließung neuer Marktanteile erlaubt.

Die vierte Gruppe der marktfähigen Kunden sozialer Dienstleistungen. In der sich abzeichnenden Klientenpyramide wäre diese Gruppe gewissermaßen die abschöpfbare „creme de la creme" innerhalb eines sich neu konstituierenden Sozialmarktes. Es wäre die Mutation des bisherigen Klienten und Leistungsempfängers zum wahrhaft autonomen „Kunden" einer marktwirtschaftlich operierenden Wohlfahrtspflege. Zahlenmäßig klein, jedoch finanziell solvent würden freiwillig Versicherte und Selbstzahler zur neuen strategisch umworbenen Zielgruppe, deren Zahlungsfähigkeit durch sozialgesetzliche Ansprüche zusätzlich angereichert würde. Sowohl fachlich-inhaltliche Perspektiven und Ansprüche könnten hier endlich als „Sozialarbeit de luxe" realisiert werden, ebenfalls wäre eine Abschöpfung von Gewinnen und Überschüssen möglich, die sowohl für den eigenen Bestand als auch gezielt für unterfinanzierte ‚Sozial'-Projekte reinvestiert werden könnten. Allerdings, so reizvoll diese Perspektive für Jungmanager und die neue Geschäftsführergeneration in der Wohlfahrtspflege ist, hier stünden die Wohlfahrtsverbände nicht nur in natürlicher Konkurrenz zu gewerblichen Organisationen und Unternehmungen, sondern dürften bestenfalls einen Restmarkt vorfinden, der aus der Sicht von originären „Markt-Profis" als wenig attraktiv und damit vernachlässigungswert angesehen wird.

Gleich wie die weitere Entwicklung verlaufen wird kann davon ausgegangen werden, dass diese sich keineswegs archaisch oder gar konzeptionell ungerichtet vollzieht. Die auf die bisherige europäische Entwicklung bezogene These von Pfaffenberger, die defizitäre Ausgestaltung einer europäischen Sozialpolitik sei nicht etwa eine vergessene Politikgröße als vielmehr eine absichtsvolle Strategie zur Entkopplung von Politik und Ökonomie sowie zur Eindämmung des Sozialstaats deutscher Prägung[68], wird wohl auch auf die weitere mittelfristige Entwicklung gelten. Eine solche Politik vergisst allerdings, dass Sozialpolitik zumindest in Deutschland einmal als volkswirtschaftliches Konzept der Produktion von sozialer Wohlfahrt und Gerechtigkeit verstanden wurde und keineswegs als ökonomische Residualkategorie![69] Für eine sich kritisch verstehende Soziale Arbeit bedeutet die entscheidende und weichenstellende Aufgabe der nächsten Jahre deshalb, policy-Kompetenz zurückgewinnen zu müssen, zumal keineswegs schon entschieden ist, wohin die Reise wirklich geht. Nun wird ein solcher Entscheidungsprozess weniger davon abhängen, wie sich die deutschen Spitzenverbände entwickeln wollen, als vielmehr von der allgemeinen Bereitschaft und Fähigkeit, einen gesellschaftlichen Diskurs über die Inhalte und Ausgestaltung von Sozialpolitik als Teil einer „res publica" zu führen.[70] Gerade weil die Zeiten hierfür augenblicklich schlecht stehen, ist an eine Einsicht zu erinnern, die für die Entwicklung der Nationalökonomie einstmals Pate stand und im Kontext der notwendigen Weiterentwicklung einer nicht mehr nationalstaatlich begrenzbaren sozialen Infrastruktur neu aufzugreifen wäre. So begründete Adam Smith 1776 in seinem berühmt gewordenen Werk „Wealth of Nations" u.a. die staatliche Pflicht, „...gewisse öffentliche Werke zu errichten und zu unterhalten, die einzelne oder eine kleine Zahl von einzelnen kein Interesse haben zu errichten und zu erhalten, weil der Gewinn niemals einem einzelnen oder einer kleinen Zahl von

---

68 Vgl.: Hans Pfaffenberger: Auswirkungen der EG-isierung für Sozialpolitik und Sozialarbeit/Sozialpädagogik. A.a.O.
69 Vgl hierzu u.a.: Leopold von Wiese: Einführung in die Sozialpolitik. Verlag G.A. Gloeckner. Leipzig 1910; Wirtschafts- und Sozialwissenschaftliches Institut des DGB (Hrsg.): WSI-Studie zur Wirtschafts- und Sozialforschung: Seit über einem Jahrhundert...: Verschüttete Alternativen in der Sozialpolitik. Bund-Verlag. Köln 1981.
70 Vgl. u.a.: Warnfried Dettling: Was heißt Solidarität heute? In: Die Zeit. Nr. 1/1996. 27. Dezember 1996. 51. Jahrgang. S. 1.

einzelnen die Kosten ersetzen würde, obgleich er einem großen Volke die Kosten oft überreichlich ersetzen kann."[71]

Das neue Problem dieser alten Erkenntnis besteht nun allerdings in der Schwierigkeit und Herausforderung zugleich, eine solche Perspektive nicht mehr im Rahmen einer national begrenzten Sozialstaatspolitik realisieren zu können. Die Zeit isolierter nationaler Lösungen dürfte unwiderruflich vorbei sein und nur um den Preis erneuter kriegerischer Auseinandersetzungen eine Renaissance erleben. Für die Perspektive der deutschen Wohlfahrtsverbände und deren Weiterentwicklung bedeutet dies, sich verstärkt der Frage stellen zu müssen, ob und inwieweit sie dazu beitragen, den Veränderungsprozess von einem traditionellen und etatistisch geprägten Wohlfahrtsstaat hin zu einer neu sich generierenden Wohlfahrtsgesellschaft[72] aktiv mitzutragen. Und hierbei stellt sich zugleich die Aufgabe, eine solche Perspektive über den nationalstaatlich engen Tellerrand hinausgehend transnational zu denken und praktisch zu entwickeln.[73] Nur durch ein hierauf bezogenes und transparentes Handeln wird es ihnen zukünftig möglich sein, Ansprüche auf eine öffentliche Förderung zu legitimieren und aufrechtzuerhalten sowie dem zunehmenden öffentlichen Legitimationsdruck standzuhalten. Hierzu wäre es aber auch ebenfalls nötig, sich von bisherigen Abschottungen und verbandlichen Eigeninteressen zu emanzipieren. Nichts spricht gegen das Engagement von freien Trägern bei der Bereitstellung und Sicherung einer sozialen Infrastruktur. Aber alles spricht dagegen, dass sich diese Aktivitäten in einem durch Sonderrechte eingegrenzten Raum realisieren und sich damit dem öffentlichen Diskurs und der öffentlichen Verantwortung entziehen.

Literatur

Amtsblatt der Europäischen Gemeinschaften Nr. C 42/84 und C 42/90 vom 15.2.93
Amtsblatt der Europäischen Union. C 80/66 vom 30.3.2004: Stellungnahme des Europäischen Wirtschafts- und Sozialausschusses zu dem „Grünbuch zu Dienstleistungen von allgemeinem Interesse"
Angerhausen, Susanne/Backhaus-Maul, Holger/Offe, Claus/Olk, Thomas/Schiebel, Martina: Überholen ohne Einzuholen. Freie Wohlfahrtspflege in Ostdeutschland. Westdeutscher Verlag. Opladen/Wiesbaden 1998
Arbeitsgruppe Alternative Wirtschaftspolitik: Memorandum 2004 Beschäftigung, Solidarität und Gerechtigkeit - Reform statt Gegenreform -. Bremen 2004
Bank für Sozialwirtschaft: Entwicklung der freien Wohlfahrtspflege bis zum Jahr 2000. Studie der Prognos AG. Basel. März 1984

---

71 Adam Smith: An Inquiry into the Nature and Causes of the Wealth of Nations. 1776. Deutsch: Untersuchung über das Wesen und die Ursachen des Volkswohlstandes. Berlin 1905. Zitiert nach: Ernst Klett Verlag (Hg.): Soziale Marktwirtschaft. Grundlagen und Aufgaben. Band 1: Uwe Tänzer: Ökonomische Kernprobleme in Deutschland. Stuttgart 1992. S. 76.
72 Vgl. u.a.: Adalbert Evers, Thomas Olk (Hrsg.): Wohlfahrtspluralismus. Vom Wohlfahrtsstaat zur Wohlfahrtsgesellschaft. Westdeutscher Verlag. Opladen 1996
73 Vgl.: Ulrich Beck; Edgar Grande: Das kosmopolitische Europa. Gesellschaft und Politik in der zweiten Moderne. Suhrkamp Verlag. Frankfurt am Main 2004.

Bank für Sozialwirtschaft: Freie Wohlfahrtspflege im zukünftigen Europa. Herausforderungen und Chancen im Europäischen Binnenmarkt. Studie der Prognos AG. Köln/Berlin. April 1991

Bank für Sozialwirtschaft (Hrsg.): Trend-Informationen 12/03: Stellungnahmen der Wohlfahrtsverbände zum Grünbuch Daseinsvorsorge. S. 8 ff.

Bauer, Rudolph (Hrsg.): Sozialpolitik in deutscher und europäischer Sicht. Rolle und Zukunft der Freien Wohlfahrtspflege zwischen EG-Binnenmarkt und Beitrittsländern. Deutscher Studien Verlag. Weinheim 1992

Beck, Ulrich/Grande, Edgar: Das kosmopolitische Europa. Gesellschaft und Politik in der zweiten Moderne. Suhrkamp Verlag. Frankfurt a.M. 2004

Blätter der Wohlfahrtspflege. Deutsche Zeitschrift für Sozialarbeit. Themenausgabe „Persönliches Budget". Heft 4/2004. Juli/August 2004

Brünner, Frank: Europa erreicht die Wohlfahrtspflege. In: neue caritas. Heft 11. 17. Juni 2004. S. 14 ff.

Bundesanstalt für Arbeit (Hg.): Unimagazin. Perspektiven für Beruf und Arbeitsmarkt. Heft 6/2003. September/Oktober. 27. Jahrgang. S. 40 ff.

Bundesarbeitsgemeinschaft der Freien Wohlfahrtspflege: Stellungnahme zum „Grünbuch der Kommission der Europäischen Gemeinschaften über die europäische Sozialpolitik: Weichenstellung für die Europäische Union" vom 14. März 1994

Bundesarbeitsgemeinschaft der Freien Wohlfahrtspflege: Memorandum Zivilgesellschaftlicher Mehrwert gemeinwohlorientierter sozialer Dienste. Brüssel. Oktober 2004

Bundeszentrale für politische Bildung: Vertrag zur Gründung der Europäischen Gemeinschaft (EG). In der Fassung vom 7. Februar 1992. Lizenzausgabe. Bonn 1992

Bundeszentrale für politische Bildung Bonn: Europäische Gemeinschaft - Europäische Union. Die Vertragstexte von Maastricht, bearbeitet und eingeleitet von Thomas Läufer. Bonn 1992

Cremer, Georg: Im Wettbewerb und trotzdem sozial. In: neue caritas. Heft 11. 17. Juni 2004. S. 9 ff.

Dahme, Heinz-Jürgen/Kühnlein, Gertrud/Wohlfahrt, Norbert: Zwischen Wettbewerb und subsidiärer Leistungserbringung: die Verbände der Freien Wohlfahrtspflege im Modernisierungsprozess. Endbericht des Forschungsprojekts „Vom Wohlfahrtssektor zur Sozialwirtschaft: Wandel der Arbeitsbedingungen und Qualifikationsanforderungen in sozialen Diensten durch Wettbewerb und Kontraktmanagement". Landesinstitut Sozialforschungsstelle Dortmund. März 2004

Dahme, Heinz-Jürgen/Otto, Hans-Uwe/Trube, Achim/Wohlfahrt, Norbert (Hrsg.): Soziale Arbeit für den aktivierenden Staat. Lese + Budrich. Opladen 2003

Dettling, Warnfried: Politik und Lebenswelt. Vom Wohlfahrtsstaat zur Wohlfahrtsgesellschaft. Verlag Bertelsmann Stiftung. Gütersloh 1995

Deutscher Bundestag 13. Wahlperiode. Drucksache 12/11291 vom 17.07.1998: Unterrichtung durch die Bundesregierung. Zwölftes Hauptgutachten der Monopolkommission 1996/1997

Deutscher Caritasverband (Hrsg.): Caritas '95. Jahrbuch des Deutschen Caritasverbandes. Dezember 1994

Deutscher Caritasverband (Hrsg.): Caritas 2004. Jahrbuch des Deutschen Caritasverbandes. Freiburg 2003

Deutscher Verein für öffentliche und private Fürsorge (Hrsg.): Nachrichtendienst. Heft 6/1995

Eichborn Verlag (Hrsg.): Richard von Weizsäcker im Gespräch mit Gunter Hofmann und Werner A. Perger. Frankfurt am Main 1992

Eichhorn, Peter: Überlebenschancen der Unternehmen der Freien Wohlfahrtspflege im europäischen Binnenmarkt. In: Theorie und Praxis der Sozialen Arbeit. Heft 2/95. S. 55 ff.

Europäisches Parlament. Sitzungsdokumente. 6. Januar 1993. A3-0001/93: Bericht des Ausschusses für Recht und Bürgerechte über die Vorschläge der Kommission an den Rat für eine Verordnung über das Statut des Europäischen Vereins, .., eine Verordnung über das Statut der Europäischen Genossenschaft, .., eine Verordnung über das Statut der Europäischen Gegenseitigkeitsgesellschaft

Evers, Adalbert/Olk, Thomas (Hrsg.): Wohlfahrtspluralismus. Vom Wohlfahrtsstaat zur Wohlfahrtsgesellschaft. Westdeutscher Verlag. Opladen 1996

Friedrich-Ebert-Stiftung: Wohlfahrtsverbände in Deutschland. Auslauf- oder Zukunftsmodell? Eine Tagung der Friedrich-Ebert-Stiftung am 25. Oktober 1995 in Bonn. Gesprächskreis Arbeit und Soziales Nr. 64.

FS Trend-Informationen für Führungskräfte der Sozialwirtschaft. Heft 03/96

Gewerkschaft Erziehung und Wissenschaft Hauptvorstand. Organisationsbereich Jugendhilfe und Sozialarbeit: Dok-2004/04/06. Kita-Gutschein Hamburg - Bericht der „Lenkungsgruppe". Frankfurt am Main 4. Mai 2004

Giefers-Wieland, Natalie: Privatisierung im Strafvollzug in den USA. Eine Perspektive für Deutschland? Centaurus Verlag. Herbolzheim 2002

Heinelt, Hubert/Schmals, Klaus M. (Hrsg.): Zivilgesellschaftliche Zukünfte - Gestaltungsmöglichkeiten einer zivilen Gesellschaft. Sigma-Verlag. Berlin 1996

Klenk, Tanja/Nullmeier, Frank: Public Governance als Reformstrategie. Edition der Hans-Böckler Stiftung. Düsseldorf 2003

Kommission der europäischen Gemeinschaft: Grünbuch zu Dienstleistungen von allgemeinem Interesse (Von der Kommission vorgelegt). Brüssel 21.05.2003

Kommission der Europäischen Gemeinschaften: Mitteilung der Kommission an das Europäische Parlament, den Rat, den Europäischen Wirtschafts- und Sozialausschuss und den Ausschuss der Regionen. Weißbuch zu Dienstleistungen von allgemeinem Interesse. Brüssel, den 12.5.2004

Kommission der Europäischen Gemeinschaften: Arbeitsdokument der Kommissionsdienstellen. Bericht über die öffentliche Konsultation zum Grünbuch zu Dienstleistungen von allgemeinem Interesse. Brüssel, 29.3.2004

Kommunale Gemeinschaftsstelle für Verwaltungsvereinfachung. Bericht 8/94: Das neue Steuerungsmodell: Definitionen und Beschreibung von Produkten. Köln 1994.

Kommunale Gemeinschaftsstelle für Verwaltungsvereinfachung. Bericht 10/95: Das neue Steuerungsmodell: Erste Zwischenbilanz. Köln 1995

Kommunale Gemeinschaftsstelle für Verwaltungsvereinfachung. Zehn Jahre Verwaltungsreform - neues Steuerungsmodell. Köln 2001

Krähmer, Rolf: Das Tilburger Modell der Verwaltungsorganisation und Verwaltungsführung. Herausgegeben von der Sozialdemokratischen Gemeinschaft für Kommunalpolitik e.V. Düsseldorf 1992

Kulbach, Roderich/Wohlfahrt, Norbert: Modernisierung der öffentlichen Verwaltung? Konsequenzen für die freie Wohlfahrtspflege. Lambertus Verlag. Freiburg i.Br. 1996

Landesinstitut Sozialforschungsstelle Dortmund: Heinz-Jürgen Dahme, Gertrud Kühnlein, Norbert Wohlfahrt: Zwischen Wettbewerb und subsidiärer Leistungserbringung: die Verbände der Freien Wohlfahrtspflege im Modernisierungsprozess. Endbericht des Forschungsprojekts „Vom Wohlfahrtssektor zur Sozialwirtschaft: Wandel der Arbeitsbedingungen und Qualifikationsanforderungen in sozialen Diensten durch Wettbewerb und Kontraktmanagement". März 2004

Lange, Chris: Freie Wohlfahrtspflege und europäische Integration. Zwischen Marktangleichung und sozialer Verantwortung. Eigenverlag Deutscher Verein. Frankfurt am Main 2001

Liga der Freien Wohlfahrtspflege in Thüringen: Zukunft der sozialen Infrastruktur in Thüringen. Bad Sulzaer Manifest der Liga der Freien Wohlfahrtspflege in Thüringen. Juli 2003

Loges, Frank: Entwicklungstendenzen Freier Wohlfahrtspflege im Hinblick auf die Vollendung des Europäischen Binnenmarktes. Lambertus Verlag. Freiburg i.Br. 1994

Merchel, Joachim/Schrapper, Christian (Hg.): Neue Steuerung. Tendenzen der Organisationsentwicklung in der Sozialverwaltung. Votum Verlag. Münster 1996

Meyer, Dirk: „Gratisressourcen" im sozialen Dienstleistungssektor. Eine Bewertung aus volkswirtschaftlicher Sicht. In: Schmollers Jahrbuch. 122. Jahrgang/2002. Heft 4. 2002. S. 579 ff.

Meyer, Dirk: Die Freie Wohlfahrtspflege zwischen Wettbewerb und Neokorporatismus - Ergebnisse einer Pilotstudie. Institut für Wirtschaftspolitik. Universität der Bundeswehr Hamburg: Diskussionsbeiträge zur Wirtschaftspolitik Nr. 83. Hamburg 1998

Meyer, Dirk: Marktwirtschaftliche Problemfelder in der stationären Pflege. In: ZögU, Band 26, 2003, Heft 4. S. 335 - 352

Meyer, Dirk: Wettbewerbliche Diskriminierung privat-gewerblicher Pflegeheimbetreiber. In: Sozialer Fortschritt. Jahrgang 52/2003. Heft 10. Oktober 2003. S. 261 ff.

Münder, Johannes/Boetticher von, Arne: Wettbewerbsverzerrungen im Kinder- und Jugendhilferecht im Lichte des europäischen Wettbewerbsrechts. Schriftenreihe des VPK-Bundesverband e.V.. Band 1. Hamm 2003

Niedrig, Heinz: Prognosen zur Zukunft der freien Wohlfahrtspflege - Von Prognos bis Miegel. In: Theorie und Praxis der Sozialen Arbeit Nr. 6/2000. S. 209 ff.

Olk, Thomas/Otto, Hans-Uwe (Hrsg.): Soziale Arbeit als Dienstleistung. Grundlegungen, Entwürfe und Modelle. Luchterhand Fachverlag - Wolters Kluwer. München/ Unterschleißheim 2003

Olk, Thomas/Otto, Hans-Uwe (Hrsg.): Soziale Arbeit als Dienstleistung. 2003

PLS Ramb0ll Management: Branchenanalyse der Sektoren Gesundheit und soziale Dienstleistungen. Bericht zur Vorstudie. 2. Oktober 2002

Schmid, Josef:

Schmid, Josef: Wohlfahrtsstaaten im Vergleich. Soziale Sicherungssysteme in Europa: Organisation, Finanzierung, Leistungen und Probleme. Verlag Leske + Budrich. Opladen 1996

Schmieder, Tilman: Wohlfahrtsverbände: Alte Tabus und neue Konflikte. In: Sozialmanagement. Magazin für Organisation und Innovation. 6. Jg. Heft 3/96. Mai/Juni 1996. S. 23 ff.

Scholz, Stephanie: Die sozialen Dienste im Fokus der EU-Institutionen. Stärkung solidarischer Strukturen. In: Diakonie Impulse 4/2004. S. 18 f.

Statistisches Bundesamt: 3. Bericht: Pflegestatistik 2001. Bonn. September 2003

Stellungnahme des Kommissariates der deutschen Bischöfe, des Bevollmächtigten des Rates der Evangelischen Kirche in Deutschland bei der Bundesrepublik Deutschland und der Europäischen Union, des Deutschen Caritasverbandes (DCV) und des Diakonischen Werkes er Evangelischen Kirche in Deutschland (DW-EKD). Berlin. 13. September 2003

Stellungnahme des Kommissariates der deutschen Bischöfe, des Bevollmächtigten des Rates der Evangelischen Kirche in Deutschland bei der Bundesrepublik Deutschland und der Europäischen Union, des Deutschen Caritasverbandes (DCV) und des Diakonischen Werkes der Evangelischen Kirche in Deutschland (DW-EKD). Berlin. 13. September 2003

Vincentz Verlag (Hrsg.): Adressbuch „Häusliche Pflege". Ausgabe 95/96. Hannover 1995
Vincentz Verlag (Hrsg.): Zeitschrift Häusliche Pflege 6/96
WSI Mitteilungen. Monatszeitschrift des Wirtschafts- und Sozialwissenschaftlichen Instituts in der Hans-Böckler-Stiftung: Themenschwerpunktheft 9/2004: Privatisierung - Aktivierung - Eigenverantwortung. Zukunftsperspektiven für die Sozialpolitik?

Verzeichnis der Abbildungen und Tabellen

Abb. 1   DCV - Organe - Satzung i. d. F. vom 4. Mai 1993 96
Abb. 2   DCV - Organe - Satzung i. d. F. vom 16. Oktober 2003
         (wirksam ab Januar 2005) 97
Abb. 3   DCV - Organigramm Verbandszentrale. Stand Januar 2004 98
Abb. 4   Option: Von der Eigenständigkeit zur Kooperation zur Fusion:
         Behindertenverbände im DCV 99
Abb. 5   Option: Auslagerung sozialer Dienstleistungen
         aus der direkten Ordensverantwortung 100
Abb. 6   Option: Trennung von Mitgliederverband und Betriebsorganisation 101
Abb. 7   Organigramm DiCV Paderborn Stand 04/2004 113
Abb. 8   Organigramm DiCV München - Freising 2004 114
Abb. 9   Unternehmensstruktur CBT Köln 115
Abb. 10 Stiftung Haus Lindenhof 116
Abb. 11 Diakonisches Werk - Organe Gesamtverband (alte Satzung) 135
Abb. 12 Diakonisches Werk - Organe Gesamtverband (neue Satzung) 136
Abb. 13 Organigramm: Hauptgeschäftsstelle DW der EKD 137
Abb. 14 Organigramm: Hauptgeschäftsstelle DW der EKD (Struktur ab 2005) 138
Abb. 15 Diakonisches Werk in Düsseldorf - Stand Februar 2003 147
Abb. 16 Organigramm: v. Bodelschwinghsche Anstalten Bethel -
         Stand März 2004 148
Abb. 17 Organigramm Theodor-Fliedner-Stiftung 149
Abb. 18 Organe und Aufbau des AWO Bundesverbandes 170
Abb. 19 Bundesverband - Organigramm 171
Abb. 20 Beispiel AWO westliches Westfalen 174
Abb. 21 Beispiel AWO KV Düsseldorf - Stand März 2004 175
Abb. 22 DPWV: Organe des Gesamtverbandes 198
Abb. 23 Organigramm DPWV Hauptgeschäftsstelle 207
Abb. 24 Kreisgruppe des Paritätischen Wohlfahrtsverbandes Düsseldorf -
         Stand 2003 210
Abb. 25 Paritätischer Wohlfahrtsverband - Landesverband NRW - Stand 2003 211
Abb. 26 Paritätischer Wohlfahrtsverband Berlin - Stand 2003 212
Abb. 27 DRK Struktur Gesamtverband 227
Abb. 28 Struktur des Generalsekretariats des DRK 228
Abb. 29 Jüdische Wohlfahrtspflege in der Weimarer Republik 239
Abb. 30 Organigramm der ZWST - Gremien und Entscheidungsinstanzen 247
Abb. 31 Organigramm der ZWST - Geschäftsstelle 248
Abb. 32 Sozialrechtliches Finanzierungsdreieck 256
Abb. 33 Finanzierungspatchwork in der freien Wohlfahrtspflege 262

Abb. 34 Vier Sphären steuerbegünstigter Körperschaften 265
Abb. 35 Säulen der öffentlichen Finanzierung freier Wohlfahrtspflege 268
Abb. 36 Europäischer Lobbyismus in der Sozialwirtschaft 291

Tab. 1 Lobbyismus der Spitzenverbände der Freien Wohlfahrtspflege 39
Tab. 2 Systematik der BAGFW-Statistik 52
Tab. 3 Systematik der Kinder- und Jugendhilfestatistik 53
Tab. 4 Hauptberuflich Beschäftigte in sozialpflegerischen Berufen 55
Tab. 5 BAGFW-Statistik: Übersicht zur Entwicklung der Arbeitsbereiche
       1970 - 2002 56
Tab. 6 Einrichtungen und Dienste der Freien Wohlfahrtspflege
       Stand 3.7.2001 57
Tab. 7 Beschäftigte in der Freien Wohlfahrtspflege Stand 3.7.2001 58
Tab. 8 Einrichtungen der Jugendhilfe am 31.12.2002 -
       Bundesrepublik insgesamt öffentliche und freie Träger 59
Tab. 9 Einrichtungen der Jugendhilfe am 31.12.2002 -
       Neue Bundesländer öffentliche und freie Träger 62
Tab. 10 Einrichtungen der Jugendhilfe am 31.12.2002 -
        Bundesrepublik insgesamt - nicht-staatliche/freie Träger 65
Tab. 11 Einrichtungen der Jugendhilfe am 31.12.2002 -
        Neue Bundesländer - nicht-staatliche/freie Träger 69
Tab. 12 Beschäftigte in der Jugendhilfe am 31.12.2002 -
        Bundesrepublik insgesamt 73
Tab. 13 Beschäftigte in der Jugendhilfe nach Geschlecht und
        Ausbildungsabschluss 76
Tab. 14 Diözesan-Caritasverbände in Deutschland 92
Tab. 15 Fachverbände im DCV 92
Tab. 16 Karitative Fachverbände und Arbeitsgemeinschaften - Beispiele 93
Tab. 17 Karitative Ordensgemeinschaften - Beispiele 94
Tab. 18 Einrichtungen und Beschäftigte Deutscher Caritasverband -
        Stand 2001 102
Tab. 19 Deutscher Caritasverband: Einrichtungen und Beschäftigte -
        Stand 01.01.2003 103
Tab. 20 Caritaseinrichtungen und Mitarbeiter nach Bundesländern 105
Tab. 21 Caritaseinrichtungen und Mitarbeiter nach Diözesenverbänden 105
Tab. 22 Leistungsdaten CV Düsseldorf 2003 107
Tab. 23 Leistungsdaten CV München und Freising 2003 108
Tab. 24 Kirchliche Trägerorganisationen in der kath. Wohlfahrtspflege - Beispiele . 110
Tab. 25 Zeitschriften im DCV 111
Tab. 26 Landes- und Gliedkirchen der EKD seit dem 1.1.2004 125
Tab. 27 Fachverbände im DW der EKD 132
Tab. 28 Diakonisches Werk: Einrichtungen und Beschäftigte - Stand 01.01.2002 ... 141
Tab. 29 Einrichtungen und Arbeitnehmer nach Bundesländern 143

Tab. 30 Einrichtungen und Arbeitnehmer nach Landeskirchen 144
Tab. 31 Kirchliche Trägerorganisationen in der evang. Wohlfahrtspflege -
Beispiele 150
Tab. 32 Zeitschriften im DW der EKD 152
Tab. 33 Aufbau der AWO 166
Tab. 34 AWO Bundesverbandes - Korporative Mitglieder 166
Tab. 35 Korporative Mitglieder - Beispiel Bezirksverband Niederrhein 167
Tab. 36 Korporative Mitglieder - Beispiel Bezirksverband Hannover 167
Tab. 37 Korporative Mitglieder - Beispiel Kreisverband Krefeld 168
Tab. 38 Korporative Mitglieder - Beispiel Kreisverband Mülheim a.d. Ruhr... 168
Tab. 39 Beispiel AWO Landesverband Schleswig-Holstein e.V. -
Stand Januar 2004 176
Tab. 40 Einrichtungen und Beschäftigte Arbeiterwohlfahrt e.V.
Stand 03.07.2001 178
Tab. 41 AWO Gesamtverband: Einrichtungen und Beschäftigte
nach Bundesländern 2002 180
Tab. 42 AWO Bundesverband: Informations- und Arbeitsmaterialien 181
Tab. 43 AWO Gemeinschaftsstiftungen - Stand März 2004 182
Tab. 44 DPWV - Mitgliederentwicklung Gesamtverband 193
Tab. 45 DPWV - Verbandsaufbau 196
Tab. 46 DPWV: Landesverbände und Untergliederungen 196
Tab. 47 DPWV Landesverbände: Organisationsdichte - Einwohner
pro Mitgliedsorganisation 199
Tab. 48 DPWV - überregionale Mitgliedsorganisationen - Beispiele Stand 2004 200
Tab. 49 DPWV LV NRW: Überregionale Mitgliedsorganisationen 201
Tab. 50 DPWV Kreisgruppe Düsseldorf - Mitgliedsorganisationen Beispiele
Stand 2004 202
Tab. 51 DPWV Vertretung des Gesamtverbandes in Gremien 205
Tab. 52 DPWV Serviceeinrichtungen für Mitgliedsorganisationen 205
Tab. 53 DPWV Sozialpolitische Stellungnahmen - Beispiele aus den Jahren
2002-2004 206
Tab. 54 Einrichtungen und Beschäftigte Paritätischer Wohlfahrtsverband -
Stand 2001 208
Tab. 55 DPWV - überregionale Publikationen/Zeitschriften 213
Tab. 56 Rotes Kreuz in Deutschland: Eckdaten der Entwicklung 222
Tab. 57 Doppelfunktion des Deutschen Roten Kreuzes 230
Tab. 58 DRK - Einrichtungen und Beschäftigte nach Landesverbänden 2002 231
Tab. 59 DRK - Einrichtungen und Beschäftigte nach Fachbereichen
Stand 2001 232
Tab. 60 Jüdische Wohlfahrtspflege in Deutschland 238
Tab. 61 Einrichtungen der jüdischen Wohlfahrtspflege 1932 240
Tab. 62 Mitgliederentwicklung in den Jüdischen Gemeinden Deutschlands 243

Tab. 63 Jüdische Bevölkerung in Deutschland nach Landesverbänden - Stand 31.12.2002 ... 243
Tab. 64 ZWST - Mitgliedsorganisationen ... 244
Tab. 65 ZWST - Kooperationsnetzwerk ... 245
Tab. 66 Einrichtungen und Beschäftigte der ZWST - Stand 2001 ... 249
Tab. 67 Bundeszuschüsse an die Spitzenverbände der freien Wohlfahrtspflege ... 258
Tab. 68 Zuschüsse an die Spitzenverbände der Freien Wohlfahrtspflege - Bundeshaushalt, Einzelplan 18, Kapitel 1702, Titel 68404 ... 259
Tab. 69 Zuschüsse der Stadt Düsseldorf an freie Träger - gerundet in DM - Haushaltsjahr 1992 ... 260
Tab. 70 Zuwendungen der Stadt Düsseldorf an freie Träger in 2003 ... 261
Tab. 71 Sozialleistungen in Mill. Euro ... 270
Tab.. 72 Einnahmen der Wohlfahrtsverbände aus Lotterieabführungen - unvollständige Übersicht - in DM ... 273
Tab. 73 Marktanteile in sozialen Dienstleistungsmärkten ... 284
Tab. 74 Marktanteile, Einrichtungsgröße und Personaleinsatz in verschiedenen Arbeitsbereichen ... 284
Tab. 75 Gewerbliche Träger in der Sozialen Arbeit - Beispiele im Gesundheitssektor - Stand März 2004 ... 286

Abkürzungsverzeichnis

ABM	Arbeitsbeschaffungsmaßnahme
aej	Arbeitsgemeinschaft evangelische Jugend
AFG	Arbeitsförderungsgesetz
AGNBL	Arbeitsgemeinschaft Neue Bundeslotterie
AK	Arbeitskreis
ARRG	Arbeitsrechtsregelungsgesetz
ARSO	Arbeitsgemeinschaft Sozialpolitischer Organisationen
AVR	Richtlinien für Arbeitsverträge in den Einrichtungen des DCV
AWO	Arbeiterwohlfahrt
BAG	Bundesarbeitsgemeinschaft
BAGFW	Bundesarbeitsgemeinschaft der Freien Wohlfahrtspflege
Be	Bezirk
BFS	Bank für Sozialwirtschaft
BG	Berufsgenossenschaft
BGB	Bürgerliches Gesetzbuch
BGW	Berufsgenossenschaft für Gesundheitsdienst und Wohlfahrtspflege
BMGS	Bundesministerium für Gesundheit und Soziales
BMI	Bundesministerium des Innern
BRD	Bundesrepublik Deutschland
BSHG	Bundessozialhilfegesetz
BVerfG	Bundesverfassungsgericht
BWL	Betriebswirtschaftslehre
CBP	Caritas Behindertenhilfe und Psychiatrie
CBT	Caritas- Betriebsführungs- und Trägergesellschaft mbH
CTT	Caritasträgergesellschaft Trier
CV	Caritasverband
DBK	Deutsche Bischofskonferenz
DCV	Deutscher Caritasverband
DDR	Deutsche Demokratische Republik
DGB	Deutscher Gewerkschaftsbund
DJI	Deutsches Jugendinstitut
DL	Dienstleistung
DPWV	Der Paritätische Wohlfahrtsverband
DRK	Deutsches Rotes Kreuz
DV	Deutscher Verein für öffentliche und private Fürsorge
DV	Deutscher Verein für öffentliche und private Fürsorge
DW	Diakonisches Werk
DZI	Deutsches Zentralinstitut für soziale Fragen

EAD	Evangelische Akademien in Deutschland
EBASKA	Evangelische Arbeitsgemeinschaft für Sozialpädagogik im Kindesalter
EDV	Elektronische Datenverarbeitung
eG	eingetragene Genossenschaft
EG	Europäische Gemeinschaft
EKD	Evangelische Kirche Deutschland
epd	Evangelischer Pressedienst
EU	Europäische Union
EuGH	Europäischer Gerichtshof
EWG	Europäische Wirtschaftsgemeinschaft
FE	Fürsorgeerziehung
FEH	Freiwillige Erziehungshilfe
FG	Fachgruppe
FH	Fachhochschule
FSP	Forschungsschwerpunkt
GB	Geschäftsbereich
GG	Grundgesetz für die Bundesrepublik Deutschland
gGmbH	gemeinnützige Gesellschaft mit beschränkter Haftung
GmbH	Gesellschaft mit beschränkter Haftung
GTK	Gesetz über Tageseinrichtungen für Kinder
GWA	Gemeinwesenarbeit
Hika	Hilfskasse gemeinnütziger Wohlfahrtseinrichtungen Deutschlands
HLU	Hilfe zum Lebensunterhalt
HOT	Haus der offenen Tür
IAH	Internationale Arbeiterhilfe
IB	Internationaler Bund für Sozialarbeit/Jugendsozialarbeit
IM	Innere Mission
ISAB	Institut für sozialwissenschaftliche Analysen und Beratung
ISS	Institut für Sozialarbeit und Sozialpädagogik
JHA	Jugendhilfeausschuss
Jüd.Gem.	Jüdische Gemeinde
JWG	Jugendwohlfahrtsgesetz
k.A.	keine Angaben
K.A.P.P.	Kooperationsgruppe Ambulante Private Pflegedienste
KJHG	Kinder- und Jugendhilfegesetz
KJVD	Kommunistischer Jugendverband Deutschlands
KPD	Kommunistische Partei Deutschlands
KStA	Kölner Stadtanzeiger
KTK	Verband Katholischer Tageseinrichtungen für Kinder
KV	Kreisverband

L.O.G.	Lotterie-Organisationsgesellschaft NRW
LAGFW	Landesarbeitsgemeinschaft der Freien Wohlfahrtspflege
Lv/LV	Landesverband
MAGS	Ministerium für Arbeit, Gesundheit und Soziales NRW
MAVO	Mitarbeitervertretungsordnung
mbH	mit beschränkter Haftung
MBL NW	Ministerialblatt des Landes Nordrhein-Westfalen
MV	Mitgliederversammlung
NPO	Non Profit Organisation
NRW	Nordrhein-Westfalen
NS	Nationalsozialismus
NSV	Nationalsozialistische Volkswohlfahrt
o.A.	ohne Angaben
o.D.	ohne Datum
OE	Organisationsentwicklung
OV	Ortsverein
PE	Personalentwicklung
PflegeVG	Pflegeversicherungsgesetz
PR	Public Relation - Öffentlichkeitsarbeit
RFMB	Roter Frauen- und Mädchen-Bund
RFV	Reichsverordnung über die Fürsorgepflicht (Reichfürsorgepflichtverordnung)
RGBl	Reichsgesetzblatt
RHD	Rote Hilfe Deutschland
RJWG	Reichsjugendwohlfahrtsgesetz
RK	Rotes Kreuz
SA	Sozialarbeit
SG	Sachgebiet
SGB	Sozialgesetzbuch
SJD	Sozialistische Jugend Deutschland
SKF	Sozialdienst katholischer Frauen
SKF	Sozialdienst katholischer Frauen
SKFM	Sozialdienst katholischer Frauen und Männer
SPD	Sozialdemokratische Partei Deutschland
SPFH	Sozialpädagogische Familienhilfe
spi	Sozialpädagogisches Institut Berlin - Walter May -
TAD	Trägerverbund Ambulante Dienste
TOT	Teiloffene Tür

USA	United States of America
UWG	Reichsgesetz über den Unterstützungswohnsitz
V+O	Verwaltung und Organisation
VABS	Verband ambulanter Behandlungsstellen für Suchtkranke/ Drogenabhängige
VdDD	Verband diakonischer Dienstgeber in Deutschland
VDO	Vereinigung Deutscher Ordensobern
VO EWG	Verordnung der Europäischen Wirtschaftsgemeinschaft
VOD	Vereinigung der Ordensoberinnen Deutschlands
vs.	versus, gegen
VVaG	Versicherungsverein auf Gegenseitigkeit
VZ	Vollzeitbeschäftigte
WfB	Werkstätten für Behinderte
WIBU	Wirtschaftsbund sozialer Einrichtungen eG
WSA	Wirtschafts- und Sozialausschuss
WSI	Wirtschafts- und Sozialwissenschaftliches Institut des DGB
ZWST	Zentralwohlfahrtsstelle der Juden in Deutschland

Anschriften der bundeszentralen Spitzenverbände der Freien Wohlfahrtspflege

Arbeiterwohlfahrt Bundesverband e.V.
Oppelner Straße 130, 53129 Bonn
Telefon: 0228/6685-0
Internet: www.awo.org

Deutscher Caritasverband e.V.
Karlstraße 40, 79104 Freiburg i.Br.
Telefon: 0761/200-0
Internet: www.caritas.de

Deutscher Paritätischer Wohlfahrtsverband Gesamtverband e.V.
Oranienburger Straße 13-14
Telefon: 030/24636-313
Internet: www.paritaet.org

Deutsches Rotes Kreuz e.V.
Carstenstreß 58, 12205 Berlin
Telefon: 030/85404-0
Internet: www.drk.de

Diakonisches Werk der Evangelischen Kirche in Deutschland e.V.
Reichensteiner Weg 24, 14195 Berlin
Telefon: 030/83001-0
Internet: www.diakonie.de

Zentralwohlfahrtsstelle der Juden in Deutschland e.V.
Hebelstraße 6, 60318 Frankfurt am Main
Telefon: 069/944371-0
Internet: www.zwst.org

Bundesarbeitsgemeinschaft der Freien Wohlfahrtspflege e.V.
Oranienburger Str. 13-14
10178 Berlin
Telefon: 030/24089-0
Internet: www.bagfw.de

Gesamtliteraturverzeichnis

Abendroth, Wolfgang: Aufstieg und Krise der deutschen Sozialdemokratie. Pahl-Rugenstein Verlag. Köln 1978
Adler-Rudel, Scholem: Jüdische Selbsthilfe unter dem Naziregime 1933 - 1939. Im Spiegel der Berichte der Reichsvertretung der Juden in Deutschland. J.C.B. Mohr (Paul Siebeck) Verlag. Tübingen 1974
Albers, Willi et al. (Hrsg.): Handwörterbuch der Wirtschaftswissenschaft (HdWW); zugl. Neuaufl. d. Handwörterbuch der Sozialwissenschaften, Bd. 7, Stuttgart, New York 1977
Amtsblatt der Europäischen Gemeinschaften Nr. C 42/84 und C 42/90 vom 15.2.93
Amtsblatt des Erzbistums Köln. 1. Juni 2000. Erlasse des Herrn Erzbischofs Nr. 138: Satzung des Diözesan-Caritasverbandes für das Erzbistum Köln e.V. i.d.F. vom 3.2.2000
Angerhausen, Susanne/Backhaus-Maul, Holger/Offe, Claus/Olk, Thomas/Schiebel, Martina: Überholen ohne einzuholen. Freie Wohlfahrtspflege in Ostdeutschland. Westdeutscher Verlag. Opladen/Wiesbaden 1998
Angershausen, Susanne: Radikaler Organisationswandel. Wie die „Volkssolidarität" die deutsche Vereinigung überlebte. Leske + Budrich. Opladen 2003
Arbeiterwohlfahrt - Bundesverband: Verbandsstatut der Arbeiterwohlfahrt. Beschlossen auf der Bundeskonferenz vom 11.-13. Nov. 1992 in Berlin. Bonn 1992
Arbeiterwohlfahrt Bezirksverband Westliches Westfalen e.V.: Bezirkskonferenz 2002. Geschäftsbericht 1997 - 200. Juli 2000
Arbeiterwohlfahrt Bundesverband e.V. (Hrsg.): Die Nationalsozialistische Volkswohlfahrt. Bonn 1988
Arbeiterwohlfahrt Bundesverband e.V. (Hrsg.): Helfen und Gestalten. Beiträge und Daten zur Geschichte der Arbeiterwohlfahrt. Bonn 1992
Arbeiterwohlfahrt Bundesverband e.V. (Hrsg.): Marie Juchacz 1879-1956 - Leben und Werk der Gründerin der Arbeiterwohlfahrt. Zweite Auflage. Bonn 2004
Arbeiterwohlfahrt Bundesverband e.V.: AWO-Mitgliederbefragung 2003-2004. Grundlagenstudie als empirische Basis für Verbandsentwicklung. Bonn 2004
Arbeiterwohlfahrt Bundesverband e.V.: Grundsatzprogramm der Arbeiterwohlfahrt. Verabschiedet auf der Bundeskonferenz 1987. o.D.
Arbeiterwohlfahrt Bundesverband e.V.: Grundsatzprogramm der Arbeiterwohlfahrt. Beschlossen auf der Sonderkonferenz Nov. 1998 in Düsseldorf. Bonn 1999
Arbeiterwohlfahrt Bundesverband e.V.: Jahresbericht und Jahresrechnung 1995
Arbeiterwohlfahrt Bundesverband e.V.: Richtlinien der AWO. Beschlossen von der Bundeskonferenz 1974 in Wiesbaden, zuletzt geändert durch Beschluss der Bundeskonferenz 1991 in Nürnberg. O.D.
Arbeiterwohlfahrt Bundesverband e.V.: Sozialbericht 2001: Ehrenamt im Wandel. Bonn 2002
Arbeiterwohlfahrt Bundesverband e.V.: Soziale Demokratie im Wandel. Geschäftsbericht 2002
Arbeiterwohlfahrt Bundesverband e.V.: Verbandsentwicklung braucht Strategie. 2. AWO-Kongress für Verbands- und Unternehmensmanagement. Bonn 2004
Arbeiterwohlfahrt Bundesverband e.V.: Verbandsstatut der Arbeiterwohlfahrt. Beschlossen auf der Bundeskonferenz vom 11. - 13. November 1992 in Berlin. Bonn 1992

Arbeiterwohlfahrt KV Düsseldorf: Leitbild der Arbeiterwohlfahrt Kreisverband Düsseldorf e.V. März 1996

Arbeitsgemeinschaft für Jugendhilfe (AGJ), Fachhochschule für Sozialarbeit und Sozialpädagogik Berlin: 60 Jahre für Jugendwohlfahrt 1922-1982. Bonn 1983

Arbeitsgruppe Alternative Wirtschaftspolitik: Memorandum 2004 Beschäftigung, Solidarität und Gerechtigkeit - Reform statt Gegenreform -. Bremen 2004

Bäcker, Gerhard/Bispinck, Reinhard/Hofemann, Klaus/Naegele, Gerhard: Sozialpolitik und soziale Lage in Deutschland. 3. Auflage. Westdeutscher Verlag. Wiesbaden 2000

Badelt, Christoph. (Hrsg.): Handbuch der Nonprofit Organisationen. Strukturen und Management, Stuttgart 1977

Badura, B/Gross, P: Sozialpolitische Perspektiven. Eine Einführung in Grundlagen und Probleme sozialer Dienstleistungen. München 1976.

Bank für Sozialwirtschaft - BFS - GmbH: Bericht über das Geschäftsjahr 1994. Berlin-Köln 1995

Bank für Sozialwirtschaft - BFS - GmbH: Mit uns. 75 Jahre Bank für Sozialwirtschaft. 1923 - 1998. Köln 1998

Bank für Sozialwirtschaft (Hrsg.): Trend-Informationen für Führungskräfte der Sozialwirtschaft. Heft 03/96

Bank für Sozialwirtschaft: Entwicklung der freien Wohlfahrtspflege bis zum Jahr 2000. Studie der Prognos AG. Basel. März 1984

Bank für Sozialwirtschaft: Freie Wohlfahrtspflege im zukünftigen Europa. Herausforderungen und Chancen im Europäischen Binnenmarkt. Studie der Prognos AG. Köln/Berlin. April 1991

Bank für Sozialwirtschaft: Programm EUFIS. Internet: http://www.eufis.de/EUFoerderung/Startseite.htm. 15.07.04

Baron, Rüdeger/Dykerhoff, Kristin/Landwehr, Rolf/Nootbaar, Hans (Hrsg.): Sozialbeit zwischen Bürokratie und Klient - Die Sozialpädagogische Korrespondenz 1969 - 1973 (Reprint) - Dokumente der Sozialarbeiterbewegung. Hrsg. Sozialistisches Büro. Offenbach 1978

Bauer, Olk, Heinze. A.a.O.

Bauer, Rudolph (Hrsg.): Lexikon des Sozial- und Gesundheitswesens. R. Oldenbourg Verlag. München 1992

Bauer, Rudolph: Vom Roten Kreuz zum Totenkreuz. Zur Wohlfahrtsverbände-Politik im Nationalsozialismus. In: neue praxis. Zeitschrift für Sozialarbeit, Sozialpädagogik und Sozialpolitik. Heft4/1986. S. 311 ff.

Bauer, Rudolph/Thränhard, Anna-Maria (Hrsg.): Verbandliche Wohlfahrtspflege im internationalen Vergleich. Westdeutscher Verlag. Opladen 1987

Bauer, Rudolph: Sozialpolitik in deutscher und europäischer Sicht. Rolle und Zukunft der Freien Wohlfahrtspflege zwischen EG-Binnenmarkt und Beitrittsländern. Deutscher Studien Verlag. Weinheim 1992

Bauer, Ulrike: Paritätischer Wohlfahrtsverband als Motor der Sozialstaatsreform. Verbandsvorsitzende betonte bei Mitgliederversammlung Wert der Solidarität. In: Nachrichtenparität. Nr. 5/2002. S. 23 - 24

Bausch, Manfred: Sozialpädagogin/Sozialpädagoge. Sozialarbeiterin/Sozialarbeiter. Gesamtbetrachtung zum Beruf und zur allgemeinen Arbeitsmarktsituation. In: ibv Nr. 1 vom 4. Jan. 1995

Becher, Berthold: Die Verbände der freien Wohlfahrtspflege vor dem Zwang zur Neupositionierung: Strategisches Management und Organisationsentwicklung. In: Nachrichtendienst des Deutschen Vereins für öffentliche und private Fürsorge. 76. Jahrgang. Heft 6/96. S. 178 ff.

Beck, Ulrich/Grande, Edgar: Das kosmopolitische Europa. Gesellschaft und Politik in der zweiten Moderne. Suhrkamp Verlag. Frankfurt a.M. 2004

Beher, K./Liebig, R./Rauschenbach, Thomas: Das Ehrenamt in empirischen Studien - ein sekundäranalytischer Vergleich. In: BMFSFJ, Schriftenreihe 163, Berlin 1999

Benad, Matthias/Althöfer, Ulrich: Friedrich v. Bodelschwingh d.J. und die Betheler Anstalten: Frömmigkeit und Weltgestaltung. Kohlhammer Verlag. Stuttgart-Berlin-Köln 1997

Berger, J./Offe, Claus: Die Entwicklungsdynamik des sozialen Dienstleistungssektors. In: Leviathan. Heft 8/1980. S. 41-75

Bericht der Bundesregierung. 12. Hauptgutachten Monopolkommission.

Bericht über das Jahr 1994. 16. Berichtsjahr. Köln (1995)

Berufsgenossenschaft für Gesundheitsdienst und Wohlfahrtspflege: Jahresbericht 2002. Hamburg (2003); dgl.: Umlagestatistik 2002

Beyer, Heinrich/Nutzinger, Hans G.: Erwerbsarbeit und Dienstgemeinschaft. Arbeitsbeziehungen in kirchlichen Einrichtungen. Eine empirische Untersuchung. SWI-Verlag. Bochum 1991

Blandow, Jürgen/ Tangemann, M.: Von der christlichen Liebestätigkeit zum Wohlfahrtsverband. Caritas und Diakonie der ehemaligen DDR der Transformation. Beispiele aus Rostock. In: Bauer (Hrsg.): Sozialpolitik in deutscher und europäischer Sicht.

Blätter der Wohlfahrtspflege. Deutsche Zeitschrift für Sozialarbeit. Themenausgabe „Persönliches Budget". Heft 4/2004. Juli/August 2004

Blätter der Wohlfahrtspflege. Heft 10. Oktober 1989: Paritätische soziale Arbeit in der Bundesrepublik Deutschland. 40 Jahre Neugründung des Paritätischen Wohlfahrtsverbandes

Bloch, Benjamin: Zedaka - Die Gerechtigkeit. Jüdische Sozialarbeit 1945 bis heute. In: Romberg, Otto R./ Urban-Fahr, Susanne (Hrsg.): Juden in Deutschland nach 1945. Tribüne-Verlag. Frankfurt am Main 1999

BMFSFJ, 2000: Freiwilliges Engagement in Deutschland. Ergebnisse der Repräsentativerhebung zu Ehrenamt, Freiwilligenarbeit und bürgerschaftlichem Engagement. In: BMFSFJ, Schriftenreihe 194.1-3, Berlin.

Boeßenecker u.a.: Qualitätskonzepte in der Sozialen Arbeit. Votum Verlag. Münster 2003.

Boeßenecker, Karl-Heinz/ Siedhoff, Christa., 2000: Bürgerschaftliches Engagement im Politikbereich Gesundheit. Eine Explorationsstudie. In: FH-Düsseldorf; Forschungsschwerpunkt Wohlfahrtsverbände / Sozialwirtschaft: Schriftenreihe Arbeitsmaterialien Nr. 14, Düsseldorf.

Boeßenecker, Karl-Heinz: Spitzenverbände der freien Wohlfahrtspflege in der BRD. Eine Einführung in Organisationsstruktur und Handlungsfelder. 2. Auflage. Münster 1998

Boethke, Wilhelm: Das Rote Kreuz. Seine Entstehung, sein Wesen und seine Einrichtungen. 2. Aufl., Reclam. Leipzig 1918.

Boochs, Wolfgang: Steuerhandbuch für Vereine, Verbände und Stiftungen. Grundlagen der Besteuerung und Bilanzierung. 3., überarb. u. erw. Aufl. Neuwied 2001

Branahl, Matthias/Fuest, Winfried: Kirchensteuer in der Diskussion. Hrsg.: Institut der deutschen Wirtschaft. Beiträge zur Wirtschafts- und Sozialpolitik Nr. 224. Deutscher Institutsverlag. Köln 1995

Braun, Joachim: Kontaktstellen und Selbsthilfe. Bilanz und Perspektiven der Selbsthilfeförderung in Städten und ländlichen Regionen. ISAB-Verlag. Köln 1989.

Brenner, Tobias: Diakonie im Sozialstaat. Staatskirchenrecht und Evangelische Kirche. Universitas Verlag. Tübingen 1995.

Brenner, Tobias: Diakonie im Sozialstaat. Staatskirchenrecht und Evangelische Kirche. Universitas Verlag. Tübingen 1995

Brückers, Rainer (Hrsg.): Tandem QM. Das integrierte Qm-Konzept in der sozialen Arbeit. Verlag Gesellschaft für Organisationsentwicklung und Sozialplanung mbH. Bonn 2003.

Brumlik, Micha/Kiesel, Doron/Kugelmann, Cilly/Schoeps, Julius H. (Hrsg.): Jüdisches Leben in Deutschland seit 1945. Athenäum Verlag. Frankfurt a.M. 1988

Brünner, Frank: Europa erreicht die Wohlfahrtspflege. In: neue caritas. Heft 11. 17. Juni 2004. S. 14 ff.

Buck, Gerhard: Die Entwicklung der freien Wohlfahrtspflege von den ersten Zusammenschlüssen der freien Verbände im 19. Jahrhundert bis zur Durchsetzung des Subsidiaritätsprinzips in der Weimarer Fürsorgegesetzgebung. In: Rolf Landwehr, Rüdeger Baron (Hrsg.):

Bundesanstalt für Arbeit (Hg.): Unimagazin. Perspektiven für Beruf und Arbeitsmarkt. Heft 6/2003. September/Oktober. 27. Jahrgang. S. 40 ff.

Bundesarbeitsgemeinschaft der Freien Wohlfahrtspflege e.V. (Hrsg.), 2001: Gesamtstatistik der Einrichtungen und Dienste der Freien Wohlfahrtspflege, Berlin.

Bundesarbeitsgemeinschaft der Freien Wohlfahrtspflege e.V.: Gesamtstatistik der Einrichtungen und Dienste der Freien Wohlfahrtspflege. Stand: 01.01.2000. Berlin. Dezember 2001.

Bundesarbeitsgemeinschaft der Freien Wohlfahrtspflege e.V.: Gesamtstatistik 2000 - internes, unveröffentlichtes Arbeitspapier. Stand 3. Juli 2001

Bundesarbeitsgemeinschaft der Freien Wohlfahrtspflege: Anforderungen der Bundesarbeitsgemeinschaft der Freien Wohlfahrtspflege (BAGFW) an die Darlegung und Prüfung von QM-Systemen. Verabschiedet vom Vorstand der Bundesarbeitsgemeinschaft der Freien Wohlfahrtspflege. Berlin 18.03.2003

Bundesarbeitsgemeinschaft der Freien Wohlfahrtspflege: Die Freie Wohlfahrtspflege. Profil und Leistungen. Lambertus Verlag. Freiburg i.Br. 2002

Bundesarbeitsgemeinschaft der Freien Wohlfahrtspflege: Die Spitzenverbände der Freien Wohlfahrtspflege - Aufgaben und Finanzierung, Lambertus Verlag. Freiburg i.Br. 1985[1]

Bundesarbeitsgemeinschaft der Freien Wohlfahrtspflege: Grundanliegen der Wohlfahrtsverbände zur Erreichung ihrer spezifischen Dienstleistungsqualität. Verabschiedet vom Vorstand der Bundesarbeitsgemeinschaft der Freien Wohlfahrtspflege. Berlin 18.03.2003

Bundesarbeitsgemeinschaft der Freien Wohlfahrtspflege: Jahresbericht 1992. Bonn 1993.

Bundesarbeitsgemeinschaft der Freien Wohlfahrtspflege: Jahresbericht 2003. Bonn 2004

Bundesarbeitsgemeinschaft der Freien Wohlfahrtspflege: Stellungnahme zum „Grünbuch der Kommission der Europäischen Gemeinschaften über die europäische Sozialpolitik: Weichenstellung für die Europäische Union" vom 14. März 1994

Bundesministerium für Familie und Senioren (Hrsg.): Schriftenreihe. Band 42: Joachim Braun: Selbsthilfeförderung durch Länder, Kommunen und Krankenkassen. Bonn 1994

Bundesministerium für Familie, Senioren, Frauen und Jugend (Hrsg.): Schriftenreihe Band 203: Modellverbund Freiwilligen-Zentren. Bürgerengagement für eine freiheitliche und solidarische Gesellschaft Ergebnisse und Reflexionen. Kohlhammer Verlag. Stuttgart 2001

Bundessozialhilfegesetz (BSHG) vom 30. Juni 1961

Bundessozialhilfegesetz. Lehr- und Praxiskommentar LPK-BSHG. 6. Auflage. Nomos Verlag. Baden-Baden 2003

Bundeszentrale für politische Bildung Bonn: Europäische Gemeinschaft - Europäische Union. Die Vertragstexte von Maastricht, bearbeitet und eingeleitet von Thomas Läufer. Bonn 1992

Bundeszentrale für politische Bildung: Vertrag zur Gründung der Europäischen Gemeinschaft (EG). In der Fassung vom 7. Februar 1992. Lizenzausgabe. Bonn 1992

Bürgerschaft der Freien und Hansestadt Hamburg. 15. Wahlperiode. Drucksache 15/375 1 vom 15.8.95. Mitteilungen des Senats an die Bürgerschaft. Stellungnahme des Senats zu dem Ersuchen der Bürgerschaft vom 12./13./14. Dezember 1994 (Drucksache 15/2400..) - Zuwendungen -

BVerfGE 22, S. 180 ff. In: J.Münder/D.Kreft (Hg.): Subsidiarität heute. Votum Verlag. Münster 1990. S. 166 ff.

Caperchione, Eugen/Gudera, Markus: Freie Wohlfahrtsorganisationen in Italien. In: Zeitschrift für öffentliche und gemeinwirtschaftliche Unternehmen (ZögU). Band 18. Heft 4. 1995. 5. 398.

Caritas in NRW. Zeitschrift der Diözesan-Caritasverbände Aachen, Essen, Köln, Münster, Paderborn. Heft 2/96. Mai 1996

Caritas Korrespondenz. Heft 10. Oktober 1996

Caritas Korrespondenz. Heft 4. April 1994

Caritas-Betriebsführungs- und Trägergesellschaft mbH (Hrsg.): Bericht über das Jahr 1994. 16. Berichtsjahr. Köln (1995)

Caritas-Betriebsführungs- und Trägergesellschaft mbH (Hrsg.): Grundsätze unseres Dienstes. Der Weg der CBT ist der Mensch. Köln 1994

Caritasverband der Erzdiözese München und Freising e.V.: Jahresbericht 2002. Nah. Am Nächsten

Caritasverband der Erzdiözese München und Freising e.V.: Satzung i.d.F. vom 20. Juli 2001

Caritasverband der Erzdiözese München und Freising e.V.: Zukunft gestalten statt verwalten. Jahresbericht 2003/04

Caritasverband Frankfurt am Main (Hrsg.): Einrichtung cariteam - Beschäftigungs- und Qualifizierungsmaßnahmen. Jahresbericht 1994 vom 17.8.1995

Caritasverband für die Stadt Düsseldorf e.V.: 1904 - 2004. Von Mensch zu Mensch. Düsseldorf 2004

Cordes, Martin/Hüper, Rolf/Lorberg, Siegrid (Hrsg.): Diakonie und Diakonisse. Verlag Sozialwissenschaftliche Studiengesellschaft. Hannover 1995

Cremer, Georg: Im Wettbewerb und trotzdem sozial. In: neue caritas. Heft 11. 17. Juni 2004. S. 9 ff.

Dahme, Heinz-Jürgen/Kühnlein, Gertrud/Wohlfahrt, Norbert: Zwischen Wettbewerb und subsidiärer Leistungserbringung: die Verbände der Freien Wohlfahrtspflege im Modernisierungsprozess. Endbericht des Forschungsprojekts „Vom Wohlfahrtssektor zur Sozialwirtschaft: Wandel der Arbeitsbedingungen und Qualifikationsanforderungen in sozialen Diensten durch Wettbewerb und Kontraktmanagement". Landesinstitut Sozialforschungsstelle Dortmund. März 2004

Dahme, Heinz-Jürgen/Otto Hans-Uwe/Trube, Achim/Wohlfahrt, Norbert (Hrsg.): Soziale Arbeit für den aktivierenden Staat. Leske + Budrich. Opladen 2003

Dankwart Danckwerts: Grundriss einer Soziologie sozialer Arbeit und Erziehung. Zur Bestimmung der Entwicklung von Sozialarbeit und Sozialpädagogik in der BRD. Beltz Verlag. Weinheim und Basel 1978.

Der Spiegel. Nr. 15/1988. S. 52 ff.: „Nur noch saugen und mauscheln". Korruption, Filz und Inkompetenz im System der deutschen Wohlfahrtsverbände

Der Spiegel. Nr. 52/1995. S. 40 ff.: „Konzerne unterm Kreuz"

Dettling, Warnfried: Politik und Lebenswelt. Vom Wohlfahrtsstaat zur Wohlfahrtsgesellschaft. Verlag Bertelsmann Stiftung. Gütersloh 1995.

Deutscher Bundestag 13. Wahlperiode. Drucksache 12/11291 vom 17.07.1998: Unterrichtung durch die Bundesregierung. Zwölftes Hauptgutachten der Monopolkommission 1996/1997

Deutscher Bundestag, 1996: Antwort der Bundesregierung auf die Große Anfrage zur Bedeutung ehrenamtlicher Tätigkeit in unserer Gesellschaft, Drucksache 13/5674.

Deutscher Caritasverband (Hrsg.): Caritas '95. Jahrbuch des Deutschen Caritasverbandes. Dezember 1994

Deutscher Caritasverband (Hrsg.): Caritas 2004. Jahrbuch des Deutschen Caritasverbandes. Freiburg 2003

Deutscher Caritasverband (Hrsg.): Caritas Jahrbuch 1971

Deutscher Caritasverband (Hrsg.): Caritas-Adreßbuch. 15. Auflage 1992.

Deutscher Caritasverband (Hrsg.): Meinungsbild Caritas. Die Allensbacher Studien zum Leitbildprozeß: Perspektiven. Band 1 und 2. Lambertus Verlag. Freiburg i.Br. 1997

Deutscher Caritasverband (Hsg.): R. Hauser; W. Hübinger: Arme unter uns. Teil 1: Ergebnisse und Konsequenzen der Caritas-Armutsuntersuchung. Teil 2: Dokumentation der Erhebungsmethoden und der Instrumente der Caritas-Armutsuntersuchung. Lambertus Verlag. Freiburg i.Br. 1993

Deutscher Verein für öffentliche und private Fürsorge (Hrsg.): Nachrichtendienst. Heft 6/1995

Deutsches Rotes Kreuz - Generalsekretariat: Die Einsatzeinheiten. Bonn 1995

Deutsches Rotes Kreuz - Generalsekretariat: Jahresbericht 2000/2001. Bonn

Deutsches Rotes Kreuz - Präsidium: Jahresbericht 2000/2001. Bonn

Deutsches Rotes Kreuz/ Unternehmensberatung Rosenbaum und Nagy (2002): Bericht über die strategische Situation des Deutschen Roten Kreuzes. Auswertung des strategischen Fragebogens 2001. Berlin.

Deutsches Rotes Kreuz: Geschäftsbericht des Generalsekretärs. Bonn 2003

Diakonie Korrespondenz 04/03: Pflicht zum Risiko? Bericht des Präsidenten vor der Diakonischen Konferenz vom 14. bis 16. Oktober 2003 in Speyer. Stuttgart Oktober 2003

Diakonie Korrespondenz 10/96: Rechenschaftsbericht des Diakonisches Werkes er EKD 1996

Diakonie Report Nr. 6/93. Dezember 1993

Diakonisches Werk der EKD (Hg.): danken & dienen. Arbeitshilfen für Verkündigung, Gemeindearbeit und Unterricht. Stuttgart 1995

Diakonisches Werk der EKD (Hg.): Einrichtungsstatistik - Regional Stand 01.01.2002. Stuttgart, im Juni 2003

Diakonisches Werk der EKD e.V. (Hrsg.): Statistik der Mitarbeiter/innen im diakonischen Dienst. Stand: 31.10.1996. Stuttgart 1996

Diakonisches Werk der EKD e.V. (Hrsg.): Statistische Informationen des DW der EKD. Nr. 3/1995. Einrichtungsstatistik zum 1.1.1994. Ostdeutschland. Stuttgart 1995

Diakonisches Werk der EKD: Diakonische Dokumentation 01/01: Diakonische Profile in der sozialen Arbeit. Stuttgart 2001

Diakonisches Werk der EKD: Jürgen Gohde (Hrsg.): Diakonie-Jahrbuch '94. Stuttgart 1994

Diakonisches Werk der EKD: Jürgen Gohde (Hrsg.): Diakonie-Jahrbuch '95. Stuttgart 1995

Diakonisches Werk der EKD: Jürgen Gohde (Hrsg.): Diakonie-Jahrbuch 2003. Stuttgart 2003

Diakonisches Werk der EKD: Rechenschaftsbericht 2003. Diakonische Konferenz 14. bis 16. Oktober 2003. Speyer. Stuttgart September 2003

Die Verfassung des Deutschen Reiches (Weimarer Verfassung) vom 11. August 1919. Art. 7, Punkt5, 7, 8 und 11.

Diözesan-Caritasverband für das Erzbistum Köln e.V. (Hrsg.): Schriftenreihe des Diözesan-Caritasverbandes Heft Nr. 31: Caritas als Dienstgeber. Köln 1996

DPWV - Gesamtverband e.V.: Der Paritätische Wohlfahrtsverband. Arbeitsschwerpunkte 1994 - 1995. Frankfurt a.M. 1995

DPWV Landesverband Berlin: Geschäftsbericht 2002/2003. Berlin. Oktober 2003

Dritte Verordnung zur Durchführung des Gesetzes über die Ablösung öffentlicher Anleihen. Vom 4. Dezember 1926. 1. Abschnitt. Die soziale Wohlfahrtsrente. § 8. Reichsgesetzblatt. Jahrgang 1926. Teil 1.

DRK KV Pforzheim e.V. (1993): Dokumentation der Sozialkonferenz. Juni 1993

DRK KV Pforzheim e.V. (1994): Zweite Sozialkonferenz. Soziales Unternehmertum. Eine Antwort der freien Wohlfahrtspflege auf den gesellschaftlichen Wandel. April 1994

DRK KV Pforzheim e.V.: Dokumentation der Sozialkonferenz. Juni 1993

DRK Landesverband Westfalen-Lippe (Hrsg.): Dienstanweisung für das Tragen von Einsatzbekleidung. Münster 1993

DTV-Lexikon. Band 17. München 1979. S. 341

Duden Fremdwörterbuch. 6., auf der Grundlage der amtlichen Neuregelung der deutschen Rechtschreibung überarbeite und erweiterte Auflage. Herausgegeben und bearbeitet vom Wissenschaftlichen Rat der Dudenredaktion. Mannheim 1997. S. 780

Dunant, Henry J. (1962): Eine Erinnerung an Solferino. Hrsg. vom Schweizerischen Roten

DW der EKD - Hauptgeschäftsstelle: Kurzübersicht. Stand Juli 2003

Eckhardt, Dieter: „Soziale Einrichtungen sind Kinder ihrer Zeit ..." Von der Central für private Fürsorge zum Institut für Sozialarbeit 1899 - 1999. Hrsg. Vom Institut für Sozialarbeit. Verlag Waldemar Kramer. Frankfurt a.M. 1999

Eichborn Verlag (Hrsg.): Richard von Weizsäcker im Gespräch mit Gunter Hofmann und Werner A. Perger. Frankfurt am Main 1992

Eichhorn, Peter: Überlebenschancen der Unternehmen der Freien Wohlfahrtspflege im europäischen Binnenmarkt. In: Theorie und Praxis der Sozialen Arbeit. Heft 2/95. S. 55 ff.

Ellwein, Thoma/Hesse, J ...: Das Regierungssystem der Bundesrepublik Deutschland. 6., neubearbeitete und erweiterte Auflage. Westdeutscher Verlag Opladen 1987.

Emden 1571-1971. Herausforderungen der Jubiläumssynode. In: Reformierte Kirchenzeitung. Organ des Reformierten Bundes. Nr. 3. 113. Jahrgang. Februar 1971. S. 26.

Ettwig, S.,: Subsidiarität und Demokratisierung der Europäischen Union. Die Verbände der freien Wohlfahrtspflege als sozialpolitische Akteure vor den Herausforderungen einer europäischen Sozialpolitik, Frankfurt/M. 2000

Europäisches Parlament. Sitzungsdokumente. 6. Januar 1993. A3-0001/93: Bericht des Ausschusses für Recht und Bürgerechte über die Vorschläge der Kommission an den Rat für eine Verordnung über das Statut des Europäischen Vereins, .., eine Verordnung über das Statut der Europäischen Genossenschaft, .., eine Verordnung über das Statut der Europäischen Gegenseitigkeitsgesellschaft

Evang. Verband für Altenarbeit: Initiativen für das Alter. In: Evangelische Impulse 4/97. Beilage S. 7

Familie und Beruf. Weibliche Erwerbstätigkeit und katholische Kirche in den fünfziger Jahren. In: Aus Politik und Zeitgeschichte. B 17/93. 23. April 1993.

Favez, Jean-Claude (1989): Das Internationale Rote Kreuz und das Dritte Reich. München.

Feuck, Jörg: Das typische Profil ist verblasst. Landesverband des Roten Kreuzes steht vor großen Einschnitten. Frankfurter Rundschau vom 16.12.1996. S. 21

Fleckenstein, Knut/ Grosser, Walter (1998): 90 Jahre Arbeiter-Samariter-Bund in Hamburg. Der Tradition verpflichtet - auf dem Weg ins nächste Jahrhundert. Herausgegeben vom ASB Hamburg. Hamburg.

Frank, Gerhard/Reis, Claus /Wolf, Manfred: „Wenn man die Ideologie wegläßt, machen wir alle das gleiche" Eine Untersuchung zum Praxisverständnis leitender Fachkräfte unter Bedingungen des Wandels der freien Wohlfahrtspflege. Arbeitshilfen Heft 47. Hrsg.: Deutscher Verein 1994. S. 140 ff.

Frankfurter Rundschau vom 17.10.1987: „AWO macht sich Gedanken über ihre Zukunft". Bericht über die Bundeskonferenz in Kassel 1987

Frerk, Carsten: Finanzen und Vermögen der Kirchen in Deutschland. Alibri Verlag. Aschaffenburg 2002

Fridolin, Arthur: Formen und Grenzen des Subsidiaritätsprinzips. Heidelberg 1965. S. 28.

Friedrich-Ebert-Stiftung: Wohlfahrtsverbände in Deutschland. Auslauf- oder Zukunftsmodell? Eine Tagung der Friedrich-Ebert-Stiftung am 25. Oktober 1995 in Bonn. Gesprächskreis Arbeit und Soziales Nr. 64.

Fundraising Akademie (Hrsg.): Fundraising. Handbuch für Grundlagen, Strategien und Instrumente. Wiesbaden 2001

Gerhard, Martin/Herrmann, Volker: Johann Hinrich Wichern und die Innere Mission: Studien zur Diakoniegeschichte. Verlag Winter. Heidelberg 2002

Gesetz für Jugendwohlfahrt (JWG) vom 11. August 1961

Gesetz für Jugendwohlfahrt vom 11. August 1961 (JWG). §§ 2, 5, 8, 9, 12, 13 bis 16, 18 und 37.

Gesetz über die Durchführung von Statistiken auf dem Gebiet der Sozialhilfe, der Kriegsopferfürsorge und der Jugendhilfe vom 15. Januar 1963

Gesetz zur Neuordnung des Kinder- und Jugendhilfegesetzes (Kinder- und Jugendhilfegesetz - KJHG) i.d.F. Sozialgesetzbuch (SGB) Achtes Buch (VIII). Kinder- und Jugendhilfe. In der Fassung der Bekanntmachung vom ...

Gewerkschaft Erziehung und Wissenschaft Hauptvorstand. Organisationsbereich Jugendhilfe und Sozialarbeit: Dok-2004/04/06. Kita-Gutschein Hamburg - Bericht der „Lenkungsgruppe". Frankfurt am Main 4. Mai 2004

Giefers-Wieland, Natalie: Privatisierung im Strafvollzug in den USA. Eine Perspektive für Deutschland? Centaurus Verlag. Herbolzheim 2002

Ginsburg, Hans Jakob: Politik danach - Jüdische Interessenvertretung in der Bundesrepublik. In: Brumlik, Micha/Kiesel, Doron/Kugelmann, Cilly/Schoeps, Julius H. (Hrsg.): Jüdisches Leben in Deutschland seit 1945. Athenäum Verlag. Frankfurt a.M. 1988

Goeters, J.F. Gerhard (Hrsg.): Die Akten der Synode der Niederländischen Kirchen zu Emden vom 4.-13. Oktober 1571. Im lateinischen Grundtext mitsamt den alten niederländischen, französischen und deutschen Übersetzungen. Neukirchener Verlag. Neukirchen-Vluyn 1971.

Gohde, Jürgen - Präsident des Diakonisches Werkes der Evangelischen Kirche in Deutschland (Hrsg.): Das Diakonie Jahrbuch 2003. Stuttgart 2003

Gohde, Jürgen: Verbandsentwicklung der Diakonie. Vortragsmanuskript. AWO Tagung 22. Rolandseck. März 2004

Goll, Eberhard: Die Freie Wohlfahrtspflege als eigener Wirtschaftssektor. Theorie und Empirie ihrer Verbände und Einrichtungen. Nomos Verlag. Baden-Baden 1991

Grolle, Ingeborg: Rettungsanstalt Rauhes Haus. Hrsg.: Freie und Hansestadt Hamburg, Amt für Schule. Hamburg 1998

Grunwald, Klaus: Neugestaltung der freien Wohlfahrtspflege. Management organisationalen Wandels und die Ziele der Sozialen Arbeit. Juventa Verlag. Weinheim und München 2001

Haibach, Marita: Handbuch Fundraising. Spenden, Sponsoring, Stiftungen in der Praxis. Frankfurt/ New York 1998

Haug, Hans: Menschlichkeit für alle. Die Weltbewegung des Roten Kreuzes und Roten Halbmondes. Bern/Stuttgart 1991

Haug, Hans: Menschlichkeit für alle. Die Weltbewegung des Roten Kreuzes und Roten Halbmondes. Bern/ Stuttgart 1991

Hauptgeschäftsstelle des DW der EKD (Hrsg.): Satzung und andere Rechtsgrundlagen. 4. Auflage 1989

Hauptgeschäftsstelle des DW der EKD (Hrsg.): Statistische Informationen der Diakonie 01/2003

Heinelt, Hubert/Schmals, Klaus M. (Hrsg.): Zivilgesellschaftliche Zukünfte - Gestaltungsmöglichkeiten einer zivilen Gesellschaft. Sigma-Verlag. Berlin 1996

Heuberger, Rachel: Die Gründung der „Zentralwohlfahrtsstelle der deutschen Juden" im Jahre 1917. In: Jüdisches Museum der Stadt Frankfurt am Main / Zentralwohlfahrtsstelle der Juden in Deutschland e.V. (Hg.): ZEDAKA. Jüdische Sozialarbeit im Wandel der Zeit. 75 Jahre Zentralwohlfahrtsstelle der Juden in Deutschland 1917 - 1992. Frankfurt am Main 1992. S. 71 ff

Heudtlass, Willy: Henry Dunant. Gründer des Roten Kreuzes, Urheber der Genfer Konventionen. Eine Biographie. 4. Aufl., Stuttgart 1989

Hildemann, Klaus D./Kaminsky, Uwe/Magen, Ferdinand: Pastoralgehilfenanstalt - Diakonissenanstalt - Theodor-Fliedner-Werk: 150 Jahre Diakoniegeschichte. Rheinland Verlag Habelt. Köln 1994

Hilfswerk der Evangelischen Kirche in Deutschland (Hrsg.): Dank und Verpflichtung. 10 Jahre Hilfswerk der Evangelischen Kirche in Deutschland. Evangelischer Verlagswerk. Stuttgart 1955

Hofmann, Werner: Grundelemente der Wirtschaftsgesellschaft. Ein Leitfaden für Lehrende. Rowohlt TB Verlag. Reinbek b. Hamburg 1969.

Hornstein, Walter/Mutz, Gerd: Die europäische Einigung als gesellschaftlicher Prozeß. Soziale Problemlagen, Partizipation und kulturelle Transformation. Nomos Verlag. Baden-Baden 1993

Hottelet, Harald: Vom Glanz und Elend eines Wohlfahrtsverbandes - Zum Erscheinungsbild der Arbeiterwohlfahrt. In: Theorie und Praxis der sozialen Arbeit. Heft 4/94. S. 138 ff.

Hüdepohl, Astrid: Organisationen der Wohlfahrtspflege. Eine ökonomische Analyse ausgewählter nationaler und internationaler Institutionen. Berlin 1996

Hüppe, Barbara/Schrapper, Christian (Hrsg.): Freie Wohlfahrt und Sozialstaat. Der Deutsche Paritätische Wohlfahrtsverband in Nordrhein-Westfalen 1949 - 1989. Juventa Verlag. Weinheim und München 1989

Initiative Jugendpolitisches Forum (Hrsg.): Dokumentation Jugendpolitisches Forum in Frankfurt. Fachhochschule für Sozialarbeit 6.-8. Dezember 1974. Mai 1975

Institut der deutschen Wirtschaft: Wohlfahrtsverbände in Deutschland. Auf den Schultern der Schwachen. Deutscher Instituts-Verlag. Köln 2004.

Institut für Arbeitsmarkt- und Berufsforschung (IAB) der Bundesagentur für Arbeit: Berufe im Spiegel der Statistik. Beschäftigung und Arbeitslosigkeit 1996 - 2002. Nürnberg 2003

Institut für Lokale Sozialpolitik und Nonprofit-Organisationen (Sprecher: Prof. Dr. Rudolph Bauer) c/o Universität Bremen (Hrsg.): Aktionsprogramm zur Förderung des freiwilligen gesellschaftlichen Engagements. Eine Aufforderung zum Handeln. Bremen (1995)

Institut für Sozialarbeit und Sozialpädagogik e.V. Beobachtungsstelle für die Entwicklung der sozialen Dienste in Europa (Hrsg.): Arbeitspapier Nr. 5: Rudolph Bauer: Klientenrechte und Nutzerstrukturen sozialer Dienste. Frankfurt am Main. Dezember 2001

Internationale Föderation der Rotkreuz- und Rothalbmondgesellschaften: Strategie 1010. Genf 1999. Deutsche Ausgabe: Deutsches Rotes Kreuz, Generalsekretariat: Strategie 1010. Bonn 2000

Internationales Komitee vom Roten Kreuz: Die Grundsätze des Roten Kreuzes und Roten Halbmonds. 2. Aufl., Genf 2000

Jordan, Erwin/ Münder, Johannes (Hrsg. 65 Jahre Reichsjugendwohlfahrtsgesetz - ein Gesetz auf dem Weg in den Ruhestand. Votum Verlag. Münster 1987

Juchacz, Marie: Die Arbeiterwohlfahrt. Voraussetzungen und Entwicklung. Dietz Verlag. Berlin 1924

Jüdische Gemeinde Düsseldorf: Werden - Vergehen - Wiedererstehen der Jüdischen Gemeinde Düsseldorf. Düsseldorf 1991

Kienbaum Unternehmensberatung GmbH: Schlussbericht 1993

Kinder- und Jugendhilfegesetz vom 26. Juni 1990 (KJHG). §§ 3, 4, 5, 8, 9, 11, 36, 71, 74, 78 und 80.

Klenk, Tanja/Nullmeier, Frank: Public Governance als Reformstrategie. Edition der Hans-Böckler Stiftung. Düsseldorf 2003

Klönne, Arno: Die deutsche Arbeiterbewegung. Geschichte - Ziele - Wirkungen. Diederichs Verlag. Düsseldorf 1980

Knaup, Horand: Hilfe, die Helfer kommen. Karitative Organisationen im Wettbewerb um Spenden und Katastrophen. Verlag C.H. Beck. München 1996

Kolhoff, Ludger: Finanzierung sozialer Einrichtungen und Dienste. Erschienen in der Reihe Schwerpunkt Management. Professionelle Personalarbeit und Organisationsentwicklung. Augsburg 2002

Kommission der europäischen Gemeinschaft: Grünbuch zu Dienstleistungen von allgemeinem Interesse (Von der Kommission vorgelegt). Brüssel 21.05.2003

Kommunale Gemeinschaftsstelle für Verwaltungsvereinfachung. Bericht 8/94: Das neue Steuerungsmodell: Definitionen und Beschreibung von Produkten. Köln 1994.

Kommunale Gemeinschaftsstelle für Verwaltungsvereinfachung. Bericht 10/95: Das neue Steuerungsmodell: Erste Zwischenbilanz. Köln 1995

Kommunale Gemeinschaftsstelle für Verwaltungsvereinfachung. Zehn Jahre Verwaltungsreform - neues Steuerungsmodell. Köln 2001

Krähmer, Rolf: Das Tilburger Modell der Verwaltungsorganisation und Verwaltungsführung. Herausgegeben von der Sozialdemokratischen Gemeinschaft für Kommunalpolitik e.V. Düsseldorf 1992

Kreuz. Neuausgabe 1962, 5., Aufl., Genf.

Kruczek, Dietmar: Theodor Fliedner: mein Leben - für das Leben. Aussaat-Verlag. Neukirchen-Vluyn 1999

Krumsiek, Kristin Eike: Die rechtliche Struktur des Deutschen Roten Kreuzes und des Internationalen Roten Kreuzes. Inauguraldissertation durch die rechtswissenschaftliche Fakultät der Westfälischen Wilhelms-Universität zu Münster. Münster 1995

Kuhlmann, Carola/Schrapper, Christian (Hrsg.): Sozialpädagogik und Sozialpolitik. Festschrift zum 60. Geburtstag von Dieter Sengling. Votum Verlag. Münster 1996

Kulbach, Roderich/Wohlfahrt, Norbert: Modernisierung der öffentlichen Verwaltung? Konsequenzen für die freie Wohlfahrtspflege. Lambertus Verlag. Freiburg i.Br. 1996

Landeshauptstadt Düsseldorf Jugendamt: Bericht der Verwaltung über Zuschüsse und Verträge des Jugendamtes für das Jahr 2003. Ö Vorlagen - Nr. 51/24/2004 vom 21.04.2004

Landeshauptstadt Düsseldorf Jugendamt: Sitzung des Jugendhilfeausschusses am 21.04.2004. Vorlage 51/39/2004. TOP 4.2 Auswirkungen der evangelischen und katholischen Kindergartenplanung auf die städtische Planung und Angebotsstruktur, hier: besondere Förderung kirchlicher Träger zur Aufrechterhaltung des Platzangebotes

Landesinstitut Sozialforschungsstelle Dortmund: Heinz-Jürgen Dahme, Gertrud Kühnlein, Norbert Wohlfahrt: Zwischen Wettbewerb und subsidiärer Leistungserbringung: die Verbände der Freien Wohlfahrtspflege im Modernisierungsprozess. Endbericht des Forschungsprojekts „Vom Wohlfahrtssektor zur Sozialwirtschaft: Wandel der Arbeitsbedingungen und Qualifikationsanforderungen in sozialen Diensten durch Wettbewerb und Kontraktmanagement". März 2004

Landwehr, Rolf/Baron, Rüdeger (Hrsg.): Geschichte der Sozialarbeit. Hauptlinien ihrer Entwicklung im 19. und 20. Jahrhundert. Beltz Verlag. Weinheim und Basel 1983

Lange, Chris: Freie Wohlfahrtspflege und europäische Integration. Zwischen Marktangleichung und sozialer Verantwortung. Verlag Deutscher Verein. Frankfurt/M. 2001

Leenen, Wolf Reiner: Der Arbeitsmarkt für Sozialarbeiter und Sozialpädagogen. Ein kritischer Rückblick auf die 80er Jahre. In: neue praxis 6/92. S. 503 ff.

Leisner: Staatliche Rechnungsprüfung kirchlicher Einrichtungen unter besonderer Berücksichtigung der karitativen Tätigkeit. Ebd., Band 600. Berlin 1991.

Leisner: Staatliche Rechnungsprüfung Privater unter besonderer Berücksichtigung der Freien Wohlfahrtspflege. Schriften zum Öffentlichen Recht, Band 585. Verlag Duncker & Humblot. Berlin 1990

Lemke, Helga: Wicherns Bedeutung für die Bekämpfung der Jugendverwahrlosung. Verlag Wittig. Hamburg 1964

Liechtenstein, Heiner: Angepasst und treu ergeben. Das Rote Kreuz im „Dritten Reich". Köln 1988

Liga der Freien Wohlfahrtspflege in Thüringen: Zukunft der sozialen Infrastruktur in Thüringen. Bad Sulzaer Manifest der Liga der Freien Wohlfahrtspflege in Thüringen. Juli 2003

Loges, Frank: Entwicklungstendenzen Freier Wohlfahrtspflege im Hinblick auf die Vollendung des Europäischen Binnenmarktes. Lambertus Verlag. Freiburg i.Br. 1994

Lojewski, Gerd von/Sauermann, Uwe: Unsere Wohlfahrt: Verbände, Funktionäre - und Filz? Bayerischer Rundfunk 1989.

Lojewski, Gerd von/Sauermann, Uwe: Unsere Wohlfahrt: Verbände, Funktionäre - und Filz? Bayerischer Rundfunk 1989. Sowie: ARD/mdr-Sendung „Fakt" vom 18.03.1996

Ludemann, Peter: Zur (besonderen) Aufgabenstellung der Vertreter der Caritas im JHA. In: Jugendwohl. Zeitschrift für Kinder- und Jugendhilfe 3/1995. S. 110 ff.

Ludemann, Peter: Zur (besonderen) Aufgabenstellung der Vertreter der Caritas im JHA. In: Jugendwohl. Zeitschrift für Kinder- und Jugendhilfe 3/1995

Maelicke, Bernd (Hrsg.): Handbuch Sozialmanagement. Nomos Verlag. Baden-Baden 2000

Maier, Hugo (Hrsg.): Who is who der Sozialen Arbeit. Lambertus Verlag. Freiburg i.Br. 1998

Manderscheid, Michael/Wollasch, Hans-Josef (Hrsg.): Lorenz Werthmann und die Caritas. Aufgegriffenes und Liegengelassenes der Verbandsgründung im Jahr 1897. Lambertus Verlag. Freiburg i.Br. 1989

Materialien zum 8. Jugendbericht (Band 1)

Max-Traeger-Stiftung (Hrsg.): Jens Pothmann/Matthias Schilling: Der Arbeitsmarkt Kinder- und Jugendhilfe. Eine aktuelle Bestandsaufnahme und die Zukunftsperspektiven in den neuen Ländern und Berlin Ost. Abschlussbericht. Frankfurt am Main. Juni 1998

Merchel, Joachim,: Trägerstrukturen in der Sozialen Arbeit. Eine Einführung. Juventa Verlag. Weinheim und München 2003

Merchel, Joachim/Schrapper, Christian (Hg.): Neue Steuerung. Tendenzen der Organisationsentwicklung in der Sozialverwaltung. Votum Verlag. Münster 1996

Merchel, Joachim: Der Deutsche Paritätische Wohlfahrtsverband. Seine Funktion im korporatistisch gefügten System sozialer Arbeit. Deutscher Studien Verlag 1989

Merzyn, Friedrich: Die Ordnung von Hilfswerk und Innerer Mission im Bereich der Evangelischen Kirche in Deutschland und ihrer Gliedkirchen. Verlag Amtsblatt der Evangelischen Kirche in Deutschland. Hannover 1954

Meyer, Dirk: „Gratisressourcen" im sozialen Dienstleistungssektor. Eine Bewertung aus volkswirtschaftlicher Sicht. In: Schmollers Jahrbuch. 122. Jahrgang/2002. Heft 4. 2002. S. 579 ff.

Meyer, Dirk: Das teure Wohlfahrtskartell. In: Frankfurter Allgemeine Zeitung vom 10. Dezember 1995. ARD/mdr-Sendung „Fakt" vom 18.03.1996.

Meyer, Dirk: Die Freie Wohlfahrtspflege zwischen Wettbewerb und Neokorporatismus - Ergebnisse einer Pilotstudie. Institut für Wirtschaftspolitik. Universität der Bundeswehr Hamburg: Diskussionsbeiträge zur Wirtschaftspolitik Nr. 83. Hamburg 1998

Meyer, Dirk: Marktwirtschaftliche Problemfelder in der stationären Pflege. In: ZögU, Band 26, 2003, Heft 4. S. 335 - 352

Meyer, Dirk: Wettbewerbliche Diskriminierung privat-gewerblicher Pflegeheimbetreiber. In: Sozialer Fortschritt. Jahrgang 52/2003. Heft 10. Oktober 2003. S. 261 ff.

Ministerialblatt für das Land NRW.45. Jg. Nr. 51. Düsseldorf 17. August 199. Ebd. 49. Jg. Nr. 50. Düsseldorf 5. August 1996.

Münchmeier, Richard: Zugänge zur Geschichte der Sozialarbeit. Juventa Verlag. München 1981

Münder, Johannes/ Kreft, Dieter (Hrsg.): Subsidiarität heute. Votum Verlag. Münster 1990.

Münder, Johannes/Boetticher von, Arne: Wettbewerbsverzerrungen im Kinder- und Jugendhilferecht im Lichte des europäischen Wettbewerbsrechts. Schriftenreihe des VPK-Bundesverband e.V.. Band 1. Hamm 2003

Münder, Johannes: Verbände der freien Wohlfahrtspflege - ein strittiger Begriff. In: Nachrichtendienst des Deutschen Vereins für öffentliche und private Fürsorge. 76. Jahrgang. Heft 11/96. S. 350 ff.

Nell-Breuning von, Oswald: Das Subsidiaritätsprinzip. In: Theorie und Praxis der sozialen Arbeit 1976. S. 6-17.

Nell-Breuning von, Oswald: Gerechtigkeit und Freiheit. Grundzüge der katholischen Soziallehre. München 1985

neue caritas, Heft 17, 2.Oktober 2002

Neukamm, Karl-Heinz (Hrsg.): Diakonie-Jahrbuch '91. Stuttgart 1991

Niedrig, Heinz u.a.: Arbeiterwohlfahrt. Verband für soziale Arbeit. Geschichte, Selbstverständnis, Arbeitsfelder, Daten. Wirtschaftsverlag. Wiesbaden 1987

Niedrig, Heinz: Die Arbeiterwohlfahrt in der Zeit von 1933 bis 1945. Spurensuche, Aufbau, Verfolgung, Verbot, Widerstand, Emigration. Schüren Verlag. Marburg 2003

Niedrig, Heinz: Prognosen zur Zukunft der freien Wohlfahrtspflege - Von Prognos bis Miegel. In: Theorie und Praxis der Sozialen Arbeit Nr. 6/2000. S. 209 ff.

Niedrig, Heinz: Zur 75jährigen Geschichte der Arbeiterwohlfahrt. In: Theorie und Praxis der sozialen Arbeit. Heft 4/94. S. 131 ff.

Nolte, Bernd: Radikal neue Wege gehen. Neuerungen in Betrieben gelingen nur, wenn Führungskräfte die Unternehmenskultur ändern. In: Das Zukunfts-Magazin, Nr.6, November 2000. Beilage in: Rotes Kreuz. Das Fachmagazin des DRK, Nr. 6, 2000, S. ZM-10 - ZM-11.

Nordholt, Gerhard: Emden 1571 - eine heilsame „Unruhe" für Verfassung und Ordnung der Evangelisch-reformierten Kirche in Nordwestdeutschland. In: Reformierte Kirchenzeitung. Organ des Reformierten Bundes. Nr. 17. 112. Jahrgang. September 1971. 5. 182 ff.

Nübel, Hans Ulrich: Die neue Diakonie: Teilhabe statt Preisgabe. Mitarbeiterinnen und Mitarbeiter kommen zu Wort. Lambertus Verlag. Freiburg i.Br. 1994.

O. N. (1996a): Zukunft für das DRK. In: Rotes Kreuz. Das Fachmagazin des DRK. Nr. 2, 1996, S. 30-31.

O. N. (1998a): Rolle der Hilfsorganisationen und Wohlfahrtsverbände in Gefahr? Eine Positionierung der großen deutschen Hilfsorganisationen. In: Das Zukunfts-Magazin, Nr. 3, Oktober 1998, S. 26-28.

Olk, Thomas/Otto, Hans-Uwe (Hrsg.): Soziale Arbeit als Dienstleistung. Grundlegungen, Entwürfe und Modelle. Luchterhand Fachverlag - Wolters Kluwer. München/Unterschleißheim 2003

Olk, Thomas/Otto, Hans-Uwe (Hrsg.): Soziale Arbeit als Dienstleistung. 2003

Olk, Thomas: Jugendhilfe als Dienstleistung. Vom Öffentlichen Gewährleistungsauftrag zur Marktorientierung? In: Widersprüche. Heft 53. Dezember 1994.

Ottnad, Adrian/Wahl, Stefanie/Miegel, Meinhard: Zwischen Markt und Mildtätigkeit. Die Bedeutung der Freien Wohlfahrtspflege für Gesellschaft, Wirtschaft und Beschäftigung. Olzog Verlag. München 2000

Otto, Hans-Uwe/Schnurr, Stefan: Privatisierung und Wettbewerb in der Jugendhilfe. Marktorientierte Modernisierungsstrategien in internationaler Perspektive, Neuwied, Kriftel. 2000.

Paritätischer Wohlfahrtsverband - Gesamtverband e.V.: Geschäftsbericht 2001/2002. Frankfurt am Main 2002

Paritätischer Wohlfahrtsverband - Gesamtverband e.V.: Geschäftsbericht 2001/2002

Paritätischer Wohlfahrtsverband Landesverband Baden-Württemberg e.V.: Geschäftsbericht 2002

Perlich, Dieter: Referat: Die Akten der Synode der niederländischen Gemeinden, die unter dem Kreuz sind und in Deutschland und Ostfriesland verstreut sind. Gehalten in Emden, den 4. Oktober 1571. Übersetzung aus dem Lateinischen. In: Evangelisch-reformierte Kirche in Nordwestdeutschland (Hrsg.): 1571 Emder Synode 1971. Beiträge zur Geschichte und zum 400jährigen Jubiläum. Bearbeitet und redigiert von Elwin Lomberg. Neukirchener Verlag. Neukirchen-Vluyn 1973.

PLS Ramb0ll Management: Branchenanalyse der Sektoren Gesundheit und soziale Dienstleistungen. Bericht zur Vorstudie. 2. Oktober 2002

Pott, Ludwig: Wohlfahrtsverbände im Dilemma der Zivilgesellschaft. In: Soziale Arbeit, H. 10-11/2000. S. 382-389.

Potthoff, Heinrich: Die Sozialdemokratie von den Anfängen bis 1945. Verlag Neue Gesellschaft. Bonn-Bad Godesberg 1974

Priller, Eckhard/Zimmer, Annette (Hrsg.): Der Dritte Sektor International. Mehr Markt - weniger Staat? Edition Sigma. Berlin 2001

Puhl, Ria/Maas, Udo (Hrsg.): Soziale Arbeit in Europa. Organisationsstrukturen, Arbeitsfelder und Methoden im Vergleich, Juventa Verlag. Weinheim-München 1997
Rauschenbach, Thomas/Schilling, Mathias: Die Kinder- und Jugendhilfe und ihre Statistik. Band II: Analysen, Befunde und Perspektiven. Luchterhand Verlag. Neuwied 1997
Rauschenbach, Thomas/Schilling, Matthias: Die Kinder- und Jugendhilfe und ihre Statistik. Band I:: Einführung und Grundlagen. Luchterhand Verlag. Neuwied 1997.
Rauschenbach, Thomas: Jugendhilfe als Arbeitsmarkt. Fachschul-, Fachhochschul- und Universitätsabsolvent(innen) in sozialen Berufen. In: Sachverständigenkommission 8. Jugendbericht (Hrsg.): Jugendhilfe
Reichel-Koß, Ilse/Beu, Ursula (Hrsg.): Ella Kay und das Jugendamt neuer Prägung. Ein Amt, wo Kinder Recht bekommen. Juventa Verlag. Weinheim und München 1991
Reichsgesetzblatt. Jahrgang 1926. Teil 1. Dritte Verordnung zur Durchführung des Gesetzes über die Ablösung öffentlicher Anleihen. Vom 4. Dezember 1926. 1. Abschnitt. Die soziale Wohlfahrtsrente. § 8.
Reichsverordnung über die Fürsorgepflicht - RFV - vom 13. Februar 1924. Insbes. § 5, Absatz 1, 2 und 5.
Rentner, Petra: Von Cash-Kühen, Rotkreuz-Stars und toten Pferden. In: Das Zukunfts-Magazin, Nr.6, November 2000. Beilage in: Rotes Kreuz. Das Fachmagazin des DRK, Nr. 6, 2000, S. ZM-9.
Reuter-Hens, Susanne/Schulte-Holtey, Judith (2001): Erbschaftsmarketing. In: Fundraising Akademie (Hrsg.) (2001): Fundraising. Handbuch für Grundlagen, Strategien und Instrumente. Wiesbaden, S. 839 - 862
Riesenberger, Dieter: Das Deutsche Rote Kreuz. Eine Geschichte 1864-1990. Ferdinand Schöningh Verlag. Paderborn 2002
Riesenberger, Dieter: Für Humanität in Krieg und Frieden - Das Internationale Rote Kreuz 1863-1977. Göttingen 1992
Roehl, Fritzmichael: Marie Juchacz und die Arbeiterwohlfahrt. Überarbeitet von Hedwig Wachenheim. Hannover 1961
Ruhl, K.-J.: Hierarchie oder Anarchie? Der Streit um die Familienrechtsreform in den fünfziger Jahren. In: Aus Politik und Zeitgeschichte. B 45/92. 30. Oktober 1992.
Runge, Brigitte/Vilmar, Fritz: Handbuch Selbsthilfe. Verlag Zweitausendeins. Frankfurt a.M. 1988
Sachße, Christoph/Tennstedt, Florian: Der Wohlfahrtsstaat im Nationalsozialismus. Geschichte der Armenfürsorge in Deutschland. Band 3. Verlag Kohlhammer. Stuttgart - Berlin - Köln 1992
Sachße, Christoph/Tennstedt, Florian: Geschichte der Armenfürsorge in Deutschland. Band 2. Fürsorge und Wohlfahrtspflege 1871 bis 1929. Verlag W. Kohlhammer. Stuttgart, Berlin, Köln, Mainz 1988
Sachße, Christoph: Subsidiarität. In: Dieter Kreft, Ingrid Mielenz (Hrsg.): Wörterbuch Soziale Arbeit.. S. 554 ff.
Sacks, Jonathan: Wohlstand und Armut. Eine jüdische Analyse. In: Jüdisches Museum der Stadt Frankfurt am Main / Zentralwohlfahrtsstelle der Juden in Deutschland c.V. (Hg.): ZEDAKA. Jüdische Sozialarbeit im Wandel der Zeit. 75 Jahre Zentralwohlfahrtsstelle der Juden in Deutschland 1917 - 1992. Frankfurt am Main 1992. S. 14 ff
Satzung der BAGFW, § 3 Aufgaben und § 9 Erweiterte Mitgliederversammlung.
Satzung der Bundesarbeitsgemeinschaft der Freien Wohlfahrtspflege e.V. in der Fassung von 1988, § 1 Abs. 2.
Satzung des Deutschen Caritasverbandes e.V. in der Fassung vom 16. Oktober 2003
Satzung des Deutschen Caritasverbandes e.V. vom 9. November 1897 in der Fassung vom 4. Mai 1993

Satzung des Deutschen Paritätischen Wohlfahrtsverbandes - Gesamtverband e.V. in der Fassung vom 29. Oktober 1993 zuletzt geändert auf der Mitgliederversammlung am 27.10.2000

Satzung des Deutschen Roten Kreuzes in der Fassung vom 12. November 1993; Änderungen durch Bundesversammlungsbeschlüsse vom 10. November 1995, 05. Dezember 1997 und 08. Dezember 2000

Schäfer, Peter: Europäische Integration und Soziale Arbeit. Zu den Auswirkungen europäischer Sozialpolitik in Deutschland und deutscher Sozialpolitik in Europa auf Soziale Arbeit. Frankfurt/M. 2000

Scheffler, Jürgen (Hg.): Bürer und Bettler. Materialien und Dokumente zur Geschichte der Nichtsesshaftenhilfe in der Diakonie. Band 1 - 1854 bis 1954. VHS-Verlag. Bielefeld 1987

Schillinger, Helmut: Kirchliche Krankenhäuser machen sich stark. In: neue caritas. Heft 12. 1. Juli 2004. S. 9 ff.

Schlögel, Anton: Neuaufbau des DRK nach dem Zweiten Weltkrieg. 2. Aufl., Bonn 1983

Schmid, Josef: Wohlfahrtsstaaten im Vergleich. Soziale Sicherungssysteme in Europa: Organisation, Finanzierung, Leistungen und Probleme. Verlag Leske + Budrich. Opladen 1996

Schmieder, Tilman: Wohlfahrtsverbände: Alte Tabus und neue Konflikte. In: Sozialmanagement. Magazin für Organisation und Innovation. 6. Jg. Heft 3/96. Mai/Juni 1996. S. 23 ff.

Schreiner, Claus (Hrsg.): Frauenorden in Deutschland. Bonifatius Verlag. Paderborn 1993

Seithe, Horst/Hagemann, Frauke: Das Deutsche Rote Kreuz im Dritten Reich (1933-1939). Mit einem Abriss seiner Geschichte in der Weimarer Republik. Frankfurt a. M. 2001

Seithe, Horst: Das Deutsche Rote Kreuz im Dritten Reich (1933-1939). Die Transformation des DRK vom zivilen Wohlfahrtsverein zur nationalsozialistischen Sanitätsorganisation. Inaugural-Dissertation der Medizinischen Fakultät der Westfälischen Wilhelms-Universität zu Münster. Münster 1993

Sekretariat der Deutschen Bischofskonferenz: Katholische Verbände. Studientag der Vollversammlung der Deutschen Bischofskonferenz. 21. September 1988. Arbeitshilfen Nr. 61.

Sengling, Dieter über die Freie Wohlfahrtspflege in einer sich wandelnden Gesellschaft. Frankfurter Rundschau vom 12.8.1993. Ebd.: Die heutige und zukünftige Bedeutung der Freien Wohlfahrtspflege. In: Bank für Sozialwirtschaft. Bericht über das Geschäftsjahr 1993. S. 66 ff.

Sengling, Dieter: Soziale Arbeit im Paritätischen zwischen Gemeinwohlorientierung und privatwirtschaftlichem Wettbewerb. Rede zum ersten Verbandstag des Paritätischen Gesamtverbandes am 25. Oktober 1996. Beilage zu Nachrichten Parität. Heft 1/1997

Serio, Antonelle: Vielfalt - unser Alltagsgeschäft. In: neue caritas. Heft 8. 6. Mai 2004. S. 9 ff

Sozialgesetzbuch (SGB). Achtes Buch (VIII). Kinder- und Jugendhilfe. I.d.F. der Bekanntmachung vom 8. Dezember 1998.

Sozialgesetzbuch (SGB). Elftes Buch (XI). Pflegeversicherungsgesetz .. i.d.F. vom ...

Sozialgesetzbuch II - Grundsicherung für Arbeit Suchende - Vom 24. Dezember 2003. BGBl. I S. 2954

Sozialgesetzbuch XII - Sozialhilfe - Vom 27. Dezember 2003. BGBl. I S. 3022

Spiegelhalter, Franz: Der dritte Sozialpartner. Die Freie Wohlfahrtspflege - ihr finanzieller und ideeller Beitrag zum Sozialstaat. Lambertus Verlag. Freiburg im Breisgau 1990.

Statistisches Bundesamt (2002): Sozialleistungen in der Bundesrepublik Deutschland. Stand: 1.8.2002. Fundort: http://www.destatis.de/basis/d/solei/soleitab7.htm am 11.10.2002.

Statistisches Bundesamt (Hrsg.): Reihe 4.1 Studenten an Hochschulen. WS 1991/92. Wiesbaden. Juli 1993.

Statistisches Bundesamt: 3. Bericht: Pflegestatistik 2001. Bonn 2003

Statistisches Bundesamt: 3. Bericht: Pflegestatistik 2001. Bonn. September 2003

Statistisches Bundesamt: Einrichtungen und tätige Personen in der Kinder- und Jugendhilfe am 31.l2.2002 - Gesamt - . Wiesbaden 2004

Statistisches Bundesamt: Statistik der Jugendhilfe. Fachserie 13. Reihe 6.3. Einrichtungen und tätige Personen in der Jugendhilfe 1994. Wiesbaden 1996

Statistisches Bundesamt: Statistik der Kinder - und Jugendhilfe. Teil III.1 Einrichtungen und tätige Personen - Tageseinrichtungen für Kinder - 2002. Teil III.2 Einrichtungen und tätige Personen - sonstige Einrichtungen - (ohne Tageseinrichtungen für Kinder) 2002. Wiesbaden 2004

Stellungnahme des Kommissariates der deutschen Bischöfe, des Bevollmächtigten des Rates der Evangelischen Kirche in Deutschland bei der Bundesrepublik Deutschland und der Europäischen Union, des Deutschen Caritasverbandes (DCV) und des Diakonischen Werkes er Evangelischen Kirche in Deutschland (DW-EKD). Berlin. 13. September 2003

Stiftung Mitarbeit (Hg.): Hartmut Krebs: Selbsthilfe Netze, Über 200 Zusammenschlüsse von Selbsthilfe- und Initiativgruppen.

Stiftung Mitarbeit (Hrsg.): Karl-Heinz Boeßenecker, Ulrich Buchholz, Theo Bühler: Analyse des Beratungsbedarfs und der Beratungsangebote im Bereich sozialer Selbsthilfe. Eine Pilotstudie. Bonn 1988

Stiftung Wohlfahrtspflege NRW (2002): Webseitenpräsentation. Fundort: http://www.sw.nrw.de/frmMain.html am 25.10.02.

Stolterfoht, Barbara: Promotor gesellschaftlicher Bewegung. Festrede. In: Nachrichten Parität. Nr. 2/2004. S. 12 - 15

Stolterfoht, Barbara: Promotor gesellschaftlicher Bewegungen. Festansprache der Verbandsvorsitzenden. In: Nachrichten Parität. Heft 2/2004. S. 12 ff.

Stoppe, Arnd: Steuerung und Kontrolle im Nonprofit-Sektor am Beispiel der Arbeiterwohlfahrt. In: Theorie und Praxis der sozialen Arbeit. Heft 4/94

Strantz, Viktor von: Das Internationale Rote Kreuz. In: Die Heere und Flotten der Gegenwart. Bd.1: Deutschland. Berlin 1896

Theorie und Praxis der sozialen Arbeit 1976. S. 6-17.

Ubbenhorst, Werner (2002):Zuwendungen gemäß §§ 23, 44 Bundes-/ Landeshaushaltsordnungen (BHO/ LHO). In: Stiftung & Sponsoring. Das Magazin für Non-Profit-Management und -Marketing. Ausgabe 5/ 2002, S. 18-22.

Urselmann, Michael: Fundraising. Erfolgreiche Strategien führender Nonprofit-Organisationen. 2., erw. Aufl. Verlag Haupt. Bern/ Stuttgart, Wien 1999

Van der Will, Wilfried/Burns, Rob: Arbeiterkulturbewegung in der Weimarer Republik. Ullstein Verlag. Frankfurt am Main - Berlin - Wien 1982

Vertrag zwischen der BRD und der DDR über die Herstellung der Einheit Deutschlands (Einigungsvertrag) vom 31. August 1990. Artikel 32 Freie und gesellschaftliche Kräfte.

Vertrag zwischen der Bundesrepublik Deutschland, vertreten durch den Bundeskanzler und dem Zentralrat der Juden in Deutschland - Körperschaft des öffentlichen Rechts -

vertreten durch den Präsidenten und die Vizepräsidenten vom 27. Januar 2003. In: Bundesgesetzblatt. Jahrgang 2003 Teil I Nr. 40. Bonn 2003

Vilain, Michael: Finanzierungsmanagement in Nonprofit-Organisationen. Finanzierungsquellen, Instrumente und Methoden für Vereine, Stiftungen und Verbände. 2004 (i.E.)

Vilmar, Fritz/Runge, Brigitte: Auf dem Weg zur Selbsthilfegesellschaft? Klartext Verlag. Essen 1986

Vincentz Verlag (Hrsg.): Adressbuch „Häusliche Pflege". Ausgabe 95/96. Hannover 1995

Vincentz Verlag (Hrsg.): Zeitschrift Häusliche Pflege 6/96

Von Tugenden und Sünden. Neuer Welt-„Katechismus der katholischen Kirche". Frankfurter Rundschau vom 18.5.93.

Wagner, Doris: Von Frauen gegründet - von Männern geführt. Klagelied einer alten AWO-Frau. In: Theorie und Praxis der sozialen Arbeit. Heft 4/94. S. 125 ff.

Walter Schellhorn: Einordnung des Sozialhilferechts in das Sozialgesetzbuch - das neue SGB XII. In: Nachrichtendienst des Deutschen Vereins für öffentliche und private Fürsorge. Heft 5/2004. S. 168 ff.

Wangler, Walter: Bürgschaft des inneren Friedens. Sozialpolitik in Geschichte und Gegenwart. Westdeutscher Verlag. Opladen/Wiesbaden 1998

Waschkuhn, Arno: Was ist Subsidiarität? Ein sozialphilosophisches Ordnungsprinzip: Von Thomas von Aquin bis zur „civil society". Westdeutscher Verlag. Opladen 1995.

Weger, Hans Dieter/Bucholz, Heinz: Stiftung als weiterführender Weg im Fundraising. Privates Vermögen für soziales Engagement. Arbeiterwohlfahrt gründet erste selbständige Gemeinschaftsstiftung in Deutschland. In: Forum Sozialstation. Das Magazin für ambulante Pflege. Nr. 81. August 1996

Wieler, Joachim/Zeller, Susanne (Hrsg.): Emigrierte Sozialarbeit. Portraits vertriebener SozialarbeiterInnen. Lambertus Verlag. Freiburg i.Br. 1995

Wirtschafts- und Sozialwissenschaftliches Institut des Deutschen Gewerkschaftsbundes (Hg.): Seit über einem Jahrhundert ...: Verschüttete Alternativen in der Sozialpolitik. Bund-Verlag. Köln 1981.

Wirtschaftsmagazin Capital. Nr. 12/96. Dezember 1996. S. 148 ff.: „Wohlfahrt im Rolls-Royce"

Wohlfahrt, Norbert, 1999: Zwischen Ökonomisierung und verbandlicher Erneuerung: Die Freie Wohlfahrtspflege auf dem Weg in einen veränderten Wohlfahrtsmix. In: Theorie und Praxis der Sozialen Arbeit, H.1, 3-8.

Wollasch, Hans-Josef: Werthmann, Kreutz und die Anfänge der Hauptvertretung des Deutschen Caritasverbandes. In: Caritas Jahrbuch 1971

Wunderer, Hartmann: Arbeitervereine und Arbeiterparteien. Kultur- und Massenorganisationen in der Arbeiterbewegung (1890 - 1933). Campus Verlag. Frankfurt/Main - New York 1980

Zentralarchiv der Erforschung der Geschichte der Juden in Deutschland. www. ....

Zentrale Wohlfahrtsstelle der Juden in Deutschland e.V. (Hrsg.): Die Zentralwohlfahrtsstelle. Der jüdische Wohlfahrtsverband in Deutschland. Eine Selbstdarstellung. Frankfurt a.M. 1987

Zentralwohlfahrtsstelle der Juden in Deutschland e.V. (Hrsg.): Die Zentralwohlfahrtsstelle. Der jüdische Wohlfahrtsverband in Deutschland. Eine Selbstdarstellung. Frankfurt a.M. 1987

Zentralwohlfahrtsstelle der Juden in Deutschland: Mitgliederstatistik der einzelnen jüdischen Gemeinden und Landesverbände in Deutschland per 1. Januar 2003. Frankfurt am Main (2003)

Zentralwohlfahrtsstelle der Juden in Deutschland: Pressemappe. Dezember 2002

Zentralwohlfahrtsstelle der Juden in Deutschland: Satzung der Zentralwohlfahrtsstelle der Juden in Deutschland e.V. beschlossen auf den Mitgliederversammlungen am 21.11.1993 in Frankfurt am Main, am 10.09.1995 in Köln, am 21.09.1997, am 25.10.1998, am 07.11.1999, am 11.11.2001 und am 15.12.2002 in Frankfurt am Main

Zentralwohlfahrtsstelle der Juden in Deutschland: Selbstdarstellung. Januar 2004

Zimmer, Annette: Vereine - Basiselement der Demokratie. Leske + Budrich. Opladen 1996